DESCRIPTION
HISTORIQUE
DE PARIS,
ET
DE SES PLUS BEAUX MONUMENS.

DESCRIPTION HISTORIQUE DE PARIS,

ET

DE SES PLUS BEAUX MONUMENS,

Gravés en Taille-douce par F. N. MARTINET, Ingénieur & Graveur du Cabinet du Roi;

POUR servir d'Introduction à l'Histoire de PARIS & de la FRANCE:

DÉDIÉE AU ROI,

Par M. BÉGUILLET, Avocat au Parlement, & Membre de plusieurs Académies.

Barbara Pyramidum sileat miracula Memphis.

A PARIS,

Chez les AUTEURS, rue Saint-Jacques, maison de la veuve Duchesne, Libraire; Au Bureau de la Bibliothèque de France, rue Saint-Severin;

Et à DIJON,

Chez FRANTIN, Imprimeur du Roi.

M. DCC. LXXIX.
AVEC APPROBATION, ET PRIVILÈGE DU ROI.

FRONTISPICE

At jam SEQUANICO surgebat Littore cunctis
Urbibus, URBS speciosa magis. *Philipp. Lib. I.*

AU ROI.

Sire,

La faveur que Votre Majesté a bien voulu nous accorder, de faire paroître sous ses auspices l'Histoire de Paris & de la France depuis les temps fabuleux jusqu'à nos jours, étoit l'encouragement le plus propre à soutenir le zèle qui nous anime dans l'exécution d'un projet aussi vaste.

Paris, le séjour & le domaine particulier des Ancêtres de Votre Majesté, fut toujours le siège de la Monarchie depuis son établissement, & pour ainsi dire le chef-lieu de la Souveraineté. C'est-là que se trouvent en même temps, Sire, le dépôt des Titres de votre Auguste Maison, & les preuves accumulées de tout ce que vos Prédécesseurs ont fait pour la gloire & le bonheur des Français : c'est-là qu'on admire ces fondations dues à la munificence des Rois, & ces Monumens que l'amour des peuples leur a élevés : c'est-là qu'on verra bientôt ceux que la reconnoissance vous prépare, Sire, pour perpétuer le souvenir des bienfaits dont vous comblez la Nation, en achevant de détruire les traces de l'esclavage, & les restes de la servitude.

Ainsi l'Histoire de Paris sera celle de la Monarchie même. Nous donnons dans ce premier Volume, la Description générale de Paris, & les vues de ses plus beaux Monumens; nous n'avons rien épargné pour rendre cette Description utile, instructive & agréable. C'est à raison de ces efforts, que nous sollicitons un regard favorable du Souverain, comme le prix le plus doux & le plus glorieux de nos travaux : puissent-ils être dignes de l'auguste protection dont Votre Majesté veut bien nous honorer!

Nous sommes, avec le plus profond respect,

SIRE,

De Votre Majesté,

Les très-humbles & très-
obéissans Serviteurs &
fidèles Sujets.
B. M.

AVERTISSEMENT
NÉCESSAIRE

Pour les Souscriptions & pour l'Ordre des Planches.

On ne lit point les longues Préfaces : celles qui font courtes, ne contiennent ordinairement que des éloges de l'Ouvrage, & des promesses de l'Auteur. Ainsi on a préféré de mettre à la tête de cette Description historique de la Capitale, une *Dissertation* raisonnée sur l'Histoire de Paris et de la France, à laquelle ce volume doit servir d'Introduction. L'Auteur y a développé le Plan de tout son travail, & les principes sur l'Histoire exposés dans le Prospectus qu'il a eu l'honneur de présenter au Roi.

Les recherches de ce Discours Préliminaire, & le grand nombre d'Ouvrages qui y sont discutés & appréciés, pourroient peut-être rebuter les Lecteurs, dans un temps où tout semble proscrire l'érudition. Ce n'est cependant que dans les Livres, où l'on peut apprendre l'Histoire de son pays, le Droit public & civil de sa Nation, les Cou-

AVERTISSEMENT.

tumes & Usages anciens, &c. Tel étoit le sens de l'Epigraphe que l'Auteur avoit adoptée dans le Prospectus cité : *Hæc ex libris discenda sunt, quæ usu antea servabantur.* Veget.

La dépense considérable qu'exige un Ouvrage orné de 40 à 50 Planches dans la partie descriptive; & de 20 à 25 Planches pour la partie historique, avoit déterminé à proposer une Soufcription, en faveur de ceux qui voudroient se le procurer à meilleur compte. Cette Soufcription se trouvant fermée par la publication du premier volume, on a cru devoir témoigner son respect pour le Public, en prolongeant le terme de la Soufcription; avec d'autant plus de raison, que l'avis n'avoit pu en parvenir dans les Provinces.

Ainsi ceux qui voudront soufcrire, tant pour la Description que pour l'Histoire, paieront 9 livres en retirant le premier volume qu'on délivre aujourd'hui, & avanceront même somme de 9 livres pour le second volume, qui paroîtra au plus tard dans le courant de février prochain; & ainsi de suite en recevant chaque volume. Ceux qui n'auront pas soufcrit paieront chaque volume *in*-8°

AVERTISSEMENT.

à raison de 15 livres, comme il a été annoncé dans le Prospectus.

La Souscription pour l'*in*-4° sera de 18 livres pour le premier volume, & de pareille somme de 18 livres pour l'avance du second. Ceux qui n'auront pas souscrit, paieront chaque volume *in*-4°, à raison de 24 livres.

Cette remise de près de moitié sur la petite édition *in*-8°, doit déterminer ceux qui voudront concourir à la continuation de cet Ouvrage utile, à faire cette légère avance; ils auront d'ailleurs le choix des plus belles Epreuves. La Souscription sera ouverte jusqu'au 1er février 1780; passé lequel temps, on n'en recevra plus.

On continuera de s'adresser pour souscrire au sieur MARTINET, Graveur & Ingénieur du Roi, rue Saint-Jacques, & chez les Libraires où se vend l'Ouvrage.

Ce premier volume contenant la Description générale de Paris, l'Histoire naturelle de ses environs; son étendue, sa population; sa division en 20 Quartiers; les Monumens qui l'embellissent; son commerce, ses manufactures; &c. l'idée générale du Gouvernement Ecclésiastique, Civil & Militaire de Paris ancien & moderne; l'origine & l'état

AVERTISSEMENT.

actuel de sa Police; l'histoire de ses Tribunaux, &c. il eût été difficile d'en faire un Livre amusant : il a fallu nécessairement sacrifier l'agrément à l'ordre & à la méthode dans ce premier volume, pour y renfermer une Notice générale & complète. Le Printemps produit les Epines avant les Roses; &, pour cueillir les fleurs, il faut en attendre la saison : ainsi ce ne sera que dans les volumes suivans, où l'on trouvera des détails propres à délasser de l'aridité & de l'ennui d'une Description.

Le nombre des Planches excède celui qu'on avoit annoncé. C'est dans la vue de plaire par une plus grande variété, qu'on n'a pas voulu donner à-la-fois toutes les Gravures d'un même genre, en mettant par exemple, toutes les vues des Boulevards, toutes les Places, tous les Ponts, &c. dans un même volume. Elles seront tellement distribuées dans les Descriptions particulières, que, sans nuire à l'ordre des matières, on aura la collection complète, avec l'agrément de la variété.

On a pensé devoir ajouter l'avis suivant sur l'ordre & l'explication des Planches du premier volume.

AVIS

Sur l'Ordre & l'Explication des Planches.

1°. Le Frontispice entouré d'une Vignette, & représentant au bas dans l'enfoncement, S. Denis, premier Apôtre des Parifiens, qui ordonne au Temps de détruire le Temple & l'idole de Mars, &c. L'Epigraphe: *Barbara Pyramidum, &c.* fignifie que l'orgueilleufe Memphis doit ceffer de vanter les fauffes merveilles de fes Pyramides, qui le cèdent aux Monumens de la Capitale des François....

Cette Planche doit être mife à la tête, avant le titre imprimé. On pourroit auffi la placer après le Difcours Préliminaire, avant la Defcription, p. 1.

2°. La Ville de Paris, repréfentée par une Femme, tenant en main un gouvernail, affife fur le fût d'une Colonne d'ordre Corinthien, & accoudée fur l'écuffon des armes de la Ville, femble encourager les Arts & les Sciences figurés par des Génies avec leurs différens attributs. Une Corne d'abondance à côté, défigne les effets de la protection accordée aux Arts par les Magiftrats.

La figure de la Ville eft placée fur le Pont Neuf, devant la ftatue de Henri IV, la grille ouverte, parce que c'eft le premier Monument qui ait été élevé dans Paris, en l'honneur des Rois. D'ailleurs, ce grand Monarque, qui règne encore dans le cœur des François, & qui eft la tige des Bourbons, eft le premier qui ait conçu le Plan uniforme & fuivi des embellissemens de Paris. Il a fait faire le Pont Neuf, la Place Dauphine, la Place Royale, l'Hôpital de Saint-Louis, &c. Il alloit exécuter des projets plus vastes, lorsque....

Au dessus de la statue du GRAND HENRI, le Temps, tenant d'une main sa faulx renversée, & le médaillon de LOUIS XVI, lève de l'autre un rideau qui laisse appercevoir la Galerie du Louvre, construite par Henri IV, & que notre jeune Monarque destine à servir de *Musæum*, où l'on doit placer parmi les Monumens des Arts, les statues & les bustes des grands Hommes qui ont fait honneur à la France. C'est ce qui a fait rappeler l'Inscription du piédestal, dont on trouvera l'explication, *Tome I, Art. V, page 76.*

Au bas de l'Estampe est gravé ce vers de la Philippide : *At jam Sequanico*, &c. qui signifie que, long-temps avant la fondation de Rome, PARIS, aujourd'hui la plus belle des Villes, élevoit déja ses murs sur les bords de la Seine. Cette Planche doit être mise avant l'Epître dédicatoire.

3°. Le BERCEAU DES NATIONS. Ayant annoncé par le Prospectus présenté au Roi, l'*Histoire de Paris & de la France* depuis les temps fabuleux jusqu'à nos jours, accompagnée de Gravures, qui doivent représenter les traits les plus caractéristiques de notre Histoire, le Graveur a cru devoir donner pour essai la *première Planche de cette suite de Tableaux historiques.*

Suivant l'opinion du faux Bérose, la Ville de Paris doit sa fondation à LUCUS & à PARIS, anciens Rois des Celtes, defcendans de SAMOTHÈS, furnommé DIS, petit-fils de NOÉ, qui vint s'établir dans les Gaules, environ un fiècle après le déluge. On a choifi ce fujet pour en faire le premier Tableau de la fuite hiftorique, parce que, dans tous les fyftêmes vrais ou faux, la famille échappée à l'inondation univerfelle, fut la réparatrice du genre humain, & l'Arche doit être regardée comme le *Berceau des Nations*. Cette Planche doit être placée dans le Difcours Préliminaire, en face de la page xl. *Voyez* la Note.

4°. Dans les éditions *in*-4° & grand *in*-8° de cet Ouvrage, il y a une VIGNETTE, page 1, repréfentant le Combat des Parifiens contre les Romains commandés par Labienus, Lieutenant de Céfar. L'armée des Parifiens fut entièrement défaite: ils y périrent tous avec Camulogène leur Chef, fans qu'il en réchappât un feul homme.

5°. Les PETITES VUES des Monumens de Paris, tirées fur des Planches doubles, doivent être toutes placées *à la fin du volume, fuivant l'ordre de leurs numéros*.

On peut auffi les mettre dans le corps de l'Ouvrage, aux pages indiquées ci-après.

Les SIX VUES DES BOULEVARDS formant trois Planches, fe mettroient en face de la page 63.

6°. La PORTE SAINT-BERNARD ou des TOURNELLES, vue des deux faces, doit être placée en face de la page 65.

7°. Les deux fuivantes repréfentant la PORTE

Saint-Denis, et la Porte Saint-Martin, en face de la page 67.

8°. La Porte Saint-Antoine, vue du côté de la ville & en entrant par le fauxbourg. Ce Monument superbe, élevé sur le bord des fossés de la Bastille, vient d'être détruit; la Planche qui le représente, doit être placée en face de la page 70.

9°. La Barrière de la Conférence, et la Grille de Chaillot, en face de la page 73.

10°. La double vue de la Place Dauphine, du côté du Pont Neuf & du côté du Palais, en face de la page 81.

11°. Les deux vues de la Place Royale ou de Louis XIII, en face de la page 82.

12°. La double vue de la Place des Victoires, en face de la page 86.

13°. Les deux vues de la Place Vendôme ou de Louis le Grand, en face de la page 93.

14°. Les deux vues de la Place de Louis XV, en face de la page 101.

Nota. Que cette Planche a été gravée d'après le Plan, & qu'il s'y trouve des fontaines & des ornemens qui ne sont pas encore exécutés. On donnera les vues de cette Place dans l'état où elle est, à la suite du Jardin des Tuileries.

15°. Le Pont Marie, & le Pont Notre-Dame, en face de la page 117.

Ces deux Ponts se trouvant sur le même bras de la Seine, vis-à-vis l'un de l'autre, ils ont été réunis sur la même Planche; mais la Description du *Pont Notre-Dame* est à la page 124.

Le parti pris par le Graveur de réunir deux vues sur chaque Planche, l'a quelquefois forcé d'intervertir l'ordre & la suite des objets de la Description. On a préféré cet inconvénient à celui d'augmenter le volume, en tirant chaque vue séparément. Il suffit d'indiquer ici l'endroit de la Description, auquel chacune des petites vues doit se rapporter.

16°. Le PONT DE LA TOURNELLE, & le PONT DE BIÈVRE, en face de la page 118; ce qui regarde le Pont de Bièvre se trouve à la page 144.

17°. Le PONT ROUGE, & le PETIT-PONT DE L'HÔTEL-DIEU, en face de la page 120.

18°. Le PONT SAINT-MICHEL, avec la vue générale du PONT NEUF, en face de la page 123; ce qui concerne le Pont Neuf est à la page 134.

19°. Le PONT AU CHANGE, avec l'ESPLANADE DE HENRI IV sur le Pont Neuf. *Voyez* ce qui concerne le Monument de la statue équestre de Henri IV, *Article V, page 76;* mais cette double vue doit être mise à l'article du Pont au Change, en face de la page 128.

La STATUE EQUESTRE de Henri le Grand, & la SAMARITAINE, avec la vue du Pont Neuf du côté du Quai de la Ferraille, en face de la page 138.

Nota. On a déja le Monument de Henri IV dans plusieurs Planches; mais on ne sauroit trop multiplier la vue d'un Héros, dont l'image rappelle à chaque *xij* Explication des Planches.

inftant, les liens d'amour qui doivent unir le Prince & les fujets, conformément au fens de ce dyftique qu'un Marchand de la rue de la Féronnerie a fait mettre au bas de fon bufte :

Henrici Magni recreat præfentia Cives,
Quos illi æterno fœdere junxit amor.

21°. La vue du Pont Royal & de l'entrée du Jardin des Tuileries près du pavillon de Flore, avec la vue du Pont Neuf, prife du côté des Auguftins, en face de la page 141.

Nota. Que les Boutiques du Pont Neuf conftruites fur les demi-lunes des piles, n'étoient pas encore bâties, lorfqu'on a gravé la Planche.

22°. Le Plan de Paris, étant trop étendu pour être placé dans les deux éditions *in*-8°, ne peut être mis qu'à la fin de l'édition *in*-4°; il n'eft pas encore achevé, mais il fe donnera féparément en retirant le premier ou le fecond volume. On donnera auffi les deffins qui ont été préfentés avec le Profpectus au Roi & à la Famille Royale. On n'a pas eu le temps de les faire graver pour ce premier volume.

La Table des Matières & des Articles eft à la fin.

DISCOURS

DISCOURS
PRÉLIMINAIRE
Sur l'Histoire de Paris & de la France.

Si les Productions de l'esprit humain sont un bon guide pour aider à découvrir le goût dominant de chaque siècle, on doit également juger des progrès ou de la décadence des belles-lettres, par les mœurs & les inclinations qui règnent à l'époque où l'on veut faire cet examen. Tout dégénère lorsque les mœurs ont dégénéré : elles obligent la littérature elle-même de céder à leur empreinte. Quel est l'auteur qui ne sera point esclave de la mode, & qui préférera les sujets graves, le style simple & solide, au style vif & fleuri, au néologisme, à l'antithèse, à cet art d'amuser les lecteurs sans leur rien apprendre ? Quel est celui qui voudra pâlir & sécher sur de vieux livres, pour défricher les champs arides de l'Histoire & du Droit public, au lieu de parcourir en s'amusant les jardins d'Epicure, pour y cueillir des fleurs propres à former des guirlandes dont le débit est assuré ? Quel est celui qui ne se rendra point aux invitations des sectes régnantes, puisque ce sont elles qui distribuent ordinairement la gloire & les richesses ? Qu'on jette seulement les yeux sur les ouvrages qui ont paru pendant le règne passager des Economistes, pour avoir des preuves de l'influence secrette ? Quel est enfin l'homme de lettres assez peu sensé pour ne pas faire des Romans, même sur les sujets les plus sérieux, dans un temps où sont recherchés, accueillis & lus avec avidité les écrits qui ne se font remarquer que par des nouveautés systématiques, des sarcasmes contre ce qu'il y a de plus respectable, des saillies incohérentes, & par les écarts d'une imagination déréglée ?

Comme il arrive souvent & presque toujours, que la saine Littérature, les Sciences & les Arts utiles perdent du côté de la fortune, ce qu'ils gagnent du côté de l'estime & de la célébrité auprès du petit nombre de gens sensés qui savent apprécier le mérite réel des ouvrages; ce seroit une sorte de phénomène de voir un père de famille diriger vers cet objet l'éducation de ses enfans. On voit souvent au contraire, des Savans, des Artistes &

PRÉLIMINAIRE.

des Gens de Lettres, indisposés par leur propre expérience contre ces brillantes occupations, en détourner constamment ceux qui leur appartiennent, comme d'un piège que leur tend l'amour-propre pour les entraîner dans le précipice. Il ne faut donc pas être surpris de la décadence des Lettres dans un siècle où les seules livrées de l'érudition suffiroient pour faire rejeter un Livre, quelque bon qu'il fût d'ailleurs. Si du moins les productions légères & superficielles qui sont à la mode, ne laissoient aucune trace après elles! Si elles n'inspiroient pas le dégoût, & même le dédain des lectures sérieuses & intéressantes! Si ces Ecrivains & leurs partisans n'exerçoient pas une critique trop amère contre les ouvrages qui ont pour mérite le choix d'un sujet utile & instructif, l'érudition & le style simple qu'elle exige!

Mais ils porteront leur critique jusqu'à soutenir qu'il ne faut pas même se donner la peine de lire un auteur qui propose de nouvelles recherches sur les Antiquités, l'Histoire, le Droit public & civil. Ils diront que les Savans anciens & modernes n'ont cessé de répéter que ces antiquités étoient dispersées dans un labyrinthe plein de détours &

de sentiers trop escarpés, trop remplis d'épines pour entreprendre de les parcourir, sans faire presque autant d'écarts que de pas. Ils diront qu'une nouvelle Histoire est inutile, après celles de Mézeray, de Daniel, de Velly; que les Dubos, les Montesquieu, les Mably, ont eu toute l'étendue de génie nécessaire pour parcourir cette vaste carrière, toute l'énergie, la fécondité & l'aménité du style propre à en décrire tous les détours, & à en rendre la description intéressante & agréable. On leur répondroit en vain que les Histoires qu'ils citent, sont en effet les seules qui se fassent lire, mais qu'elles n'en sont pas plus propres à inspirer le goût de cette étude; que tout le monde se plaint de ce qu'on n'en retire ni plaisir ni instruction; qu'elles sont incomplètes, qu'elles laissent un voile épais sur tout ce qui précède la dernière race de nos Rois, &c. Qu'à l'égard des Savans qui ont traité ce qui concerne l'établissement de la Monarchie & le Droit public des Francs, ces auteurs ingénieux & profonds paroissent avoir épuisé la matière; mais que, bien loin d'être d'avis unanime sur les faits les plus essentiels de notre Histoire & de notre Droit public, ils ont au contraire en-

PRÉLIMINAIRE.

fanté des fyftêmes fi contradictoires, que les uns anéantiffent les autres ; qu'en traitant les principes féparément des faits, chacun de ces auteurs ne cite que les paffages conformes à fes vues, fouvent même en détourne exprès le fens naturel (comme Montefquieu le reproche à l'abbé Dubos). D'ailleurs ils ne traitent que quelques points ifolés de notre Hiftoire, &c. &c.

Loin de prétendre convaincre les critiques prévenus, qui s'offenferoient peut-être même de cette prétention, contentons-nous d'expofer en peu de mots l'utilité & les avantages de l'Hiftoire ; les motifs de cette étude, & la néceffité de favoir celle de fon pays, fi on ne veut pas être étranger au fein de fa patrie : prouvons que nous n'avons point *dans notre langue* d'HISTOIRE GÉNÉRALE DE FRANCE, qui foit complète, qui embraffe toutes fes parties dans un ordre méthodique ; qu'elles ne font pour la plupart que des efpèces d'Annales militaires & chronologiques, felon l'ordre fucceffif des Rois; qu'en ne remontant point au-delà du règne de Clovis, elles nous laiffent dans une ignorance profonde fur notre origine, fur celle de notre gouvernement, de nos mœurs, de nos lois & ufages, &c.

DISCOURS

Ensuite nous ferons voir que l'Histoire particulière de la Capitale de l'Empire François, est intimement liée à celle de la Monarchie, & que tous ceux qui ont voulu donner séparément l'HISTOIRE DE PARIS, se sont écartés du but par cette raison. Enfin, nous parlerons de la DESCRIPTION DE PARIS ET DE SES PLUS BEAUX MONUMENS. Tel est l'objet & la division d'une Préface dont on voudroit pouvoir faire un Livre utile.

§. I.

L'HISTOIRE, que la frivolité de notre âge veut bien encore regarder comme une occupation honnête, propre à satisfaire la curiosité, & à procurer quelque délassement aux personnes sérieuses, réunit plusieurs autres avantages bien supérieurs à des motifs aussi légers : elle est tout à-la-fois, selon l'expression de Cicéron (1), la lumière des temps, a dépositaire des évènemens, le témoin fidèle de la vérité, la source des bons conseils, la règle de la conduite & des mœurs ; c'est la véritable école du genre humain,

---

(1) *Historia testis temporum, lux veritatis, vita memoriæ, magistra vitæ, nuntia vetustatis, &c.* CICER.

PRÉLIMINAIRE.

également utile aux grands & aux petits, aux Princes & aux Sujets, mais nécessaire aux Grands, & sur-tout aux Princes, & à tous ceux qui ont quelque part aux affaires publiques. C'est à cette école de la prudence & de la politique que se forment les grands Rois, les hommes d'Etat & les Héros. Frédéric est en même temps l'HISTORIEN de son pays, le législateur de ses peuples, & le modèle de ses généraux. D'ailleurs, l'opinion publique étant le principal frein des personnes en place, l'Histoire contribue plus qu'on ne le croit, au bonheur général & particulier.

Ce seroit peu de chose sans doute, que d'avoir la mémoire remplie d'un nombre infini d'années, de siècles & d'époques; de savoir cette grande variété de Rois, d'Empereurs, de Conciles, &c : cette sorte d'étude mécanique ne mériteroit pas le nom de *science de l'Histoire* ; car savoir, c'est connoître les choses par leurs principes. Ainsi savoir l'Histoire, c'est connoître les hommes qui en fournissent la matière ; c'est en juger sainement : étudier l'Histoire, c'est étudier les motifs, les opinions & les passions des hommes, pour en pénétrer tous les ressorts & les détours, pour connoître toutes les illusions que les passions peuvent faire à l'esprit, & les surprises qu'elles font au cœur ; en un mot, c'est apprendre à se connoître soi-même dans les autres. L'usage le plus salutaire de l'Histoire, dit Tite-Live au commencement de la sienne, consiste (1) à s'arrêter avec complaisance sur les exemples de vertu & les leçons de prudence consignés dans les monumens historiques, pour les imiter ; & à faire une égale attention aux actions criminelles & aux suites funestes qu'elles entraînent toujours après elles, afin de les éviter.

Les grandes fautes passées servent beaucoup en tout genre. On ne sauroit, par exemple, trop remettre devant les yeux les crimes & les malheurs causés par des querelles absurdes, parce qu'à force de renouveler la mémoire de ces querelles, on les empêche de renaître. L'Histoire de nos guerres civiles par Davila, témoin oculaire, & le beau Poëme historique de la Henriade, par M. de

---

(1) *Hoc illud est præcipuè in cognitione rerum, salubre ac frugiferum, omnis te exempli documenta in illustri posita monimento intueri ; inde tibi tuæque Reipublicæ quod imitere capias ; inde fœdum inceptu, fœdum exitu, quod vites.* TITE-LIVE, l. 1, init.

PRÉLIMINAIRE.

Voltaire, font peut-être les deux Ouvrages les plus utiles dont le génie ait pu faire préfent au genre humain, parce qu'ils infpirent l'horreur qu'on doit avoir pour les guerres de religion, & pour le fanatifme fanguinaire qui n'eft que le miniftre aveugle des paffions des Grands & le prétexte des fourbes ambitieux.

Comme la lecture d'Homère a fait plus de Poëtes que les Poétiques d'Ariftote & d'Horace, de même l'étude des feuls Commentaires de Céfar feroit plus propre à former de grands Capitaines, que tous les livres de tactique moderne. On verroit dans le récit de l'Hiftorien, que la fcience dans la caftramétation pour fe garantir des forces fupérieures, la célérité dans les opérations pour laquelle on l'a comparé à la foudre qui frappe en même temps qu'elle paroît, fon habileté à profiter de la victoire, fa promptitude, fa vigilance & cette ardeur qui ne permet pas qu'on fe relâche tant qu'il refte quelque chofe à faire, (*Nil actum reputans fi quid fupereffet agendum,*) étoient dans Céfar des qualités propres à maîtrifer les évènemens, & à affurer les fuccès brillans qui l'ont fait paffer, avec raifon, pour le plus grand Capitaine du monde.

DISCOURS

M. de Voltaire remarque que c'eſt pour avoir lu les détails des batailles de Crécy, de Poitiers, d'Azincourt, de Saint-Quentin, de Gravelines, &c. que le célèbre Maréchal de Saxe ſe déterminoit à chercher, autant qu'il pouvoit, ce qu'il appeloit *des affaires de poſte*. Les exemples font un grand effet ſur l'eſprit d'un Prince qui lit avec attention; il verra que Henri IV n'entreprenoit ſa grande guerre, qui devoit changer le ſyſtême de l'Europe, qu'après s'être aſſuré des nerfs de la guerre pour pouvoir la ſoutenir pluſieurs années ſans aucun ſecours; il verra que la Reine Eliſabeth, par les ſeules reſſources du commerce & de l'économie, réſiſta au puiſſant Philippe II, & que de cent vaiſſeaux qu'elle mit en mer contre la flotte invincible, les trois quarts étoient fournis par les villes commerçantes d'Angleterre. La France non entamée après neuf ans de la guerre la plus malheureuſe, lui montrera évidemment l'utilité des places frontières. Enfin il verra par l'Hiſtoire, que depuis le quinzième ſiècle on s'eſt toujours réuni contre une Puiſſance trop prépondérante, & que c'eſt au défaut de ce ſyſtême d'équilibre ignoré des anciens, que les Romains durent la conquête du monde entier.

Un autre avantage de l'Histoire, se trouve principalement dans la comparaison qu'on peut faire des lois & des mœurs étrangères avec celles de son pays ; c'est ce qui excite les nations modernes à enchérir les unes sur les autres dans les sciences & les arts, dans le commerce, dans l'agriculture, &c. La même utilité se trouve aussi dans la comparaison des coutumes & usages anciens avec les modernes, sur-tout lorsqu'on s'applique avec soin à l'Histoire de son pays, qui mérite la préférence sur toutes les autres.

L'Histoire de France ancienne & moderne, présente le plus beau des spectacles & les leçons les plus instructives. Abondante comme elle est, on ne peut manquer d'y trouver des décisions & des lumières, soit dans la conduite de la vie civile, soit dans le gouvernement. C'est par-là sur-tout que les personnes les plus versées dans notre Droit public & particulier en ont assuré les principes & fait connoître les détails, & c'est à quoi cette Histoire doit principalement servir. Le premier objet qu'on doit se proposer dans cette lecture, est la connoissance du gouvernement intérieur & extérieur de la Nation, de ses Lois politiques & civiles, de celles qui sont abrogées ou en vigueur ; de ses mœurs & usages ; des sciences & des arts, & de ceux qui les ont portés au point de perfection où ils se trouvent de nos jours ; par quels degrés la France est parvenue à ce haut point de gloire & de puissance qui fait aujourd'hui l'admiration de tous les peuples, même des nations rivales qui croient pouvoir lui disputer la prééminence.

Mais ces connoissances si nécessaires & si amusantes ne sont pas aisées à acquérir. Noyées dans une multitude effrayante de volumes, la plupart écrits en latin & en vieux gaulois, qui aura la patience de dépouiller ces archives poudreuses de la crédulité, de l'ignorance & du mauvais goût, pour en extraire ce qu'il y a de plus utile, de plus important, de plus certain, & d'en former un corps d'Histoire assez bien ordonné pour enlever tous les suffrages ? Plusieurs grands hommes l'ont en vain essayé ; malgré leurs efforts, on se plaint toujours, avec raison, qu'il nous manque encore une bonne Histoire de France qui se fasse lire avec plaisir, & qui réunisse à-la-fois l'agréable & l'utile.

On languit en lisant notre Histoire, ou parce qu'elle est mal écrite, & que tout y est

PRÉLIMINAIRE.

raconté de la même manière avec une uniformité aſſommante ; ou parce qu'il y a peu d'ordre, que les faits ſont mal liés & manquent de développement. On y eſt accablé ſous la multitude des petits faits indifférens, iſolés, & qui ne tiennent à l'Hiſtoire générale de la Monarchie, ni par les cauſes, ni par les effets. L'Hiſtoire particulière des Provinces n'y eſt jamais aſſez éclaircie, & ne ſert qu'à obſcurcir le ſujet principal lorſqu'on eſt forcé d'en parler. La crédulité des Auteurs, les récits miraculeux dont leur narration eſt ſouvent mêlée, ajoutent encore au dégoût & à l'ennui.

Si les hommes étoient raiſonnables, dit un célèbre Ecrivain, ils ne voudroient d'Hiſtoires, que celles qui mettroient les droits des peuples ſous leurs yeux ; les Lois ſuivant leſquelles chaque père de famille peut diſpoſer de ſon bien ; les évènemens qui intéreſſent toute une nation ; les traités qui les lient aux nations voiſines ; les progrès des arts utiles ; les abus qui expoſent continuellement le grand nombre à la tyrannie du petit : mais cette manière d'écrire l'Hiſtoire eſt auſſi dangereuſe que difficile. Ce ſeroit une étude pour le lecteur frivole ; le public aime mieux des fables, on lui en donne.

Jetons un coup d'œil fur les Hiftoires générales de France, écrites dans notre langue (1). On ne peut plus lire celles qui ont précédé la grande Hiftoire de Mézeray, comme les grandes *Chroniques de France*, les Annales de *Gilles*, de *Chapuys*, de *Sauvages*, de *Belleforêt;* les Hiftoires de *Du Haillan*, de *Dupleix*, de *De Serres*, & de tant d'autres. MÉZERAY eft fans doute le premier qui ait atteint la manière d'écrire l'Hiftoire: mais n'a-t-il pas avoué lui-même que, lorfqu'il publia fa grande Hiftoire en 1643, il n'avoit confulté aucun auteur contemporain, ni lu aucun des originaux de notre Hiftoire? Et ne fait-on pas auffi que c'eft BAUDOUIN homme laborieux, mais peu exact, qui lui a fourni fes matériaux? D'ailleurs, fes trois volumes *in-folio* font moins longs que fon Abrégé, à caufe de la fécherefle qui y règne. Qu'eft-ce qu'une Hiftoire où l'on ne cite pas fes garans? Bien des gens la rangent dans la claffe des Romans hiftoriques.

M. GÉRAUD DE CORDEMOY dédia à

---

(1) Je parlerai ailleurs des Auteurs contemporains & des Hiftoires latines, parce qu'à chaque époque je ferai connoître les fources où j'aurai puifé.

PRÉLIMINAIRE.

Louis XIV, en 1685, une nouvelle Histoire de France en deux volumes *in-folio* : mais il n'a donné que les deux premières races; & il est fâcheux que ce bon ouvrage n'ait pas été continué : l'Auteur est un de nos meilleurs Historiens; son style est pur & noble; il éclaircit beaucoup de faits équivoques ou douteux; il s'appuie à propos d'autorités, & les cite en marge; il fait connoître ce qu'étoient les Gaulois & les Francs, long-temps avant l'établissement de la Monarchie, &c.

Le Père DANIEL, qui dédia au même Roi son *Histoire de France* en trois volumes *in-folio*, en 1713, est bien inférieur à M. de Cordemoy, malgré la critique trop amère qu'il en fait. Le style de ce Jésuite est aisé & historique; & il a assez bien réussi dans les deux premières races, parce qu'il avoit un modèle à imiter : mais sa troisième race satisfait peu; on n'y trouve que sièges, que batailles, qu'actions de guerres, entassées les unes sur les autres; & l'on ne sauroit y découvrir l'esprit & le caractère des Cours, ni l'intérieur de chaque règne. Les femmes mêmes qui ont donné le plus de mouvement aux affaires d'Etat depuis le règne de Louis XII, paroissent à peine dans son Histoire : il avoit d'ailleurs des préjugés d'état. Son Abrégé se ressent des mêmes défauts, & n'est pas plus recherché. Il faut cependant excepter l'édition que le Père GRIFFET a donnée de cette Histoire, parce que ce continuateur du Père Daniel, y a joint d'excellentes Notes critiques.

M. L'ABBÉ LE GENDRE, Chanoine de l'Eglise de Paris, a aussi publié une grande *Histoire de France* en trois volumes *in-folio*. Il remarque avec surprise, que plus la Monarchie Françoise est célèbre, plus elle a fait de grandes choses, & plus on doit être étonné qu'elles n'aient point été écrites d'une manière qui réponde à la dignité du sujet, & qui approche du bon goût & de la perfection des Historiens Grecs & Romains. Mais il n'a pas mieux réussi que ses prédécesseurs; & son petit *Traité des Mœurs des François* est ce qu'il a fait de meilleur. Il ne faut pas confondre cet Historien avec M. LE GENDRE, Marquis de SAINT-AUBIN, savant Maître des Requêtes, connu par son fameux *Traité de l'Opinion*, & par ses *Antiquités de la Monarchie Françoise*, in-4°, qu'il publia en 1739: on aura occasion de parler ailleurs de ces deux ouvrages, où règne une érudition immense,

PRÉLIMINAIRE. xvij

menfe, & la critique la plus judicieufe. Après ces Auteurs, il feroit inutile de citer l'Hiftoire d'un faifeur de Gazettes, tel que M. de Limiers & de tant d'autres qui n'ont écrit que pour vivre, fans apporter les vaftes connoiffances qu'exige une entreprife de cette nature.

Enfin, M. l'Abbé Velly, dégoûté comme de raifon, de tous les Hiftoriens qui l'ont précédé, leur reproche d'avoir moins envifagé l'ordre chronologique des Rois comme un guide, que comme l'objet de leur travail; que bornés à nous apprendre les victoires ou les défaites du Souverain, ils ne nous difent rien des peuples qu'il a rendus heureux ou malheureux; qu'on ne trouve dans leurs écrits que longues defcriptions de fièges & de batailles, nulle mention des mœurs & de l'efprit de la nation qui y eft prefque toujours facrifiée à un feul homme; & que la gloire qui réfulte des vertus pacifiques y eft par-tout immolée au brillant des exploits guerriers, &c. On a donné de grands éloges à M. l'Abbé Velly, pour avoir faifi le véritable but de l'Hiftoire, & pour avoir entamé cette vafte entreprife qu'il n'a pu conduire que jufqu'au huitième volume; elle a été continuée par MM. VILLARET & GARNIER. On en est au vingt-septième tome, & le règne de Henri II n'est pas fini : cependant les deux premiers volumes contiennent seuls les deux premières races, & une partie des Rois de la troisième. Cette seule observation suffit pour montrer qu'on a tout sacrifié dans cet ouvrage aux détails de l'Histoire moderne, tandis que l'ancienne y est à peine effleurée. Nous ne nous permettons aucune réflexion sur cette grande Histoire, qui a ses Approbateurs & ses Censeurs. Les uns & les autres seroient embarrassés de décider si on la doit qualifier d'*Histoire*, à cause de l'étendue qu'elle annonce pour arriver jusqu'à nos jours; ou simplement d'*Abrégé Historique*, à cause du peu de connoissances qu'elle donne de nos antiquités jusqu'à Philippe Auguste. D'ailleurs, on souhaiteroit un ouvrage complet, fait par une même main, & coulé en fonte d'un seul jet.

La difficulté des grandes Histoires, leur longueur fastidieuse, leur monotonie fatigante, leur insuffisance même (1), ont donné

---

(1) Ce ne sont pas seulement nos Histoires générales qui sont incomplètes & insuffisantes : on en peut dire autant des Histoires particulières des règnes de nos Rois, & de celles

PRÉLIMINAIRE. xix

un cours prodigieux aux Abrégés qui péchent par l'excès contraire, dont la sécheresse &

de plusieurs Provinces qui forment seules des compilations énormes, dans lesquelles il sembleroit qu'on dût au moins trouver le récit des faits essentiels. Cependant les actions les plus héroïques, les évènemens les plus intéressans, dont la connoissance seroit indispensable pour celle des règnes qu'on veut écrire, y sont omis ou seulement rappelés, sans aucune des circonstances propres à les fixer dans la mémoire. Un seul exemple suffira.

La guerre de 1636 entre les François, & les Impériaux soutenus des Espagnols & des Comtois, mit la France à deux doigts de sa perte. Le Cardinal-Infant, entré en Picardie, portoit la terreur de ses armes jusqu'aux portes de Paris, tandis que le Général Galas ravageoit la Bourgogne avec une armée de 80 mille hommes. Le Cardinal de Richelieu découragé, vouloit quitter le ministère & abandonner l'Etat sur le penchant de sa ruine. Cette guerre, également malheureuse aux deux partis qui vinrent échouer tour-à-tour devant Dole & Saint-Jean-de-Lône, est célèbre par la résistance inouie que firent ces deux Villes, à des forces assez supérieures pour les emporter d'emblée. Le dévouement généreux de leurs habitans, & la défense opiniâtre qui fut leur salut, peuvent être comparés à tout ce qu'il y a de plus grand & de plus héroïque dans l'Histoire ancienne. La Bourgogne & la Franche-Comté, qui furent le principal théâtre de cette guerre jusqu'à la paix de Westphalie, se ressentirent long-temps des ravages que firent les ennemis avec un acharnement qui ne se trouve que dans les dissentions civiles ; cependant, à peine les Historiens en font-ils mention : ils se contentent de dire que le Prince de Condé fut forcé de lever le siège de Dole, & que le Général Galas vint échouer devant Saint-Jean-de-Lône. Ces sortes d'évènemens particuliers sont ordinairement peu connus, parce que les détails qui en font l'ornement & l'intérêt,

b ij

l'aridité font encore plus rebutantes que l'ennuyeufe prolixité des autres. Le plus méthodique & le plus complet de tous ceux qui ont paru, eft, fans contredit, celui que Guillaume Marcel, Avocat au Confeil, publia en 1684, en 4 vol. *in*-8°. Il eft utile, fur-tout, pour la Chronologie & les preuves qui l'accompagnent. Il a de plus un mérite, en ce que fon premier volume contient des *Recherches curieufes fur les Gaulois & les anciens Francs*. Il auroit dû être imité par ceux qui ont emprunté fa méthode. On a enfuite l'Abrégé qu'on attribue à M. le Comte de Boulainvilliers, trop inférieur à la réputation de ce favant; ceux du P. de Chalon, de M. l'Abbé Millot, &c. &c. On fe gardera bien d'apprécier tous ces ouvrages; il faudroit un volume exprès : il fuffira de re-

---

font omis ou négligés dans les Hiftoires générales, comme on peut s'en convaincre en lifant ce qu'en ont dit le Continuateur de Mézeray, Michel le Vaffor, le P. Griffet & M. de Bury, dans leurs très longues & très-faftidieufes Hiftoires de Louis XIII. Ces omiffions nous ont déterminés à publier en 1772 l'*Hiftoire des Guerres des deux Bourgognes fous la maifon de Bourbon*, dont les deux premiers volumes *in-12* ont été imprimés à Dijon chez Defay. Cet ouvrage a fourni à M. d'Uffieux le fujet d'un Drame intitulé : *Les Héros François*, ou *le Siège de Saint-Jean-de-Lône*. M. de Voltaire nous avoit mandé qu'il avoit le même deffein.

PRÉLIMINAIRE.

marquer avec étonnement, que l'Abbé LEN-GLET DUFRESNOY, auteur de l'excellente *Méthode d'étudier l'Histoire*, en 5 vol. *in-4°*, l'une des plus belles productions de ce siècle, ait échoué lui-même dans la composition de son *Abrégé de l'Histoire de France*.

Au surplus, toutes ces productions sont effacées par l'excellent *Abrégé chronologique* de M. le Président HÉNAULT, qui a réuni tous les suffrages, & dont les éditions si multipliées, embellies par le savant burin de MM. Cochin & Moreau, prouvent mieux la bonté que tous les éloges qu'on pourroit lui donner. « C'est, dit l'Abbé Desfontai-» nes (1), une espèce d'*Encheiridion* ou de Ma-

---

(1) On verra sans doute avec plaisir les termes mêmes de ce célèbre Journaliste. « Il n'est pas surprenant, dit-il, que de » toutes les Histoires, celle qui nous intéresse le plus ait paru » jusqu'ici en notre langue sous tant de formes différentes. Que » d'Histoires générales de ce royaume, & combien d'Abré- » gés ! Pour en faciliter l'étude & soulager la mémoire, on » l'a réduite plus d'une fois en forme de dialogue, par la mé- » thode utile des demandes & des réponses. Voici un travail » d'un genre nouveau, & un des plus utiles qui ait jamais été » entrepris. C'est un petit volume où il y a plus de savoir & » de recherches que dans beaucoup de gros livres, & qui, par » son ingénieuse & singulière construction, a dû coûter au- » tant de peine à son Auteur, qu'il en peut épargner à tous » ceux qui en feront usage. Ce ne sont pas ici de simples Fastes » où un lourd compilateur met sa gloire à entasser des évé-

» nuel écrit avec autant de précision que
» d'élégance, & renfermant tout ce qui mé-
» rite d'être su & retenu dans notre Histoire,
» avec des observations savantes, des juge-
» mens sensés, des réflexions fines, des por-
» traits vrais & agréables : c'est le Bouclier
» d'Achille, ou plutôt c'est celui d'Enée, où
» le Dieu du feu avoit su tracer avec son sa-
» vant burin ou son docte ciseau, toute l'His-
» toire des Romains. »

Nous souscrivons sans peine à ces éloges mérités, en observant néanmoins que les dernières éditions de ce *petit Manuel* forment

---

» nemens copiés sans choix & sans réflexion. On trouve dans
» cette Chronologie l'époque sûre de tout ce qu'il y a de plus
» important, de plus curieux, de plus intéressant dans notre
» Histoire, & dans certains évènemens célèbres de l'Histoire
» de l'Europe qui y ont rapport. On y voit les sources de
» notre Droit public, civil & ecclésiastique, & l'origine d'un
» grand nombre de nos usages, &c. »

Je voudrois pouvoir ajouter, s'il étoit possible, à ces élo-ges, sans m'arrêter aux critiques de MM. de Voltaire, Lin-guet, &c. Mais si on considère l'Abrégé chronologique comme un simple Manuel commode pour apprendre l'Histoire de France, il a manqué son but. La méthode des Annalistes qui entremêlent indifféremment dans une même année tous les événemens arrivés en même temps en différens lieux, ôte né-cessairement à l'Histoire la clarté, l'unité & l'intérêt. *Voyez* au contraire les Révolutions de l'Abbé de Vertot, où l'ordre chronologique est sacrifié au plan, & jugez par comparaison.

PRÉLIMINAIRE. xxiij

deux gros *in*-4º très-chargés, & d'un caractère très-fin; que cet Abrégé ne commence qu'à Clovis; que les deux premières races ne forment pas la fixième partie de tout l'ouvrage, & ne font proprement que des Tables affez confufes; que les trois derniers règnes contiennent feuls la moitié de l'ouvrage; que la narration fréquemment coupée par la fimple indication des évènemens arrivés en même temps en diverfes parties de la France & de l'Europe, eft auffi fatigante que celle d'une fimple Table de matières; que fi on eft dédommagé de temps à autre par des portraits vrais & agréables, (*disjecti membra Poëtæ*) ce font autant de fleurs parfemées au milieu des landes & des friches, qui n'ôtent pas l'ennui de la route & les fatigues d'un voyage pénible; enfin, que ce trop volumineux Abrégé, chargé de colonnes où il n'y a que des noms propres, n'eft bon qu'à rappeler à ceux qui font déja inftruits, les dates des évènemens, les Souverains de l'Europe, & les traits principaux de l'Hiftoire générale; & que, malgré l'excellence de ce travail, il eft infuffifant pour apprendre l'Hiftoire de France à ceux qui l'ignorent; que l'Auteur lui-même a eu la modeftie de l'annoncer comme un *Recueil pour son usage*, & qu'ainsi il faudroit retrancher la moitié de la fameuse épigraphe qui est au commencement du frontispice : *Indocti discant.... & ament meminisse periti*. Pour le lire avec fruit, il faut déja connoître l'Histoire.

On a senti la justesse de ces observations, puisque l'on continue à nous donner journellement de nouveaux Abrégés sous des formes différentes. L'avantage de présenter l'ensemble de l'*Histoire de France* sous un même coup d'œil, & d'en lier toutes les parties pour en faire un tout bien distribué, étant incompatible avec l'ordre purement chronologique qui ne permet aucun développement; plusieurs Savans ont tenté une nouvelle forme d'Abrégé, bien supérieure à cette suite de dates & de faits isolés les uns des autres, qui n'ont de connexité que celle du temps où ils sont arrivés, & où l'on ne peut appercevoir ni les causes éloignées ou prochaines de la grandeur & de la décadence des Empires, ni les changemens imperceptibles qui amènent les révolutions. Le Comte de BOULAINVILLIERS, l'Abbé DUBOS & le célèbre MONTESQUIEU, nous avoient déja laissé des modèles en ce genre : MONTESQUIEU sur-tout, ce Platon de notre âge, a mis à la fin de son *Esprit des Lois* un tableau des révolutions de la Monarchie, qu'on doit regarder, après son Livre *des Causes de la grandeur & de la décadence des Romains*, comme le morceau le plus perfectionné qui soit sorti de la plume de cet immortel Ecrivain.

L'objet de ces savans hommes n'étoit pas d'écrire l'Histoire, mais seulement d'éclaircir le Droit public, par les faits qui ont accompagné l'établissement de la Monarchie; aussi se sont-ils jeté dans des systêmes dont la contrariété suffit pour démontrer l'erreur, comme l'a fait voir M. l'Abbé DE MABLY. Ce dernier Auteur a donné en 1765 l'Histoire du Gouvernement François, sous le titre modeste d'*Observations*. Il se propose, dans cet Ouvrage important, de faire connoître les différentes formes de Gouvernement auquel les François ont obéi depuis leur établissement dans les Gaules, & de découvrir les causes qui, en empêchant que rien n'ait été stable chez eux, les ont livrés pendant une longue suite de siècles à de continuelles révolutions. « Cette partie intéressante de » notre Histoire, dit l'Auteur, est entière- » ment inconnue des Lecteurs qui se bornent

» à étudier nos Annalistes, & sur-tout *nos*
» *Historiens modernes, qu'il ne faut lire qu'avec*
» *une extrême circonspection*, (ce sont ses ter-
» mes) parce qu'ils ont tous négligé l'ori-
» gine de nos Lois & de nos Usages, pour
» ne s'occuper que de sièges & de batailles;
» & que ceux d'entr'eux qui ont fait le ta-
» bleau des siècles reculés, ne peignent ja-
» mais que les Mœurs, les Préjugés & les
» Coutumes de leurs temps, &c. »

L'exécution d'une aussi belle entreprise, où l'on reconnoît par-tout l'Historien profond & le savant Publiciste, fait honneur à M. l'Abbé DE MABLY; mais son Ouvrage très-abstrait, chargé de preuves, de citations, de remarques, suppose la connoissance antérieure des faits, & ne peut convenir qu'aux savans en état de le méditer & de l'entendre. D'ailleurs, il est encore plus *Paradoxal* que ceux qu'il a voulu combattre: il a nié l'existence des Justices seigneuriales sous les deux premières races. Il a soutenu l'égalité des rangs & des personnes, malgré les preuves contraires que l'Histoire fournit à chaque pas; & son système favori de la République des Francs sous les deux premières races, perce à travers les voiles dont il

PRÉLIMINAIRE. xxvij

a cru s'envelopper; outre qu'il ne s'étend pas au-delà du règne de Philippe de Valois, ou de la ruine du Gouvernement féodal.

M. l'Abbé Bouquet, Commissaire du Trésor des Chartes, Bibliothécaire & Historiographe de Paris, a enrichi la Littérature du premier volume *in-4° du Droit public de France, éclairci par les Monumens de l'antiquité.* Cet Ouvrage profond annonce ce que l'on doit attendre de ce Savant, qui travaille à la *Notice générale & raisonnée des anciennes Chartes, & notamment de celles du Trésor des Chartes* (1). Cette Notice raisonnée sera in-

---

(1) L'Auteur a eu la bonté de me communiquer son manuscrit du Discours préliminaire, qui a pour épigraphe :

Publica Francorum tentat quis pandere jura ;
Prisca novis simul, & noscat nova jungere priscis.

Après avoir démontré, dans l'Introduction, que c'est faute d'être remonté à la source primitive de nos anciens monumens, que les Auteurs ont donné dans des écarts & des systêmes erronés, qui se perpétuent d'âge en âge, & qui entraînent après eux le pyrrhonisme & le dégoût de notre Histoire, par l'incertitude qui y règne; (pour ne pas parler d'abus encore plus dangereux,) il fait voir que ce n'est que dans une Notice complète & générale de tous nos anciens monumens, imprimés ou manuscrits, & sur-tout des titres du Trésor des Chartes, qu'on peut puiser les vrais principes de l'Histoire & du Droit public de France. Ce sont ces monumens qu'il se propose de mettre sous les yeux du public; non pas épars, tels qu'ils ont été jusqu'à présent dans les

DISCOURS

xxviij

dispensable pour tous ceux qui voudront écrire sur l'Histoire & le Droit public de

---

diverses collections qu'on en a commencées; mais dans l'ordre chronologique, généalogique, topographique, alphabétique; mais appliqués à chaque point de fait ou de droit; mais épurés par les règles de la critique.

Il traite ensuite, dans la *première Partie* de ce savant Mémoire, des objets de la Notice, de sa division, & des opérations nécessaires pour sa rédaction, par le moyen des bulletins qui contiennent le précis de chaque Charte. La *deuxième Partie* traite des recueils des anciens titres de la Couronne & du Domaine royal, des précautions prises pour en assurer le dépôt, & des Ordonnances rendues à ce sujet. La *troisième Partie* expose les défauts des anciennes & nouvelles collections de Chartes. La *quatrième Partie* contient la réfutation des erreurs & écarts des meilleurs Jurisconsultes & Historiens sur l'origine des fiefs, l'état des personnes, l'administration de la justice en France, l'origine & la nature du Domaine royal, &c. faute de recherches & d'intelligence des anciennes Chartes. La *cinquième Partie* embrasse tous les moyens de parvenir à l'intelligence des anciennes Chartes, tels que l'art de les lire; la connoissance des Lois & Usages en vigueur au temps de chaque Charte; la fixation des époques & des dates; l'intelligence des termes de la basse latinité, &c. Enfin, la *sixième & dernière Partie* traite des rapports de la Notice à l'Histoire de la Monarchie; à la publication & formation des Lois; à nos anciens usages, à leurs révolutions; à la filiation des propriétaires & des propriétés; aux généalogies, &c. Cet Ouvrage est terminé par des recherches & des exemples sur les usages de la Notice, appliqués aux questions les plus difficiles, telles que l'ancienne & nouvelle enclave territoriale, la tenure en alleu, la tenure en franche aumône; l'origine & l'hérédité des bénéfices, des fiefs & des seigneuries, leur réunion; la distinction des droits

France, ou connoître les erreurs dangereuses & les paradoxes des Historiens & des Jurisconsultes, faute d'avoir puisé dans cette source primitive de notre Histoire, seule propre à épurer toutes les autres.

M. DE VOLTAIRE, qui a disputé toutes les Couronnes, & qui les a méritées, a donné un modèle du style historique dans son beau *Siècle de Louis XIV*. Il seroit à souhaiter que ce grand homme, qui fait tant d'honneur à la France, eût voulu en être l'Historien ; & qu'au lieu d'embrasser tous les genres de Littérature à-la-fois, il eût porté ses recherches & ses vues de ce côté. Ce génie universel étoit peut-être seul en état de donner à la Nation l'Histoire qui lui manque, & qu'elle desirera peut-être encore long-temps. Il en a inféré un Abrégé dans son *Essai sur l'Histoire générale, depuis Charlemagne jusqu'à nos jours*, pour servir de suite

---

royaux & seigneuriaux ; le nom & l'origine des Francs ; la Noblesse personnelle & réelle ; l'ancien état des villes & de leurs habitans ; l'hérédité à la Couronne & la succession au Trône, &c. &c.

J'ai cru devoir faire connoître ce manuscrit important, que l'Auteur a bien voulu me confier, en me permettant d'annoncer qu'il m'aideroit de ses lumières dans le cours de mon travail, lorque je donnerai l'*Histoire de Paris & de la France*.

au *Discours* du grand Bossuet, sur l'*Histoire universelle*, un des chefs-d'œuvres du siècle de Louis XIV. Mais ces sortes d'Ouvrages, dont l'éloquente briéveté embrasse, dans un petit nombre de volumes, l'immensité des faits, & une multitude d'évènemens dépouillés de circonstances & de détails, dénués de preuves & de citations, ne peuvent servir qu'à des lecteurs déja instruits du fonds de l'Histoire, & en état d'apprécier les jugemens d'un Auteur philosophe, dont l'impartialité ne fait pas le mérite, & qui avoit un but dans cet essai, qu'il faut lire avec précaution.

M. Gautier de Sibert a fait paroître en 1765, son *Histoire des Variations de la Monarchie Françoise*, en 4 vol. *in-*12. C'est le premier Auteur qui ait senti que Montesquieu avoit tracé le plan & la forme d'une nouvelle *Histoire de France*, & qu'on ne pouvoit s'en écarter sans danger. Cette production, digne d'éloge, se fait lire avec plaisir; & il seroit à souhaiter qu'on exécutât ce qu'elle semble promettre. M. de Goesmann, déja connu par un *Traité des Fiefs*, fit paroître en 1777 la première partie de son *Histoire politique du Gouvernement*

François, ou les quatre Ages de la Monarchie, en 4 vol. *in-*4°. Enfin, M. MOREAU, Historiographe de France, publie actuellement une suite de *Discours*, dans lesquels il développe avec autant d'énergie que d'élégance, les *Principes de morale, de Politique & de Droit public, puisés dans l'Histoire de notre Monarchie*, &c. Mais tous ces doctes Ouvrages, & ceux qui paroissent de temps à autre (1), ne sont pas proprement des Histoires : ils prouvent seulement qu'on cherche encore à donner à la nôtre une forme plus commode, plus instructive & plus attrayante que celle des Abrégés chronologiques.

---

(1) Il ne faut pas confondre parmi les savans écrits dont je veux parler, l'*Epitome sur l'état civil de la France*, &c. Le titre de cette compilation, en deux volumes *in-*12, (1779) ajoute qu'elle contient l'Origine, les Lois, les Usages, les Mœurs de tous les peuples des Empires & Républiques d'Orient & d'Occident ; l'Histoire chronologique, civile & politique de la France ; & l'état actuel des Lois, des Usages, des Mœurs, des Arts & des Sciences en France, &c. Ce titre seul suffit pour porter un jugement équitable de cet Epitome, indépendamment des erreurs qui peuvent s'y trouver. Mais parmi les Ouvrages importans dont on enrichit tous les jours notre Littérature, on ne doit pas oublier le grand *Dictionnaire diplomatique, historique & politique*, dont le savant M. Robinet est Editeur ; c'est une des sources les plus riches où l'Historien, le Jurisconsulte, l'homme d'Etat, pourront puiser tour-à-tour.

De ce que nous avons fi peu de bonnes Hiſtoires en françois, il ne faudroit pas en conclure que nous manquons de matériaux: il n'y a jamais eu aucune Nation qui poſsède autant d'ouvrages imprimés ou manuſcrits ſur ſon Hiſtoire, que la nôtre; on en compte environ *vingt mille*, dont la plupart ſont en pluſieurs volumes, ſans parler des pièces manuſcrites & originales qui ſont dans les Bibliothèques, dans les Archives, dans les dépôts des Chambres des Comptes, &c. Il n'y a point de Provinces, & preſque point de Villes, qui n'aient leur Hiſtoire particulière : on en peut dire autant des grandes familles, des ordres religieux, &c. La Biographie eſt également nombreuſe; les Vies & les Hiſtoires des perſonnes illuſtres, des ſavans & des grands hommes en tout genre, s'accumulent ſans ceſſe, & formeront à la longue une collection effrayante. Mais, pour ne parler que de l'*Hiſtoire générale de France*, voyez les volumineux recueils d'*Hiſtoriens contemporains*, faits par *André Duchêne*, en 5 vol. *in-fol.* & par *D. Bouquet* & ſes Continuateurs, qui porteront peut-être leur collection à 25 ou 30 volumes *in-fol.* Ajoutez le recueil des *Ordonnances du Louvre*,

celui

PRÉLIMINAIRE.

celui des *Chartes*, &c. Parcourez des yeux la *Bibliothèque Historique du P. Le Long*, dont M. le Conseiller *de Fontette* a publié une nouvelle édition, tellement augmentée, qu'elle forme cinq volumes *in-fol.* (1)

C'est bien ici, où l'on peut assurer que l'abondance même est nuisible. On est accablé sous le poids des minuties, & la plus longue vie ne suffiroit pas pour lire la moitié, le quart de ce qui a été publié sur no-

---

(1) Que sera-ce donc si l'on veut recourir aux sources, soit dans le Trésor des Chartes du royaume, soit dans le précieux dépôt des manuscrits de la Bibliothèque du Roi, dont on a bien voulu me communiquer le Catalogue imprimé en plusieurs volumes *in-folio*? Je saisis cette occasion pour féliciter la république des Lettres, de ce que la garde de ces richesses littéraires est confiée à des personnes, qui non-seulement en connoissent tout le prix, & qui se font un devoir d'en aider ceux qui travaillent; mais qui cherchent même l'occasion d'aller au-devant du besoin, & de prévenir les Gens de Lettres. M. Béjot, garde des manuscrits; M. l'abbé Desaunays, garde des livres imprimés; M. Joly, garde des desseins & estampes, ont eu la bonté de m'offrir généreusement toutes les ressources & les facilités dont j'aurois besoin pour l'exécution de mon entreprise. M. l'abbé Bouquet, Historiographe de la ville de Paris, dont j'ai déja parlé, a porté la bienveillance jusqu'à me présenter lui-même chez M. le Prévôt des Marchands, pour en obtenir la permission de chercher dans les Archives de la Ville, & de me communiquer ce qui seroit nécessaire à mon plan. Heureux si ce Savant daigne concourir lui-même à son exécution!

Tome I. c

tre Histoire: vouloir l'étudier sans guide & sans méthode, ce seroit s'embarquer sans boussole, & voguer à l'aventure sur une mer sans fond & sans rivages. C'est un nombre infini de faits, la plupart isolés, confondus dans l'abyme des siècles, obscurcis par l'ignorance ou la contrariété des Auteurs qui les rapportent, & plus ou moins intéressans à notre égard, selon nos goûts & nos rapports personnels. Comment tirer de ce chaos, dit un de nos bons Historiens, comment arranger avec ordre, précision, clarté, justesse, élégance, la matière d'un ouvrage propre à donner les connoissances essentielles, & à rendre l'étude moins pénible qu'agréable? comment écrire utilement l'Histoire, si on n'a pas l'art de rassembler avec goût ces faits épars dans un tas de volumes énormes, & de les ranger par *époques*, distribuées de manière à exciter la curiosité de l'esprit, en dirigeant les opérations de la mémoire? Le point capital consiste à rapprocher les objets analogues, à marquer l'enchaînement des causes & des effets, à observer le principe des diverses révolutions, à suivre la marche de l'intelligence humaine, & à distribuer les matières dans

PRÉLIMINAIRE.

certaines bornes où elles puissent être apperçues distinctement.

Ainsi, un Auteur qui voudroit faire une *Histoire de France* seroit donc obligé, suivant le conseil de M. de Voltaire (1), de s'en

---

(1) Les règles judicieuses que M. de Voltaire a prescrites sur l'Histoire, sont éparses dans tous ses Ouvrages; mais *voyez* sur-tout ce qu'il en a dit dans l'Encyclopédie. Je me contenterai de rapporter le début de son *Essai sur l'Histoire générale*, qui sert à confirmer ce que j'ai dit.

« Vous voulez enfin surmonter le dégoût que vous cause
» l'Histoire moderne, depuis la décadence de l'Empire Romain, & prendre une idée générale des Nations qui habitent & qui désolent la terre. Vous ne cherchez, dans cette
» immensité, que ce qui mérite d'être connu de vous, l'Esprit, les Mœurs & les Usages des Nations principales, appuyés des faits qu'il n'est pas permis d'ignorer. Le but de
» ce travail n'est pas de savoir en quelle année un Prince, indigne d'être connu, succéda à un Prince barbare chez une
» Nation grossière. Si on pouvoit avoir le malheur de mettre dans sa tête la suite chronologique de toutes les Dynasties, on ne sauroit que des mots. Autant qu'il faut connoître les grandes actions des Souverains qui ont rendu leurs
» peuples meilleurs & plus heureux, autant on peut ignorer
» le vulgaire des Rois qui ne pourroit que charger la mémoire. De quoi vous serviroient les détails de tant de petits intérêts qui ne subsistent plus aujourd'hui, de tant de
» familles éteintes qui se sont disputé des Provinces englouties ensuite dans de grands Royaumes? Presque chaque ville
» a aujourd'hui son Histoire vraie ou fausse, plus ample, plus
» détaillée que celle d'Alexandre : les seules Annales des Ordres Monastiques contiennent plus de volumes que celles
» de l'Empire Romain. Dans tous ces Recueils immenses

tenir au fil des grands évènemens, & d'écarter tous les petits faits qui viennent à la traverse : il saisiroit dans la multitude des révolutions, l'esprit des temps & les mœurs du siècle qu'il décriroit, en les appuyant par les faits qu'il n'est pas permis d'ignorer ; il en feroit le germe des connoissances les plus nécessaires dans la politique, dans la morale, dans la Religion, dans le droit Civil & Ecclésiastique, & même dans les arts & les sciences, puisqu'il doit peindre les effets divers des passions & du génie, la variété prodigieuse des lois, des mœurs, des usages, des opinions, des découvertes & des progrès de l'esprit humain : enfin, il profiteroit des recherches & même des fautes de ceux qui l'ont précédé dans la même carrière; & c'est ainsi qu'il se rendroit utile à sa Nation, en présentant les mêmes évènemens tant de fois décrits, sous une nouvelle forme plus agréable & plus instructive. Mais pour cela, il faudroit la plume & la liberté du Président de Thou, & il seroit encore

---

» qu'on ne peut embrasser, il faut se borner & choisir; c'est
» un vaste magasin où vous prendrez ce qui est à votre
» usage, &c. »

très-difficile de rendre les premiers siècles intéressans.

§. II.

La plupart des Historiens modernes commencent à Clovis, sous prétexte de ne point mêler de fables à l'Histoire, parce qu'en effet les Francs qui ont soumis les Gaules étoient peu connus, avant que le Chef de ces Conquérans ait fixé à Paris le siège de sa nouvelle Monarchie. Il semble, en lisant les premiers siècles de notre Histoire, que les Francs, dont on dit que nous descendons, soient sortis d'un antre obscur pour venir peupler un pays désert; mais il y avoit déja plus de 500 ans que les Gaulois étoient soumis aux Romains & ne faisoient qu'une seule & même Nation avec eux; & il y avoit près de neuf siècles, en remontant depuis Clovis, que les Sénonois, & les Parisiens leurs alliés, avec lesquels ils ne formoient qu'une seule & même Cité, avoient pris & saccagé Rome, dont ils restèrent les maîtres l'espace de sept à huit mois. Il y avoit plus long-temps encore que les Parisiens, & les *Britanni* leurs voisins, Peuples du Ponthieu, étoient passés en Angleterre où l'on trouve encore des traces de leur établissement.

Les différentes Provinces de France, & les petits pays dans lesquels elles se subdivisent, portent encore aujourd'hui le nom des Peuples Gaulois qui les habitoient & qui sont nos véritables ancêtres, puisqu'ils n'en ont jamais été dépossédés malgré la conquête. Il y avoit environ 400 Peuples dans les Gaules, dont les plus forts pouvoient mettre jusqu'à 200 mille hommes sur pied, lorsque les Romains s'en emparèrent (1). Ils avoient déja envoyé des Colonies dans toute l'Europe, & ils avoient fondé un puissant Empire dans l'Asie, après avoir vaincu les successeurs d'Alexandre. C'est dans les Gaules qu'étoit la CELTIQUE proprement dite, d'où sont sortis ces prodigieux essaims de Nations connues sous le nom générique de *Celtes*, qui avoient peuplé l'Espagne, ap-

---

(1) Des assertions aussi extraordinaires ont besoin de preuves: il faut du moins citer ses garans; on y comptoit du temps de Josephe (*Bell. Jud. l. 2, c. 28.*) jusqu'à 305 peuples. Appien porte le nombre des peuples Gaulois à 400; & Diodore de Sicile (*Lib. V.*) assure que, parmi ces 400 peuples, les plus puissans pouvoient mettre 200 mille hommes sur pied, & les moins forts 60 mille hommes: on en trouvera également la preuve dans les *Commentaires de César*, &c.

pelée de leur nom *Celtibérie* ; l'Italie, distinguée par celui de *Gaule Cisalpine* ; la Pannonie & l'Illyrie, auxquelles Plutarque, dans la *Vie de Paul Emile*, donne le nom de *Gaule inférieure*, &c. C'est de la Celtique que Sigovèse & Bellovèse, neveux d'Ambigat, Roi de Bourges & chef des Celtes, partirent avec de nombreuses armées pour aller s'établir, le premier dans la Germanie, le long du cours du Danube ; le second en Italie, sur les bords du Pô & jusqu'à la pointe méridionale de l'Italie. Cette double expédition, qui a une date fixe & certaine, puisqu'elle tombe avec la fondation de Marseille à l'an 154 de Rome, 600 ans avant J. C. n'est pas la première émigration Gauloise, comme on le verra ailleurs.

Les Peuples qui occupoient les Gaules remontoient leur origine aux temps les plus reculés, & peu éloignés du déluge. Cette révolution terrible qui changea la surface du globe & détruisit toutes les espèces vivantes, excepté celles renfermées dans l'Arche, selon l'Historien Sacré, semble exiger un intervalle assez considérable pour donner le temps au petit nombre d'hommes échappés des eaux, de repeupler la Terre (1).; & il y a peu d'apparence que les petits-fils de Noé se soient éloignés de si bonne heure d'un pays fertile, & en même temps assez vaste pour les contenir avec leur postérité pendant plusieurs siècles. Quoi qu'il en soit de cette observation, l'Histoire fabuleuse publiée à Rome en 1498, sous les noms de *Bérose* &

---

(1) C'est vraisemblablement par cette raison, que l'imposteur qui a fabriqué l'*Histoire ancienne de l'Europe*, sous le nom de *Bérose*, suppose un second miracle pour la multiplication du genre humain. Les eaux du déluge s'étant retirées, dit-il, (*lib. 3,*) les hommes échappés à l'inondation, travaillèrent bientôt à la restauration du genre humain; & le secours divin concourant avec leur desir, les femmes accouchoient régulièrement d'un fils & d'une fille en même temps. Ces jumeaux, parvenus à l'âge adulte, jouissoient d'une pareille fécondité; & comme leur vie étoit d'ailleurs fort longue, ils multiplioient tellement, qu'ils furent obligés de se séparer, & de s'étendre en diverses contrées, &c. Sous quelque point de vue qu'on envisage la manière dont la terre s'est peuplée, on doit toujours regarder l'Arche comme le *Berceau du genre humain*, où doivent remonter toutes les origines des Nations, ainsi que je le ferai voir dans les *Annales Celtiques*, qui doivent servir d'Introduction à l'*Histoire de Paris & de la France*. C'est ce qui a déterminé le Graveur habile qui ose entreprendre de fixer, par son burin, les principales époques de cette Histoire, à joindre ici la gravure qui représente la sortie de l'Arche; afin qu'on puisse juger des autres, par cette première Planche de la suite historique.

PRÉLIMINAIRE. xlj

de *Manéthon*, s'accorde avec le sentiment de plusieurs Savans des derniers siècles, pour faire remonter jusqu'à des temps voisins du déluge les commencemens de la Monarchie Gauloise ; le docte *Chasseneux* va même jusqu'à soutenir que les Gaules furent peuplées 38 ans après le déluge.

Suivant cette Histoire supposée, *Samothes*, surnommé *Dis* (1), petit-fils de Noé & le

---

(1) Quoique l'Histoire du faux Bérose & les Supplémens de Manéthon, publiés avec le Commentaire d'Annius de Viterbe, soient évidemment des Ouvrages supposés, néanmoins ils sont anciens, & n'ont pas été forgés par ce Jacobin, comme on l'a prétendu. Ils ont leur principal fondement dans l'Histoire réelle de ces peuples, ainsi qu'on le verra dans les *Annales Celtiques*. Il suffit de remarquer quant à présent, qu'au rapport de César, les Druides & tous les Gaulois prétendoient descendre du Père *Dis*, que les Latins confondoient avec Pluton : *Galli se omnes à Dite Patre progenitos prædicant, idque à Druidibus proditum dicunt, l. 6.* Samothes eut le surnom de *Dis*, parce qu'il divisa les mois par le nombre des nuits, & les Gaulois comptoient encore par nuits, du temps de César. Ce qu'il y a de plus étonnant, c'est que Timagène, ancien Historien des Gaules, contemporain & ami d'Auguste, donne aux Gaulois la même origine, d'après les traditions qu'il tenoit lui-même des Druides. Ammien Marcellin, qui rapporte (*Lib. xv.*) quelques fragmens de cet ancien Historien des Gaules, dit que les Aborigènes ou premiers habitans des Gaules, quittèrent leur ancien nom pour prendre celui d'un Prince aimable, nommé *Celtès*, & de sa mère Galathée ; d'où ils ont été nommés Celtes & Galathes. *Aborigenes primos in his regionibus quidam visos esse firmárunt, Celtas nomine Regis amabilis, &*

quatrième des enfans de Japhet, vint s'établir dans les Gaules, & donna le nom de *Samothéens* aux Peuples qu'il conduisoit. Il eut pour successeurs *Magus* ou *Magog* son fils; *Saron*, qui donna son nom à une secte de Philosophes Gaulois, appelés *Saronides*; *Dryus*, qui fonda le Collège des Druides; *Bardus*, qui établit les Bardes; *Longho*, dont la ville de Langres & les Lingons tirent leur origine; *Bardus II*, auquel on attribue l'invention de la Poésie & de la Musique; *Lucus*, premier fondateur de la ville de Paris, appelée de son nom *Lucetia* ou *Lutetia*; *Celtès*, Prince chéri de ses Peuples, qui quitterent leur ancien nom de *Samothéens*, pour prendre celui de leur Roi.

Hercule le Lybien, surnommé *Ogmius*, étant venu s'établir dans les Gaules où il fonda la fameuse ville d'Alise, sur le Mont Auxois dans le pays des Eduens, il épousa

---

matris ejus Galathas dictos : ita enim Gallos sermo græcus appellat. Diodore de Sicile parle fort au long du mariage d'Hercules, Fondateur de la ville d'Alise en Bourgogne, avec Galathée, fille du roi Celtès, &c. Cet accord de la Fable & de l'Histoire a quelque chose de surprenant, & semble donner du poids aux Ouvrages fabriqués sous les noms de *Bérose & de Manéthon*.

PRÉLIMINAIRE. xliij

Galathée, fille unique de Celtès, & fuccéda à fon beau-père. *Galathès*, fils de l'Hercule Gaulois, marcha fur fes traces, & fe rendit célèbre dans l'Hiftoire : (on peut voir fon Eloge dans Diodore de Sicile, *liv. v.*) il eut pour fucceffeur *Narbon*, qui jeta les premiers fondemens de la ville de Narbonne ; *Lugdus*, qui bâtit la ville de Lyon ; *Belgius*, qui donna fon nom à la Belgique & aux Belges ; *Jafius*, affaffiné dans le bain par fon frère Dardanus, qui fe fauva en Afie où il jeta les fondemens de la ville de Troie ; *Allobrox*, chef des Allobroges ; *Romus* fon fils ; *Pâris*, fecond fondateur de Lutèce, & dont les Parifiens prirent leur nom ; *Lemanus*, qui bâtit la ville de Genève, fur les bords du lac Léman ; *Olbius & Galathès II*, qui furent de grands conquérans, & dont le premier donna fon nom à la ville d'Alby, aux îles d'Albion & au fleuve Oby (*Olbius*), qui fe jete dans la mer Blanche, dont le Cap voifin prit le nom de Celtique. *Namnetes*, fils de Galathès II, fonda la ville de Nantes. Enfin, *Rémus*, qui a donné fon nom aux Rémois & à leur capitale, fut le 22e Roi des Gaules & le dernier de la race d'Hercule : il maria fa fille unique au fils d'Hector.

Les fables d'Homère ont donné naiſſance à une infinité d'autres, ſur les aventures des Troyens échappés au glaive des Grecs & à l'embraſement de leur Patrie. Telle eſt l'influence du génie; il domine ſur tous les ſiècles & ſubjugue les eſprits. Toutes les Nations de l'Europe voulurent deſcendre des Troyens (1). On ſuppoſe que pluſieurs

---

(1) Il n'y a peut-être pas un ſeul peuple en Europe, qui n'ait voulu avoir une origine Troyenne, & l'un des cinquante fils de Priam pour Fondateur; au point que, ſous Juſtinien, les Grecs eux-mêmes ſe prétendoient les fils de ces mêmes Troyens que leurs pères avoient exterminés; tant cette Troie a fait de bruit dans le monde, par la voix puiſſante d'Homère. C'eſt Homère qui créa Virgile, lequel a éterniſé la ruine de Troie dans la mémoire des hommes, ou du moins chez les Nations barbares ou policées de l'Europe. Quand l'Enéide y reparut dans le ſixième & le ſeptième ſiècles, & qu'on vit les Troyens fondateurs de cette Rome éternelle, Capitale du monde ſoit Payen ou Chrétien, chaque peuple Sauvage voulut, à l'exemple des Céſars & des Pontifes, deſcendre auſſi de Troie : & la ville de Paris devoit jouir du même honneur; elle y avoit du moins autant de prétention que la Capitale du monde, comme je le ferai voir dans l'*Hiſtoire de Paris*. Si les Auteurs de la FRANCIADE & de la PARISÉIDE avoient eu en partage la voix mélodieuſe du Cygne de Mantoue, nous aurions comme les Romains, un POEME NATIONAL, puiſé dans la même ſource, & appuyé ſur les mêmes faits pour prouver la fraternité des deux peuples. Le Roman eſt tout fait dans nos Hiſtoriens; il ne s'agit plus que de l'embellir des charmes de la poéſie. Mais le nouvel Homère de la France n'eſt plus ; les Muſes riva-

essaims de cette malheureuse Nation dispersée & vagabonde, après avoir erré long-temps, s'arrêtèrent en diverses contrées, où ils fondèrent de puissans Empires ; comme celui des Romains, par Enée ; des Thyrréniens, par Antenor, &c. *Francus* ou *Francion*, fils d'Hector, se retira avec quelques Troyens fugitifs, en Péonie ou Pannonie, & fonda sur les bords du Danube la ville de Sicambrie (aujourd'hui Bude en Hongrie), ainsi nommée de sa tante sœur de Priam, ou de son fils Sicamber. Francus étant d'origine Gauloise (puisque la ville de Troie avoit été bâtie par Dardanus, Prince Gaulois) il vint dans les Gaules, où il fonda une nouvelle Troie, & épousa la fille de Rémus, dernier Roi de la race d'Hercule. Trouvant de la difficulté à monter sur le trône de son beau-père, il abandonna le gouvernement des Gaules aux *Druides*, & revint dans sa ville de *Sicambrie*, où sa postérité régna long-temps jusqu'à ce qu'elle rentra dans les Gaules, après en avoir chassé les Romains & soumis les habitans.

---

les, qui se sont disputé si long-temps la gloire de le conduire dans les sentiers inconnus du Parnasse, réservent cette palme à quelqu'autre Génie. *Nescio quid majus nascitur Iliade.*

DISCOURS

Les Supplémens de Manéthon finissent à Francus; mais les Continuateurs de ce Roman, tels que le Moine Hunibaud que l'on prétend avoir vécu sur la fin du cinquième siècle, Roricon & leurs copistes, nous donnent la suite des Rois *Francs* ou *Sicambres*, depuis *Francus* jusqu'à *Clovis*, avec autant & plus d'assurance que nous ne donnons celle des trois races de nos Rois. On peut consulter sur cette origine Troyenne des Francs, le Catalogue *in-fol.* des manuscrits de la Bibliothèque du Roi, où l'on verra, *Tom. IV, p. 176 & suiv.* la liste de tous ces anciens Chroniqueurs qui vont chercher le berceau de la Nation jusque dans les ruines fumantes d'Ilium, *à Trojanâ Gentis origine.* On sait bien que ce sont des fables; mais enfin ces fables supposent une haute antiquité, & méritoient du moins d'être discutées par les modernes; avec d'autant plus de raison que dès le temps de César, plusieurs peuples Gaulois, & principalement les Auvergnats, se disoient aussi frères des Romains & issus du sang Troyen (1), suivant le Poëte Lucain.

---

(1) *Arvernique ausi Latio se fingere fratres Sanguine ab Iliaco Populi.* Pharf.

PRÉLIMINAIRE. xlvij

Les fables conduisent quelquefois à la vérité, lorsqu'on recherche avec soin le fondement qu'elles peuvent avoir dans l'Histoire. Ovide parle d'un vieillard Phrygien qui vint s'établir dans les Gaules avec une nombreuse suite (1). Les témoignages de S. Jerôme, d'Isidore de Séville, &c. semblent s'accorder avec les traditions altérées par la fable, pour prouver que la population des Gaules s'est faite par le midi & non par le nord, comme l'ont prétendu le P. Hardouin, D. Pezron, Pelloutier, & ceux qui veulent faire revivre leur systême, en nous faisant descendre des Scythes & des Hyperboréens. C'est de la PHRYGIE où s'étoient établis les descendans de Gomer, connus sous le nom de *Gomérites*, *Gomariens* ou *Cimmériens*, que sont partis, au rapport de l'historien Josephe, les premiers habitans de l'Italie & des Gaules. La langue, les mœurs, les usages, la Religion primitive des Celtes si épurée dans les commencemens, tout paroît déceler l'origine Asiatique de ces Peuples qui sont venus surgir en Provence, environ 2000 ans avant J. C. On ne peut du moins douter que les

_____

(1) *Gallica qui Phrygium duxit in arva senem.* De Ponto.

Bébryces de Bithynie, établis dans la Narbonnoise au pied des Pyrénées; les Phéniciens répandus le long des côtes Armoriques; les Joniens fondateurs de Marseille, &c. n'aient suivi la même route pour venir se fixer dans les Gaules.

Quoi qu'il en soit, l'Histoire des Celtes; l'origine Phénicienne des Aquitains; les établissemens des Egyptiens, des Carthaginois, des Rhodiens, des Phocéens Asiatiques dans les Gaules; les lois, coutumes & usages de tous ces différens Peuples, *qui sont nos vrais ancêtres*; leurs exploits militaires; leurs colonies en diverses contrées de l'Europe; leurs guerres continuelles avec les Romains; la conquête des Gaules par César, les révolutions qui y sont arrivées sous les Empereurs; l'établissement & les progrès de la Religion Chrétienne dans les Gaules, &c. tout cela méritoit d'être connu avant l'Histoire des Francs (1). Mais qui étoient ces

---

(1) Commencer notre Histoire par Clovis, c'est comme si l'on prétendoit que l'Histoire de la Chine ne remonte point avant la conquête des Tartares. On cherchera plutôt à nous donner l'Histoire chimérique des Atlantides & de ces peuples anté-Diluviens, dans les temps où la Terre brûlante n'étoit habitable que sous les pôles, qu'à rassembler les monumens

derniers

derniers Peuples, dont l'origine encore incertaine a donné lieu à tant d'opinions contradictoires ?

Le plus ancien & le plus accrédité de tous nos Historiens, Grégoire de Tours, qui commence son *Histoire de France* par la création du monde, (*In principio, Dominus cœlum terramque, &c.*) se contente de dire qu'on croit que LES FRANCS SONT SORTIS DE LA PANNONIE, & passe tout de suite à Clovis, après avoir rapporté une anecdote romanesque de son père Childéric. Il y avoit cependant plus de deux siècles que les Francs, déja connus sous ce même nom, faisoient des courses dans les Gaules, & qu'on exposoit leurs Rois sur nos amphithéâtres, lorsqu'on les faisoit prisonniers. Magnence, qui avoit usurpé l'Empire; Arbogaste, qui faisoit & défaisoit les Empereurs à son gré; Richomer, ami de S. Ambroise & de Théodose, & tant d'autres Généraux qu'on voit à la tête des armées Romaines, étoient tous François de nation.

Il n'est pas surprenant que Grégoire de

épars de la nôtre. Le plus sûr moyen d'être accueilli, c'est de débiter des fables.

DISCOURS

Tours, qui étoit Gaulois, ignorât ce qu'étoient les Francs: mais eux-mêmes qui devoient connoître leur propre origine, se difoient iffus des Troyens, qui étoient venus s'établir en Pannonie après l'embrâfement de Troye; & leurs Auteurs nous donnent la généalogie exacte de leurs Rois jufqu'à Clovis (1). Ce n'eft pas que nous adoptions ces fables, imaginées fans doute pour fe dire, ainfi que les Gaulois, frères des Romains, & fe ménager l'amitié de ces maîtres du monde. Mais du moins l'antiquité de ces traditions na-

---

(1) J'ai déja parlé de Francus, fils d'Hector, qui, fuivant nos anciens Chroniqueurs, vint avec Antenor fe fixer dans la Pannonie & l'Illyrie, & qui bâtit la ville de Sicambrie (Bude) fur les bords du Danube. On pourroit peut-être même s'appuyer de l'autorité de Virgile, qui dit que le prince Antenor s'échappa des Grecs, & vint s'établir en Illyrie.

Antenor potuit mediis elapfus Achivis,
Illyricos penetrare finus, &c.

Mais fi toutes ces autorités font infuffifantes pour prouver l'origine Troyenne des Francs, & ces généalogies ridicules, dont on ne voit nul veftige dans l'antiquité, elles fervent du moins à convaincre que la *Pœonie* où *Pannonie*, eft la patrie originaire des François, d'où ils font fortis pour fe rapprocher des bords du Rhin, & faire des courfes continuelles dans les Gaules. Ceci eft encore confirmé par le témoignage exprès de Grégoire de Tours: *Tradunt multi eofdem de Pannoniâ fuiffe egreffos*, (lib. 2, c. 9.) & par celui de S. Jerôme & de Sidoine Apollinaire, qui défignent les Francs fous le nom de *Pannoniens*.

PRÉLIMINAIRE.

tionales pourra nous mettre sur les traces de la vérité; nous ferons voir que les Francs sont les descendans de ces *Volces Tectosages*, habitans du Languedoc, qui ont parcouru la terre, & qui l'ont remplie du bruit de leurs exploits. La principale tribu des Francs avoit même conservé le nom de ces *Saliens* qui habitoient les côtes de Marseille, & qui avoient accompagné les Tectosages dans leurs courses. On prouvera, par les passages les plus clairs des anciens Auteurs, que lors de l'expédition de Delphes & de l'établissement de la République des Galates en Asie, une partie de ces nations Gauloises s'étoit fixée dans la Pannonie & l'Illyrie, qui en avoient pris, selon Plutarque, le nom de *Gaule inférieure*; que ce sont ces mêmes peuples, connus dès le temps d'Auguste sous le nom de *Brencs*, & par corruption *Wrancs* ou *Francs* (1), vaincus par Tibère (*Sueton. in*

---

(1) L'opinion la plus générale est que le mot de *Franc* signifie un *homme libre*, exempt de servitude, & désigne la Ligue & Confédération des Nations Germaniques, &c. Mais on pourra toujours douter fort raisonnablement si les François ne sont point la première source de cette étymologie; c'est-à-dire, si cette Nation victorieuse n'a point été cause que l'on appelle de ce nom les personnes libres. C'est ainsi que l'on se sert du nom de *Franc*, pour exprimer un

Aug.), dont parle Horace, *Brencofque ve-loces*; Cicéron les nomme *Francones*, dans une de ses lettres à Atticus; & la Chronique d'Alexandrie nous apprend que l'Empereur Dèce (*Decius*) périt en Pannonie dans une expédition contre les Francs, l'an 251 de J. C.

Depuis cette époque, les affaires des Francs qui se retirèrent sur les bords du Rhin, dans le pays des anciens Sicambres, sont continuellement mêlées avec celles de l'Empire, & leur Histoire fait partie de celle des Romains & des Gaulois, jusqu'à ce que les Francs, secondés par les habitans du pays même dont ils étoient originaires, fondèrent une nouvelle Monarchie sur les débris de celle

---

homme sincère, ouvert & sans dissimulation; & l'on voit bien que c'est l'humeur & le caractère du François, qui ont donné cours à cette expression. D'ailleurs, cette Ligue des Nations Germaniques, sous le nom général de *Francs*, est une invention moderne, inconnue aux siècles voisins de l'Etablissement de la Monarchie, comme je le ferai voir dans l'Histoire. C'est une de ces étymologies inventées après coup pour fonder un système. On peut en dire autant de celle qui rapporte l'origine du mot *Franc* à cette arme propre aux Germains, que Tacite appelle *Framea*, & Grégoire de Tours *Francisca*. En général, la lumière des étymologies ressemble assez à ces feux nocturnes qui ne manquent pas d'égarer le voyageur, lorsqu'il veut les suivre comme un guide.

PRÉLIMINAIRE.

de Rome. En effet, quinze ou vingt mille hommes, mal vêtus & mal armés, qui étoient à la suite de Clovis & des autres petits Rois ses parens, auroient-ils pu soumettre par la force, douze ou quinze millions de *Gaulois-Romains*, qui avoient des troupes & des villes fortes, & conquérir en si peu de temps un pays dont César n'avoit pu s'emparer, avec toutes ses légions, qu'en dix campagnes? Ne seroit-ce pas une révolution opérée par les Gaulois, qui auroient placé eux-mêmes Clovis sur le trône? Ne seroient-ce pas les Gaulois qui auroient appelé les François à leur secours, & qui leur auroient donné des terres parmi eux, comme ils avoient déja fait aux Visigoths & aux Bourguignons, qui occupoient, avant l'arrivée des Francs, les deux tiers de ce vaste Royaume? La seule ville de Paris, qui (si l'on en croit l'Auteur *des Essais historiques*) n'étoit alors qu'une misérable bourgade, formée de cabanes de pêcheurs dans une île de la Seine, avoit cependant suffi pour arrêter l'armée des Francs qui la tinrent bloquée pendant cinq ans, sans pouvoir s'en emparer (1) que

───────────

(1) Ce blocus n'est connu que par la Vie de Ste. Geneviève; mais cette Vie, écrite 18 ans après la mort de la Sainte,

par une capitulation. Comment auroient-ils pu conquérir les autres villes fortes des Gaules, sans le concert des habitans? Les Gaulois conservèrent leur liberté, leurs biens, leurs lois, leur religion, qui fut embrassée par les vainqueurs, &c.

Il suit de toutes ces observations, que notre Histoire remonte bien au-delà de Clovis, tant à l'égard des Gaulois, que pour ce qui

---

est authentique. Il ne faut pas confondre cette Vie donnée par les Auteurs de la nouvelle Gaule Chrétienne, & imprimée in-8°, à Paris en 1697, avec celles de l'ample Recueil des Bollandistes, qui sont manifestement interpolées. Ce qu'il y a de plus singulier, c'est qu'à l'exception de M. Cordemoy, aucun Historien ne fait mention de ce siège. Comme l'Auteur de la Vie de Ste. Geneviève ne nomme pas le Roi des François, M. de Cordemoy rapporte cet évènement au règne de Childéric I; mais l'Abbé Dubos & D. Bouquet veulent que ce soit Clovis I.

Un autre Savant, également profond dans la connoissance des sources de notre Histoire & dans l'intelligence des anciennes Chartes, (M. l'Abbé Bouquet) prétend qu'il est prouvé, par des autorités irréfragables, que l'Evêque de Paris & des Nautes Parisiens étoient dans ce temps-là les chefs de la république des Armoriques, qui avoit recouvert sa liberté lors de la décadence de l'Empire Romain, avant l'irruption des Barbares; que les chefs de cette république ne se soumirent à Clovis qu'à titre d'alliance, & ne lui ouvrirent les portes de Paris, qu'à condition de conserver les droits de la république, & les privilèges de la ville. Si cela est, que devient le système de conquête & d'esclavage que Boulainvilliers & ses copistes ont voulu établir?

PRÉLIMINAIRE.

regarde les Francs, & que tous nos *Historiens laissent un vide à remplir*; vide d'autant plus important, que c'est à ces époques, antérieures à Clovis, qu'il faut évidemment rapporter notre origine, celle de nos lois, de nos mœurs, de nos coutumes, de nos usages, de notre Religion, de la langue que nous parlons, & même des lois fondamentales de notre Monarchie, comme on se propose de le démontrer. D'un autre côté, qu'est-ce que l'Histoire des deux premières races de nos Rois, telle que les modernes nous l'ont donnée ? sinon une espèce de Chronique confuse & dénuée de tout intérêt. On se plaint, avec raison, de ce qu'on n'a encore que des matériaux informes sur cette partie de notre Histoire (1), quoique ce soit principalement la

---

(1) J'ai pour garant de cet allégué, le savant Continuateur de M. l'Abbé Velly, qui m'a assuré qu'il se proposoit de refondre entièrement l'Histoire des deux premières races, lorsqu'il aura rempli la carrière immense qui lui reste à parcourir. On peut aussi consulter ce que j'ai dit à ce sujet dans les premiers volumes de la *Description de Bourgogne*, & l'*Abrégé historique* qui est à la tête. Cet Ouvrage, qui contient l'Histoire naturelle & civile de cette belle Province, sera réimprimé avec des augmentations considérables ; & je rendrai compte, dans cette nouvelle édition, des circonstances singulières qui m'ont empêché de la continuer.

plus curieuse & la plus intéressante à traiter; non-seulement parce qu'elle est également féconde en révolutions & en évènemens remarquables, & parce que l'origine de notre droit public & particulier remonte nécessairement à ces temps reculés; mais encore à raison du contraste singulier que font les mœurs & usages d'alors avec les nôtres. Le Code des Lois des Barbares, les Capitulaires de nos Rois, le Recueil des Ordonnances du Louvre, celui des Chartes anciennes, la Collection de D. Bouquet, &c. sont de riches mines dans lesquelles on n'a presque pas encore fouillé.

On peut enfin reprocher en général à tous nos Historiens, de ne pas faire connoître les lieux dont ils ont à parler, *sans même en excepter la Capitale*, qui fut toujours le siège de la Monarchie. La principale cause du dégoût secret qu'on éprouve en lisant nos annales, c'est la multiplicité des noms barbares & inconnus dont elles sont remplies; il semble que les faits qu'on y raconte soient arrivés dans l'intérieur de l'Afrique. Si la Géographie est le flambeau de l'Histoire, c'est principalement dans la nôtre qu'elle est indispensable. Les Gaules, divisées en qua-

PRÉLIMINAIRE. lvij

tre grands départemens & en dix-sept grandes Provinces sous les Romains; partagées entre les Visigoths, les Bourguignons, les Romains & les Francs, lors de l'établissement de la Monarchie; tantôt réunies, & tantôt démembrées en quatre ou cinq Royaumes différens, sous les enfans de Clovis, &c. étoient habitées par trois ou quatre cents Peuples, qui formèrent autant d'États séparés sous le régime féodal, jusqu'à la réunion des grands fiefs à la couronne. Comment se tirer de ce labyrinthe, sans une notion assez étendue de la Géographie ancienne, & de celle du moyen âge, comparée avec l'état actuel de choses? Avons-nous même dans notre langue un seul ouvrage sur cet objet, si l'on en excepte les Recherches de M. Damville, & les Dissertations de plusieurs Savans, réunies dans les Mémoires de l'Académie des Belles-Lettres?

§. III.

On vient de dire que les Historiens ne faisoient pas même connoître LA CAPITALE DE L'EMPIRE FRANÇOIS, dont l'Histoire doit cependant être indispensablement liée avec celle de la Monarchie, puisqu'elle en fut toujours le *siège principal* depuis Clovis. PARIS, le centre & le cœur du Royaume, le ressort principal d'où partent & où viennent réfléchir tous les mouvemens qui ont agité la Monarchie, & occasionné des révolutions, Paris fut en tout temps le séjour de nos Rois, & la patrie commune des François, comme Rome étoit celle de tous les Peuples soumis à sa domination : cependant nos Histoires générales ne parlent de Paris qu'incidemment, & seulement à l'occasion de quelques évènemens qu'ils ont à raconter. Que l'on compare l'*Histoire Romaine*, bien plus étendue que la nôtre (puisqu'elle embrassoit celle du monde entier), on y trouvera les plus petits détails sur la Capitale de l'Empire, qu'on ne perd jamais de vue: c'est sans doute la cause de l'unité & de l'intérêt qui y règnent.

Si l'on en croit nos Auteurs, même les plus modernes, Paris ne fut, jusqu'au temps de Philippe Auguste, qu'une espèce de petit Bourg, enfermé dans une île de la Seine, de quatre à cinq cents toises de longueur, sur cent à cent vingt de largeur, & où l'on ne pouvoit entrer que par deux ponts de bois. Quelle idée nous donne-t-on par-là de l'état de cette Ville & de l'Empire dont elle étoit la Capitale ? Cependant l'antiquité de Paris se perd dans la nuit des temps, & l'on ne peut en assigner l'époque : on sait seulement par Eusèbe, que sa fondation (1) est antérieure

---

(1) Quelle foule d'opinions ridicules & absurdes que celles des anciens & des modernes sur la fondation de Paris ! Quelle contrariété de systêmes enfantés par le desir de rendre cette Capitale plus illustre, & de se distinguer soi-même par des idées nouvelles ! On a déja vu que, suivant l'Histoire fabuleuse sous le nom de *Bérose*, un Roi Celte, nommé *Lucus*, avoit fondé Paris, appelé de son nom *Lucetia* ou *Lutetia*; & que *Pâris*, autre Roi Celte, qui l'avoit réparée & agrandie, lui avoit donné son nouveau nom : d'autres prétendent que c'est Pâris-Alexandre, fils de Priam, ou son neveu Francus, fils d'Hector : d'autres soutiennent que ce sont les Parrhésiens, peuples d'Arcadie, qui suivirent Hercule dans les Gaules : d'autres attribuent cette fondation aux Parsis ou Persans. Guillaume le Breton dit que c'est un Prince Sicambre, nommé Ibor, qui vint s'établir sur les bords de la Seine, avec vingt-quatre mille François qui portoient alors le nom de *Sicambres*, & qui prirent celui de *Parisiens*, du mot *Parrhasia*, qui signifie Audace; ils appelèrent leur ville *Lutèce*, parce qu'ils la bâtirent dans un lieu fangeux *à Luto*, &c. &c. D'autres disent qu'elle a été nommée *Leucoticia*, à cause de ses carrières de plâtre & de pierres blanches, parce que ce mot grec signifie *blancheur* : *Dixére ex etymo Gallica terra tuo.*

Germain Brice & Sauval, dont M. de Saint-Foix a adopté l'opinion, assurent, d'après Spon docte Antiquaire, que c'est le voisinage d'un Temple d'Isis, situé à Issy-lès-Paris, qui a donné son nom à la Ville de Paris, formé de *Para-Isidos*, c'est-à-dire, *proche Isis*. Le P. Dubreul & le P. Du Moulinet avoient déja soutenu le même sentiment ; mais le

DISCOURS

à celle de Rome elle-même. La Cité des Parisiens devoit être considérable, puisque ces peuples étoient assez nombreux pour envoyer des colonies en Allemagne & en Angleterre. Ils suivirent ces braves Sénonois

---

premier plaçoit le Temple d'Isis à Saint-Germain-des-Prés; le second, près Saint-Eustache. D'autres avancent que le nom de Paris, *Par-Isiæ*, vient à cause de la ressemblance de cette Ville avant ses derniers accroissemens avec la Ville de Melun, appelée *Isia* en latin, & dont la Cité est dans une île de la Seine, &c. L'Auteur des *Essais historiques sur Paris*, dont il n'y a que les deux premiers volumes qui concernent Paris, & qui suit Brice & Sauval dans tout ce qu'ils ont dit du culte d'Isis & des autres Divinités, assure cependant que les Parisiens ne commencèrent à bâtir des Temples que lorsqu'ils furent sous la domination des Romains. Comment donc le Temple d'Isis, qui n'existoit pas avant les Romains, auroit-il pu donner le nom à des Peuples plus anciens que les Romains? Moreau de Mantour a prouvé que jamais le culte d'Isis n'avoit été admis dans les Gaules, ni avant ni après les Romains; qu'Isis n'est pas un mot grec, mais égyptien, selon Plutarque, & qu'on n'auroit point uni deux mots d'idiomes différens, *Para-Isis*, pour en faire le nom d'une Ville, &c.

Pour détruire tout ce que l'on a débité sur le culte d'Isis, & son Temple qui a donné le nom à la Ville de Paris, il suffit de se rappeler qu'elle se nommoit *Lutèce*, du temps de César & de Julien; & que ce n'est que beaucoup plus tard qu'elle a pris le nom de son Peuple. Je ferai voir que ce n'est que dans la langue Celtique qu'on peut trouver l'étymologie du nom ancien & moderne de Paris, & je réfuterai toutes les fables qu'on a débitées sur son origine & sa fondation.

PRÉLIMINAIRE.

leurs alliés, qui s'emparèrent de Rome & de l'Italie; ils résistèrent à tous les efforts des Romains, qui ne purent forcer leur ville; &, après avoir été vaincus en bataille rangée par Labienus, où ils périrent tous jusqu'au dernier, ces peuples se relevèrent assez tôt pour envoyer, quelques mois après, huit mille hommes au secours d'Alise assiégée par César.

Après la conquête des Gaules, Paris devint sous les Empereurs, une grande & belle Ville (quoi qu'en dise l'Auteur des *Essais Historiques*), comme le prouvent l'inscription des *Nautes Parisiens* du temps de Tibère, & les monumens déterrés dans la Cathédrale; les acqueducs trouvés fort loin de la Cité; la belle tête de Cybèle déterrée près Saint-Eustache; les ruines du Palais des Empereurs rue de la Harpe, &c. &c. Elle devint le séjour de plusieurs Empereurs & des Gouverneurs de la Province qui y avoient leur Palais. Le Commandant de la flotte des Andériciens & ses Soldats y résidoient. S. Denis vint y prêcher l'Evangile, lors de la première mission des Apôtres des Gaules; & l'on sait qu'ils ne s'arrêtoient que dans les principales Cités. Les chefs de la République des Armoriques, qui avoient fécoué le joug des Romains, y faifoient leur réfidence. C'étoit une ville clofe, puifqu'elle arrêta devant fes murs toutes les forces de Clovis qui la tint bloquée pendant cinq ans, & qui, après fa réduction, en fit la Capitale de fon nouveau Royaume & le chef-lieu de la Couronne: voilà pourquoi les enfans de Clovis, en partageant le Royaume, laiffèrent ce chef-lieu *indivis*, pour qu'il continuât d'être la fource & le centre de la fouveraineté, partagée conventionnellement, & dont la réunion devoit s'opérer de plein droit, après la mort des co-partageans & de leur defcendance mafculine. Cette ville continua d'être le rendez-vous où fe traitoient les affaires communes à tous les fujets de la Monarchie, & le féjour ordinaire de nos Rois & de leur cour, toutes les fois que la Monarchie fut réunie fous un feul chef.

Lorfque les Normands étoient maîtres de la majeure partie du Royaume, qu'ils ravageoient fous la minorité de Charles le Simple & la tutelle de l'Empereur Charles le Gros, leur Roi Sigefroi demanda paffage par Paris, en 885; mais l'Évêque Goflin & Eudes, fils de Robert le Fort, Comte de Paris, ré-

PRÉLIMINAIRE. lxiij

pondirent qu'ils tenoient cette Ville pour l'Empereur; QUE D'ELLE SEULE DÉPENDOIT LE SALUT DE L'ETAT; & qu'ils la lui conserveroient de tout leur pouvoir. Sur ce refus, les Normands assiégèrent Paris, & y livrèrent plusieurs assauts sans pouvoir s'en emparer. A la fin de ce fameux siège (qui dura une année, & que d'autres font durer quatre ans & même plus, parce que ces Barbares y revinrent à plusieurs reprises), les Normands ne pouvant faire passer leurs bateaux par Paris, les tirèrent hors de l'eau, & les transportèrent, pour faire le tour des murailles pendant l'espace de deux milles, jusqu'au dessus de la ville; ce qui prouve, contre le sentiment unanime des Auteurs, que Paris & son enceinte s'étendoient bien au-delà de l'île du Palais. La belle défense de Paris, par le Comte Eudes, le fit choisir pour Roi après la mort de l'Empereur Charles le Gros. Robert, frère du Roi Eudes, devenu Comte de Paris, en transmit la propriété à ses enfans, & la possession de ce siège de la Couronne devint le principal titre de Hugues Capet au Trône. Depuis ce temps, les Rois n'ont point abandonné le séjour de Paris; ils y ont fixé leur Cour & leur Conseil: toutes les affaires du

DISCOURS

Royaume s'y font traitées, & tous les évènevemens qui y font arrivés font partie essentielle de l'Histoire générale de la France. Cette partie seroit même la plus piquante, si l'ouvrage étoit bien exécuté : c'est ce qui nous a fait croire qu'on verroit avec quelque plaisir UNE NOUVELLE HISTOIRE DE PARIS ET DE LA FRANCE, fondue dans un même corps d'ouvrage, & assujettie aux mêmes époques. On nous saura gré du moins de la tentative, & du plan que nous en aurons tracé.

Sous un autre point de vue, Paris, considéré dans son état actuel, passe avec raison pour la plus belle, la plus riche, la plus peuplée, la plus florissante, & l'une des plus grandes villes du monde : elle ne le cède peut-être pas même à l'ancienne Rome, soit pour le nombre prodigieux de ses superbes bâtimens ; soit pour la sagesse de son Gouvernement, sa Police admirable, la multiplicité de ses Tribunaux de toute espèce ; soit par rapport aux Arts & aux Sciences qu'on y cultive avec tant de succès ; soit enfin par ses productions en tout genre, & le commerce prodigieux qui s'y fait. Cette Ville a fourni seule plus de grands Personnages, plus de Savans, plus de beaux-esprits, que

toutes

toutes les autres villes de France réunies ensemble : les beautés en tout genre qu'on y admire ; le grand nombre de ses établissemens & de ses fondations ; les monumens qu'on y trouve à chaque pas, ne permettent pas d'ignorer les traits anecdotiques qui y ont rapport, & le nom des Artistes célèbres auxquels on doit ces chefs-d'œuvres. Mais ce sont plutôt là, les objets d'une DESCRIPTION que d'une HISTOIRE.

On ne manquera pas d'objecter, que l'*Histoire particulière de Paris* a déja été traitée séparément en plusieurs volumes *in-fol.* &c. Mais il est aisé de répondre que jamais les anciens n'imaginèrent de donner une Histoire particulière de Rome, séparée de celle de l'Empire dont elle étoit le siège ; que la connexité des faits arrivés au dehors par une suite des délibérations prises au dedans, ne permet pas d'en séparer le récit ; que c'est la raison pour laquelle on ne peut avoir une bonne Histoire particulière du chef-lieu d'une Monarchie, &c. D'ailleurs on va voir, par la simple indication des Auteurs (1), que

---

(1) Je donnerai dans les autres volumes, la Notice complète de tous les Auteurs qui ont écrit sur Paris, & l'examen

Tome I. e

DISCOURS

le grand nombre d'ouvrages que nous avons sur la Capitale de la France sont plutôt des *Recueils sur Paris*, qu'une Histoire.

Tous nos anciens Chroniqueurs ne parlent de Paris, qu'incidemment à l'Histoire de France. Ce n'est qu'à la renaissance des Lettres, sous François Ier, qu'on a commencé à s'occuper de l'Histoire & de la description de cette Capitale. On cite JEAN HAUTEVILLE pour le premier qui ait rompu la glace, dans son ouvrage intitulé *Architrenius*, & publié en 1517, *in*-4°. Il fut bientôt suivi par GILLES CORROSET Libraire, qui donna en 1532, un volume *in*-8° sous le titre de *Fleur des Antiquités, Singularités & Excellence de la Ville & Cité de Paris*, dont il y eut plusieurs éditions du vivant de l'Auteur & après sa mort. A son exemple, PIERRE BONFONS, autre Libraire de Paris, donna les *Fastes & Antiquités* de Paris, *in*-8° 1605, réimprimés en 1608. Le Président FAUCHET, dans ses *Antiquités Gauloises & Françoises*; le célèbre PASQUIER, dans ses *Recherches de la France*,

---

critique de leurs Ouvrages. Je me contente d'en rapporter ici la liste, telle que je l'ai déja publiée dans le Prospectus de l'*Histoire de Paris & de la France*, présenté au Roi.

& dans ses Épîtres; le docte ANDRÉ DU-CHÊNE, dans ses *Antiquités & Recherches des villes de France*, Recueil indigne d'un si savant homme, rassemblerent dans ces ouvrages, une infinité de traits curieux sur l'Histoire de Paris. Mais le P. DUBREUL, qui avoit travaillé aux Fastes de Bonsons, les réunit tous dans son *Théâtre des Antiquités de Paris*, in-4°. 1612, réimprimé avec un supplément en 1639. Cet Ouvrage a servi de base à tous ceux qui, par la suite, ont donné des Descriptions de Paris, tels que Germain Brice, Liger, Piganiol de la Force, l'Abbé Antonini, &c. &c.

Les Auteurs qu'on vient de citer n'avoient point eu intention de faire un corps d'Histoire suivi & complet de la Capitale. CLAUDE MALLINGRE, sieur de Saint-Lazare, Historiographe de France, natif de Sens, l'un des laborieux compilateurs du 17ᵉ siècle, fit paroître en 1640 *les Annales de la Ville de Paris, depuis sa fondation jusqu'en 1640, le tout par ordre des années & des règnes de nos Rois*, in-fol. Il publia aussi les Antiquités de Dubreul avec des augmentations. Cet Historien crédule, & manquant absolument de critique & de justesse, n'étoit pas propre à exécuter une si vaste entreprise. Cet ouvrage d'ailleurs est écrit d'un style si languissant, qu'on ne peut en soutenir la lecture. FRANÇOIS COLLETET en a donné l'abrégé en deux volumes *in-*12, qui eurent plus de cours que l'ouvrage dont ils étoient extraits. JEAN DE LAUNOY, très-savant Docteur de Sorbonne, qui attaqua avec tant d'intrépidité les fausses traditions & les prétendus privilèges des Moines, malgré leurs clameurs, le même qui se flattoit d'ôter tous les mois un Saint du Bréviaire, a répandu dans son *Histoire du Collège de Navarre* & dans ses nombreux Ecrits, une infinité de traits curieux sur l'Histoire de Paris. CÉSAR-EGASSE DU BOULLAY, originaire du Maine, s'est immortalisé par son *Histoire latine de l'Université de Paris, en six volumes in-folio*, censurée par la Sorbonne, & dont M. L'ABBÉ GRAND-COLAS & M. CRÉVIER ont publié des Abrégés. Les PP. DUBOIS & DE LA RIPE, Oratoriens, ont donné une *Histoire latine de l'Eglise de Paris, en deux volumes in-folio*, ouvrage diffus, qui n'est utile que par quelques titres précieux qu'il contient. Le Commissaire LAMARRE a inséré dans le premier tome de son excellent *Traité de* *la Police*, une defcription topographique de Paris, confidéré dans les différens états de cette ville. On a beaucoup critiqué les plans qu'il y a joints; mais on n'a pas rendu affez de juftice aux difcours qui les accompagnent.

Henri Sauval, Avocat au Parlement, avoit travaillé depuis long-temps à raffembler tous les titres & documens qui pouvoient donner des lumières fur l'état ancien & moderne de Paris; il employa vingt ans à faire des recherches fur les agrandiffemens de Paris, fur les changemens des lieux, fur les églifes & les tombeaux, fur les quartiers & les rues, les aventures qui y font arrivées, fur les cérémonies extraordinaires, les anciennes coutumes & ufages, &c.; mais la mort furprit ce laborieux Ecrivain au milieu de fon travail en 1670, avant qu'il ait eu le temps de mettre fes matériaux en ordre. Ce recueil informe, ne pouvant même fournir la matière d'une bonne Hiftoire, fut cependant communiqué aux Magiftrats; mais ce ne fut que long-temps après, que le célèbre Bignon, Prévôt des Marchands, qui avoit hérité de fes ancêtres d'un grand amour pour les lettres, & d'un zèle actif pour la gloire de fa patrie, conçut le projet magnifique de faire travailler à une grande Histoire de la Capitale; il en avoit lui-même tracé le plan, & il est malheureux que ses occupations l'aient forcé d'en confier l'exécution à d'autres. La réputation que l'Histoire de l'Abbaye de Saint-Denis avoit attirée à D. FÉLIBIEN, détermina M. Bignon à choisir ce Religieux pour faire celle de Paris. Il le fit venir, en 1711, lui fit fournir libéralement tous les secours dont il pouvoit avoir besoin : les manuscrits de Sauval, qu'il eut près de quatre ans en sa possession, lui furent d'une grande utilité. Il passa huit ans à composer cette Histoire; mais étant mort en 1719, il fut remplacé par D. LOBINEAU, déja connu par sa grande Histoire de Bretagne. Il paroît que la Ville prit communication du travail de ces deux Religieux, & qu'elle n'en fut pas satisfaite; car D. Lobineau se plaint dans la préface, qu'on lui a retiré les encouragemens, & que la Ville a cessé de seconder son travail.

Dans cet intervalle, les dépositaires des manuscrits de Sauval se hâterent de les annoncer au Public, avant que D. Lobineau eût achevé sa grande Histoire; ce qui nuisit aux

PRÉLIMINAIRE.

deux ouvrages, par la précipitation qu'y mirent les Editeurs. Celui de Sauval parut en 1724, chez Moette & Chardon, en trois volumes *in-folio*, sous le titre d'*Histoire & Recherches des Antiquités de la ville de Paris*, par Henri Sauval. Il faut y joindre le volume particulier en 40 pages, intitulé: *Amours des Rois de France*, qui est assez rare, & recherché à cause de la liberté cynique avec laquelle il est écrit. Le titre d'*Histoire* ne doit point en imposer; cet ouvrage décousu, sans ordre, sans citations, chargé de répétitions, de contradictions, de fautes sur les faits, d'erreurs sur les dates, &c. est plutôt un recueil informe qu'une Histoire. Piganiol reproche aux Editeurs de Sauval de l'avoir corrompu en plusieurs endroits, & de lui avoir fait dire des impertinences dont il n'étoit pas capable. Malgré ces défauts, cet ouvrage se fait lire avec plaisir, parce qu'il y a des anecdotes amusantes, agréablement narrées, où l'Auteur des Essais historiques sur Paris a puisé avec tant de succès.

L'année suivante 1725, D. Lobineau acheva & publia l'ouvrage de D. Félibien, sous ce titre: *Histoire de la Ville de Paris, justifiée par des preuves*, en cinq volumes *in-folio*;

ouvrage qui, par fon étendue fatigante, par fes détails fur des objets minutieux & peu effentiels, par la fécherefse d'un ftyle lâche, diffus, prolixe, trouve peu de lecteurs affez patiens pour le fuivre. Ce font des Mémoires à confulter plutôt qu'une Hiftoire, des archives plutôt qu'un livre: les trois volumes de pièces juftificatives font inutiles à la plupart des lecteurs, & les deux qui renferment l'Hiftoire, femblent n'avoir eu pour but que de donner celle des Moines & des Couvens de Paris, leur fondation, leurs prilèges; de faire connoître l'ordre & la fuite des Evêques, les membres de l'Univerfité, leurs conteftations avec différens Tribunaux & avec les Religieux Mendians, &c. &c. On en publia en 1735, un *Abrégé* en cinq volumes *in*-12, qu'on attribue à l'Abbé Des Fontaines, à M. Castres d'Auvigny, Auteur des Vies des Hommes illuftres, & à M. de la Barre, de l'Académie des Infcriptions. Malgré la réputation de ces Savans, l'Abrégé devoit fe reffentir des défauts de l'original; ce n'eft qu'une réduction sèche & ennuyeufe de l'Hiftoire, fans citations, faite dans le même ordre vicieux, & où l'on n'a rien difcuté ni approfondi; c'eft un de

PRÉLIMINAIRE. lxxiij

ces ouvrages commandés par l'avidité des Libraires, & expédiés par des Auteurs pressés de recevoir le prix convenu.

Le profond oubli de la volumineuse Histoire de D. Félibien & de l'Abrégé qui en parut dix ans après, est sans doute ce qui a donné tant de vogue aux *Essais historiques sur Paris*, par M. POULAIN DE SAINT-FOIX, en six volumes *in-*12. Ce titre modeste en impose encore, puisqu'il n'y a réellement que le premier volume & une partie du second qui aient un rapport direct à la Capitale : le reste n'est qu'un recueil décousu de littérature & d'histoire. Quoique les anecdotes des deux premiers volumes, dont Sauval a fait la majeure partie des frais, y soient placées sans ordre sous le nom des rues ; qu'il y ait plusieurs choses hasardées, & qu'on puisse lui reprocher des inexactitudes & des négligences, néanmoins la plume élégante & le style clair & facile de cet ingénieux Ecrivain les feront toujours lire avec plaisir : on peut voir ce qu'en dit M. de la Harpe, dans le Journal de Bruxelles du 25 septembre 1776.

D. DUPLESSIS, savant Religieux Bénédictin, publia, en 1753, de *nouvelles Annales de Paris*, jusqu'au règne de Hugues-Capet, dans lesquelles on trouve des recherches & des discussions utiles ; mais aussi plusieurs opinions singulières dont il faut se méfier, surtout en ce qui concerne les différens plans de Paris qu'il a voulu tracer d'après les Historiens. D'ailleurs cet ouvrage, où l'Auteur a eu pour but principal de rétablir la chronologie des principaux évènemens, est plutôt une longue dissertation que des Annales : on a joint à cette édition le Poëme d'Abbon sur le siège de Paris, avec un commentaire. Enfin, le savant Abbé LEBEUF a donné en 1754, *l'Histoire du Diocèse de Paris*, en quinze volumes; *plusieurs Dissertations* sur le même objet; *des Notes sur les rues anciennes de Guillot*, &c. Cet Auteur a moins eu en vue de donner une Histoire qu'un Recueil de recherches Ecclésiastiques.

Tous les ouvrages que nous venons d'indiquer, & dont plusieurs sont excellens, ne peuvent néanmoins être considérés que comme de riches matériaux, qui, réunis à ceux qui se trouvent dans les Bibliothèques à Paris, dans les précieuses collections de l'Académie des Belles-Lettres & de celle des Sciences, dans les Antiquités du P. Montfaucon, dans le grand Dictionnaire des Gaules, dans

PRÉLIMINAIRE. lxxv

l'Encyclopédie, &c. peuvent concourir, s'ils font bien employés, à donner une bonne *Histoire de Paris & de la France*. Nous avons déja exposé les motifs qui nous avoient déterminés à fondre l'Histoire de la Capitale dans celle de la Monarchie; il ne reste plus qu'à dire un mot de notre plan.

§. IV.

Après un examen aussi sévère des différens ouvrages publiés sur l'Histoire de Paris & de la France, nous nous exposons sans doute à nous voir refuser l'indulgence dont nous avons besoin, pour une entreprise au dessus de nos foibles talens. Ce seroit peut-être au génie à remplir la carrière immense qui s'ouvre devant nous; mais si un zèle infatigable, éprouvé par une longue habitude au travail, & par une étude suivie des Lois & des meilleurs Historiens, peut tenir lieu de génie; nous nous flattons de donner à la Nation une HISTOIRE GÉNÉRALE DE PARIS ET DE LA FRANCE, DEPUIS LES TEMPS FABULEUX JUSQU'A NOS JOURS, dégagée de toutes ces superfluités qui rebutent le Lecteur sans lui rien apprendre, &

disposée sous une forme plus méthodique, plus commode, & en même temps plus utile & plus instructive. D'ailleurs, ce n'est point un simple projet; le manuscrit a été communiqué à plusieurs Gens de Lettres: il n'y a que le défaut de secours & de moyens qui pourroit en retarder l'impression.

Cette Histoire est partagée en HUIT EPOQUES, qui forment comme autant de divisions particulières & indépendantes: elle est précédée de RECHERCHES PRÉLIMINAIRES, divisées en trois parties; dont la *première* contient l'examen critique de toutes les opinions fabuleuses sur la fondation de Paris, & sur l'origine des Celtes & de leurs anciens Rois. La *seconde* renferme des Recherches historiques sur la Celtique & les Gaulois, sur les différens peuples qui se sont établis successivement dans les Gaules, sur leurs expéditions, les Colonies qu'ils ont envoyées au dehors; les différentes formes de leurs Gouvernemens; la langue qu'ils parloient, &c. La *troisième* comprend la Description topographique des Gaules & de toutes ses Cités; la notice de tous les petits peuples, au nombre de trois à quatre

PRÉLIMINAIRE. lxxvij
cents, qui occupoient cette vaste contrée
avant la venue des Romains; la concordance de la Géographie ancienne & moderne, &c. Cette feule partie, qui a coûté un travail immenfe (& fans laquelle on ne peut lire l'Hiftoire antérieure à Clovis, ni même celle du moyen âge, à caufe de la multitude de ces petits peuples inconnus qui paroiffent un moment fur la fcène pour n'y plus revenir, & dont les noms barbares rebutent & embarraffent le Lecteur) annonce l'utilité de ces Recherches préliminaires.

Après cette efpèce d'introduction, néceffaire pour l'intelligence de l'Hiftoire & des Chartes, on paffe aux époques, dont les deux premières, fous le nom d'ANNALES CELTIQUES ET ROMAINES, renferment l'Hiftoire particulière des Gaulois, de leurs guerres continuelles entr'eux & avec les Romains, tous les détails de la conquête des Gaules par Céfar, &c. On y trouve la fuite des Empereurs, l'établiffement de la Religion Chrétienne dans les diverfes parties des Gaules, & le récit de tout ce qui y eft arrivé depuis Céfar jufqu'à la défaite de Siagrius, le dernier des Romains qui ait régné dans les Gaules, & à qui Clovis fit trancher la tête. Cette Partie traite en même temps de l'état de Gaules sous les Romains, de la manière d'y administrer la justice, des Gaulois qui se sont distingués dans les Lettres, &c.; de l'origine des Wisigoths, des Bourguignons & des Francs, qui coururent long-temps les Gaules avant de s'y fixer; des mœurs, lois, coutumes & usages de tous ces peuples, &c.

L'Histoire de Paris et de la France, qui suit les *Annales Celtiques & Romaines*, ne pouvoit être éclaircie que par ce qui a précédé; puisque les Francs ont eu un grand nombre de Rois avant Clovis, & qu'ils ont même long-temps gémi sous l'esclavage des Romains avant de chasser ces tyrans des Gaules, & d'y fonder la plus ancienne Monarchie de l'Europe, la seule qui ait résisté aux efforts du temps & des ennemis conjurés contr'elle; la seule enfin, qui puisse lier l'Histoire moderne avec l'ancienne par le rétablissement de l'Empire Romain, & la puissance temporelle des Papes due aux François. Cette Partie de notre Histoire est divisée en six Epoques.

La première, Paris sous les Rois Mérovingiens et les Maires du Palais, jusqu'au sacre de Pépin le Bref. On voit sous cette époque l'établissement de la Monarchie, ce qui l'a précédé, accompagné & suivi; le Royaume souvent partagé & réuni, mais malgré tous ces partages, Paris demeurant toujours le *Chef-lieu de la Souveraineté*; les guerres civiles des Francs; l'extinction des deux Royaumes de Bourgogne; les Lois Gombettes, la Loi Salique, celle des Ripuaires, &c.; l'usurpation des Maires; les descendans de Clovis rasés, avilis, & confinés dans un cloître, &c.

La deuxième, PARIS SOUS LES ROIS CARLOVINGIENS, SOUS LES DUCS DE FRANCE ET LES COMTES PROPRIÉTAIRES. Cette époque brillante dans les commencemens, & qui vit passer l'Empire dans la maison de France, est encore plus fameuse par l'établissement du Gouvernement Féodal, qui changea la constitution, & par l'influence que ce nouveau régime a eu sur les mœurs, la législation, &c. Les Gaules redevenues ce qu'elles étoient avant les Romains; c'est-à-dire, un tout, formé d'une multitude de petits Etats séparés qui conservent encore aujourd'hui leurs coutumes & usages particuliers, &c. Les ravages des Normands, le fameux siège de Paris chanté par un témoin oculaire, l'origine de la Chevalerie, les combats judiciaires, &c.

La troisième, PARIS SOUS LES PREMIERS CAPÉTIENS ET LES PRÉVÔTS ROYAUX. Les Comtes de Paris, parvenus à la Royauté par la possession de ce Chef-lieu de la Couronne, forment un système combiné pour le rétablissement de la Monarchie dans sa première splendeur. L'association des Fils aînés de France, du vivant des Rois qui les faisoient reconnoître; l'affranchissement des Serfs (1);

---

(1) Au moment même où j'écris ceci, il vient de paroître une Loi touchante & sublime, qui achève de détruire les restes de l'esclavage & de la servitude, incompatibles avec le nom & l'honneur François. C'est un Edit enregistré, qui supprime la *Main-morte* dans les Domaines de Sa Majesté, même ceux tenus par engagement, & le *droit de suite* par tout le Royaume. Cet Edit, en respectant la propriété des Seigneurs, les invite par les motifs les plus nobles à imiter cet exemple généreux du Souverain. Ceux qui connoissent le caractère du François, semblent prévoir bientôt l'abolition entière & *volontaire* de tous ces droits seigneuriaux des main-mortes & servis, des bannalités, &c. établis dans les temps de barbarie & de Despotisme Féodal, où les deux tiers de la Nation gémissoient dans les fers. *Voyez* ce que j'ai dit à ce sujet dans le *Traité général des Grains & de la Mouture par économie*, dédié au Roi, & imprimé par ordre du Gouvernement. Pourra-t-on en effet s'empêcher de suivre cet exemple de désintéressement d'un jeune Monarque, qui, dans le temps même où il soutient, avec les seuls fonds de son économie, une guerre ruineuse

l'établissement

PRÉLIMINAIRE.

l'établissement des Communes ; les Croisades ; la réunion des grands Fiefs habilement ménagée ; les Etablissemens de Philippe Auguste & de S. Louis ; l'Université ; le Droit nouveau, la création des Parlemens ; la convocation des Etats Généraux, tendent au même but politique, & rendent cette époque intéressante.

La quatrième, PARIS SOUS LES VALOIS ; confirmation de la *Loi Salique* ou *Loi Royale*, qui règle pour toujours la succession au Trône ; confirmation du système précédent ; origine des guerres avec les Anglois, dont le Roi est proclamé à Paris ; Dunois & la Pucelle ; guerres civiles avec la maison Royale de Bourgogne ; les Anglois chassés ; la Bourgogne & la Bretagne réunies à la Couronne ; extinction du Gouvernment Féodal, &c.

La cinquième, PARIS SOUS LA MAISON D'ANGOULÊME. Origine des guerres avec la maison d'Autriche ; Concordat ; rétablisse-

---

pour défendre jusque dans un autre hémisphère les droits de l'humanité blessée, soulage ses sujets, & s'occupe de leur bonheur ? Tous les Edits émanés du Roi depuis son avènement, sont autant de titres à notre amour ; & le *Code de Louis XVI* sera celui que la Nation se donneroit elle-même si elle étoit assemblée. Voyez l'explication du Frontispice.

ment des Lettres en France; la Réforme qui en est la suite; persécutions; la Maletôte introduite en France avec les Italiens, à la suite de Catherine de Médicis; belles Lois du Chancelier de l'Hôpital; guerres de Religion; massacres des Huguenots; la Saint-Barthélemi; la Ligue & ses suites, &c.

La sixième & dernière, PARIS SOUS LA MAISON DE BOURBON; époque de la gloire & du bonheur des François sous Henri IV & Sully; guerres civiles sous Louis XIII; Richelieu écrase les Grands & les Huguenots; guerres de la Minorité, la Fronde & Mazarin; rétablissement de la Philosophie sous Descartes & Gassendi; beau siècle de Louis XIV sous Colbert; accroissemens & embellissemens de Paris; Législation nouvelle, Académies, Sciences, Arts, Commerce, Agriculture, &c.; la Régence, le Système; progrès de la Philosophie sous Louis XV; guerres avec l'Empire, avec les Anglois, &c.; Pacte de famille entre les branches de la maison de Bourbon & avec la maison d'Autriche, &c. avénement de Louis Auguste; Paris visité par tous les Souverains du Nord, &c.

On voit dans cette courte exposition, ré-

PRÉLIMINAIRE. lxxxiij
gner *l'unité & l'intérêt*, ſans leſquels il ne faut point eſpérer d'hiſtoire ; le même plan Monarchique, enfanté par Clovis, ſe ſoutenir au milieu des révolutions & des ſecouſſes ; s'affermir enfin, ſous les Rois de la dernière race, & devenir la ſource du bonheur durable des François, ſi la *Science Economique* vient jamais à ſe perfectionner comme les autres connoiſſances, & à faire la baſe de l'adminiſtration publique.

Cette nouvelle Hiſtoire ne ſera point volumineuſe, & ne rebutera point par ſon étendue, parce que nous nous bornons à ce qu'il y a de plus curieux & de plus intéreſſant à ſavoir. Nous avons rangé les faits ſous des ÉPOQUES naturelles & faciles à retenir, au nombre de huit, dont chacune ne formera qu'un volume, non compris les deux volumes de Recherches ſur les Gaulois & l'ancien état des Gaules. Ce qui diſtinguera cette Hiſtoire de toutes les autres, c'eſt la réunion de l'Hiſtoire particulière de la Capitale avec celle de la Monarchie ; c'eſt l'ordre méthodique propre à ſoulager la mémoire, & la diſtribution par époques tellement ménagée, qu'on voit naître pour ainſi dire à chaque époque, un nouvel ordre de choſes, une au-

f ij

tre législation, une autre forme de gouvernement, d'autres mœurs, &c.

Pour ne pas trop couper la narration, nous avons renvoyé les éclaircissemens & les généalogies en notes. On trouvera à la fin de chaque époque des remarques & des observations sur les Lois, la Religion, les mœurs, coutumes & usages ; les découvertes dans les Arts & les Sciences, la notice des Savans & des Ouvrages les plus curieux qui auront paru dans l'espace de temps circonscrit par l'époque, &c. Ces sortes de supplémens à l'Histoire, en sont ordinairement la partie la plus instructive & la plus amusante ; & c'est cependant celle qui manque à toutes les Histoires générales. Nous avons puisé dans les sources les plus pures, &, autant que nous l'avons pu, dans les Historiens contemporains, sans cependant négliger les modernes ; nous citons souvent, parce que l'Histoire, sans garans, pourroit passer pour un Roman.

Chaque époque formant, pour ainsi dire, un ouvrage séparé, sera accompagnée d'un grand nombre de gravures, pour représenter les costumes & les principaux évènemens qui y sont racontés ; ce qui formera une

PRÉLIMINAIRE.

fuite de *Tableaux hiftoriques*, depuis les temps fabuleux jufqu'à nos jours. On peut juger du foin qu'on y apportera, par la première de ces gravures inférée dans ce Difcours préliminaire. Cette reffource, qui paroît n'avoir été employée jufqu'ici que par les Romanciers & les Poëtes, pour embellir leurs productions éphémères, a paru très-propre à imprimer dans la mémoire les traits caractériftiques de notre Hiftoire, & les exemples de vertu & de courage qu'on y trouve (1). L'exécution de la partie typo-

---

(1) Cette idée paroît fi naturelle, qu'on peut s'étonner de ce qu'elle ne s'étoit point encore préfentée à l'efprit; du moins je l'ignorois, lorfque je fis cette réflexion dans le Profpectus imprimé; mais depuis on m'a communiqué les belles Gravures & Vignettes de M. Cochin, faites pour l'Abrégé de M. le Préfident Hénault; les Arabefques & deffins allégoriques de M. Moreau, pour le même Ouvrage. Ces effais ingénieux fervent à confirmer ce que j'ai dit fur l'utilité que l'Hiftoire peut retirer de la Gravure. M. Le Bas publie auffi une fuite d'Eftampes fur l'*Hiftoire de France* : ce font des efpèces de Vignettes à perfonnages, au bas defquelles fe trouve l'explication hiftorique de l'évènement repréfenté dans la Vignette. On voit par-là que cette entreprife eft entièrement différente de la nôtre, où la Gravure fera entière, & faite pour le texte. D'ailleurs, les deux premières races, telles que les Hiftoriens nous les ont données jufqu'à préfent, fourniffent à peine quelques fujets de peinture ; on verra cependant par notre Ouvrage, qu'elles font autant & plus fécondes en évènemens remarquables, que la troifième race ; on en peut

graphique répondra à la beauté des planches; ceux qui font curieux de belles éditions auront occasion de satisfaire leur goût par cet accord de la gravure & de la typographie, en supposant que le nombre des Souscripteurs nous détermine à faire les avances d'une entreprise aussi considérable.

§. V.

Comme on a pour but de faire une Histoire de la Capitale réunie à celle de la Monarchie, on a cru devoir commencer cette entreprise, en donnant séparément la DESCRIPTION DE PARIS ET DE SES PLUS BEAUX MONUMENS, dont nous présentons aujourd'hui le premier volume au public. C'est une introduction à l'Histoire, parce qu'il faut avoir une idée générale de l'état actuel de Paris, avant de rechercher son origine, ses accroissemens successifs, & de décrire les évènemens qui s'y sont passés; l'une sera le supplément de l'autre; d'ailleurs, on fera entrer dans la Description tous les traits anec-

---

dire autant des Gravures qui seront jointes aux Annales Celtiques & Romaines, & qui formeront, avec celles des époques, une suite complète de Tableaux sur notre Histoire, à raison de vingt à vingt-cinq Planches par Volume.

dotiques & curieux qui n'auroient pu trouver place dans l'Hiſtoire.

Nous avons, il eſt vrai, un grand nombre d'ouvrages en ce genre; cependant il n'y a guère que celui de Piganiol qui ait du cours, quoique ce ſoit un des plus mauvais. Depuis que le P. DUBREUL eut publié ſon grand *Théatre des Antiquités de Paris*, les Abréviateurs ne manquèrent pas de découper ſon ouvrage. Mais ces ſortes de compilations, aſſez ſemblables aux Almanachs, ne ſont guères de ſervice que pendant l'année de leur édition. GERMAIN BRICE donna en 1684 une *Deſcription* (en 2 vol. in-12.) *de ce qu'il y a de plus remarquable dans la ville de Paris;* elle fit oublier toutes les précédentes, telles que celles de Jean BOISSEAU, de George DE CHUYES, d'Abraham DE PRADEL, &c. L'année ſuivante LE MAIRE fit paroître une nouvelle Deſcription, ſous le titre de *Paris ancien & nouveau*, où l'on voit la fondation, les accroiſſemens, le nombre des habitans & maiſons de cette grande Ville, avec une deſcription des Egliſes, Collèges, &c. par ordre alphabétique, 3 vol. in-12. 1685. Ce livre, qui eſt un extrait aſſez bien fait du *Théâtre* du P. Dubreul, péche par lxxxviij　DISCOURS

une mauvaise distribution. L'Auteur, qui mourut peu de temps après, ne put refondre son Ouvrage ; & Germain Brice, demeuré sans concurrens, en profita pour faire des augmentations au sien, qui a eu un grand succès, à en juger par le nombre des éditions (1).

La Description de Brice fut suivie de plusieurs autres. LIGER en publia une en 1715, sous le titre de *Voyageur fidèle* ou *Guide des*

---

(1) C'est ce qui fait dire à D. Lobineau, que Brice, *plus actif & plus brillant* que ceux qui l'avoient précédé dans la même carrière, *donnoit chaque jour un nouveau lustre à la Capitale par ses belles Descriptions si souvent réimprimées.* Piganiol, par une rivalité d'auteur peu excusable, attaque le P. Lobineau sur ce qu'il avoit dit que Brice étoit plus actif & plus brillant que les autres. Il ajoute à ce sujet le mot de *Bussy Rabutin*, en comparant le Public à une Dame à laquelle *un sot éveillé étoit plus sûr de plaire qu'un homme d'esprit sérieux.* Il dit ailleurs, que le succès de sa Description alluma tellement la bile à Germain Brice, qu'il se crut un Auteur original, & qu'il le fit imprimer à la tête de l'édition qu'il donna en 1725 (c'étoit la huitième) ; mais Brice, continue Piganiol, avoit plus de raison qu'il ne pensoit de se croire original, dans le sens du P. Malebranche, *qu'il y a dans le monde plus d'originaux qu'on ne croit, &c.* » Ce n'est pas d'après Piganiol qu'il faut juger l'Ouvrage de Brice. Il n'est pas sans mérite, dit M. Jaillot ; & il y a peut-être autant d'excès dans les éloges qu'on lui a prodigués, que dans les critiques qu'on en a faites : il annonce la facilité de l'Auteur, & ses connoissances en Peinture, Sculpture & Architecture ; mais les détails historiques qu'il y a joints, manquent presque toujours d'exactitude, &c.

Etrangers dans la ville de Paris, &c. L'année suivante, il en parut une autre, attribuée au Libraire SAUGRAIN, qui avoit pour titre *les Curiosités de Paris, de Versailles*, &c. PIGANIOL DE LA FORCE, gentilhomme Auvergnat, gouverneur des pages de M. le Comte de Touloufe, & chevalier de Saint-Lazare, mort à Paris en 1753 âgé de 80 ans, donna en 1718 une Defcription de la France, à la tête de laquelle il mit une *Defcription de Paris* en un volume *in*-12, qu'il fit paroître féparément, augmentée d'un fecond volume en 1722. Il en donna une nouvelle édition en 8 vol. en 1742; & il en a paru une dernière en 10 vol. en 1765. Cet Auteur, dont la modeftie n'étoit pas la vertu favorite, attribuoit lui-même le fuccès de fa Defcription aux extraits de Sauval qu'il y avoit inférés (*voyez fa Préface*); mais les recherches qui lui font perfonnelles manquent d'exactitude, les faits n'y font pas développés; il n'y a aucun ordre; les matières y font éparfes & fans liaifon; fa diction eft baffe & négligée, &c. Cet Ouvrage, dit M. Jaillot, fourmille de fautes qui fe font perpétuées dans les éditions fuivantes; & il eft fâcheux que

DISCOURS

l'Editeur éclairé de celle de 1765, en 10 vol., les ait laissé subsister (1).

M. l'abbé ANTONINI avoit donné, en 1732, un petit livre, intitulé *Mémoires de Paris & de ses Environs, à l'usage des Voyageurs*, qui fut réimprimé en 1749. C'est, dit Piganiol, un mauvais extrait de la Descrip-

---

(1) Après cela, on a peine à concevoir les éloges outrés que l'Abbé Desfontaines donne à l'Ouvrage de Piganiol : « C'est, (dit-il, *Tome XXVII des Observ. p. 166 ; & Tome XXX, » p. 213.*) un Livre instructif qui se fait lire avec bien du » plaisir : quelle différence de cette Description à celle de Ger- » main Brice ! On sent ici un Auteur éclairé, Homme de » Lettres & d'esprit, qui n'a rien omis pour la perfection de » son Livre. C'est la meilleure Description de Paris qui ait été » faite ; il y a de savantes discussions sur plusieurs points parti- » culiers, avec des Recherches excellentes. En général, tout » y est agréable par la variété des matières, & par la manière » judicieuse, libre & naturelle dont elles sont traitées. »

On ne sauroit imaginer le motif qui a pu déterminer ce célèbre Critique à faire un éloge si pompeux d'un aussi mauvais Ouvrage, dont le seul mérite est d'avoir extrait de Sauval & de le Maire, toutes les Inscriptions & Epitaphes qui se trouvent sur les Monumens & dans les Eglises. L'Abbé Desfontaines avoit déja donné les louanges les plus outrées à l'*Abrégé de la grande Histoire de Paris*, en 5 vol. *in-12* ; mais c'est qu'il étoit un des Auteurs, & la tendresse paternelle ne pouvoit manquer d'influer sur son jugement. Ces exemples font voir avec combien de précautions il faut s'en rapporter au jugement des plus savans Journalistes ; à plus forte raison de ceux qui jugent les Ouvrages & les Auteurs sans les lire, comme on pourroit en fournir plusieurs exemples.

PRÉLIMINAIRE.

tion de Brice & de ſes fautes, fait par un étranger qui n'avoit pas fait un aſſez long ſéjour à Paris, pour le connoître par lui-même. Cette Deſcription peu exacte des endroits les plus curieux de la Capitale, fut effacée en 1752 par *le Voyage pittoreſque de Paris*, ou indication de tout ce qu'il y a de plus beau dans cette grande Ville en peinture, en ſculpture & architecture ; *Paris, De Bure, in-12. avec figures*. M. DEZAILLER DARGENVILLE le fils, amateur éclairé des beaux Arts, déja connu par *ſon Abrégé de la Vie des Peintres*, en 3 vol. *in-4.* eſt Auteur de ce *Voyage Pittoreſque*, dans lequel on ſuit l'ordre de la diviſion de Paris en vingt quartiers, & où l'on trouve une indication exacte & préciſe de tous les morceaux de peinture & de ſculpture eſtimés des connoiſſeurs, avec le nom des Artiſtes auxquels on doit ces chefs-d'œuvres. Le même Auteur donna, trois ans après, ſon *Voyage Pittoreſque des Environs de Paris.*

Les autres Ouvrages qui ont paru depuis, (s'ils méritent ce nom), ne valent pas la peine d'être cités, tels que le *Calendrier Hiſtorique* ; *l'Etat* ou *Tableau de Paris*, gros in-8. qui n'eſt qu'un Almanach ; *le Géographe*

Parisien, en 2 vol. in-8; *l'Histoire des Eglises de Paris*, in-12; les *Tablettes de Paris*; *l'Almanach Parisien*; les *Nomenclatures*, &c.

Il ne faut pas confondre, avec ces productions de l'ignorance, *les Recherches critiques, historiques & topographiques sur la Ville de Paris, avec le plan de chaque quartier*, par M. JAILLOT, géographe ordinaire du Roi, en 21 vol. *in-*8. dont le premier a paru en 1772 chez Lottin. Cet excellent Ouvrage, divisé suivant l'ordre des quartiers, en commençant par la Cité, contient, avec les plans les plus exacts qui aient encore paru, la liste alphabétique des rues de chaque quartier, leurs tenans & aboutissans, leur nomenclature successive; les Eglises & les Hôtels, anciens & modernes, qui se trouvent dans chaque rue, &c. Les discussions savantes, les citations de tous les titres, la critique judicieuse, l'érudition exacte & immense qui est versée avec profusion dans ces Recherches, les rendent précieuses à tous les Littérateurs, mais en même temps fatigantes & peu agréables à lire, si ce n'est pour ceux qui ont besoin de détails particuliers sur leurs quartiers; elles ne fournissent rien pour l'Histoire générale, ni pour la Description des monumens publics.

PRÉLIMINAIRE.

On trouve aussi une bonne *Description de Paris*, par M. l'abbé Expilly, dans le grand Dictionnaire de la France, & nous la citons souvent. Enfin, lorsqu'on achevoit l'impression de notre Ouvrage, il a paru un grand *Dictionnaire historique de la Ville de Paris & de ses Environs*, dédié à M. le maréchal de Brissac, avec cette épigraphe à la fin de la Préface : *Tantæ molis erat Parisinam condere gentem!* Ce Dictionnaire en 4 vol. *in*-8. de plus de 800 pages chacun, & d'un caractère très-fin, n'est qu'une compilation décousue & fautive de toutes les Descriptions précédentes, & sur-tout de l'Histoire du Diocèse de Paris de M. l'abbé Lebeuf, & du savant Auteur des Recherches critiques sur Paris, dont les articles ont été découpés par ordre alphabétique, sans citation. Il ne faut pas s'attendre à y trouver l'histoire de la Capitale, ni dans la Préface, ni même au mot *Paris*; mais, en récompense, on y trouve tous les villages du diocèse ; la description de tous les arts & métiers qui s'exercent dans Paris, &c. *Voyez* aux articles *Amidonniers*, *Blondiers*, &c. &c.

L'ouvrage que nous offrons au public, est d'un autre genre, quoique travaillé sur le même fond. C'est principalement dans la division & la distribution méthodique des matières, que consiste le mérite d'une bonne description. Jusqu'ici l'on avoit suivi *l'ordre des Quartiers*, ou celui des *Paroisses*, ou l'ordre *Alphabétique*; mais nous avons cru devoir admettre un autre plan, en préférant de rassembler sous les mêmes titres & articles, toutes les choses qui pouvoient avoir de la liaison & de la connexité entr'elles. Par ce moyen, on a l'avantage de pouvoir comparer les objets semblables, sans que l'ordre méthodique nuise à la variété; & l'on peut mettre à la tête de chaque article un préambule historique qui aide à l'intelligence des choses qu'on doit traiter, ou des monumens qu'on veut décrire. La gravure, si perfectionnée de nos jours, concourra au même but, en joignant la représentation, le site & l'ensemble des monumens dont on a tracé l'Histoire. Il y aura quarante à cinquante planches par volume. La beauté & le grand nombre de ces monumens qui ornent la Capitale, justifient l'épigraphe que nous avons mise à la tête: *Barbara Pyramidum sileat miracula Memphis*. On ne s'étendra point ici en éloges qui seroient inutiles ou suspects; c'est au public à juger; il suffit d'assurer qu'on n'a rien épargné pour lui présenter quelque chose, digne d'un siècle aussi éclairé que le nôtre. Toutes les descriptions antérieures ont été mises à contribution & comparées entr'elles, & avec les monumens tels qu'ils subsistent aujourd'hui. Nous consentirons même à ne passer que pour de simples éditeurs (si la critique le veut ainsi) pourvu que notre Ouvrage renferme ce qu'il y a de meilleur dans les autres, & que le plan en soit neuf & bien ordonné (1).

Cette nouvelle Description historique de Paris & de ses plus beaux Monumens, sera divisée en six volumes, dont les trois premiers comprendront *la Description générale*, & les trois derniers la *Description particulière*.

On donne dans le PREMIER VOLUME, la notice générale du Royaume & de l'Ile de

---

(1) Mon objet principal étant de donner une *Histoire de Paris & de la France* plus approfondie, plus instructive & plus méthodique que toutes celles qui ont paru jusqu'à présent, & en même temps plus courte & plus agréable, la *Description de Paris & de ses plus beaux Monumens*, n'est qu'un accessoire à cette grande entreprise; & il seroit injuste de juger l'une sans l'autre, & avant qu'elles ne soient toutes deux achevées & complètes.

France, dont Paris est la capitale; l'Histoire naturelle de ses environs; la situation de Paris, étendue, limites & population; sa division en Iles, Ville & Université; ses quartiers, ses portes, arcs de triomphes & monumens publics; ses palais & hôtels; ponts, quais, fontaines; places, halles & marchés; consommation, foires, commerce, manufactures, industrie; l'idée générale du Gouvernement ecclésiastique de Paris, de ses Eglises Paroissiales, Séminaires, Hôpitaux, Couvens, &c.; l'idée générale du Gouvernement Civil & militaire de Paris ancien & moderne, l'état actuel de sa police; origines & variations du Droit Civil & Coutumier; la notice historique des Cours Souveraines & de tous les Tribunaux qui sont dans Paris, &c. (1).

Le SECOND VOLUME offrira un tableau général des progrès de l'esprit humain dans

---

(1) *Voyez* dans ce volume la Table des Articles, & l'indication des Planches qui accompagne l'avertissement. Pour ne rien laisser à desirer au Public de ce qui peut concourir à rendre cette Description aussi utile qu'agréable & instructive, nous avons fait graver séparément le PLAN DE PARIS, avec des Observations relatives. Comme ce Plan est sous un trop grand format pour être plié dans le volume, on le donnera séparément avec l'Ouvrage.

les

PRÉLIMINAIRE. xcvij

les Arts & les Sciences, & de l'inſtruction publique en France. On y donnera l'hiſtoire de l'Univerſité & des quatre Facultés qui la compoſent; celle des Collèges qui en dépendent; les Bibliothèques publiques & les Cabinets d'Hiſtoire naturelle; le Collège royal; le Jardin des plantes, &c. Enſuite on paſſera aux différentes Académies, dont on donnera l'Hiſtoire abrégée; enfin les Spectacles Nationaux; & on finira par des recherches ſur les mœurs de la Capitale, & leur influence ſur celles des provinces.

Le TROISIÈME VOLUME, qui formera le *dernier de la Deſcription générale*, contiendra la Notice hiſtorique de Paris depuis ſon origine, ſes accroiſſemens ſucceſſifs ſous tous les règnes, les reſtes d'antiquités, &c. On y joindra un examen critique & raiſonné de tous les différens projets propoſés pour la décoration, l'utilité & les embelliſſemens de Paris, principalement ceux qui concernent les eaux, les canaux, les pompes & les fontaines, dont on donnera les plans (1).

---

(1) Le grand nombre de Plans & de Projets raiſonnés ſur tout ce qui concerne la décoration, l'utilité & les embelliſſemens de Paris, que j'ai raſſemblés avec le plus grand

Tome I. g

DISCOURS

Le Quatrième Volume, qui sera le *premier de la Description particulière*, renfermera l'histoire & la description des Maisons Royales, tels que le Louvre, les Tuileries, le Luxembourg, &c. avec les tableaux, les bustes, les statues, les vases, les plans & les Vues de ces maisons, des jardins, &c.; les édifices publics, tels que l'Hôtel-de-Ville, le Palais, la Monnoie, l'Arsenal, le Temple, la Bastille, les Invalides, &c.

Le Cinquième sera destiné aux Églises & Couvens. On donnera dans ce Volume tous ce qui concerne le Clergé, les différens Ordres religieux; on y joindra les costumes & habillemens des Moines; les tableaux & mausolées; les inscriptions & épitaphes qui sont dans les Temples; la notice des Hommes illustres, dont les cendres y reposent, &c.

---

soin & que j'ai mis en parallèle, avec l'examen critique de leurs avantages & inconvéniens; les moyens de se procurer des fonds & une caisse des embellissemens de Paris; la Notice historique de cette grande Ville, & ses accroissemens sous toutes les époques, &c. rendront ce volume le plus curieux & le plus instructif de toute la Collection. On y verra tout à-la-fois ce que Paris a été, ce qu'il est, & ce qu'il pourroit être : c'est ce qui manque dans toutes les autres Descriptions.

PRÉLIMINAIRE. xcxix

Le Sixième & dernier Volume contiendra les vues & la description des plus beaux hôtels, & des jardins qui les accompagnent; la notice des grandes maisons auxquelles ils appartiennent, ou ont appartenu; ceux qui les ont fait construire, &c.

Enfin, tout l'Ouvrage sera terminé par un Dictionnaire étymologique et anecdotique des Rues de Paris, qui servira comme de supplément à tout ce qui n'auroit pu entrer dans la Description & l'Histoire. Quelque vaste que soit ce plan, nous le répétons, ce n'est point un simple projet qu'on annonce; l'exécution en est fort avancée, tant pour la composition, que pour les gravures qui doivent orner cette Description. Les curieux peuvent les voir chez le sieur *Martinet*, graveur & ingénieur du Roi, rue Saint-Jacques. Plusieurs Gens de Lettres ont vu nos manuscrits, & nous font espérer des secours dont nous profiterons pour perfectionner notre travail (1). Le Public peut

---

(1) J'ai déja observé plus haut, que M. l'Abbé Bouquet, Historiographe de Paris, avoit eu la bonté de me promettre de travailler de concert avec moi, à l'*Histoire* de cette Capitale. Des circonstances imprévues m'ayant forcé de commencer par la *Description*, M. Jaillot, au-

prendre quelque confiance en nos promesses; le grand nombre d'Ouvrages que nous avons déja publiés sur différens sujets de Physique, de Littérature, & d'Histoire, est un sûr garant des soins que nous apporterons pour achever une entreprise que nous regardons comme la plus belle qu'on puisse former, sous les auspices les plus augustes.

---

teur des savantes *Recherches sur Paris*, me permet d'annoncer qu'il m'aidera de ses lumières & de ses recueils dans les volumes suivans. Avec de pareils Guides, je puis espérer de remplir une carrière trop vaste pour mes foibles talents. Leurs Majestés ayant daigné souscrire, cette faveur signalée soutiendra le zèle de l'Auteur, & lui fera faire les plus grands efforts.

Fin du Discours Préliminaire.

DESCRIPTION

DESCRIPTION
HISTORIQUE DE PARIS
ET DE SES PLUS BEAUX MONUMENS

Gravés en taille-douce

Par J.B. Martinet, Ing.r et Graveur
du Cabinet du Roy

Pour servir

d'introduction à l'histoire
de PARIS et de la FRANCE

Par

M. BEGUILLET

Avocat et Membre de plusieurs Academies

Barbara Pyramidum sileat miracula Memphis

DESCRIPTION HISTORIQUE DE PARIS,
ET DE SES PLUS BEAUX MONUMENS.

INTRODUCTION.

Les Villes & les Empires ont leurs commencemens & leurs progrès, avant que d'arriver à cet état de grandeur & de perfection, que la sagesse d'un gouvernement éclairé fait maintenir & conserver. Paris, cette ville aujourd'hui si florissante, & qui passe, avec raison, pour la plus belle, la plus riche, la plus peuplée, & l'une des plus grandes villes du monde ; Paris, qui est le cœur & le centre du Royaume dont elle est la Capitale, & qui est, pour ainsi dire, l'Etat même, ne fut long-temps qu'une espèce de hameau, une petite cité foible dont on ignore l'histoire & l'époque de sa fondation. L'obscurité qui couvre son origine, semble s'épaissir par les recherches des Savans, & par les fables auxquelles ces recherches ont donné lieu. C'est presque toujours par des fables que débute l'histoire des peuples illustres & des villes fameuses. On croit rendre service à sa nation & à sa patrie, en recourant au merveilleux pour voiler des commencemens foibles & obscurs, qui n'ont pu recevoir leur premier lustre que plusieurs siècles après.

César est le premier auteur digne de foi qui fasse connoître l'ancien état de Paris; mais dès-lors cette ville joue un grand rôle dans l'histoire, par la résistance opiniâtre des Parisiens contre tous les efforts des Romains. Rebâtie par ces conquérans, son heureuse situation en fit bientôt une ville commerçante, comme on peut le conjecturer par l'inscription des Nautes Parisiens, dédiée à l'empereur Tibère; elle devint en même temps le séjour des Gouverneurs & des Préfets de cette partie des Gaules; elle eut des temples, des palais, des bains, des amphithéâtres, un champ de Mars, & tout ce qui distingue les cités du premier rang; plusieurs Empereurs la visitèrent, & l'un d'eux n'a pas dédaigné d'en faire l'éloge. Lors de l'établissement de la religion chrétienne, Paris eut son Evêque, qui devint comme le chef & le défenseur de la cité, concuremment avec le Préfet des Nautes Parisiens, connu aujourd'hui sous le nom de Prévôt des Marchands. Ces défenseurs naturels de la ville, s'opposèrent aux vexations des gouverneurs

Romains, & s'unirent à la république des Armoriques qui avoit ses représentans à Paris.

Le colosse de la puissance romaine commençant à s'affaisser de toutes parts, & s'étant enfin écroulé sous son propre poids, Paris eut beaucoup à souffrir de l'irruption des Barbares; les défenseurs de la cité prirent le sage parti de se soumettre au chef des François, qui y établit le siège de sa nouvelle Monarchie. C'est-de-là que le pays particulier des Parisiens prit le nom de *France*, qui s'étendit peu à peu à toutes les autres parties des Gaules. Depuis ce temps, Paris fut toujours la Capitale des François, nonobstant le partage du Royaume entre les enfans des Rois de la première race. La possession de Paris fut même jugée si importante, qu'après la mort de Caribert roi de Paris, les rois de Bourgogne, d'Austrasie & de Soissons, qui partagèrent sa succession, convinrent de posséder tous trois, par indivis, cette Capitale de la France, & qu'aucun d'eux n'y entreroit sans le consentement des deux autres, dans la crainte qu'il ne s'en fît un titre pour être regardé comme seul roi des François.

La ville de Paris conserva cette belle prérogative, jusqu'à ce qu'elle devint, sous les foibles enfans de Charlemagne, le patrimoine particulier d'un Comte. Dans cet état, elle fut souvent ravagée par les Normans, qui en détruisirent tous les édifices extérieurs, & la resserrèrent dans une île de la Seine qu'ils ne purent jamais forcer, & où son évêque fit des prodiges de valeur. L'enceinte de Paris, restreinte à ce qu'on nomme aujourd'hui la Cité, a donné lieu de croire que jamais cette ville n'avoit étendu ses limites au-delà de l'île du Palais; mais ce seroit tomber en contradiction avec l'histoire & les monumens les plus authentiques.

L'anéantissement total de la puissance royale, par les usurpations des seigneurs devenus assez puissans pour se faire confirmer par les Rois eux mêmes dans leurs possessions usurpées, enhardit le Comte, propriétaire de Paris, a porter ses vues jusque sur le trône. Cette ville, qui étoit regardée comme le premier siège de la Monarchie établie par Clovis, sembloit lui fournir un titre propre à colorer son ambition. Le comté de Paris étoit alors uni au duché de France; ce qui détermina les seigneurs à choisir pour suzerain, celui qui réunissoit ces deux qualités, au préjudice du sang de Charlemagne. Hugues Capet, en attachant le comté de Paris à la couronne, fixa pour toujours le sceptre dans sa Maison; il confia le gouvernement de sa ville à des Prévôts royaux, & se plut, ainsi que ses successeurs, à l'agrandir & à l'embellir. Dès lors, Paris ne cessa plus d'être le séjour des Rois & de leur cour, le lieu des assemblées ordinaires de la nation, & le siège unique de la monarchie.

On voit par cette courte exposition, que l'histoire particulière de la ville de Paris est sans cesse subordonnée & dépendante de celle de la monarchie, dont elle fait même la partie la plus piquante & la plus instructive. Paris est devenu la patrie commune des François, comme Rome étoit celle de tous les peuples soumis à sa domination; & jamais les Romains n'imaginèrent de donner une histoire de leur capitale, séparée de celle de l'empire dont elle étoit le siège. Tels sont les principaux motifs qui nous ont déterminés à entreprendre une nouvelle HISTOIRE DE PARIS ET DE LA FRANCE, fondue dans un même corps d'ouvrage, & assujettie à la même distribution, aux mêmes époques. On y verra les révolutions de cette capitale, sous les diverses dynasties qui se sont succédées les unes aux autres, depuis les temps les plus reculés.

La DESCRIPTION DE PARIS ET DE SES PLUS BEAUX MONUMENS, est une autre entreprise également vaste, & qui semble devoir marcher de front avec l'histoire de cette capitale. Ces deux ouvrages séparés par leur objet, concourent cependant au même but, qui est de faire connoître complétement & dans tous ses détails, une ville si digne d'exciter la curiosité générale. L'histoire plus rapide décrit les évènemens, lie les faits les uns aux autres, & les enchaîne par le fil de la chronologie; met les hommes sur la scène pour exposer les motifs & les passions qui les font agir; peint les vices & les vertus, les mœurs & les usages; elle développe les causes morales & physiques de la grandeur & de la décadence des empires, pour faire prévoir les révolutions qui en sont la suite & les effets nécessaires. C'est sur ces temps de révolutions que l'histoire s'arrête avec complaisance, pour en faire un tableau qui puisse attacher les lecteurs, les instruire & les éclairer; de-là elle entre dans un autre ordre de choses, & passe à de nouvelles époques, pour continuer sa marche à travers l'immensité des faits, & former, par la réunion successive des époques, l'ouvrage le plus imposant que puisse produire l'esprit humain. Il n'en est pas de même de la description des villes ou des pays qu'on veut faire connoître; il faut suivre une autre route pour parvenir au même but, & pour faire un tableau également intéressant.

L'impossibilité d'unir la partie descriptive & la partie historique dans un même cadre, nous a déterminés à séparer des objets disparates qui ne peuvent être confondus sans se nuire réciproquement. La narration historique seroit sans cesse interrompue par les détails déplacés de la description; l'une suit l'ordre des temps, l'autre celle des lieux; l'une embrasse les faits & leur liaison à l'histoire générale de la monarchie, l'autre ne concerne que les choses, & s'arrête à décrire les monumens, leur destination, & les traits anecdotiques qui y ont rapport, ou qui n'auroient pu trouver place dans le corps historique.

Le principal mérite d'une bonne description, consiste, 1°. dans une belle distribution des matières; 2°. dans l'exactitude & la précision des descriptions. C'est en observant ces règles générales, que nous éviterons les défauts qu'on reproche à ceux qui nous ont précédés dans la même carrière. Nous commençons par la description, parce qu'il faut connoître les lieux dont on veut donner l'histoire; il faut voir ce qu'est actuellement Paris, avant de savoir ce qu'il a été autrefois. D'ailleurs, le public a paru plus empressé de jouir de la vue des monumens qui rendent cette ville si célèbre.

ARTICLE PREMIER.

Notice générale du Royaume & de l'Ile de France ; Histoire naturelle des environs de Paris, &c.

UNE description de PARIS semble exiger préliminairement une courte notice du royaume & de la province dont elle est la capitale ; mais les dictionnaires, les livres de géographie & les ouvrages économiques, étant pleins de ces sortes de notices générales, il suffit de jeter un coup d'œil rapide sur ce beau pays, & sur la province où la ville de Paris est située.

Cette heureuse contrée de l'Europe qui porte le nom de FRANCE, où les uns comptent de quatorze, seize, à vingt millions d'ames, les autres, de de vingt à vingt-cinq (1), contient plus de trente

---

(1) M. Dangeul, maître des Comptes, & maître d'hôtel du Roi, auteur de plusieurs bons ouvrages d'économie, & entr'autres des *Remarques sur les avantages & les désavantages de la France*, &c. supposé imprimé à Léyde en 1754, & traduit de l'anglois de John Nicols, est un des premiers qui se soient occupés, en France, de recherches sur la population, par des moyens qui puissent équivaloir à un dénombrement réel & effectif. Depuis ce temps, le mot de *population*, si fréquemment employé dans les ouvrages économiques, a donné lieu à nombre de systêmes tous supposés, & conclus d'après des estimations arbitraires, & par conséquent très-sujettes à se trouver défectueuses. Le dénombrement de la France, fait sur la fin du dernier siècle, & rapporté par M. de

mille lieues quarrées de surface, dont la majeure partie est propre à toutes sortes de cultures. Sa position sur le globe au milieu de la zone tempérée, à égale distance du pôle & de l'équateur, la fait participer aux avantages de tous les autres climats, & lui en donne de particuliers qu'elle ne partage avec aucun autre pays. Elle est baignée, du côté du couchant, par la mer Océane, & la Manche ou canal qui la sépare des îles Britanniques; & de l'autre, au midi, par la Méditerranée. Deux grands fleuves, le Rhin & le Rhône, dont l'un qui lui sert de borne à l'orient & au nord, porte ses eaux dans la mer d'Allemagne; & l'autre, en suivant la direction & le contour des Alpes, se décharge dans la Méditerranée, semblent venir exprès du dehors pour lui servir de barrière du côté des terres, & lui faciliter la navigation & la sortie aux deux mers. Trois autres grands fleuves, la Garonne, la Loire & la Seine, prennent leur source dans son sein, pour lui payer sans partage le tribut de toutes leurs eaux.

Dans cette vaste étendue de pays fertile & délicieux, où l'air est presque toujours pur & sain, sous un ciel tempéré, & qui forme à peu près un dou-

---

Vauban, fait monter à environ vingt millions, les habitans de ce royaume. Il sembleroit qu'on dût encore s'en tenir, par approximation, à ce nombre pour l'état actuel des habitans du royaume, puisque c'est la moyenne proportionnelle entre les deux extrêmes, & entre les systêmes opposés. On peut voir ce que j'ai dit à ce sujet dans le *Traité de la Connoissance générale des Grains, &c.* en deux volumes in-4°. dédié au Roi, & imprimé aux frais du Gouvernement.

zième de l'Europe, on trouve avec abondance toutes les productions de première & seconde nécessité, telles que les blés & les grains de toute espèce, légumes, fruits, lins, chanvres, herbages, prés, bois, &c. Le sel, préférable à celui de tous les autres climats, & dont le débit libre & assuré seroit, au témoignage d'un de nos plus grands Ministres, la principale ressource de l'Etat dans les plus grandes crises; les huiles, les vins, cidres & eaux-de-vie dont les autres peuples ne peuvent se passer; le gibier, le poisson, la volaille, les bestiaux, les laines & les troupeaux, dont les produits surpasseroient encore ceux de la culture des terres, vu l'abondance & l'excellence des pâturages, si les espèces dégradées étoient rétablies, &c. &c; les mines de fer, de plomb, d'argent, de cuivre, de charbon de terre; la marne, cette graisse de la terre répandue presque par-tout; les différentes carrières de tuf, de plâtre, d'ardoise, de pierres à bâtir & à polir, les marbres & albâtres, granits & porphyres, &c. sont encore des richesses propres à la France, qu'il ne s'agit que de mettre en pleine valeur par l'exploitation & la circulation (1). A tous ces biens réels, il faut join-

---

(1) On n'a point parlé, dans cette énumération, des mines d'or, parce que, quoique la France en possède plusieurs, si l'on s'en fie au témoignage des naturalistes, il ne s'en exploite aucune. Ce beau royaume n'a pas besoin de mines riches: il possède, au dire d'un ancien auteur, quatre aimans qui ont la vertu d'attirer l'or & l'argent des étrangers; savoir, le *blé*, le *vin*, le *sel*, & le *chanvre*: on pourroit ajouter aujourd'hui les manufactures & l'industrie, le commerce des modes, celui

dre un peuple nombreux, dont le caractère doux & l'esprit facile sont également propres à se porter à tous les genres d'industrie, aux arts comme aux sciences ; qui peut être tout à-la-fois un peuple guerrier, agricole & marchand.

En effet, la nature semble avoir tout fait pour la France. On y trouve par-tout de grandes plaines couvertes de pâturages & de terres en rapport ; de longs côteaux en pente douce & également inclinée, où croissent les meilleurs vins de l'univers, les plus salubres & les plus familiers ; de hautes montagnes, dont une partie lui servent de barrières, telles que les Pyrénées, les Alpes, le Jura, les Vosges, &c. garnies de bois & de forêts qui fournissent la marine, les constructions & le chauffage ; plusieurs fleuves & rivières navigables, & une infinité de rivières de communication qui fertilisent toutes les provinces, & qui pourroient en même temps servir au transport de leurs diverses denrées, &c. Il est en effet peu de pays en Europe, qui soit aussi bien arrosé que la France : on y compte plus de six mille rivières, tant grandes que petites, comme autant de veines pour distribuer le suc de la terre par tout ce grand corps, & porter en tous lieux la vie & la fécondité. Tant d'avantages heureusement réunis ne pouvoient manquer de rendre la France commerçante, riche

---

de la librairie & des productions du génie, &c. L'empereur Maximilien, instruit des richesses de la France & de la beauté du pays, disoit fort plaisamment, que s'il étoit Dieu, l'aîné de ses fils lui succéderoit, & le second seroit roi de France.

& puissante : mais cet Etat seroit encore plus vivant & plus peuplé, si l'on savoit perfectionner ces dons de la nature, en facilitant, par des canaux artificiels, la communication des rivières ; en rendant navigables celles qui ne le sont pas ; en arrosant par des canaux d'irrigation les terrains secs & arides ; & en desséchant, par des canaux de dérivation, ceux qui sont aquatiques, marécageux & inondés (1).

Il seroit superflu de suivre toutes les divisions & subdivisions de la France en Provinces, en Gouvernemens ecclésiastiques & militaires, en districts de Parlemens & autres cours souveraines, en Généralités & Intendances, en pays d'Etats & pays d'Elections, &c. &c. puisque nous n'avons à parler que d'une seule province.

L'ILE DE FRANCE, située entre le 18° 57' & le 21° 44' de longitude, & entre le 48° 0' & le 49° 46' de latitude, est bornée au nord par la Picardie, au sud par l'Orléanois, à l'est par la Champagne, & à l'ouest par la Normandie & le Perche. Elle a trente-huit lieues de longueur, sur trente-une de largeur ; ce qui peut être évalué à cinq cents trente lieues quarrées. Elle comprend douze petits

---

(1) Ce tableau général du royaume & de ses ressources est extrait d'un *Mémoire*, que j'ai envoyé au Ministre, *sur les moyens de rendre la France florissante par la Navigation intérieure, les Canaux d'arrosage & de desséchement*. On peut consulter ce que j'ai dit à ce sujet dans les *Supplémens de l'Encyclopédie*, aux mots *Canaux, Abondance, Agriculture*, &c. & dans mon ouvrage latin sur les *Principes physiques de la Végétation & de la Fécondité*.

pays, savoir; 1°. *l'Ile de France proprement dite*, ou le pays de *France* pris en particuliér; 2°. le *Laonnois*; 3°. le *Noyonnois*; 4°. le *Soiſſonnois*; 5°. le *Valois*; 6°. le *Beauvoiſis*; 7°. le *Vexin François*; 8°. le *Thimerais*; 9°. le *Mantois*; 10°. le *Hurepoix*; 11°. le *Gâtinois François*; 12°. la *Brie Françoiſe*.

Cette province eſt arroſée par la Seine, qui la traverſe dans toute ſon étendue de l'oueſt à l'eſt, par la Marne, l'Oiſe, l'Aiſne, le Terrain, l'Orge, l'Eure, &c. Le climat y eſt ſain & aſſez tempéré, mais plutôt froid que chaud, plus humide que ſec. Il ſe trouve dans cette province de fort belles plaines, des collines, & quelques petites montagnes qui méritent à peine ce nom. Le pays, en général, eſt fort abondant en vins & en fruits; mais les vins, à l'exception de quelques cantons, ſont très-médiocres. Il y a beaucoup de bois, & des campagnes très-fertiles en blé; le gibier & le poiſſon y ſont abondans. Il y a beaucoup de prairies & de bons pâturages le long des rivières de *Marne*, de *Seine*, &c. Comme cette province eſt le ſéjour de la Cour, elle eſt embellie de pluſieurs maiſons royales, & de quantité d'autres maiſons de plaiſance de princes & de divers particuliers opulens.

Les belles routes qui traverſent l'Ile de France en tous ſens, (tant celles qui partent de Paris, que celles qui ſont ouvertes pour la communication des chefs-lieux des élections) ſont pavées ou formées en chauſſées bien alignées, bordées d'arbres de belle venue, bien entretenues, praticables en tout temps, & ſont l'admiration des étrangers qui arrivent à Paris. Tout cela contribue à rendre cette province l'une des plus belles & des plus délicieuses de l'Europe. Il semble en effet que, par la situation la plus heureuse, la nature se soit efforcée à rendre cette province également tempérée, commode au commerce par les rivières navigables qui y affluent, abondante dans ses récoltes, & agréable par la vue des plus beaux pays du monde. Mais c'est bien autant à l'industrie des habitans qu'à la qualité naturelle du pays, qu'elle est redevable de tous ces avantages.

Si on considère l'Ile de France du côté du commerce & des manufactures, les blés, les bestiaux, les vins, les bois, les étoffes, les toiles, &c. servent à faire le fonds de ce riche commerce; mais l'Ile de France est bien éloignée de pouvoir se suffire à elle-même, si l'on y comprend la ville de Paris. Cette capitale de l'empire François, qui vaut seule un royaume par la multitude de ses habitans, est un sujet de consommation, à laquelle il n'y a qu'un commerce soutenu avec les provinces voisines, & même alimenté par celui des pays les plus éloignés, qui puisse subvenir. Les habitans de l'Ile de France ont chez eux aussi peu de ressources pour le vêtement que pour la nourriture; ils font leurs emplettes chez des détailleurs, qui, comme la plupart des marchans de province, tirent de Paris, soit de la seconde main chez les débitans, soit aux foires Saint-Germain ou de Saint-Denis. Il n'y a de manufactures remarquables dans toute l'Ile de France, que celle des draps de Julienne, teints en écarlate, & celles des couvertures, aux fauxbourgs Saint-Victor & Saint-Marceau de la même ville. Les étoffes qu'on fait à Pontoise, à Saint-Denis, &c. sont si peu de chose, qu'à peine méritent-elles qu'on en fasse mention. Les meilleures manufactures sont tout-à-fait tombées, pour faire place à celles de luxe & au commerce des modes. Ce seroit peut-être le cas de parler ici de quelques établissemens en faveur des arts, comme l'Ecole royale d'Agriculture, dans la terre d'Annel, près Compiègne; l'Ecole royale Vétérinaire, au chateau d'Alfort; les quatre bureaux de la Société d'Agriculture, &c. mais nous aurons occasion d'en parler ailleurs.

L'HISTOIRE NATURELLE de la généralité de Paris, fournit beaucoup de curiosités & de richesses en ce genre, dans les trois regnes. Les botanistes y trouvent quantité de simples & de végétaux utiles & curieux, dont on peut voir le catalogue dans l'Histoire des Plantes des environs de Paris, du célèbre Tournefort; dans le *Botanicum Parisiense*, de Vaillant; dans l'ouvrage de Dalibart; celui de M. Guettard, sur les plantes des environs d'Etampes, &c. (1)

---

(1) On publie aussi, sous le titre de *Flora Parisiensis*, un recueil de petites planches in-8°, avec l'explication de chaque planche. Mais ce recueil, où les notes caractéristiques des plantes ne sont ni gravées ni expliquées, n'est pas propre à satisfaire les botanistes profonds; il peut cependant convenir aux curieux, & à ceux qui veulent avoir une teinture de la botanique. Il est certain que la botanique, cette branche principale de l'Histoire naturelle, a un besoin indispensable de la gravure & de l'enluminure. Il n'est aucune description, fût-elle

Il y a des eaux minérales à Abbecourt auprès de Saint-Germain en Laye, à Verberie près de Compiègne, à Paffy, à Bruyères près de Laon, &c. Pour la partie des foffiles, on peut confulter les favans Mémoires de M. Guettard, & les Cartes minéralogiques du même auteur, dont on doit la publication au zèle de M. Bertin, pour le progrès des fciences & des arts utiles (1). On doit auffi recourir

---

même de la plume élégante du Pline moderne, qui puiffe fuppléer à l'image de la chofe, & repréfenter le port extérieur, la figure, la couleur d'une plante, & les parties de la fructification. C'eft le défaut de figures qui rend les favans ouvrages du docte Linné de fi peu d'utilité ; ce font au contraire les figures qui attachent encore la plupart des botaniftes François au fyftème de Tournefort. Mais ces figures ne donnent qu'une idée imparfaite des caractères génériques, & ne font pas connoître les plantes. Le plus beau cadeau qu'on puiffe faire aux amateurs d'Hiftoire naturelle, ce feroit de leur donner les plantes deffinées, gravées & coloriées par un artifte accoutumé à copier fidèlement la nature, fous la direction d'un habile Botanifte.

(1) M. Guettard obferve dans un *Mémoire fur l'Utilité d'une Carte minéralogique de la France*, que c'eft une efpèce de carte géographique, dans laquelle on défigne, par des caractères de convention, les fubftances qui fe rencontrent dans les environs des endroits dont il eft queftion dans cette carte ; c'eft joindre le phyfique avec le civil & le politique, & donner par ce moyen aux cartes géographiques toute l'utilité dont elles font fufceptibles. Une entreprife auffi vafte ne pouvoit s'exécuter pour la France fans la protection du Gouvernement ; auffi M. Bertin, miniftre éclairé, dans le département duquel l'exploitation des mines eft comprife, ayant fenti qu'une carte minéralogique de la France ne pouvoit être que d'une grande utilité pour la fcience économique, fi cette

à l'énumération latine des fossiles de France de M. d'Argenville, d'où l'auteur du *Dictionnaire de la France* a tiré une partie de ce qu'il dit. C'est dans ces sources qu'on a puisé ce qu'on en va rapporter.

On observe, dans les environs de Paris, *deux*

---

carte sur-tout embrassoit tous les objets de la minéralogie, a chargé MM. Guettard & Lavoisier de son exécution, après leur avoir fait faire les voyages nécessaires pour la connoissance du local & les observations de détail. Il y a déja seize cartes particulières, dont l'ensemble renferme une assez grande étendue de ce royaume. Ces cartes comprennent l'Ile de France & les environs de Paris, la Champagne, l'Alsace, la Lorraine, &c. On y indique, à chaque endroit sur lequel on a des observations, les substances désignées par des caractères semblables à ceux dont se servent les chimistes. Par ce moyen, on voit au premier coup d'œil si un canton renferme des glaises, des sables, de la marne, de la craie, des pierres à chaux ou à batir, des mines, des fontaines minérales, des bitumes, des charbons de terre, &c. Pour mettre en état de juger de ce qu'il pourra en coûter pour se procurer l'une ou l'autre de ces substances, on a fait graver sur les côtés de chacune des petites cartes une coupe générale de la composition des montagnes, du canton renfermé dans chacune d'elles : on reconnoîtra par-là à quelle profondeur est placée la substance dont on a besoin, & quelle sera la nature de celles qu'il faudra percer pour atteindre celle qu'on recherche, & l'on verra ainsi quel pourra être le travail & la dépense. Le physicien apprendra, par ces différentes coupes de montagnes, les raretés que la nature peut avoir apportées dans l'arrangement & la composition de ces éminences ; enfin, le naturaliste qui s'applique à la recherche des corps marins fossiles, verra les endroits où il pourra s'en procurer, & quelquefois même les caractères lui indiqueront de quel genre sont ces fossiles, &c.

espèces

espèces de montagnes, par rapport à leur composition. La première, qui est la plus commune, est composée de la façon suivante. Après la terre labourable, on trouve un lit de sable, suivi d'un banc de pierre meulière, posé sur du grès, qui est sur un banc de marne. Au dessous de ce lit, en est un de glaise marneuse, qui en précède un de cette espèce de pierre appelée *Cos*, ou pierre à aiguiser. Après ce lit, on trouve un banc de pierre coquillière, & puis un lit de moëllon, qui est au dessus d'un autre banc de pierre coquillière; ensuite est un autre lit de pierre de taille, qui précède trois autres bancs de pierre également propre à la bâtisse, nommés le souchet, le banc franc, & simplement pierre à bâtir. Dans les vallées qui règnent au dessous de ces montagnes, on trouve souvent des glaisières, qui sont composées d'un lit de sable, & de trois lits de glaise, dont le premier est sableux, le second est noir, le troisième est bleu.

La seconde espèce de montagnes des environs de Paris, est celle qu'on connoît sous le nom de montagne de pierre à plâtre, ou simplement *plâtrières*: on y remarque au moins quatorze lits de sable, de pierre ou de terre glaiseuse. Après la terre labourable, on observe les lits dans cet ordre: des lits de sable, de pierre meulière, de grès, de glaise verte, de glaise blanche ou verdâtre, d'une qui est jaunâtre, d'une autre blanche, d'une qui est bleuâtre; cette dernière est suivie d'un banc de pierre à plâtre, qui est posé sur un lit de pierre blanche mêlée, au dessous duquel est un second lit de pierre à plâtre, &c. On pense bien que, lorsqu'on dit que

B

ces deux sortes de montagnes sont composées de la manière qu'on vient de rapporter, il peut se rencontrer des montagnes où l'on observe quelques différences ; mais ces différences ne sont pas considérables, & l'on peut regarder ces descriptions générales, comme celles qui conviennent au plus grand nombre des montagnes des environs de Paris.

Le sol de cette grande ville & celui de sa banlieue sont remplis de *coquillages fossiles*; les pierres mêmes des maisons bâties en sont chargées; mais ce ne sont guère que des bris de coquilles, & il est rare d'en trouver d'entières. Les morceaux sont pourtant assez grands pour qu'on y reconnoisse des peignes (1), des vis, des buccins, des tellines, &c. Les fouilles des puits & les fondations des maisons au fauxbourg Saint-Germain, à l'Ecole Militaire & au château de Bicêtre, en découvrent en quantité. Les carrières d'Arcueil & d'Issy, de Saint-Leu près de Chantilly, de Saint-Maur, celles d'Armentières & Resel, & en général toutes celles d'alentour, à plusieurs lieues de Paris, offrent des coquillarts entre deux couches, dont l'une est marneuse, l'autre pierreuse. Toutes les sablonnières sur le même terrain en sont mêlées. Celles de Vaugirard abondent en hui-

---

(1) On cite les noms de ces coquilles sans les expliquer ni les décrire, parce que le goût dominant qui règne aujourd'hui pour toutes les parties de l'Histoire naturelle, fait supposer qu'on sera facilement entendu de tous les lecteurs. En tout cas, il n'y auroit qu'à recourir aux ouvrages de M. d'Argenville, & au *Dictionnaire* de M. Valmont de Bomare.

tres, boucardes, sabots, vis, peignes & tellines; on y trouve aussi du corail fossile. Celles de Versailles & d'alentour ont de plus, des cames, des tonnes & quelques autres. Celles d'Errouville, près Pontoise, ont sur-tout des sabots, des tellines & des buccins, avec cette particularité, que ces coquilles sont chargées de ramifications noirâtres, &c.

Les sablons de Lizy, à quelques lieues de Meaux, ont de toutes les coquilles dont on vient de parler, & encore des pelures d'oignons, des moules, manches de couteaux, arches de Noé, &c. Ceux d'Anvers offrent d'assez beaux glands de mer, attachés sur des fragmens de coquilles. Ceux de Mary, de petits *plan-orbis* agglutinés sur la valve d'une huitre ou d'un peigne. On trouve presque toutes les espèces de bivalves dans les sablonnières des environs de Chelles, de Brou & de Saint-Maur, près Paris; plusieurs plaines, champs & chemins, en laissent à découvert de très-belles & de très-entières. Les montagnes ne sont pas moins riches en coquilles: celles de Montmartre & de Montrouge, de Bièvre, près de Meudon, du Vexin, &c. en offrent de toutes les sortes ci-dessus marquées, mieux ou moins bien conservées.

A une demi-lieue de Clermont en Beauvoisis, est une grande veine de coquilles renfermées dans de la craie. Il y en a une pareille à une lieue de Lagny; ce sont des buccins, des limaçons & des *plan-orbis*, enfermés dans une pierre à chaux fort dure, avec un mélange de cailloux noirâtres. Il y a du côté d'Etampes deux marnières formées de coquilles brisées. Au

B ij

village de Trilport, à une lieue de Meaux, il y a un pont tout conſtruit de cailloux ondés, & de pierres tirées des carrières voiſines, garnies de divers coquillages ſaillans ; ce qui fait un ſpectacle tout-à-fait agréable. Les côteaux de Lizy-ſur-l'Ourque offrent le même phénomène ; ce ſont de gros blocs de grès prominens & jetés en déſordre, tous chargés de coquillages plus ou moins gros, ſortant de la roche : c'eſt, après Paſſy, l'endroit qui fournit le plus de curioſités naturelles (1). On trouve à Paſſy, outre les

---

(1) Le village de Lizy, celui de Mary qui n'en eſt pas éloigné, & Paſſy près de Paris, ſont les lieux de la généralité les plus abondans en coquilles & en corps foſſiles : ils joignent à toutes les productions des autres, des lépas grands & petits, pyramidaux & chambrés, des cadrans, des éperons, des cylindres, des murex ou rochers, des nérites, des fuſeaux, des porcelaines, &c. du corail foſſile, &c. A Lizy, il y a un corail blanc oculé & calciné, couvert de tartre devenu caillou, avec des gazons remplis d'une infinité de loges d'inſectes, d'un travail admirable. A Mary, les naturaliſtes recueillent des brontia & des ceraunia, eſpèces de pierres de Tonnerre, longues ou rondes, entièrement agatiſées. Paſſy donne en particulier preſque toutes les coquilles des trois claſſes, univalves, bivalves & multivalves, & quelques-unes ſont joliment colorées & parfaitement conſervées. On ſait qu'au bas côteau délicieux ſur lequel Paſſy eſt ſitué à une petite lieue ſud-oueſt de Paris, il y a pluſieurs ſources d'eaux minérales ferrugineuſes, qui ont un goût de fer très-ſenſible & piquant, qu'elles conſervent pluſieurs mois, tant qu'on ne les a pas fait fermenter à la chaleur. Les chimiſtes qui les ont analyſées, y ont découvert du vitriol naturel, du ſel de Glauber, du ſel marin, des alkalis terreux, de la ſélénite & de l'huile minérale différemment combinés, cauſe de la dif-

diverses sortes de coquilles dont on a parlé, des bélemnites, des échinites, des turbinites grands & bien conservés; des glossopètres, des madrépores, &c.

Il y a peu de chose à dire du *genre terreux*. On trouve cependant autour de Paris des glaises ou terres franches, qui servent aux sculpteurs pour faire des figures & des modèles; des terres tuffières; & de plus une belle espèce de marne tendre, blanche & douce, dont il se fait une porcelaine aussi estimée que celle de Saxe : nous en parlerons ailleurs. Dans le Beauvoisis & ailleurs, il y a des terres calcaires, c'est proprement de la craie. La terre rouge de Montrouge est regardée, par M. de Réaumur, comme un débris de *fluors*. De tous les sables de rivières, celui de la Seine est regardé comme le meilleur pour le maçonnage, & pour sabler les jardins; celui de Creil se transporte à Saint-Gobin & à Cherbourg, pour y être employé à la fabrication des glaces de miroirs, dont nous parlerons à l'arti-

---

férence de ces sources entr'elles : le fer sur-tout y est très finement dissous en doses inégales; ce qui fait que la première est plus ferrugineuse que la deuxième, celle-ci plus que la troisième, & la troisième plus que la quatrième. Ces eaux sont rafraîchissantes, émollientes, doucement apéritives, & en même temps corroborantes. *Voyez* sur les anciennes & nouvelles eaux de Passy, ce qu'en dit Piganiol & les auteurs qu'il cite, *Tome I, page 43 & suivantes, édit. de 1765*. Il assure au même endroit, que Passy est connu depuis un temps immémorial par les pyrites sulfureuses, dont les carriers vendoient autrefois une grande quantité à des apothicaires célèbres de Paris, qui en faisoient une espèce d'esprit de vitriol propre à guérir les fièvres intermittentes.

.ticle des Manufactures de Paris. Le fablon d'Etampes, d'une belle couleur blanche, est fort estimé; on en fait plusieurs beaux ouvrages. Le bol, appelé *bol de Basville*, & qui vient des environs de Paris, est une terre onctueuse, d'une couleur vive & rouge, douce au toucher.

Le sol de la généralité de Paris est rempli de différentes *carrières de pierres* communes. La bonne pierre à chaux se tire de Brie Comte-Robert, & la pierre à plâtre de Montmartre. Les carrières de Montmartre & de Saint-Maur donnent, outre le plâtre, des gyps & des pierres spéculaires, écailleuses & transparentes. Quantité de pierres de taille, fort recherchées pour les bâtimens, prennent le nom des lieux d'où on les tire: telles sont la pierre de Saint-Leu, le liais-férault d'Arcueil, qui approche assez du marbre blanc, & qui résiste au feu; la pierre de Senlis, la pierre de Vernon & de Tonnerre, fort propre à la sculpture; celles d'Ivry, de Passy, de Chaillot, de Saint-Cloud, de Meudon, de Saint-Maur, &c.

Les *cristallisations* sont aussi fort communes dans les environs de Paris & l'Ile de France; on trouve près de Vincennes & dans le parc des Chartreux, quantité de pierres à demi cristallisées. On tire des montagnes de Bièvre des pierres demi-cailloux, des silex jaspés de rouge & de bleu, assez ressemblans au jaspe rouge, des grès veinés de zones bleues; d'autres imitans les rayons du soleil, sur un fond couleur de chair, & quelquefois aussi le lythotyron ou caillou qui imite un morceau de fromage. Au dessus de Champigny, de très-beaux cailloux agatisés, avec des veines transparentes ; les pierres à fusil sont très-communes dans les environs. Le village de Breuil-Pont, entre Ivry & Anet, est renommé par ses geodes, espèces de cailloux ronds, creux & cristallisés ; & par ses autres fossiles de toute espèce, que quelques-uns prennent pour des ossemens d'animaux pétrifiés. A Orouy, près Crécy en Valois, les pierres renferment beaucoup de petits cailloux ronds & plats ou lenticulaires, espèces de numismales, qu'on en tire aisément en brisant la pierre, &c.

Les *pierres arborisées* ou *dendrites* (1), abondent en divers endroits ; celles de Passy sont tendres, & empreintes de feuilles de saules, de persicaires, &

---

(1) Il ne faut pas confondre une autre espèce de dendrites qui, comme les agates arborisées, représentent par des traits ou filets noirs, rouges, &c. des arbres, des branches, des plantes & d'autres formes, comme les pierres figurées ; ce sont des jeux de la nature, occasionnés par des parties minérales qui prennent toutes sortes de formes arbitraires : au lieu que les dendrites dont on parle dans cet article, sont de véritables *lytophytes*, c'est-à-dire, des plantes ou parties de plantes pétrifiées. Il faut encore distinguer les *incrustations* des vraies *pétrifications*. Les eaux d'Arcueil, près Paris, ont la propriété d'envelopper d'une croûte pierreuse tout ce qui y est stagnant : du bois, du cristal, des fruits, des plantes, des coquillages, y restant plongés pendant un certain temps, s'y couvrent d'une pareille incrustation, sans cependant s'y pétrifier, parce que le suc lapidifique dont ces eaux sont chargées, s'attache à la surface extérieure des corps, & ne les pénètre point comme dans les véritables pétrifications.

de quelques plantes inconnues ; en quoi elles diffèrent de celles de Chaumont, si renommées, qui sont écailleuses & feuilletées : elles représentent, pour la plupart, des capillaires & des fougères étendues de leur long. On en trouve d'autres mal formées à Quincy en Brie. On en ramasse sur les montagnes de Crottes, près de Sézanne en Brie, qui ne représentent aucune plante connue, & qu'on regarde, à cause de cela, comme des jeux de la nature, ainsi que les belles pierres arborisées qui se trouvent dans les fours à chaux du village de Sèvre, près de Saint-Cloud. Les vignes de Lagny sont garnies de pierres plates & feuilletées, qui, entre leurs lames, représentent des empreintes de roseaux, & d'autres herbes aquatiques couchées dans le même sens. Le bois pétrifié n'est pas rare au village de Bièvre, non plus qu'aux environs de Versailles ; sa couleur jaunâtre le fait prendre pour du sapin, il est quelquefois rempli de buccins qui s'y sont incrustés. Dans les vignes de Saint-Thiébault, près de Lagny, on fouille de gros troncs d'arbres pétrifiés avec des mognons de racines. Le château de Gillevoisin, à une lieue & demie d'Etampes, est tout bâti de cailloux contenans des racines pétrifiées avec leur chevelu ; ils se ramassent par-tout dans les bois, les campagnes, & ne proviennent d'aucunes carrières : phénomène assez rare par-tout ailleurs.

Les *stalactites*, espèces de congélations pierreuses, présentent d'autres curiosités naturelles ; on en voit des roches entières dans les souterrains de l'Observatoire royal de Paris. Comme les eaux qui les forment distillent sans cesse de la voûte, on est, en quelque sorte, témoin oculaire de leur formation, & on en remarque aisément le progrès d'un temps à l'autre. Les environs du bourg de Conflans Sainte-Honorine, ont beaucoup de grottes curieuses, par la variété des stalactites qui sans cesse s'y accroissent. Dans les caves du château de Fontainebleau, on voit des congélations tubulaires & fort longues, qui pendent des voûtes. Entre Coulommiers & Chailly, à deux lieues de Senlis, on trouve de grands monceaux de pierres prises pour de vraies congélations; les habitans du voisinage assurent qu'elles augmentent tous les jours.

Enfin, la *partie des mines* est la moins riche dans cette province, vraisemblablement parce que ces montagnes n'y ont point de filons, & qu'elles sont toutes de seconde formation par les eaux. Le puits de l'Ecole Militaire a fourni, à plus de soixante pieds de profondeur, des pyrites sulfureuses, des échinites agatisés, &c. On tire aussi des pyrites des fontaines minérales de Passy, mais elles sont la plupart ferrugineuses. A Gemicourt, Marine, Berval & autres villages de l'élection de Pontoise, on trouve des masses d'un sable jaune qui présentent des marcassites de fer imparfait, où l'on a apperçu des parcelles d'or & d'argent. A Grify, autre village sur le même terrain, il est assez ordinaire de rencontrer, en fouillant un sable verdâtre qui y abonde, des marcassites de cuivre, mieux formées. Piganiol dit qu'on trouve des marcassites sulfurées dans les terres argileuses de Gentilly & de Chaillot. La généralité de

Paris est une de celles qui fourniffent le plus de fal-
pêtre; ce qui dénote la bonté des terres. Dans le village de Geninville, à une demi-lieue de Magny, il y
a une mine d'argent; mais l'affluence des eaux n'a
pas permis de la travailler. A Sorel, près d'Anet, il
y a une forge de fer, dont la mine vient de Saint-
Laurent. On a du charbon de terre à Bazemont près
Mantes, & à Bonafte; on en trouve auffi à l'Ile-Adam,
dans la fouille des puits, où il eft communément
accompagné de coquilles pyriteufes & de faux ambre.

Cette notice de l'Ile de France & de fes productions ne paroît pas déplacée à la tête de la Defcription de Paris. Nous laiffons aux favans le foin
de la perfectionner & de l'enrichir de leurs découvertes.

ARTICLE II.

Situation de Paris, Etendue, Limites, Population, &c.

La situation de Paris est des plus heureuses, & semble choisie exprès pour faciliter les approvisionnemens de cette grande ville. Elle est placée au milieu de l'Ile de France, entre les provinces les plus fertiles du royaume ; savoir, la Normandie, la Picardie & les Flandres, où se trouvent les meilleurs pâturages. Quatre ou cinq rivières navigables, la Seine, la Marne, l'Yonne, l'Aisne & l'Oise, sans parler des autres qui communiquent à celles-ci par les canaux de Briare, d'Orléans & de Picardie, lui apportent sans cesse les denrées des pays les plus abondans en grains & en vins. Les greniers de la Beauce sont presque à ses portes. La Seine, qui, depuis qu'elle est sortie de Paris, va toujours en serpentant comme un *Méandre*, & qui, par des contours de près cent lieues, se rend à la mer qui n'en est pas éloignée de plus de 42, devient ainsi fort aisée à remonter, & apporte à Paris les commodités & les richesses des autres royaumes de l'Europe, de toutes les parties du monde & de la mer. Cette abondance des choses nécessaires à la vie, a fait accourir à Paris une grande affluence de peuple ; la résidence des Rois, la proximité de Versailles, la dépendance où l'on est des ministres & de leurs commis, l'étendue de ressort du Parlement de cette capitale, le luxe, l'amour des plaisirs & des spectacles (1), ont augmenté cette affluence, qui bientôt n'aura plus de bornes. Mais aussi, Paris voit naître dans son sein & attire de toutes les provinces un grand nombre de savans & d'artistes, qui concourent à rendre son séjour délicieux pour ceux qui aiment l'étude & les lettres.

PARIS forme la tête ou le couronnement de l'Ile de France, *proprement dite*, espèce d'île ou plutôt de presqu'île de dix lieues de long, sur dix de large, entre les rivières de Seine, de Marne, d'Oise & d'Aisne. Cette belle plaine découverte, qui est des plus agréables & des plus fertiles, porte le nom particulier de FRANCE : après Paris, on y remarque Saint-Denis, Montmorency, Gonesse, Vincennes, Charenton, Chelles, Luzarches, Dommartin, &c. La ville de Paris est située entièrement en plaine, à l'exception d'une partie du quartier de l'Université, & de la partie qui comprend les fauxbourgs Saint-Jacques, Saint-Michel, Saint-Marceau & Saint-Victor, ce qui fait un ensemble d'environ la sixième partie de la ville. La plaine est environnée, au couchant, au midi & au nord, de côteaux plus ou moins éloignés, qui forment la plus agréable perspective. La rivière de Seine traverse cette ville, de l'est sud-est, à l'ouest nord-est; elle la divise en deux parties à peu près égales, l'une méri-

---

(1) *Panem & circenses*, du pain & des spectacles, est la devise ordinaire des Parisiens, comme elle étoit celle des Romains. *Voyez* ci-après l'article des Mœurs.

dionale & l'autre septentrionale; indépendamment des îles que forme la rivière, dont une inhabitée (l'île *Louviers*), & deux couvertes de maisons (la *Cité* & l'*île Notre-Dame*) , occupent le centre (1). C'est de cette position que se tire la division la plus générale de Paris, en TROIS PARTIES; l'une au midi, qui a pris le nom d'UNIVERSITÉ ; l'autre au nord, qui a retenu le nom de VILLE ; & les îles au centre, qui forment la CITÉ. Ces trois parties se subdivisent en vingt quartiers, pour la desserte & la facilité

---

(1) Ces îles étoient autrefois en bien plus grand nombre qu'à présent ; &, comme elles n'existent plus ou qu'elles ont été réunies aux quatre qui restent, leur position & la variété de leurs anciennes dénominations sont très-embarrassantes pour la topographie de Paris, & pour l'intelligence des chartes & des auteurs qui ont à parler des évènemens arrivés dans ces îles avant leur réunion ; j'en donne la description dans la Notice historique.

Remarquons ici qu'un des plus grands avantages de la situation heureuse de Paris, est que cette ville immense se trouve coupée dans son enceinte par une grande rivière, dont la superficie est doublée par les îles qui s'y sont formées. Sans cela, l'air seroit toujours échauffé ; les hommes & les animaux, resserrés dans un court espace, languiroient continuellement, & seroient assujettis à des indispositions d'autant plus dangereuses, que leur foyer seroit toujours subsistant, si les immondices n'étoient pas entraînées dans l'eau de la rivière, & détruites par ce fluide. Ces réflexions montrent combien étoit peu sage le projet de supprimer un des bras de la Seine ; il faudroit au contraire les multiplier, s'il étoit possible, &c. Nous verrons cela à l'article des projets pour l'utilité, décoration & embellissement de Paris.

de la police; mais ce n'est pas ici le lieu d'en parler.

L'Observatoire, situé à l'extrémité la plus méridionale de Paris, près la porte Saint-Jacques, est à 20° de longitude, le premier méridien pris de l'île de Fer, & à 48° 50′ 10″ latitude. La partie la plus septentrionale, à l'extrémité de la rue de Richelieu près du rempart, est à 48° 52′ 18″ latitude; la plus occidentale, près de la barrière rue de Varennes, est à 19° 58′ 41″; & la plus orientale, à l'angle saillant du boulevard près la porte Saint-Antoine, est à 20° 2′ 7″ de longitude. Selon M. de Cassini, la longitude orientale de Paris, à N. D. est de 20° 21′ 30″, & la latitude 48° 51′ 20″; la longitude à l'Observatoire est de 19° 51′ 30″, latitude 48° 50′ 10″. Sur le climat & la température de Paris, on peut consulter les calendriers météorologiques du P. Cotte, imprimés dans les journaux. Cette ville est distante d'environ 90 lieues sud-est de Londres; 95 sud d'Amsterdam; 260 nord-ouest de Vienne; 240 nord-est de Madrid; 270 nord-ouest de Rome; 490 nord-ouest de Constantinople; 340 nord-est de Lisbonne; 590 sud-est de Moscou; 300 sud-ouest de Cracovie; 230 sud-ouest de Copenhague; & 350 sud-ouest de Stockolm.

On trouve dans les *Mémoires de l'Académie des Sciences* plusieurs mesures faites, par différens membres de l'Académie, tels que MM. Picard, de la Hire, Cassini, de Parcieux, &c. pour déterminer, relativement à la capitale, plusieurs hauteurs dont la connoissance précise peut intéresser : on en va donner quelques-unes d'après le P. Cotte de l'Oratoire, qui a pris la peine de les rassembler. Il a fixé la hauteur moyenne des eaux de la Seine au nombre XIII, sur l'échelle graduée du Pont Royal (1), c'est-à-dire, que la rivière est à sa moyenne hauteur lorsque ses eaux sont élevées de 13 pieds au dessus de son fond.

1°. Elévation du fond de la rivière au Pont-royal à Paris, au dessus de l'Océan, 113 pieds : hauteur moyenne des eaux, 13 pieds. Pente de la Seine depuis le Pont Royal jusqu'à la mer, selon M. Picard, 110 pieds : longueur du cours de la Seine depuis le Pont Royal jusqu'à la pointe de Quillebeuf, suivant la carte de France, 72 lieues.

---

(1) Il faut auparavant consulter, sur cette échelle graduée & les moyens de s'en servir, un Mémoire de M. Buache, *Mémoires de l'Acad. année 1741, p. 335*. Les divisions de l'échelle ne commencent pas à la ligne du fond de la rivière auprès du Pont Royal, mais seulement à celle qui répond à la surface du banc nommé le *Nœud de l'Aiguillette*, qui se trouve entre la demi-lune au Cours & Chaillot.... Ainsi, pour avoir par cette échelle la véritable hauteur de la rivière au dessus de son lit, il faut y ajouter la différence qui se trouve entre le sol du fond au Pont Royal, à celui du banc du Nœud d'Aiguillette; cette différence est de quatorze pieds, dont le dessus de ce banc est plus élevé que le sol de la rivière, sous l'arche du milieu du Pont Royal. Le P. Cotte a établi la ligne de niveau à treize pieds de cette échelle : il faudra donc ajouter quatorze pieds pour avoir la véritable élévation au dessus du fond de la rivière, & l'on dira vingt-sept pieds au lieu de treize. Il y a une autre remarque importante pour la précision de ces mesures ; c'est que le nouveau pavé de l'église Notre-Dame est de six pouces plus bas que l'ancien, qui a servi de repair dans plusieurs nivellemens importans.

2°. Elévation de la salle de la méridienne à l'Obfervatoire, au deffus du niveau de l'Océan, 338 pieds: de cette falle au deffus du fond de la Seine près le Pont Royal, 163 pieds : de cette falle au deffus des moyennes eaux, 150 pieds : de la galerie de l'Obfervatoire au deffus du premier bouillon des eaux d'Arcueil, 93 pieds 1 pouce 6 lignes : de cette galerie au deffus du fol de Notre-Dame, 160 pieds 10 pouces 6 lignes.

3°. Elévation du fol ou pavé de Notre-Dame au deffus de la Seine au Pont Royal, 33 pieds 6 pouces : de la tour méridionale au deffus du pavé, 205 pieds 4 pouces 6 lignes : de la tour feptentrionale au deffus du pavé, 206 pieds 8 pouces 10 lignes.

4°. Elévation de la flèche du dôme des Invalides au deffus du pavé du même dôme, 324 pieds : du pavé du dôme des Invalides au deffus du fond de la Seine, 43 pieds : du pavé de Notre-Dame au deffus du pavé du dôme des Invalides, 11 pieds 6 pouces.

5°. Elévation de la tour de Ste. Geneviève, 198 pieds, &c. Le P. Cotte a joint à ces mefures celles des hauteurs barométriques du Collège Royal, de l'hôtel de Cluny, de l'Obfervatoire du mont Valérien, & autres lieux où l'on fait des obfervations aftronomiques & météorologiques, en obfervant avec M. Duluc, qu'une ligne de variation dans le mercure, donne 13 toifes de hauteur dans l'atmofphère; mais ces différentes mefures n'intéreffent que ceux qui font des obfervations. Voyez le *Journal des Savans*, février 1776, pag. 95.

La figure de Paris est ronde ou à peu près ; elle a, selon M. Expilly, 2200 *toises de longueur*, depuis l'Observatoire jusqu'à l'extrémité de la rue de Richelieu ; & *autant de l'orient à l'occident*, depuis le grand Boulevard jusqu'à l'hôtel royal des Invalides. Dans cette étendue ne sont pas compris au nord le fauxbourg Montmartre de 400 toises, à l'orient le fauxbourg Saint-Antoine de 700 toises, & à l'occident les fauxbourgs Saint-Honoré & du Roule d'environ 700 toises. Depuis la barrière du fauxbourg Saint-Antoine jusqu'à celle du Roule, on peut compter, en ligne droite, environ 3500 toises. Plusieurs villages de la banlieue (1) s'approchent tellement des fauxbourgs, qu'ils semblent se confondre.

---

(1) On croit faire plaisir au lecteur, en ajoutant ici le dénombrement & les distances de la banlieue de Paris, tels qu'ils ont été tirés des registres du Châtelet. Cet objet est digne d'une attention particulière, en ce qu'il se présente souvent des conjonctures où ce détail peut être également utile & intéressant. On entend par *banlieue*, les environs d'une ville compris dans l'étendue d'une lieue ; ce qui ne se doit pas prendre à la lettre & dans un sens rigoureux : on se sert aussi de ce terme pour signifier l'étendue d'une juridiction, dans le ressort de laquelle le Juge ordinaire de la ville peut faire *bannie & proclamation*. On n'emploie ici le mot de banlieue que dans le premier sens, pour désigner les endroits au nombre de quarante-un, compris dans la banlieue ; avec leurs distances en toises, prises jusqu'aux barrières de la ville, & non jusqu'à celles des fauxbourgs. *Arcueil* & *Cachant*, jusqu'à la rue de Lay, dont il y a quatre ou cinq maisons de Lay qui en font, 3800 toises ; *Aubervilliers*, jusqu'au ruisseau de la Courneuve, 2500 toises ; *Auteuil*, 1950 toises ; *Baigneux* ou *Ba-*

Les rues les plus longues font celles de Saint-Jacques, de 376 toifes; du Bacq, de 416; de Saint-Antoine, de 438; de Richelieu, de 458; de l'Univerfité, de 500; de Bourbon, de 542; de Vaugirard, de 586; de St. Martin, auffi de 586; de Sève, de 463; d'Enfer de 624; de Saint-Denis, de 645; du fauxbourg Saint-

---

gneux, 2700; *Baignollet* ou *Bagnollet*, 1800; *Boullogne* ou *Menus*, jufqu'à la croix du pont de Saint-Cloud, 3000; *Challeau* ou *Chaillot*, 800; *la Chapelle Saint-Denis*, 1100; *Charonne*, 1200; *Châtillon*, 2700; *Clichy-la-Garenne*, 2000; *Conflans*, 1850; *Gentilly*, 1550; *l'hôtel de Savy*, dit de *Saint-Martin*.... *Iffy*, 1900; *la maifon de Seine*, 3000; *Menus-les-faint-Cloud*, 3000; (Menus & Boullogne ne font qu'un même lieu) *Montmartre*, 800; *Montrouge*, 1500; le *Moulin des Chartreux*, & la première maifon de *Clamard*, 3150; *Montreuil*, jufqu'à la première rue du côté du bois de Vincennes, 2700; les *Oftes Saint-Merry*.... *Pantin* & le *Pré Saint-Gervais*, 2400; *Paffy*, 1360; *Patrouville* ou *Paterville*, dit *Belleville*, 810; la *Piffotte*, jufqu'à la planche du ruiffeau, 2450; le *Pont de Charenton*, 2450; le *Port de Nully* ou *Neuilly*, 2400; *Romainville*, 2900; le *Roule*, 500; *Saint-Denis*, jufqu'au Gris, 3250; *Saint-Mandé*, 1780; *Saint-Ouen*, 2650; *Vaugirard*, 1050; *Venves* ou *Venvres*, 1780; la *Villelevêque*, 40; *Villeneuve-la-Sauffaye* ou *Villejuifve*, jufqu'au chemin du Moulin-à-Vent, 2850; *la Villette*, 1220; *Villiers-la-Garenne*, 2050; *Vitry*, 3000; *Yvry*, 1740 toifes. Tous ces endroits de la banlieue, au nombre de quarante-un, font partie & font compris dans l'*élection* de Paris, qui a environ treize lieues en long & en large, & dans laquelle on compte 442 paroiffes ou communautés *affouagées*, prefque toutes de la Prévôté & Vicomté de Paris, & 47685 feux, non compris les paroiffes de la ville de Paris. Outre cette banlieue civile, il y a la banlieue eccléfiaftique.

Antoine, de 752; & de Saint-Honoré, de 853 toises. Au moyen de quelques alignemens, on auroit une rue de 2000 toises de long, & qui traverseroit tout Paris, depuis la porte Saint-Jacques jusqu'à celle de Saint-Martin. Une autre rue alignée depuis la porte Saint-Antoine jusqu'à celle de Saint-Honoré, auroit la même longueur, & couperoit la précédente à peu près à angles droits.

La circonférence de Paris, à la mesurer seulement en longeant, l'ancien & le nouveau boulevard qui forment l'enceinte, est de 7048 toises, y compris 100 toises pour la largeur de la Seine, vis-à-vis l'Arcenal, & autant pour celle prise auprès du Cours la Reine. Dans cette enceinte de 7048 toises, ne sont point compris les fauxbourgs de Saint-Antoine, du Temple, de Saint-Laurent, de Saint-Martin, de Saint-Denis, de Saint-Lazare, de Montmartre, de Richelieu, de Saint-Honoré & du Roule. Ces dix fauxbourgs étant compris dans l'enceinte, la circonférence de Paris & des fauxbourgs sera, suivant le même auteur, de 9000 toises; & cette circonférence étant réduite à une figure régulière, & à peu près quarrée, il en résultera une surface d'environ quatre millions deux cents mille toises quarrées (1). Si on

---

(1) La superficie de Paris, calculée d'après le plan de M. Roussel, contient, *entre ses remparts seulement*, trois millions 273 mille 90 toises quarrées. Si on y ajoutoit tous les fauxbourgs, la surface excéderoit celle déterminée par M. Expilly. Il est du moins certain que le calcul qu'il fait de la circonférence est trop foible en le restreignant à 9000 toises; puisque, en prenant avec lui 3600 toises pour le diamètre du

C ij

fixe, avec M. l'abbé Expilly, la population de Paris à 600 mille personnes, il ne reviendroit à chaque personne qu'un emplacement de 7 toises quarrées en superficie. Mais il est évident que toutes ces mesures sont trop petites, & qu'en prenant la circonférence en dehors des fauxbourgs, elle doit excéder neuf mille toises.

Il y a eu différentes opinions sur la population de la ville de Paris; les uns l'ont portée à un million d'habitans & plus; les autres, de sept à huit cents mille; & d'autres, seulement à six cents mille personnes au plus. M. l'abbé Expilly est du nombre de ces derniers; tandis que, par une singularité remarquable, cet auteur est un de ceux qui ont porté le plus haut la population générale du Royaume. Il se fonde sur des calculs qui, portant sur des données arbitraires, fournissent les résultats qu'exige l'hypothèse qu'on veut prouver. L'année commune des naissances à Paris, (y compris celles de l'Hôtel-Dieu), a été, depuis 1709 à 1718, de 16968 personnes qui, multipliées par 30 (1) donnent au total

---

cercle que forme Paris, cette mesure doit produire une circonférence d'environ 11000 toises. Dès 1725, le savant Guillaume de Lisle démontra qu'aucune ville de l'Europe ne surpassoit Paris en étendue; & depuis ce temps elle a reçu des accroissemens considérables.

(1) Le nombre trente, choisi pour multiplier les naissances, n'est point arbitraire, suivant M. Expilly au mot *Population*. Il est fondé sur ce que le nombre des habitans compté par tête à Rome, s'est trouvé égal à celui des naissances multiplié par trente. Mais cet auteur observe

DE PARIS, Art. II. 37
509646 personnes. L'année commune des naissances
à Paris, depuis 1752 jusques & compris 1761, est

au même article, que les effets ne peuvent être les mêmes, à moins que les causes ne soient semblables, & que ce
seroit être mal avisé que de faire de cette pratique une règle
générale pour toutes les autres villes & pays de l'Europe ;
que, dans la généralité de Lyon, il faut multiplier l'année
commune des naissances par vingt-quatre, dans la généralité
d'Auvergne & pour tout le royaume, par vingt-cinq, &c. Ces
réflexions de l'auteur sont la meilleure réponse qu'on puisse
faire à son systême sur la population particulière de Paris. J'a-
joute ici l'état des naissances, des morts & des mariages à
Paris en 1773 & 1774, parce qu'ils ne sont point dans le
Dictionnaire de la France.

En 1773,	En 1774,
ENFANS TROUVÉS,	ENFANS TROUVÉS,
Garçons, 3037 } 5989 Filles, 2952	Garçons, 3152 } 6333 Filles, 3181
BAPTÊMES,	BAPTÊMES,
Garçons, 9751 } 18847 Filles, 9096	Garçons, 9892 } 19353 Filles, 9461
MARIAGES, 4810	MARIAGES, 5114
PROFESSIONS RELIG. 71	PROFESSION RELIG. 94
MORTUAIRES,	MORTUAIRES,
Hommes, 9752 } 18518 Femmes, 8776	Hommes, 8470 } 16061 Femmes, 7591

On voit par ces deux relevés, que l'année des naissances
est de *vingt-cinq à vingt-six mille* ; que le nombre de garçons nouveaux nés excède celui des filles; mais que le nombre des hommes morts surpasse celui des femmes ; que le
nombre des naissances est plus fort que celui des enterre-
mens, &c.

On observe qu'à Paris, depuis 1724 jusques & compris
1763, les *naissances* ont été plus fréquentes dans les mois de

C iij

de 19221, qui, multipliées par 30, donnent une population totale de 576639 personnes. Sans disputer sur les raisons qui peuvent déterminer en faveur du nombre 30, de préférence à tout autre; il suffit d'observer que le nombre des étrangers & de toutes les personnes qui y sont domiciliées, sans y avoir reçu le Baptême, doit augmenter de plus d'un tiers la population de cette Ville.

Si l'on en croit l'auteur, son premier calcul est confirmé par l'état des maisons & des familles imposées à la capitation en 1755. Suivant cet état qu'il rapporte, le nombre des maisons étoit de 23,565; & celui des familles imposées, de 71,114. En admettant que ces familles sont composées les unes dans les autres, de huit personnes (ce qui est même bien fort, vu le grand nombre des petites familles qui n'ont point de domestiques) on aura un total de 568,912 personnes; à quoi ajoutant environ 6000 ecclésiastiques & 25000 étrangers, le total de la population de Paris sera de 599,912 personnes. On

---

janvier, février, mars & avril, que dans les autres huit mois de l'année, à cause des froids & des longues nuits d'hiver; que, dans ce même espace de temps, la *mortalité* a été plus fréquente dans le mois de mars, & moins fréquente dans le mois d'août que dans les autres mois de l'année; que le mois de décembre est celui qui a le plus approché du mois commun de la mortalité; que le mois de janvier est celui où il est le plus entré de *malades* à l'Hôtel-Dieu de cette capitale; le mois d'août, celui où il en est le moins entré; & le mois d'octobre, celui qui a le plus approché du mois commun, &c.

objecte à ce fystême qu'il y a dans Paris 118 communautés d'arts & métiers; plus de 35000 maîtres, dont la plupart emploient des garçons étrangers à la capitale, environ 50000 domestiques, quantité de célibataires isolés, & d'ecclésiastiques tant séculiers que réguliers; une grande affluence d'étrangers; que tout cela doit plus que doubler le nombre naturel des habitans de Paris, &c. L'auteur répond que c'est pour cela qu'il a *porté à huit* le nombre des têtes, dont chacune des 71114 familles imposées à la capitation est composée; sans quoi, on ne devroit prendre que *neuf* personnes pour deux familles, comme dans les autres villes de province, &c.

Un troisième calcul du même auteur détermine encore à peu près à six cents mille ames, le nombre des habitans de Paris. On compte qu'il se consomme année commune à Paris, 900 muids de sel, le muid de 48 minots; & à raison de 14 personnes pour chaque minot, les 900 muids de sel supposeroient 604,800 consommateurs, &c. On pourroit, au contraire, augmenter la population par d'autres calculs semblables, tirés des mêmes états de consommation; par exemple, s'il se consomme annuellement, comme le prétend M. Expilly, 1800 mille setiers de blé, à raison de deux setiers par personne, (ce qui est au plus foible, puisque du temps de S. Louis on comptoit quatre setiers par personne, & trois au commencement du siècle) il est évident que les 1800 mille setiers de blé supposent 900 mille consommateurs; & en admettant de fait qu'il se consomme plus de deux millions de setiers par an (1) à Paris : on en doit tirer la conséquence qu'il y a environ un million d'habitans dans cette capitale.

Sans entrer dans ces sortes de discussions qui portent toutes sur des données arbitraires, il suffit d'y opposer un fait non contesté. Dans le dénombrement de la France, rapporté par M. de Vauban, celui de Paris fait en 1694, qui est à la tête, & assez généralement adopté, porte *à sept cents vingt mille personnes* le nombre des habitans de cette capitale de la France. La population n'est certainement pas diminuée depuis 85 ans ; pendant les vingt années que Louis XIV régna encore, le nombre des maisons & celui des habitans se sont considérablement accrus ; & quoique Louis XV eût fait de nouveaux réglemens en 1719, 1725 & 1729, pour empêcher que les limites de la Ville ne s'étendissent plus loin ; cependant l'affluence des peuples étant toujours plus considérable, on fut souvent obligé de donner des

---

(1) Je me suis servi de ce calcul dans le *Traité de la Connoissance générale des Grains & de la Mouture par économie*, Tome II, in-4°, page 333, pour démontrer les pertes énormes que fait le royaume par les moutures brutes & grossières, puisqu'elles ne produisent guère plus de pain avec trois setiers, que la mouture économique avec deux. On y démontre, dans le Chap. VI, Art. VII, que cette nouvelle méthode de moudre les grains procure un bénéfice annuel de plus de six millions à la seule ville de Paris. Ce sont des faits, mais on ne lit pas les ouvrages économiques ; & cependant jamais il n'est sorti de la presse d'ouvrage plus complet sur l'article important des subsistances.

permiſſions pour s'établir au-delà des bornes preſ- crites. Depuis plus de 40 ans le Gros-Caillou où il n'y avoit preſque point de maiſons, eſt devenu un fauxbourg conſidérable, & tous les marais qui étoient le long des boulevards, ont été ornés de maiſons magnifiques, de même que la partie du fauxbourg Saint-Honoré qui avoiſine les Champs Eliſées; ſans parler des places vides, dans les autres fauxbourgs, qui ont été bâties. M. Expilly en convient; il penſe même que la population de Paris eſt actuellement bien plus forte qu'alors, la Ville ayant été depuis conſidérablement aggrandie, & nul des nouveaux quartiers n'ayant été peuplé aux dépens des autres. *Mais, apparemment*, dit l'auteur, *c'étoit l'uſage alors d'exagérer ſes richeſſes & ſes reſſources.* Avec de pareils raiſonnemens on atténueroit les faits les plus certains, pour y ſubſtituer des ſuppoſitions ſous l'apparence & l'enveloppe d'un calcul arbitraire (1); d'ailleurs, perſonne n'a plus enflé nos

---

(1) On peut voir dans la Deſcription de Bourgogne, que j'ai publiée à Dijon en 1775, combien M. Expilly s'eſt trompé ſur la population en général, & en particulier ſur celle du duché de Bourgogne. Il y a d'ailleurs, dans ſon *Dictionnaire*, un grand nombre d'erreurs ſur cette province; d'où l'on peut conjecturer que les autres ne ſont guère plus exactes. Quoiqu'il y ait d'excellentes choſes dans le *Dictionnaire de la France*, néanmoins un plan auſſi vaſte ne pouvoit être entrepris par un ſeul homme; & l'on ne peut ſe flatter d'avoir une deſcription exacte de toute la France, qu'après qu'on aura celle de chaque province en détail, ſuivant le plan que j'en ai tracé dans l'ouvrage cité.

richesses & nos ressources que M. Expilly lui-même, qui porte la population du Royaume à 24 millions, que d'autres réduisent de 14 à 18.

Opposons encore M. Expilly à lui-même; il rapporte ailleurs un dénombrement des habitans de Paris, divisés par paroisses. De 66 églises où l'on fait les fonctions curiales, ce dénombrement qui n'en comprend que 39, porte le nombre des habitans de ces 39 paroisses à 646 mille 200 personnes. On peut conclure de toutes ces observations, qu'on n'a point de connoissance exacte de la population actuelle de Paris; mais qu'elle est beaucoup plus forte qu'en 1694, où le dénombrement de M. de Vauban la détermine à 720,000 personnes. L'auteur de l'*Almanach Parisien* y suppose 900 mille habitans, sans compter les étrangers & les gens de province qui y sont attirés par la curiosité ou les affaires, & dont le nombre est en tout temps considérable; ce qui porte la population à environ un million d'ames, comme on l'a déja observé plus haut.

ARTICLE III.

Division générale & particulière de Paris, en Iles, Ville & Université; ses vingt quartiers, leur position respective, ce qu'ils renferment, &c.

Nous avons traité, dans la Notice historique de l'ancien état de Paris, des progrès de la police de cette ville & de sa subdivision, en vingt quartiers; mais c'est ici le lieu d'indiquer la position respective & l'étendue de ces différens quartiers (1).

---

(1) Pour entendre cette partie de la Description & tout ce qui suit, il faut avoir continuellement le *Plan de Paris* sous les yeux, afin de mieux comparer les objets. Il faut aussi observer que dans le détail de chaque quartier, & nommément du nombre des rues, culs-de-sac, &c. nous avons suivi les dernières descriptions, & principalement les recherches du sieur Jaillot, comme les plus exactes. Mais les changemens continuels qui arrivent dans Paris depuis quelques années, les nouvelles rues qu'on ouvre de tous côtés, &c. ne permettent pas d'en déterminer le nombre au juste, relativement à chaque quartier ni au total; ce ne sera que dans le *Dictionnaire étymologique & anecdotique des rues de Paris*, annoncé dans le Prospectus, que nous donnerons le nombre exact des rues, après la vérification qui en sera faite avec soin. Ce supplément à l'ouvrage en sera sans doute la partie la plus amusante; j'y rectifierai toutes les erreurs & les inattentions qui auroient pu m'échapper dans le cours d'une aussi vaste entreprise, & j'y rapporterai toutes les observations critiques qu'on aura bien voulu faire, tant sur la Description de Paris que sur l'Histoire de cette capitale.

Suivant la Déclaration du 11 décembre 1702, enregiſtrée le 5 décembre 1703, qui contient le nombre, la fixation & les limites des quartiers, les îles où ſe trouve la *Cité* ne forment qu'un *quartier*, la *Ville au nord* en comprend *quatorze*, & l'*Univerſité au midi* n'eſt diviſée qu'en *cinq quartiers*, qui, par leur grandeur & leur étendue, n'ont aucune proportion avec ceux de la ville : ainſi la *Cité*, la *Ville* & l'*Univerſité* ſe ſubdiviſent en *vingt quartiers*, ſans compter les *quatorze fauxbourgs*, qui cependant leur ſont annexés pour la police ; & le village du *Roule* à la ſortie du fauxbourg Saint-Honoré, érigé en fauxbourg en 1722, à la requiſition des habitans, de même que le village de *Chaillot* à la ſortie du Cours.

LA CITÉ ET LES ILES.

La longueur de la Seine dans Paris eſt de vingt-huit mille toiſes, depuis la Rapée juſqu'à la grille du petit Cours : elle ſe partage en deux, & forme trois îles enfermées dans Paris, ſavoir ; l'île *Louvier*, eſpèce de chantier qui communique au quai des Céleſtins par le *pont de Grammont* ; l'île *Saint-Louis* ou de *Notre-Dame*, remplie de belles maiſons & de rues bien alignées, qui communique aux quais voiſins par les *Ponts Marie* & de la *Tournelle*, & à l'île du Palais par le *Pont Rouge* ; l'île du *Palais*, où ſe trouvent la cathédrale, les cours de juſtice, &c. & dans laquelle on entre par ſept ponts, qui ſont le *Pont Rouge*, le *Pont de l'Hôtel-Dieu*, le *Pont Saint-Charles*, le *Pont Notre-Dame*, le *Petit-Pont*, le *Pont au Change*, le *Pont Saint-Michel* & le *Pont Neuf*.

La Seine se réunit à la sortie du Pont Neuf, & en cet endroit sa largeur est de 160 toises; elle descend en se rétrécissant jusqu'au *Pont Royal*, où sa largeur n'est plus que de 83 toises. Autrefois cette rivière se partageoit de nouveau près des Invalides, pour former l'île du *Mât* ou de la *Querelle*, ou l'île *aux Cygnes*, remplie de bois de charpente, & aujourd'hui réunie en partie au Gros-Caillou.

1°. Le QUARTIER DE LA CITÉ qui se trouve *au centre*, est le premier des vingt qui divisent Paris; il comprend les îles du Palais, de Saint-Louis & de Louvier, depuis la pointe orientale de l'île Louvier, jusqu'à la pointe occidentale de l'île du Palais, & tous les ponts desdites îles, y compris la culée du Pont au Change. Il est distribué, pour l'exercice de la police, en soixante-seize parties, qui comprennent les rues, culs de sac, quais, places, marchés, ponts, &c. Ce quartier est un des plus peuplés & des plus marchands, en même temps qu'il est le premier & le plus ancien de Paris, puisqu'il renferme l'ancienne cité des Parisiens. La cathédrale, le cloître & l'archevêché, qui sont à l'orient, le palais au couchant, & tout ce qu'il renferme, rendent ce quartier très-célèbre. L'orfévrerie, la bijouterie & l'art des modes, y étalent tout ce qui peut flatter le luxe & satisfaire le goût. On y compte cinquante-deux rues, six culs de sacs, la cathédrale, dix paroisses, quatre chapelles, deux communautés d'hommes, deux hôpitaux, le palais marchand, trois places, onze ponts, six quais, &c. &c. On parlera de tous ces objets dans les volumes de descriptions particulières.

Description

La Ville au nord de la Seine.

2°. Le QUARTIER SAINT-JACQUES DE LA BOUCHERIE, qui eſt le premier de la partie qu'on nomme la *Ville*, eſt borné à l'orient par les rues Planche-Mibray, des Arcis & de Saint-Martin excluſivement ; au ſeptentrion, par la rue aux Ouës auſſi excluſivement ; à l'occident, par la rue Saint-Denis, depuis le coin de la rue aux Ouës juſqu'à la porte de Geſvres, y compris le marché de la porte de Paris, & le grand Châtelet incluſivement, & au midi, par la rue & le quai de Geſvres incluſivement. Il eſt ſubdiviſé en trente-trois parties. Ce quartier eſt ſouvent incommodé par la mauvaiſe odeur des boucheries, des rues étroites, & des marchands de marée qui s'y trouvent. Il y a dans la rue de Geſvres des batteurs d'or, des doreurs ſur tous métaux, des orfévres, &c. Le quai de Geſvres eſt très-marchand, ſur-tout en modes & en bijouteries. On compte dans ce quartier trente-deux rues, ſix culs de ſacs, une égliſe collégiale, quatre paroiſſes, un hôpital, & un couvent de filles.

3°. Le QUARTIER SAINTE-OPPORTUNE eſt borné à l'orient par le marché de la porte de Paris, (& non de *l'Apport-Paris* comme le diſent les compilateurs) & par la rue de la Saint-Denis excluſivement ; au ſeptentrion, par la rue de la Feronnerie, y compris les Charniers des Saints-Innocens du côté de la même rue, & par une partie de la rue Saint-Honoré incluſivement, depuis la rue de la Feronnerie juſqu'au coin des rues du Roule & des Prouvaires ; à l'occident, par les rues du Roule & de la Monnoie,

& par le carrefour des Trois-Maries jusqu'à la rivière, le tout exclusivement; & au midi par les quais de la vieille Vallée de Misère & de la Mégisserie inclusivement. Il est subdivisé en trente-cinq parties: on y compte vingt-neuf rues, deux culs de sacs, une église collégiale & paroissiale, une chapelle, deux places, une prison, &c. On trouve dans ce quartier tout ce que l'on peut desirer touchant les marchandises de quincaillerie, les fleurs & les graines, la ferraille, les oiseaux, & nombre d'autres marchandises; c'est où est le grenier à sel, &c.

4°. Le QUARTIER DU LOUVRE, ou de SAINT-GERMAIN L'AUXERROIS est borné à l'orient par le carrefour des Trois-Maries, & par les rues de la Monnoie & du Roule inclusivement; au septentrion, par la rue Saint-Honoré inclusivement, y compris le cloître Saint-Honoré inclusivement, depuis les coins des rues du Roule & des Prouvaires, jusqu'au coin de la rue Fromenteau; à l'occident, par la rue Fromenteau jusqu'à la rivière inclusivement; & au midi par les quais, aussi inclusivement, depuis le premier guichet du Louvre, jusqu'au carrefour des Trois-Maries. Il est subdivisé en soixante-quatorze parties: on y compte dix-huit rues, trois culs de sacs, trois places, trois églises paroissiales, dont une est collégiale, & une communauté d'hommes. Le Louvre & toutes ses dépendances sont l'ornement de ce quartier; toutes les Académies y tiennent leurs assemblées: on y fait l'exposition, dans une des salles du Louvre, des chefs-d'œuvre de la peinture & de la sculpture; l'Imprimerie royale, la monnoie des médailles, &c. &c. font dans ce quartier : l'étalage que forme la rue Saint-Honoré en tout genre de marchandifes, ne laiffe rien à defirer. On trouve dans ce même quartier la pofte aux chevaux, &c.

5°. Le QUARTIER DU PALAIS ROYAL eft borné à l'orient par les rues Fromenteau & des Bons-Enfans exclufivement; au feptentrion, par la rue neuve des Petits-Champs, auffi exclufivement; à l'occident, par les extrémités des fauxbourgs Saint-Honoré & du Roule inclufivement; & au midi par les quais, depuis le premier guichet du côté de la place de l'Ecole, auffi inclufivement. Il eft fubdivifé en trente-cinq parties : on y compte quarante-fix rues, quatre culs de facs, trois places, deux palais, un hôpital, un chapitre, trois églifes paroiffiales, deux couvens d'hommes, trois couvens & une communauté de filles. Les Tuileries, le Palais royal, les places de Louis le Grand & de Louis XV, les Champs Elifées, le Colifée, &c. embelliffent ce quartier : on y trouve la grande Chancellerie & fes dépendances, l'Opéra, divers corps de cafernes des Gardes Françoifes, la Pépinière du Roi, &c.

6°. Le QUARTIER MONTMARTRE eft borné à l'orient par les rues Poiffonnière & de Sainte-Anne exclufivement, jufqu'à l'extrémité des fauxbourgs; au feptentrion, par l'extrémité des fauxbourgs de Richelieu & de Montmartre; à l'occident, par les marais des Porcherons inclufivement; & au midi, par la rue neuve des Petits-Champs, la place des Victoires, & par les rues des foffés Montmartre & neuve Saint-Euftache, auffi inclufivement. Il eft fubdivifé en cinquante-une

quante-une parties. On y compte cinquante-deux rues, trois culs de sac, une église paroissiale, trois chapelles, un couvent d'hommes, deux couvents & une communauté de filles, &c. C'est le quartier de la finance : on y trouve le Controle général, l'hôtel de la Compagnie des Indes, la Bourse; le siège de la Police & de la Librairie, la Bibliothèque du Roi, l'hôtel des Menus-Plaisirs, &c.

7°. Le Quartier Saint-Eustache est borné à l'orient par les rues de la Tonnellerie, Comtesse-d'Artois & Montorgueil exclusivement, jusqu'au coin de la rue neuve Saint-Eustache; au septentrion, par les rues neuve Saint-Eustache, des fossés Montmartre, & par la place des Victoires, aussi exclusivement; à l'occident, par la rue des Bons-Enfans inclusivement; & au midi, par la rue Saint-Honoré exclusivement. Il est subdivisé en trente-deux parties. On y compte trente-quatre rues, un cul de sac, une église paroissiale, deux chapelles, une communauté de filles, &c. C'est dans ce quartier que se tiennent à la nouvelle Halle les marchés pour les bleds, les grains, les farines. On y trouve aussi la poste aux lettres, l'hôtel des Fermes & la Douane; & comme dans les autres quartiers, tout ce qui est nécessaire à la vie.

8°. Le Quartier des Halles est borné à l'orient par la rue Saint-Denis exclusivement, depuis le coin de la rue de la Feronnerie, jusqu'au coin de la rue Mauconseil; au septentrion, par la rue Mauconseil aussi exclusivement; à l'occident, par les rues Comtesse-d'Artois & de la Tonnellerie, inclusive-

Tome I.   D

ment ; & au midi, par la rue de la Feronnerie, & partie de celle de Saint-Honoré exclusivement. Sa subdivision est en vingt parties. On y compte vingt-quatre rues, une église paroissiale, quatre halles, &c. &c. C'est dans ce quartier qu'on se pourvoit pour tout le comestible de Paris, ainsi que pour toutes autres marchandises. Il passe pour un des plus riches quartiers, quoique ce soit celui qui le paroisse le moins. Le commerce immense qu'on y fait y attire tant de marchands, que se trouvant les uns sur les autres, ils ne peuvent y étaler leurs richesses.

9°. Le Quartier Saint-Denis : ce quartier est borné à l'orient par la rue Saint-Martin, & par celle du fauxbourg de même nom exclusivement ; au septentrion, par le fauxbourg Saint-Denis & de Saint-Lazare inclusivement ; à l'occident, par les rues Sainte-Anne, Poissonnière & Montorgueil, jusqu'au coin de la rue Mauconseil inclusivement ; & au midi, par les rues aux Oues & Mauconseil, aussi inclusivement. Ce quartier est subdivisé en cinquante parties. On y compte quarante-six rues, onze culs de sac, trois églises paroissiales, une collégiale, une chapelle, une communauté d'hommes, un couvent & trois communautés de filles, un hôpital, cinq fontaines, &c. &c. Les nombreuses fabriques de galons d'or & d'argent, de rubans, dentelles, gazes, de boutons de toute espèce, de blondes, de broderies, &c. occupent un grand nombre d'ouvriers industrieux pour le luxe & les modes : il y a des manufactures de couvertures d'Angleterre ; c'est-là que se font les beaux vernis de Martin pour les équipages, &c. La comédie Italienne est dans ce quartier.

10°. Le QUARTIER SAINT-MARTIN-DES-CHAMPS est borné à l'orient par les rues Barre-du-Bec, de Sainte-Avoye & du Temple exclusivement; au septentrion, par l'extrémité des fauxbourgs Saint-Denis & Saint-Martin inclusivement; à l'occident, par la rue Saint-Martin, & par la grande rue du fauxbourg du même nom inclusivement; & au midi, par la rue de la Verrerie, aussi inclusivement, depuis le coin de la rue Saint-Martin, jusqu'au coin de la rue Barre-du-Bec. Il est subdivisé en trente-six parties: on y compte cinquante rues, douze culs de sac, trois églises paroissiales, dont une collégiale, trois communautés d'hommes, deux couvens de filles, deux hôpitaux, quatre fontaines, &c. La foire de Saint-Laurent, qui se tient au mois d'août, dans le fauxbourg, le rend très-fréquenté. On trouve aussi dans ce quartier plusieurs manufactures, la jurisdiction consulaire, &c. &c.

11°. Le QUARTIER DE LA GRÈVE est borné à l'orient par la rue Geoffroy-Lasnier, & par la vieille rue du Temple exclusivement; au septentrion, par les rues de la Croix-Blanche & de la Verrerie exclusivement; à l'occident, par les rues des Arcis & de Planche-Mibray inclusivement; & au midi, par les quais Pelletier & de la Grève inclusivement, jusqu'au coin de la rue Geoffroy-Lasnier. Il est subdivisé en trente-six parties: on y compte trente-trois rues, deux culs de sac, deux églises paroissiales, deux chapelles, une communauté de filles, un hôpital, l'hôtel de Ville, deux places, &c. &c. C'est dans ce quartier où l'on trouve les nourrices pour les enfans nouveaux-nés, diſtribuéés dans les bureaux de recommandareſſes ; le long de la rivière ſont les ports au blé, à l'avoine, à la chaux, au foin ; & la place où l'on fait les réjouiſſances & les exécutions, &c.

12°. Le QUARTIER SAINT-PAUL ou de LA MORTELLERIE, eſt borné à l'orient par les remparts excluſivement, depuis la rivière juſqu'à l'endroit où étoit la porte Saint-Antoine ; au ſeptentrion, par la rue Saint-Antoine excluſivement ; à l'occident, par la rue Geoffroy-Laſnier incluſivement ; & au midi, par les quais incluſivement, depuis le coin de la rue Geoffroy-Laſnier, juſqu'à l'extrémité du Mail. Sa ſubdiviſion eſt en vingt-ſix parties : on y compte vingt-quatre rues, quatre culs de ſac, une égliſe paroiſſiale, deux communautés d'hommes, une de filles, trois quais, &c. le port des voitures par eau, & celui pour les pavés ; les bureaux pour les diligences & caroſſes publics, tant par terre que par eau ; la Baſtille, l'Arcenal, &c. ſe trouvent dans ce quartier. Il y a des manufactures de toiles peintes, de tapiſſeries en or & argent, en verdures, &c. &c.

13°. Le QUARTIER SAINTE-AVOYE ou de LA VERRERIE, eſt borné à l'orient par la vieille rue du Temple excluſivement ; au ſeptentrion, par les rues des Quatre-Fils & des vieilles Haudriettes auſſi excluſivement ; à l'occident, par les rues Sainte-Avoye & Barre-du-Bec incluſivement, depuis le coin de la rue des vieilles Haudriettes juſqu'à la rue de la Verrerie; & au midi, par les rues de la Verrerie & de la Croix-Blanche inclusivement, depuis le coin de la rue Barre-du-Bec jusqu'a la vieille rue du Temple. Il est subdivisé en dix-huit parties : on y compte seize rues, un cul de sac, quatre communautés d'hommes, une de filles, &c. Il y a dans ce quartier, l'un des plus petits de Paris, trois fontaines, plusieurs beaux hôtels, une promenade publique, &c.

14°. Le QUARTIER DU TEMPLE ou le MARAIS, est borné à l'orient par les remparts & par la rue du Mesnil-montant, inclusivement ; au septentrion, par les extrémités des fauxbourgs du Temple & de la Courtille inclusivement; à l'occident, par la grande rue des mêmes fauxbourgs, & par la rue du Temple inclusivement, jusqu'au coin de la rue des vieilles Haudriettes ; & au midi, par les rues des vieilles Haudriettes, des Quatre-Fils, de la Perle, du Parc-Royal, & rue neuve Saint-Gilles inclusivement. Ce quartier est subdivisé en quarante-neuf parties : on y compte cinquante-huit rues, trois culs de sac, une communauté d'hommes, trois couvens & une communauté de filles, le Temple, & une paroisse dans son enclos, un hôpital, trois marchés, sept fontaines, &c. Il y a dans ce quartier beaucoup de belles maisons, occupées par des gens de condition, & d'autant plus agréables, qu'elles ont presque toutes des jardins très-ornés. L'air en est pur & sain, depuis la construction du grand égoût, & du réservoir qui sert à le laver. Les Boulevarts qui environnent, en partie, ce quartier, lui ouvrent de toutes parts une promenade publique fort agréable, & d'autant plus récréative, que c'est dans cette partie que sont rassemblés les baladins, les cafés, & différens jeux & exercices. L'enclos du Temple est un lieu privilégié, &c.

15°. Le Quartier Saint-Antoine est borné à l'orient par les extrémités des fauxbourgs inclusivement; au septentrion, par l'extrémité des mêmes fauxbourgs & par les rues du Mesnil-montant, neuve Saint-Gilles, du Parc-Royal & de la Perle exclusivement; à l'occident, par la vieille rue du Temple inclusivement, depuis les coins des rues des Quatre-Fils & de la Perle, jusqu'à la rue Saint-Antoine; & au midi, par la rue Saint-Antoine inclusivement, depuis le coin de la vieille rue du Temple, jusqu'à l'extrémité du fauxbourg. Ce quartier est subdivisé en soixante-sept parties: on y compte soixante-six rues, neuf culs de sac, une église paroissiale, deux chapelles, cinq communautés d'hommes, neuf couvens & quatre communautés de filles, quatre maisons Hospitalières, une place, six fontaines, &c. Il est connu par la prodigieuse quantité d'ouvriers & d'artistes qui l'occupent; de meubles riches & précieux qu'on y fabrique; de manufactures en tout genre qui y sont établies, &c.

L'Université au midi de la Seine.

16°. Le Quartier de la place Maubert est borné à l'orient par les extrémités des fauxbourgs Saint-Victor & Saint-Marcel inclusivement; au septentrion, par les quais de la Tournelle & de Saint-Bernard inclusivement; à l'occident, par les rues du Pavé de la place Maubert, le marché de ladite place, la rue de la Montagne Sainte-Geneviève, & par les rues Bordet, Mouffetard & de Lourcine inclusivement; & au midi, par l'extrémité du fauxbourg Saint-Marcel inclusivement. Sa subdivision est en soixante-seize parties: on y compte soixante-dix rues, trois culs de sac, cinq paroisses, une abbaye, un chapitre, dix collèges dont sept sans exercice, deux couvens d'hommes, quatre de filles, trois communautés d'hommes, trois de filles, quatre hôpitaux, quatre séminaires, deux portes, deux quais, &c. La place Maubert & les environs forment le marché le plus fréquenté de Paris, après les Halles; ce qui peuple son voisinage d'un grand nombre d'artisans qui s'empressent à fournir toutes les commodités de la vie, & multiplie les hôtels garnis dans toutes les rues adjacentes. On y trouve le marché aux chevaux, & toutes sortes de chevaux à louer ou à acheter, la halle au vin, la gare, trois fontaines, un jardin public, &c. Ce qu'il y a de plus remarquable, est la manufacture royale des Gobelins; le cabinet du Roi où tout ce qu'il y a de plus curieux dans les trois règnes de la nature, se trouve réuni & disposé avec autant de goût que de magnificence; le Jardin royal des Plantes; l'Hôpital général, &c. Il y a à Scipion une manufacture très-considérable de chandelles, & dans le fauxbourg Saint-Marcel, quantité de brasseurs, de tanneurs, potiers de terre, &c. à cause de la commodité & du voisinage de la petite rivière de Bièvre; c'est aussi le quartier des gaziers, des tisserands, &c.

17°. Le QUARTIER SAINT-BENOIT est borné

à l'orient par la rue du Pavé de la place Maubert, le marché de ladite place, les rues de la montagne Sainte-Geneniève, Bordet, Mouffetard & de Lourcine exclusivement ; au septentrion, par la rivière, y compris le petit Châtelet ; à l'occident, par les rues du Petit-Pont & de Saint-Jacques inclusivement ; & au midi, par l'extrémité du fauxbourg Saint-Jacques. Sa subdivision est en soixante-deux parties : on y compte cinquante-sept rues, trois culs de sac, deux abbayes, deux églises collégiales, quatre paroisses, trois chapelles, quatre séminaires ; six communautés d'hommes, quatre de filles, six couvens, deux écoles, dix-neuf collèges, un hôpital, deux places, l'Observatoire royal, &c. On trouve dans ce quartier un peuple immense toujours occupé par le grand nombre de relieurs, de doreurs sur livres ; de fabriques de cartons de toute espèce, de papier marbré, de parchemin, & diverses autres manufactures. Il y a plusieurs brasseries, un grand nombre de tapissiers, fripiers, &c. C'est aussi le quartier savant ; la quantité de collèges, & entr'autres le collège royal, celui de Louis le Grand, &c ; la réputation bien méritée des professeurs ; le nombre considérable d'habiles artistes, graveurs, imprimeurs en lettres & en taille-douce, libraires, marchands d'estampes & de musique, &c ; les écoles de droit & de médecine, &c. rendent ce quartier célèbre, & c'est ce qui lui y a fait donner le nom de *pays latin*, &c.

18°. Le QUARTIER SAINT-ANDRÉ-DES-ARCS est borné à l'orient par les rues du Petit-Pont & Saint-Jacques exclusivement ; au septentrion, par la rivière, depuis le petit Châtelet jufqu'à la rue Dauphine; à l'occident, par la rue Dauphine inclufivement; & au midi, par la rue neuve des foffés Saint-Germain-des-Prés, des Francs-Bourgeois & des foffés Saint-Michel, ou de Saint-Hyacinthe exclufivement, jufques au coin des rues Saint-Jacques & Saint-Thomas. Ce quartier eft divifé en foixante-fept parties: on y compte quarante-fept rues, trois culs de fac, trois églifes paroiffiales, cinq communautés d'hommes, treize collèges, dont douze fans exercice, trois places, deux fontaines, un quai, &c. &c. La place du pont Saint-Michel fert de marché; c'eft le lieu où fe vendent les effets faifis par autorité de juftice; ce quartier eft auffi recommandable par la Sorbonne, l'Académie royale de Chirurgie; la Chambre fyndicale des Libraires-Imprimeurs, qui font en grand nombre; les reftes du palais des Thermes & des Aqueducs fouterrains, &c; c'étoit auffi le quartier de l'ancienne comédie Françoife, &c.

19. LE QUARTIER DU LUXEMBOURG eft borné à l'orient par la rue du fauxbourg Saint-Jaques excluvement; au feptentrion par les rues des foffés Saint-Michel ou Saint-Hyacinthe, des Francs-Bourgeois & des foffés Saint-Germain-des-prés inclufivement; à l'occident par les rues de Buffi, du Four & de Sèvre inclufivement; & au midi par les extrémités du fauxbourg Saint-Michel inclufivement, depuis la rue de Sèvre jufqu'au fauxbourg Saint-Jaques. Sa fubdivifion eft de 59 parties: on y compte 56 rues, quatre culs-de-fac, une églife paroiffiale, trois feminaires &

quatre communautés d'hommes; un collège, trois abbayes, six couvens & six communautés de filles; deux hôpitaux, un palais, cinq carrefours, &c. Ce quartier est très-fréquenté à cause de la promenade du Luxembourg & de la foire Saint-Germain; il abonde en maisons religieuses, dont les églises sont très-bien ornées. On y trouve la correspondance des arts & des sciences, le journal des beaux arts, &c. Le peuple nombreux de ce quartier s'occupoit autrefois à tricoter des bas; mais l'usage des bas au métier à fait tomber ces fabriques, qu'on a remplacées par des filatures de coton, &c. &c.

20. LE QUARTIER SAINT-GERMAIN-DES-PRÉS est borné à l'Orient par les rues Dauphine, de Bussy, du Four & de Sèvre exclusivement; au Septentrion par la rivière, y compris le Pont Royal & l'île aux Cignes; à l'Occident & au Midi par l'extrémité du Fauxbourg, depuis la rivière jusqu'à la rue de Sèvre. Ce quartier qui doit son nom à l'abbaye de Saint-Germain-des-prés, fondée par Childebert roi de Paris, est le canton des couvens & des hôtels, des moines & des grands seigneurs, &c. On y compte 54 rues deux culs-de-sacs, une abbaye & trois communautés d'hommes; une abbaye, quatre couvens & deux communautés de filles; un collège, trois séminaires, trois maisons hospitalières; un pont, quatre quais. Les hôtels royaux des Invalides & de l'Ecole Militaire, &c. &c. Le marché de l'Abbaye est un des mieux fourni de Paris, quoique petit & fort serré. Indépendamment des Invalides & de l'Ecole Militaire, le nouvel hôtel des Monnoies, le

palais Bourbon, & une infinité d'hôtels & de maisons de grands seigneurs ornées de beaux & vastes jardins décorent ce quartier, qui paroît un peu désert relativement aux autres, à cause de l'étendue des jardins & de leurs enceintes. On y trouve le collège des quatre Nations, l'hôpital des Incurables, les Petites-Maisons, la Charité, les Convalescens, le Bureau des voitures de la Cour, &c. &c.

A l'extrémité de ce quartier est un terrain couvert de maisons & de jardins, nommé le *Gros-Caillou*, & anciennement *Longue-Raye*; il doit son nom moderne à un gros caillou, ou espèce de borne naturelle entre les limites de Ste. Geneviève & de Saint-Germain, de ce côté. L'éditeur de Piganiol, dit que ce nom vient d'un caillou énorme qui servoit d'enseigne à une maison de débauche; mais il n'appuie son sentiment d'aucune autorité. Vis-à-vis le Gros-Caillou est l'île Macquerelle ou des Cignes; on a comblé la majeure partie du petit bras qui la séparoit de la rive gauche de la Seine. Le bac des Invalides, établi pour la communication de ce quartier avec le fauxbourg Saint-Honoré, est près de cette île, &c.

Les vingt quartiers que l'on vient d'indiquer avec leurs subdivisions en 903 portions (que d'autres portent à 969 portions, en y comprenant les rues, quais, places, carrefours & marchés, passages, &c. d'autres à 1008 parties de subdivisions, en ajoutant aux 903 portions 105 culs-de-sac, qui n'y sont point compris) renferment au total environ 900 rues, 105 culs-de-sal, 14 fauxbourgs avec 60 barrières, & 3 portes exiſtantes, 16 ponts, 26 quais, 16 ports, 16 grandes places, une trentaine de petites, 18 carrefours, 20 cloîtres, eſpèces de places fermées, & 16 cours principales, qui ſervent de paſſage d'une rue à l'autre ; 65 fontaines publiques, 50 marchés, 52 boucheries, &c. On y compte 371 égliſes, 6 palais, 500 beaux hôtels & 23,565 maiſons, ſuivant un état rapporté dans le dictionnaire de la France, contenant le nombre des maiſons, & celui des familles impoſées à la capitation en 1755. Il faudroit ajouter à ce nombre, s'il eſt exact, celui des nouvelles maiſons bâties depuis 25 ans ; mais l'auteur de l'almanach pariſien compte juſqu'à cinquante mille maiſons. Cette prodigieuſe différence ſur un fait aiſé à vérifier montre le peu de fondement qu'on doit faire ſu ces ſortes de relations & d'états généraux, que l on ne peut donner avec certitude, à moins qu'ils ne ſoient fournis par le corps de Ville ou par la police.

Les rues, culs-de-ſac, quais, places & carrefours, ſont déſignés avec leurs noms gravés à tous les coins en caractères noirs depuis 1728 ; le tout eſt très-bien pavé de pavés d'équerre, & les rues ſont éclairées par environ trois mille lanternes à reverbère, établies depuis 1767 par M. de Sartine, alors lieutenant de police. Il propoſa un prix de deux mille livres en faveur de celui qui, au jugement de l'académie des ſciences, trouveroit la manière d'éclairer les rues, en combinant enſemble la clarté, la facilité du ſervice & l'économie. Ces lanternes ſont quarrées, évaſées par le haut, d'un verre net, blanc & épais ; elles tranfmettent à une grande diftance une lumière vive & pure que produit une lampe à quatre mèches fournie en huile d'olive ou de beuf. Cet établiffement, en éclairant la nuit pendant toute l'année, contribue à procurer la fûreté dans cette grande Ville. Comme nous traitons dans les articles fuivans de l'origine & des progrès de la police de Paris, il fuffit d'obferver ici qu'elle eft tenue par un lieutenant-général de police, qui a fous fes ordres 40 infpecteurs, 49 commiffaires & plufieurs exempts : 26 corps-de-garde, 100 hommes de cheval & 640 piétons font employés jour & nuit pour veiller à la police & à la fûreté publique ; fans compter la compagnie du guet de l'étoile, fpécialement affectée à la garde des prifons, ni les gardes de nuit pour les ports. Ces derniers, au nombre de 225 hommes, font deftinés à la garde des marchandifes fur les ports, & diftribués en plufieurs corps-de-gardes où l'on trouve tous les fecours néceffaires pour rappeller les noyés à la vie, établiffement utile dû à l'humanité & au zèle de M. de la Michodière, prévôt des marchands. Outre les gardes dont on vient de parler, il y a encore les archers ou gardes de la Ville, ceux de la robe-courte, de la monnoie, de la connétablie, &c. La garde militaire eft compofée de fix bataillons de gardes françoifes, aujourd'hui cazernés ; de quatre bataillons de gardes fuiffes, dont trois compagnies dans la Ville, le refte dans les environs. Il y avoit encore autrefois les moufquetaires gris & les noirs, mais ils ont été fupprimés.

ARTICLE IV.

Portes converties en arcs de triomphe, Boulevards, Promenades publiques, &c.

L'UN des principaux objets des hommes réunis en société dans les villes closes, est de se garantir des attaques & des surprises de l'ennemi; mais une capitale assise au centre d'un grand royaume garni sur ses frontières & ses principaux passages de places fortifiées, & dont la défense consiste principalement dans la valeur guerrière qui distingua toujours la nation, n'a pas besoin de clôture ni de fortifications. Avant que la France eut acquis ce degré de puissance qui tranquillise les heureux habitans de Paris, cette Ville étoit entourée de remparts & de fortifications, dont on voit encore des restes au nord le long des boulevards; on y entroit par plus de vingt portes antiques qui ont été abattues successivement; & la bastille qui servoit de citadelle subsiste encore. Quelle vaste enceinte de murailles ne faudroit-il pas aujourd'hui pour renfermer une ville aussi immense que Paris, avec les augmentations considérables qu'elle a reçues? Combien de portes à construire pour ouvrir les issues nécessaires? Il en faudroit presqu'autant que de rues qui commencent dès la campagne. Au lieu de portes, il y a des barrières à chacune de ces issues, au nombre de 60 qui ont un receveur & des contrôleurs sédentaires; au lieu de murs, de tours & d'enceintes, la Ville & l'Université sont

Vue du Boulevard, prise du Carrefour de Vaugirard.

Vue du Boulevard, prise entre les routes de Fontainebleau et de Choisy.

Pl. VI.   Page. 63.

Vüe de l'entrée du Fauxbourg S.t Jacques, prise de dessus le Boullevard.

Vüe du Boullevard de l'Hopital, prise du Pont de la Riviere de Bievre.

entourées de remparts ou boulevards très-beaux, très-spacieux, garnis d'une triple allée d'arbres, & qui ne sont regardés que comme un simple chemin, chauffée ou promenade publique. Louis XIV, persuadé que la force d'un grand roi, consiste dans le cœur de ses sujets & la sûreté d'une place dans la fidélité de ses habitans, fit abattre les fortifications; & métamorphosa pour ainsi dire, ces murs, fossés & arrières fossés, en une promenade champêtre, utile & agréable pour les habitans de ces divers quartiers.

Les boulevards ont été formés à différentes reprises, ce qui fait qu'on les distingue en *vieux & nouveaux*, dont les premiers entourent la Ville au nord, & les autres l'Université au midi. Celui, depuis la bastille jusqu'à la porte Saint-Denis a été ordonné & commencé en 1670, par arrêt du Conseil-d'Etat du 7 juin, portant que ces remparts seroient composés de trois allées d'arbres, dont celle du milieu auroit 16 toises de large & les contr'allées de 18 à 20 pieds chacune. Par un second arrêt du 17 mars 1671, le boulevard, depuis la porte Saint-Denis jusqu'à la porte Saint-Honoré, fut ordonné : les travaux discontinués, furent repris en 1684, & les boulevards achevés. Leur étendue, en forme de demi-cercle, embrasse la Ville dans un espace d'environ 2500 toises de longueur; ils sont soutenus du côté des fauxbourgs d'un cordon de pierre de taille dans les endroits où les maisons n'abordent pas jusques sur la chaussée. Cette promenade est aujourd'hui fort à la mode & très-agréable, par les soins des magistrats chargés de son entretien; autrefois l'eau des pluies n'ayant point d'écoulement, en rendoit le chemin impraticable, sur-tout en hiver; mais on a soin de faire ferrer tous les ans une partie de la grande allée, & sabler les deux autres. Il s'y rend tous les jours un grand nombre de personnes, de tout état, attirées par l'agrément de la promenade, la variété des spectacles, la musique des cafés & les parades des baladins.

Les nouveaux boulevards ont été construits sur le modèle des anciens; ils furent commencés en 1704, par arrêt du Conseil du 18 octobre, mais ils n'ont été achevés qu'en 1762; ils commencent du côté de la porte Saint-Bernard, près de l'hôpital-général; passant ensuite à l'extrémité des fauxbourgs Saint-Victor, Saint-Marceau, Saint-Michel, Saint-Jaques & Saint-Germain-des-prés, ils finissent à la belle avenue des Invalides qui va se terminer sur la rive gauche de la Seine, vis-à-vis le cours la Reine. Leur étendue, de plus de trois mille toises de long, forme un demi-cercle pareil à celui des vieux boulevards, mais plus varié. Ils embrassent toute la partie méridionale; les allées qui contournent agréablement sont coupées par les routes de Vaugirard, d'Orléans, de Choisy & de Fontainebleau; la campagne y est à découvert, l'air y est salubre, &c.

Les mêmes vues qui avoient déterminé à changer les murs & les fossés en boulevards, convertirent les portes en arcs de triomphe; de six portes qui existoient encore au commencement de ce siècle, il n'en reste plus que trois.

Pl. VII. Page. 63.

Vüe des Boullevard qui conduisent à l'Hopital, et à la rue d'Enfer.

Vüe de Boullevard, et du Cabinet de Physique, de M. le Duc de Chaulnes.

VUË DE LA PORTE SAINT BERNARD.
Planche VIII.   en entrant dans Paris.   Page 65.

Dessiné et Gravé   par Martinet.

VUE DE LA PORTE St BERNARD.
Restaurée par Blondel en 1674.

Dessiné et Gravé.   par Martinet.
Les Bas reliefs de Tuby. Louis XIV. répandant l'abondance sur ses sujets.

La PORTE SAINT-BERNARD, située au bout du quai de la Tournelle, a pris ce nom de la proximité du collège des Bernadins; elle fut élevée à la gloire de Louis-le-Grand (1). Jamais la reconnois-

---

(1) Les arcs de triomphe ont, en général, un caractère de grandeur & de majesté, qui semble forcer l'admiration des hommes, parce qu'ils rappellent la mémoire des actions éclatantes des héros. Mais quand on considère que ces arcs de l'immortalité sont fondés sur les malheurs des peuples vaincus ou égorgés, ces monumens, tout grands qu'ils sont, perdent leur prix aux yeux de l'humanité. Il en est cependant quelques-uns que leur destination excepte de cette tache générale; la porte Saint-Bernard & la porte Saint-Antoine, dont on parlera plus bas, sont de ce nombre. Les monumens publics ne devroient être que les fastes de la bienfaisance : ils ne présenteroient aux yeux que des actes de bonté & de générosité; on n'y verroit d'emblêmes que ceux de la paix & des doux fruits qu'elle procure; le progrès des arts & des sciences, les découvertes & les inventions utiles, les noms de leurs auteurs, celui de tous les grands hommes de la nation, &c. Le Parnasse François de M. du Tillet, élevé au milieu de la place de Louis XV, où ce roi, sous la figure d'Apollon, distribueroit des palmes & des couronnes aux génies qui ont illustré la France, &c. vaudroit bien la statue équestre qu'on y voit? Un monument qui représenteroit Louis XVI son successeur, dirigeant l'industrie nationale vers les arts de première nécessité, encourageant, par des motifs de gloire & d'honneur, la culture & les nouveaux établissemens de commerce & de manufactures, & instituant *un prix annuel* qu'il doit distribuer lui-même à ceux qui auront servi l'État par des découvertes utiles, seroit préférable à ces projets ridicules, qui ne sont que le fruit d'une imagination exaltée. *Voyez* ce que j'ai dit à ce sujet dans le *Traité général des Grains*, &c. Tome II, in-4°. page 532; on verra aussi, dans un des volumes suivans, la cri-

Tome I. E

sance ne fut muette dans le cœur des sujets dont le prince allège le fardeau. Louis XIV ayant supprimé en 1670, une légère imposition sur les marchandises & les denrées de première nécessité qui entroient par la porte Saint-Bernard; le peuple s'assembla en foule, demanda & obtint de la Ville que ce bienfait fût éternisé par un monument public. Le célèbre François Blondel fut chargé de l'exécution de cet ouvrage; mais par un esprit d'économie mal entendu, les magistrats voulurent qu'il conserva l'ancienne porte; ce qui le gêna beaucoup dans la composition. Il se contenta de racomoder l'ancien pavillon qui y étoit auparavant, & le fit ouvrir à deux portes comme les arcs de triomphe des anciens. Ce monument à dix toises de hauteur, sur huit de largeur: les pieds droits, entre les arcs, portent de grandes figures accompagnées d'ornemens symboliques, pour faire connoître que le port voisin est le plus grand abord des marchandises qui arrivent à Paris; les ceintres des deux portiques sont couronnés d'un entablement représentant, du côté de la Ville, Louis XIV répandant l'abondance sur ses sujets, avec une inscription régnante sur la corniche (1); du côté

---

tique des plans proposés pour l'ornement & la décoration de la Capitale.

(1) *LUDOVICO MAGNO,*
Abundantia parta
Præf. & Ædil. Poni
C C.
Anno R. S. H. M. DC. LXXIV.

Dans un temps de disette, un Gascon rendoit les mots

VUE DE LA PORTE ST MARTIN.
Elle a été élevée en 1674.

Dessiné et Gravé par Martinet.

Sur les Desseins de Pierre Bulet, les Sculptures sont de 4
différens Maîtres Desjardins, Marcy, le Hongre, et le Gros.

VUE DE LA PORTE ST DENIS.

Dessiné et Gravé par Martinet.

Exécutée par Blondel en 1672. sa hauteur est de 72 Pieds.

du fauxbourg il est représenté sous la figure d'une divinité qui tient le gouvernail d'un navire voguant à pleines voiles, pour marquer le rétablissement du commerce, avec une inscription comme sur l'autre face (1).

La PORTE SAINT-DENIS, la plus magnifique de celles que nous décrivons, est située au bout de la rue, & à la séparation du fauxbourg de même nom. Le fameux passage du Rhin, la prise de 40 villes fortifiées, & trois provinces réduites au pouvoir de Louis XIV, dans l'espace de deux mois, sont des faits dignes de mémoire que la Ville voulut consacrer par ce nouveau monument élevé sur les ruines de l'ancienne porte de même nom. Cet arc de triomphe, construit sur les dessins du savant Blondel, par Bullet, a 72 pieds de face & autant de hauteur. Le dessus qui a 26 pieds de hauteur est découvert comme les anciens arcs de triomphe; l'ouverture qui forme la principale porte est de 24 pieds ; de chaque côté sont des pyramides de trophées d'armes, posées sur des piédestaux percés dans leurs dez, chacun d'une porte de neuf pieds de large, pour faciliter le passage des personnes à pied ; le

───────────────

abundantia parta, par ceux-ci, *l'abondance est partie.*

(1)   *L U D O V I C I   M A G N I,*
Providentiæ
Præf. & Ædil. poni
C C.
Anno R. S. H. M. DC. LXXIV.

bas-relief, du côté de la Ville, représente le passage du Rhin, & celui du côté du fauxbourg, la prise de Maestricht, avec deux inscription (1) relatives à ces événemes; ces bas-reliefs & tous les ornemens sont d'Anguiere l'ainé. Cette porte & sa belle proportion méritent d'être regardées, comme un des chefs-d'œuvres de l'architecture françoise; & les connoisseurs prétendent qu'elle est au dessus des plus beaux morceaux de l'antiquité en ce genre.

La PORTE SAINT-MARTIN, située au bout de la rue de ce nom, à la séparation de la Ville d'avec

---

(1) Voici ces inscriptions qui sont de Blondel lui-même, également savant dans les belles-lettres, les mathématiques & l'architecture.

LUDOVICO MAGNO,
Quod, diebus vix
Sexaginta,
Rhenum, Vahalim, Mosam;
Isaram superavit;
Subegit provincias tres,
Cepit urbes munitas
Quadraginta;
Emendatâ malè memori Batavorum gente,
Præf. & Ædil. P.
C C.
Anno Dom. R. S. H. M. DC. LXXII.

Celle du côté du fauxbourg concerne la prise de Maestricht.

Quod trajectum ad Mosam
XIII diebus cepit
Præf. & Ædil. poni
C C.
Anno Dom. R. S. H. M. DC. LXXII.

le fauxbourg Saint-Martin, fut bâtie dès 1614 en forme d'arc de triomphe, & détruite sous le règne de Louis XIV, pour y élever celle qui subsiste. A mesure que ce conquérant ornoit son front de nouveaux lauriers, sa capitale décernoit de nouveaux monumens à sa gloire. La défaite des alliés, la rupture de la triple alliance, la prise de Limbourg, la Franche-Comté soumise pour toujours aux lois du vainqueur, déterminèrent la Ville à faire ériger un nouveau monument pour célébrer la rapidité des victoires & les prospérités de ce héros. Il fut encore exécuté sur les desseins de Blondel, par Bullet, habile architecte en 1674 & 1675. Tout le corps d'architecture a 54 pieds de haut & autant de large ; il est percé de trois portes, celle du milieu à 18 pieds de large, les deux autres en ont chacune neuf ; elles sont accompagnées de bossages rustiques vermiculés avec des bas-reliefs, dont ceux du côté de la Ville représentent, l'un la prise de Besançon & l'autre la rupture de la triple alliance ; de l'autre côté, l'un des bas-reliefs représente la prise de Limbourg & l'autre la défaite des Allemand, sous la figure de Mars qui repousse une aigle. Les inscriptions méritent d'être rapportées (1) ; les divers monumens de sculpture

---

(1) La première, du côté de la ville,

LUDOVICO MAGNO,
Vesuntione Sequanisque
Bis captis,
Et fractis Germanorum,
Hispanorum Batavorumque
Exercitibus,

distribués sur cette porte, sont de Marsy, Desjardins, le Hongre & le Gris; les consoles de l'entablement font un bel effet, parce qu'elles paroissent amenées par la nécessité, ce qui est indispensable pour les employer en dehors.

La PORTE SAINT-ANTOINE nouvellement démolie, étoit encore un de ces monumens élevés à la gloire de nos Rois; elle avoit été rebâtie sous le règne de Henri II, pour servir d'arc de triomphe à la mémoire de ce prince; elle fut ensuite consacrée à représenter l'alliance de la France avec l'Espagne, & les avantages de la paix des Pyrenées, dont le mariage de Louis XIV avec la reine Marie-Thérèse, avoit été le gage. Blondel qui fut chargé de la reconstruction, ne put donner l'essort à son génie, parce que la Ville l'assujettit à conserver l'ancienne porte; il se contenta de l'augmenter & de l'embellir; il fit deux ouvertures collatérales, & continua l'ordre dorique qu'on avoit observé dans l'arc ancien. Le corps d'achitecture avoit neuf toises de large, &

Præf. & Ædil. P,
C C.
Anno R. S. H. M. DC. LXXIV.
La seconde, du côté du fauxbourg :
LUDOVICO MAGNO,
Quod Limburgo capto,
Impotentes hostium minas
Ubique repressit,
Præf. & Ædil. P.
C C.
Anno M. DC. LXXV.

Pl. X. *Du Dessin de Mezeau sous Henry II. Augmentée par Blondel.* Page. 70.

Gravé par   Martinet
VUE DE LA PORTE St ANTOINE
en entrant par le Fauxbourg

VUE DE LA PORTE ST ANTOINE.

Dessiné et Gravé   par Martinet
du côté de la Ville.

huit de haut; entre les trois portes il y avoit des statues repréfentant les fuites de la paix de 1659, entre la France & l'Efpagne. La ftatue de la droite tenoit un ancre, au bas de laquelle un dauphin fembloit s'être attaché pour marquer l'efpérance que la France avoit conçue de la paix des Pyrenées. L'autre fujet étoit la Sureté publique, dont l'attitude grave & l'air ferein faifoient connoître qu'elle n'avoit plus rien à craindre; on voyoit fur le comble la ftatue de Louis XIV, avec celles d'Apollon & de Cérès, & deux obelifques aux extrémités; ces dernières ftatues étoient de Van-Opftal, fculpteur Flamand; & les ftatues des niches, de François Anguière l'aîné. Ce magnifique édifice étoit accompagné d'ornemens, de la compofition du même Blondel, & entr'autres des figures de la feine & de la marne, ouvrage admirable de Jean Gougeon, avec des infcriptions (1) de Blondel, relatives aux temps & aux circonftances. On a d'autant plus lieu de regreter ce beau monument, qu'il étoit deftiné à céle-

---

(1) Les motifs qui nous ont déterminé à donner la defcription & la vue de cette porte démolie, nous engagent à en conferver les Infcriptions.

Première Infcription.

LUDOVICUS MAGNUS,
Promotis imperii finibus,
Ultra Rhenum, Alpes
Et Pyrenæos,
Pomœrium hoc more prifco
Propagavit
Anno R. S. H. M. DC. LXX.

brer les avantages de la paix, & qu'il décoroit le quartier par où les Ambaffadeurs extraordinaires

Deuxième Infcription.
PACI
Victricibus Ludovici XIV
Armis,
Felicibus Annæ confiliis,
Auguftis Mariæ Therefiæ nuptiis,
Affiduis Julii cardinalis
Mazarini
Curis,
Partæ, fundatæ, æternum
Firmatæ,
Præfectus urbis Ædilefque
Sacravêre
Anno M. DC. LXX.
Troifième Infcription.
LUDOVICUS MAGNUS,
Et vindictas conjugis auguftæ
Dotales urbes
Validâ munitione cinxit,
Et hoc vallum civium deliciis
Deftinari juffit
Anno R. S. H. M. DC. LXXII.
Quatrième Infcription.
LUDOVICO MAGNO,
Quod urbem auxit, ornavit,
Locupletavit,
Præf. & Ædiles P. C.
Anno R. S. H. M. DC. LXXII.
Dans les tympans des frontons des deux portes latérales, étoit gravée la médaille que la ville fit frapper à la gloire du Roi, pour célébrer la félicité publique dont on jouiffoit lorfqu'il eut pris en main les rênes du Gouvernement. C'eft le

BARRIERE DE LA CONFERENCE.

Gravé par　　　　　　　　　　　Martinet.

GRILLE DE CHAILLOT.

Martinet.

font leurs entrées à Paris; mais la commodité du passage, trop resserré en cet endroit, semble avoir exigé ce sacrifice. C'est pour en conserver du moins la mémoire, que nous avons cru devoir donner une description abrégée de cette porte, avec la gravure qui la représente vue des deux faces.

La Porte Saint-Honoré & la Porte de la Conférence ont été aussi démolies dans ce siècle; la première étoit située à l'extrémité de la rue Saint-Honoré, près du rempart, & consistoit en un gros pavillon couvert d'ardoise. La porte de la *Conférence* terminoit le quai des Tuileries, & étoit à côté du mur des jardins de ce palais. Elle avoit d'abord été construite sous le règne de François premier; & depuis cette époque, elle se nomma la *Porte neuve*, jusqu'à ce qu'elle eut été rétablie en 1659, pendant les conférences de la paix des Pyrénées, d'où elle prit le nom de porte de la Conférence. Aujourd'hui l'emplacement de ces portes & des remparts qui les accompagnoient de ce côté, font partie des boulevards & de la nouvelle place de Louis XV, qui tient lieu de promenade découverte à la sortie des Tuileries.

---

premier monument où l'on lui ait donné le nom de Louis le Grand. Il y avoit sur la Légende:

LUDOVICUS MAGNUS,
Francorum & Navarræ Rex
pp. 1671.

& sur le revers une Divinité assise sur un bouclier, avec cette épigraphe:

Felicitas publica,

& dans l'exergue, le mot *Lutetia*.

Aucune capitale n'offre dans son enceinte & au dehors, des promenades publiques aussi belles & aussi variées que celles de Paris. Indépendamment des boulevards dont on vient de parler, & qui forment une promenade de plus de deux lieues, enrichie de la vue des plus belles maisons, ou d'une campagne riante & cultivée, on en compte neuf dans l'intérieur, & six principales aux dehors. Les premières sont le jardin des *Tuilleries*, celui du *Palais Royal*, le jardin de l'*Infante*, ceux de l'*Arsenal*, de l'hôtel de *Soubise* & de l'hôtel de *Bretonvilliers*, dans la ville; le *Terrain*, dans la cité; le jardin *du Roi* & le *Luxembourg*, dans l'université; on en parlera dans les descriptions particulières. Les principales promenades du dehors, sont 1°. le *Cours-la-Reine*, qui a environ 376 toises dans sa plus grande longueur, & 126 toises à l'entrée du côté de la place de Louis XV. 2°. Le *Cours-Dauphin*, de 624 toises de long; il est terminé par deux grilles, entre la Seine & le cours-la-reine. 3°. Les *Champs-Elisées*, contigus au Cours-la-Reine, sont formés de plusieurs belles allées & d'une vaste campagne; la principale allée, prolongée jusqu'au magnifique pont de Neuilly, conduit en même temps au bois de Boulogne. 4°. Le *Colisée*, avec les jardins qui l'accompagnent, espèce de spectacle abandonné (1), fait partie des Champs-Elisées & les embellit; plusieurs autres beaux édifices de ce côté concourent au même but. 5° Le *Bois de Bou-*

---

(1) On parlera du Colisée & des autres spectacles dans les volumes suivans.

logne, grand enclos à une demi-lieue de Paris, renferme de belles allées d'arbres, le château de Madrid, & celui de la Muette ou Meute. 6°. A l'opposite de ces promenades, sur la rive gauche de la seine, on trouve l'*Esplanade* des Invalides, le *Champ de Mars*, & la *Ceinture de l'Ecole Militaire* qui servent au même usage. 7°. Les *Allées de Vincennes*, qui commencent à la sortie du fauxbourg Saint-Antoine, sur environ mille toises de longueur, se terminent au bois de Vincennes ; promenade charmante, où il y a un beau château royal du même nom. Les autres routes & avenues, par lesquelles on aborde de tous côtés dans Paris, sont autant de promenades superbes. On verra aussi, dans la description des hôtels, celles de plusieurs jardins délicieux, dont on obtient aisément la vue & l'entrée ; tels sont les jardins anglois de M. le duc de Chartres, au Roule ; de M. le duc de Biron, près les Invalides ; de M. Boutin, à la chaussée d'Antin, &c.

ARTICLE V.

Monumens érigés dans les Places publiques, &c.

LES arcs de triomphe dont on a parlé dans le dernier article, conduisent naturellement à parler des autres monumens érigés dans les places publiques. On ne s'est avisé que très-tard en France, d'élever des monumens durables à la gloire des rois, & de les mettre en même temps dans des places régulièrement construites, qui font le plus bel ornement des villes. La plus ancienne statue en bronze érigée à Paris dans une place publique, est celle de HENRI LE GRAND. Aucun prince n'avoit, en effet, mieux mérité l'amour de ses peuples en général, & en particulier celui des Parisiens, au milieu desquels il fut assassiné ; c'étoit d'ailleurs le premier de nos rois, qui ait embelli Paris de places régulières. La place Dauphine, ainsi nommée de son fils Louis XIII, alors Dauphin, & celle du Pont Neuf qui forme, par son évasement, une seconde place pour la desserte des quais, étoient son ouvrage. Il étoit naturel de choisir cet endroit pour y placer l'image d'un prince adoré, *qui fut de ses sujets le vainqueur & le père* (1).

---

(1) Personne n'ignore que ce Vers est tiré du Poëme Epique, que le plus beau génie qui ait honoré la France, a composé en l'honneur de Henri IV. On sait aussi qu'à l'avénement de notre auguste Monarque, on écrivit le mot *Resurrexit*, au pied de la Statue de Henri IV. J'ai rappellé ce dernier trait avec l'éloge de Henri, dans une Epître dédicatoire à Louis XVI. *Voici le passage.*

Après le parricide du détestable Ravaillac, Marie de Médicis, veuve de Henri IV, & Régente du royaume, voulut donner un témoignage public de la douleur qu'elle devoit ressentir d'une aussi grande perte, & élever un monument qui parut l'ouvrage de l'amour conjugal. Son père Cosme II, grand Duc de Toscane, lui ayant envoyé le cheval en bronze,

---

» L'agriculture & les arts qui en dépendent, sont précieux
» à Votre Majesté, par le rapport direct qu'ils ont avec la
» substance des peuples. C'est dans le bled que se trouve le
» germe de la gloire & de la puissance des empires, par la
» population nombreuse attachée à sa réproduction : *le bien-*
» *être des sujets est le gage le plus certain de leur amour pour*
» *les Rois.*
» Un Prince qui s'occupe à chercher les moyens de dimi-
» nuer les subsides trop onéreux sur les fonds, & d'en favo-
» riser la culture, établit son trône sur une base inébranlable.
» On voit à ses côtés la justice & la paix; l'abondance qui
» vient à leur suite, fait vivre ses sujets dans un repos désira-
» ble, & les vœux du peuple se réunissent en faveur du Mo-
» narque chéri, qui en fait la gloire & les délices.
» Ce fut là le secret employé par le grand Henri, pour
» réparer quarante années de dévastations, & rendre à la
» France désolée son ancien lustre que la fureur des guerres
» civiles & l'abandon de la culture lui avoient ravi. ... HENRI
» RESSUSCITÉ, fut le premier cri de la nation, lors de
» l'avénement de VOTRE MAJESTÉ, au trône de ses pè-
» res, &c. »

C'est cette même anecdote qui nous a déterminé à placer dans l'estampe du frontispice, la ville de Paris au pied de la statue de Henri IV, & a faire graver le mot *Resurrexit*, sur l'une des quatre faces de ce monument, au dessus duquel le temps montre un médaillon de Louis XVI.

la Régente fit faire, par Dupré sculpteur François, la figure du Roi pour l'adapter au cheval. Le groupe fini fut placé sur le Pont Neuf en face de la place Dauphine, dans le petit espace quarré qui fait saillie hors du Pont Neuf, & qui porte le nom de PLACE de HENRI IV. Louis XIII posa la première pierre du piédestal le 13 août 1614 ; la statue équestre fut élevée de suite ; mais les ornemens & les bas-reliefs n'ont été achevés qu'en 1635 sous le ministère du cardinal de Richelieu. Henri y est représenté la tête ceinte de lauriers, vêtu en habit de combat, avec brassarts & cuissarts, l'écharpe & le collier des ordres flottant sur sa cuirasse, tenant de la main gauche les rênes du cheval, & un bâton de commandement dans la droite. Aux quatre angles du piédestal, sont des captifs enchaînés sur le socle, ayant à leurs pieds des armes antiques. On voit sur les quatre faces des bas-reliefs représentant les principales actions du héros, avec des inscriptions (1). Cette place est

---

(1) Sur le côté opposé à la place Dauphine, on lit :
ERRICO IV.
Galliarum imperatori
Navar. R.
Ludovicus XIII.
Filius ejus
Opus incho. Et intermissum
Pro dignitate pietatis
Et imperii
Pleniùs & ampliùs absolvit.
Emin. D. C. Richelius
Commune votum populi

fermée du côté du palais par une grille, sur laquelle est encore attachée une inscription latine, où le car-

Promovit ; super illust.
Viri de Bullion,
Boutillier P. Ærarii F.
Faciendum curaverunt
M. DC. XXXV.

Et au dessous sur une table de marbre posée sur le socle, on lit celle-ci :

QUISQUIS hoc leges ita legito :
Uti optimo regi precaberis
Exercitum fortem
Populum fidelem
Imperium securum
Et annos de nostris
B. B. F.

Celles qui sont sur le côté opposé au fauxbourg Saint-Germain retracent la mémoire des batailles d'Arques & d'Ivry, remportés sur le Duc de Mayenne, chef des ligueurs depuis le meurtre des Guises.

Genio Galliarum S
Et invictissimo R.
Qui Arquensi prælio
Magnas
Conjuratorum copias
Parvâ manu fudit.

VICTORI triumphatori
Ferctrio, Perduelles
Ad Evariacum
Cæsi, malis vicinis
Indignantibus & faventibus
Clementiss. imper.
Hispano duci opima
Reliquit.

dinal de Richelieu a voulu transmettre son nom à postérité, par cette singulière prétention: *Vir supra*

Celle qui est opposée au Pont Royal, représente l'entrée triomphante du grand Henri dans Paris, le 22 Mars 1594; avec l'inscription suivante:

N. M. Regis
Rerum humanarum optimi
Qui sine cæde urbem
Ingressus, vindicatâ
Rebellione, extinctis
Factionibus, Gallias
Optatâ pace composuit.

Et sur la face opposée à la Samaritaine, sont représentées les prises d'Amiens & de Montmélian, avec ces inscriptions:

AMBIANUM, hispanorum
Fraude interceptâ, Errici
M. virtute assertâ
LVDOVICVS XIII. M. P. F.
Iisdem ab hostibus sæpius
Fraude ac scelere
Tentatus
Semper Justitiâ
Et fortitudine superior fuit.

※

MONS,
Omnibus ante se ducibus
Regibusque frustra
Petitus
Errici M. felicitate
Sub imperium redactus,
Ad æternam securitatem
Et gloriam
Gallici nominis.

Le Maire prétend que ces inscriptions sont de Bénigne Millotet, Avocat Général au Parlement de Dijon; qui s'est ren-
titulos.

Pl. XII.   PLACE DAUPHINE.   Page.18.

Dessiné et Gravé   par Martinet

Martinet

Vue de la Place Dauphine, prise du pied de la Statue d'Henry IV.

titulos. Tous les ornemens de sculpture sont de Francheville. Les esclaves assis aux quatre angles du piédestal sont trop petits, relativement à la grandeur de la statue ; le piédestal est trop mince & la figure d'Henri IV trop petite par rapport à la grosseur du cheval. Cette disproportion dans les parties forme un mauvais ensemble, quoique la statue du roi, prise séparément, soit très-bien.

La PLACE DAUPHINE, qui fait face par sa pointe à celle de Henri IV, est un triangle de 42 toises situé entre le Pont Neuf & le palais Marchand, dont elle faisoit autrefois partie. Henri IV, pour témoigner sa reconnoissance au premier président Achille de Harlay, si connu par son zèle pour le salut de la patrie & son attachement à ses princes légitimes, lui donna en 1607 une partie des jardins du Palais, avec le terrain qu'occupe aujourd'hui la place Dauphine, à charge d'y faire bâtir des maisons conformément au dévis qui lui seroit remis par le duc de Sully, grand voyer de France. Les travaux ne furent finis quelque temps après ; la rue qui sépare la place des bâtimens du Palais prit le nom du premier Président, & la place celui du Dauphin, lorsqu'on en fit l'inauguration. Elle est

---

du fameux dans les guerres de la Fronde, sur lesquelles il a laissé des mémoires manuscrits. Piganiol rapporte avoir ouï dire qu'elles étoient de M. Gaulmin, savant critique, ami de Saumaise ; Charpentier, assure que cette statue équestre devoit avoir des inscriptions françoises, composées par le célèbre P. Cotton, Jésuite ; mais que comme il falloit y ajouter quelque chose lors que le monument fut achevé, on en chargea M. Gaulmin, qui préféra des inscriptions latines.

Tome I.   F

bordée de trois rangs de maisons, dont les deux grands côtés qui sont sur les quais de l'Horloge & des Orfèvres, sont de onze maisons; le troisième en a seulement huit; elles sont toutes de pareilles structure & symétrie, bâties de brique & de pierre de taille, avec des cordons & des entablemens aussi de pierre de taille faits en saillie & couvertes d'ardoise. Toutes ces maisons, qui ont un double corps de logis, sont jointes ensemble; ensorte qu'elles ne laissent que deux ouvertures; l'une à la base du triangle, & l'autre où se forme l'angle le plus aigu, vis-à-vis la statue de Henri IV.

La PLACE ROYALE, située entre la rue Saint-Antoine & le quartier du Marais, est encore un monument du zèle de Henri IV pour les embellissemens de Paris; elle fut commencée dans le lieu où étoit autrefois le jardin du palais des Tournelles que Charles V avoit fait bâtir, & que lui & ses successeurs habitèrent jusqu'à Charles IX. Henri IV, qui vouloit établir des manufactures de soie, & attirer en France des ouvriers étrangers, fit tracer cette place en 1604, pour y construire des bâtimens où il pût loger les manufacturiers. Il fit bâtir à ses dépens l'une des quatre façades, qu'on désigne encore sous le nom de *Pavillon royal*, & lui donna le nom de *Place royale*. Les trois autres côtés furent vendus à divers particuliers, moyennant un écu d'or de cens, à la charge par eux d'y élever des maisons de même symétrie. Henri visitoit souvent les travaux, mais il n'eut pas la satisfaction de les voir finir. Cette place est assez bien symétrisée; elle forme un quarré parfait

PLACE ROYALE.

Dessiné et Gravé par Martinet.

Statue Equestre de Louis XIII.

de soixante-douze toises. Les quatre côtés élevés à trois étages, composent trente-neuf pavillons, sans y comprendre quatre demi-pavillons aux quatre angles. Ces pavillons sont soutenus par des pilliers formant une galerie voutée de douze pieds dans œuvre, qui règne tout autour de la place, & où l'on est en tout temps (comme dans plusieurs villes d'Italie) à couvert des ardeurs du soleil & des incommodités de la pluie. Il n'y a qu'un seul pavillon du côté de la rue des Francs-Bourgeois où cette place soit parfaitement ouverte; elle a cependant trois autres entrées opposées les unes aux autres, mais elles sont masquées par les arcades uniformes, ce qui fait paroître la place renfermée comme une cour, sans aucune avenue (1) qui y aboutisse, outre qu'elle est trop éloignée du commerce de la ville.

---

(1) Pour justifier le dessein & la forme de cette place, il faut se rappeller que Henri IV la destinoit a établir des manufactures dans son enclos, & qu'ainsi son objet n'étoit pas d'en faire une place découverte & percée d'avenues. On voit en effet par le projet que forma ce grand Roi en 1608, d'une nouvelle place dans les terres labourables entre le Temple & la rue Saint-Louis, qu'elle devoit être percée de huit avenues de six toises de largeur. Il l'avoit déja nommée LA PLACE DE FRANCE, & les huit rues qui devoient y aboutir, étoient désignées par le nom des huit Provinces les plus considérables du Royaume. Sauval ajoute d'après le plan de ce magnifique projet gravé par Poinsart, que vers la demie circonférence de cette place, il y auroit eu à la distance d'environ 40 toises sept autres rues concentriques, portant le nom de sept Provinces ou Gouvernemens du Royaume, moins considérables que les précédentes, &c.

F ij

Le centre de la Place royale eft occupé par un grand préau, formé de quatre tapis de gazon, entouré & fermé d'une belle grille de fer qui, avec les ornemens, a été faite fous le règne de Louis XIV, dont les médaillons font fur les portes. Au milieu de ce préau eft la ftatue de Louis XIII, élevée fur un grand piédeftal de marbre blanc, le 27 novembre 1639. Ce prince y eft repréfenté en général Romain, la tête ornée d'un cafque, fans felle & fans étrier, tenant de la gauche les rênes du cheval, & donnant des ordres de la droite. Le cheval eft un excellent ouvrage de Daniel Ricciarelli de Volterre, élève de Michel Ange. Il avoit été fondu en Tofcane par ordre de Catherine de Médicis, qui le deftinoit à porter la ftatue de Henri II fon époux. Mais la mort ayant furpris l'artifte avant que la ftatue du roi fut exécutée, le groupe refta imparfait. Le cardinal de Richelieu fit exécuter en bronze, par Biard le fils, la ftatue de Louis XIII, & la fit ajufter fur le cheval, mais elle ne répond point à la beauté du cheval, dont les proportions font l'admiration des connoiffeurs : ce défaut eft tout oppofé à celui de la ftatue de Henri IV qui eft fur le Pont neuf, & que l'on préfère au cheval. On reproche cependant à l'artifte d'avoir voulu trop maniérer le cheval de Louis XIII, & de ne lui faire lever qu'une jambe à la fois. Il y a des infcriptions (1) fur les quatre faces

---

(1) On lit cette infcription latine fur la face du côté des Minimes :

LVDOVICO XIII.

du piedestal; autour de la place sont de grands & magnifiques Hôtels, entr'autres ceux de Richelieu, de Rohan Guémené, &c.

Christianissimo Galliarum & Navarræ Regi
Justo, pio, felici victori,
Triumphatori,
Semper Augusto,
Armandus Cardinalis
Dux Richeleius,
Præcipuorum Regni onerum
Adjutor
Et administer,
Domino optime merito
Principique munificentissimo,
Fidei suæ devotionis,
Et ob innumera beneficia
Immensos que honores
Sibi collatos,
Perenne Grati animi monumentum,
Hanc statuam equestrem
Ponendam curavit.
Anno Domini 1639.

Et sur le côté opposé, la traduction françoise de cette inscription.

Sur la troisième face du côté du midi, se voient des vers latins, dont la traduction en vers françois, se trouve sur la face opposée. C'est un sonnet de Jean Desmarets l'Académicien, qui par une basse flatterie, met le sujet fort au-dessus du maître, le voici :

Que ne peut la vertu, que ne peut le courage,
J'ai dompté pour jamais l'hérésie en son fort ;
Du Tage impérieux, j'ai fais trembler le bord,
Et du Rhin jusqu'à l'Ebre, accrû mon héritage.
J'ai sauvé par mon bras, l'Europe d'esclavage ;

La PLACE DES VICTOIRES est située à côté de la rue Montmartre, aux extrémités des deux rues des Petits-Champs, ainsi nommées des champs qui avoisinoient ce quartier, & qui furent couverts des bâtimens sous Louis XIII, ainsi que la place dont nous parlons. En 1684, François d'Aubusson, duc de la Feuillade, comblé d'honneurs & de biens par Louis XIV, voulut rendre sa reconnoissance publique & durable par le plus superbe monument que jamais sujet ait élevé en l'honneur de son prince, monument qui surpasse même la plupart de ceux qui ont été érigés par des provinces entières, & par tout le peuple Romain pour leurs plus grands empereurs. Il acheta l'hôtel de la Ferté Senectere, avec plusieurs maisons voisines; il dépensa cinq cent mille francs pour l'achat du terrain seul, qui n'étoit pas encore assez grand; il en falloit dépenser autant pour la statue, sans y comprendre les autres ornemens de la place. Comme le duc de la Feuillade avoit moins consulté ses facultés que sa reconnoissance, sentiment rare dans un courtisan, la ville entra dans ses vues, fit l'acquisition de l'hôtel d'Emery & de quel-

---

Et si tant de travaux n'eussent hâté mon sort,
J'eusse attaqué l'Asie, & d'un pieux effort,
J'eusse du saint tombeau vengé le long servage.
 Armand le grand Armand, l'ame de mes exploits,
Porta de toutes parts, mes armes & mes loix,
Et donna tout l'éclat aux rayons de ma gloire.
 Enfin il m'éléva ce pompeux monument;
Où pour rendre à son nom mémoire pour mémoire,
Je veux qu'avec le mien il vive incessamment.

Pl. XIV.   PLACE DES VICTOIRES.   Page. 86.

Dessiné et Gravé   par Martinet.

Vüe de la Statue Pedestre de Louis Legrand, prise du pied.

Martinet.

ques maisons voisines; & se chargea des frais pour l'embellissement de la place; l'inauguration se fit le 28 mars 1686, avec un concours & une pompe extraordinaire. Cette place exécutée par Hardouin Mansard, est ovale, & seulement de quarante toises de diamètre, mais elle paroît plus étendue, à cause de six grandes rues qui viennent s'y terminer, & qui en laissent voir de loin la magnificence & l'éclat. Les bâtimens qui l'environnent sont à deux étages, d'ordre ionique, élevés sur un sous bassement, dont le rez-de-chaussée est percé d'arcades avec des refends, les consoles qui se réitèrent dans toutes les croisées, les portes & les niches sans rien porter, paroissent déplacées; mais à cela près la place est belle, régulière & bien percée.

Au centre de la place est la statue pédestre de Lous XIV, de treize pieds de hauteur, posée sur un piédestal de marbre blanc veiné de vingt-deux pieds de hauteur, avec une inscription latine (1). La sta-

---

(1) *LUDOVICO MAGNO,*
Patri exercitûum
Et ductori
Semper felici.

Domitis hostibus. Protectis sociis. Adjectis imperio fortissimis populis. Exstructis ad tutelam finium firmissimis arcibus. Oceano & Mediterraneo inter se junctis. Prædari vetitis toto mari piratis. Emendatis legibus. Deletá Calviniana impietate. Compulsis ad reverentiam nominis gentibus remotissimis cunctisque summâ providentiâ & virtute domi forisque compositis.

Franciscus vice comes d'Aubusson, Dux de la Feuillade, ex franciæ paribus & tribunis equitum unus in Allobrogibus prorex & Prætorianorum peditum præfectus.

tue de bronze doré repréſente Louis XIV debout, pour mieux exprimer cet air de grandeur & de majeſté qui lui étoit ſi naturel. Il eſt revêtu des habits de ſon ſacre, habillement particulier aux rois de France, & qui les diſtingue des autres ſouverains. Il foule à ſes pieds un Cerbère pour marquer la triple alliance dont ce prince triompha ſi glorieuſement; & au bas ſont ces mots, VIRO IMMORTALI, qui donnent en abrégé la plus haute idée du monarque, pour qui ce monument eſt érigé. Derrière la ſtatue

Ad memoriam
Poſteritatis ſempiternam
P. D. C. 1686.

Le Duc de la Feuillade fit encore orner cette place de quatre grands fanaux, compoſés chacun de trois colonnes de marbre, d'ordre dorique, chargées d'inſcriptions & diſpoſées en triangle, & qui éclairoient la place pendant la nuit. Après la mort du Duc les fanaux furent regardés comme inutiles, parce que cette place étoit éclairée comme les autres, par des lanternes: ils furent détruits en 1718, & les colonnes furent données aux PP. Théatins, pour en décorer leur Egliſe, à charge de célébrer un ſervice particulier pour le Duc. Non content d'avoir payé à la reconnoiſſance un tribut auſſi éclatant, le Maréchal de la Feuillade voulut encore prévenir, les effets du temps deſtructeur, dont la faux n'épargne pas les monumens les plus durables. Par ſes diſpoſitions du 27 juin 1687, il ſubſtitua ſes principales terres à ſes deſcendans, à charge d'entretenir les quatre fanaux qui éclairoient la place, & de faire redorer le groupe du piédeſtal tous les 25 ans; les Prévôt & Echevins de Paris étoient chargés de faire une viſite avec un Architecte tous les cinq ans, pour ordonner les réparations néceſſaires, &c.

du roi est une Victoire de même hauteur & de même métal aussi doré, les ailes déployées, un pied en l'air, & posant la pointe de l'autre sur un globe fuyant; elle tient d'une main une couronne de laurier dans l'action de la poser sur la tête du roi, & de l'autre un faisceau de palmes & de branches d'olivier. Les figures du Roi & de la Victoire, avec le Cerbère & le globe, forment un groupe de seize pieds de hauteur. Il y a derrière les deux figures un bouclier, un faisceau d'armes, une masse d'Hercule & une peau de lion. Ce beau groupe, avec tout ce qui l'accompagne, a été fondu d'un seul jet, ce qui est d'autant plus surprenant qu'il pèse plus de trente milliers. Martin Desjardins, sculpteur habile, qui en a donné le dessein, & qui conduisit la fonte, a pu se flatter d'avoir égalé ce que l'antiquité a produit de plus parfait, & d'avoir surpassé tous ceux qui, avant lui, avoient travaillé en bronze.

Le piédestal sur lequel le groupe est élevé est orné de bas-reliefs, avec des corps avancés en bas, aux quatre coins desquels sont enchaînés quatre captifs ou esclaves de bronze de stature gigantesque, qui représentent les nations dont la France a triomphé. Ces captifs ont chacun douze pieds de proportion, & sont accompagnés d'un grand nombre de trophées, avec les armoiries qui désignent les nations vaincues. Les quatre principaux bas-reliefs de six pieds de hauteur, sur quatre de largeur, sont du même Desjardins, ainsi que les autres ornemens. Ils représentent 1°, la prefféance de la France reconnue par l'Espagne, en 1662; 2°. le passage du Rhin; 3°. la

dernière conquête de la Franche-Comté, en 1674;
4°. la paix de Nimègue, en 1678. Des inscriptions,
en expliquent les sujets. On voit autour du piédestal
sur une espèce d'empattement, deux autres inscriptions latines, l'une pour célébrer l'abolition des duels,
& l'autre l'extinction de l'hérésie. Enfin le soubassement ou socle (sur les quatre faces duquel sont gravées les armes de France, entourées de palmes &
de lauriers) est encore chargé de huit cartouches en
bronze, sur lesquels sont gravés les principaux traits
de la vie de Louis XIV (1). Ce pompeux monument

---

(1) Les inscriptions sont de Regnier Desmarais, qui en a
fait la traduction en vers François; je vais les rapporter.

1°. La preséance de la France.

Indocilis quondam potiori cedere Gallo ,
Ponit Iber tumidos fastus & cedere discit.

En vain, au premier Roi, de l'empire chrétien,
Tu veux, superbe Espagne, égaler ta Couronne;
Louis jaloux du droit, que son sceptre lui donne,
Te force à reconnoître, & son rang & le tien.

2°. Le passage du Rhin.

Granicum Macedo, Rhenum secat agmine Gallus;
Quisquis facta voles conferre & flumina confer.

Le Grec fend le Granique avecque ses drapeaux,
Et le François armé passe le Rhin à la nage :
Qui voudra comparer l'un & l'autre passage,
Que d'une fleuve & de l'autre il compare les eaux.

3°. Conquête de la Franche-Comté, en 1674.

Sequanicam gemino Cæsar vix vincere gentem
Mense valet; Lodoix ter quintâ luce subegit.

Et César & Louis, dans leur rapide cours,
N'ont rien qui les égale, & rien qui les arrête.

& le faste de domination qu'il annonce, attirèrent beaucoup d'ennemis à la France, & furent une des

---

Tous deux, ardens à vaincre, ont fait même conquête;
Mais César en deux mois, Louis en quinze jours.

4°. La paix de Nimègue.

Augustus, toto jam nullis hostibus orbe,
Pacem agit : armato Lodoix pacem imperat orbi.
Quand l'Univers est las des fureurs de la guerre,
Le Temple de Janus par Auguste est fermé :
Il accorde la paix aux besoins de la terre;
Et Louis la commande à l'Univers armé.

5°. L'abolition des duels.

Impia, quæ licuit regum componere nulli,
Prælia, voce tua, Lodoix, composta quiescunt.
Pour bannir les duels de l'empire des Lys,
Envain nos plus grands Rois ont tout mis en usage.
Le Ciel au seul Louis réservoit cet ouvrage;
Il parle; & pour jamais on les voit abolis.

6°. Extinction de l'Hérésie.

Hic laudum Cumulus, Lodoico vindice, victrix
Religio, & pulsus male partis sedibus error.
La gloire de Louis est ici toute sainte;
Les temples de l'erreur qui tombent à sa voix,
L'Eglise qui triomphe, & l'Hérésie éteinte,
De son zèle Chrétien sont les dignes exploits.

Premier Cartouche.

Sa fermeté dans les douleurs rassura ses peuples désolés, au mois de Novembre 1686.

2ᵉ.

Il avoit deux cents quarante milles hommes d'infanterie, & soixante milles chevaux, sans les troupes de ses armées navales, lorsqu'il donna la paix à l'Europe, en 1678.

(

causes des guerres malheureuses qu'elle eut à soutenir sur la fin de ce règne. On préfère avec raison, dans notre siècle, de ne transmettre à la postérité que des monumens de bonté & de bienfaisance.

3ᵉ.

Deux cents dix Places, Forts, Citadelles, Ports & Havres fortifiés & revêtus depuis 1661, jusqu'en 1680 : cent quarante milles hommes de pied, & trente milles chevaux, payés par mois, assurent ses frontières.

4ᵉ.

Il a bâti plus de cent Eglises qu'il a dotées de revenus considérables ; & il a établi l'entretien de quatre cents jeunes Demoiselles dans la magnifique maison de Saint-Cyr.

5ᵉ.

Il a bâti un superbe & vaste Edifice pour les Officiers & Soldats, que l'age & les blessures rendent incapables de servir ; & il y a attaché cinq cents mille livres de rente.

6ᵉ.

Le nombre de soixante milles Matelots enrôlés, dont vingt milles sont employés à son service, & les quarante milles autres au service de ses Sujets, marque la grandeur & le bon ordre de sa marine.

7ᵉ.

Six milles jeunes Gentilshommes, séparés par compagnie gardent ses Citadelles, remplacent les Officiers de ses troupes ; & leur éducation est digne de leur naissance.

8ᵉ.

Après avoir faits d'utiles Réglemens pour le commerce, & réformé les abus de la Justice, il donne un grand exemple d'équité, en jugeant, contre ses propres intérêts, en faveur des Habitans de Paris, dans une affaire de plusieurs millions.

Pl. XV. VUË DE LA PLACE VANDÔME. Page. 93.

Dessiné et Gravé. par Martinet.

STATUË EQUESTRE, DE LOUIS LE GRAND.

La PLACE VENDOME ou de *Louis-le-Grand*, auffi appellée *la Place des Conquétes*, fituée entre la rue Saint-Honoré & la rue des Petits-Champs, vis-à-vis l'Eglife des Feuillans & celle des Capucins, qui font les deux feuls paffages pour y entrer, a été conftruite fur l'emplacement de l'Hôtel de Vendôme, bâti par Henri IV, pour fon fils naturel, le Duc de Vendôme, dont elle a confervé le nom. Louis XIV qui acheta cet Hôtel en 1685, avec 15 à 20 arpens de terrain qui en dépendoit, fut confeillé par le marquis de Louvois d'y former une place publique, dans laquelle on auroit réuni la Bibliothèque & l'Imprimerie Royale, toutes les Académies, la Monnoie & l'Hôtel des Ambaffadeurs Etrangers. Le Roi adopta ce plan qui fait tant d'honneur à fon Miniftre, & la place fut commencée en 1687, fur les deffeins de Jules Hardouin Manfard. Elle devoit être quarrée, entourée de portiques, formant un foubaffement fur lequel auroit été élevé un ordre Ionique ; l'intérieur de la place devoit être décoré d'un arc de triomphe, &c. Ce beau monument étoit déjà élevé au premier étage, lorfque le marquis de Louvois mourut difgracié. Son plan fut auffi-tôt abandonné, & le Roi fit préfent du terrain & des matériaux à la Ville, qui obtint la permiffion d'y bâtir une place, & d'y ériger une ftatue équeftre pour gage de fa reconnoiffance & de fon amour. Le même Manfard qui avoit donné le premier plan, fut chargé du fecond.

L'inauguration de cette place & l'érection de la ftatue, furent faites le 13 Août 1699, avec une pompe & une magnificence dignes du siècle de Louis-le-Grand. La place est de figure octogone, & a 75 toises de long, sur 70 de large. Les façades des bâtimens qui l'environnent, sont décorées d'un grand ordre corinthien en pilastres, qui comprend deux étages, cet ordre est élevé sur un soubassement orné de refends & percé d'arcades, avec des corps avancés, revêtus de colonnes, couronnées de frontons, où sont les armes du Roi, & des figures assises sur l'entablement. Ces colonnes jumelles qu'on remarque sur les avant-corps, passent pour une innovation en Architecture. Il n'y a que deux entrées, qui paroissent même fermées par les portails des deux Eglises ci-devant nommées; ce qui offre plutôt l'image d'un vaste cloître que d'une place Royale, dont la Majesté doit s'annoncer de loin par de belles avenues. La Ville ayant fait élever les murs de décoration qui forment les façades, vendit le terrain à des riches particuliers, à charge par eux d'y bâtir conformément au devis. Le célèbre d'Aguesseau, la gloire & l'honneur de la Magistrature, acheta un des hôtels qui forment l'avant-corps, pour servir dans la suite aux Chanceliers de France.

La statue équestre de Louis XIV est au centre de la place : le Roi y est représenté en héros de l'antiquité, sans selle & sans étriers, donnant des ordres de la droite, & tenant de la gauche les rênes du cheval. Cette grande & magnifique statue équestre de 22 pieds 2 pouces de hauteur, a été fondue en bronze, d'un seul jet, par Balthasar Keller, Suisse, sur les desseins & d'après le modèle de François

Girardon; on y a employé quatre-vingt milliers de métal; le pied d'estal est de marbre blanc, il a 30 pieds de hauteur, & 24 de long sur 30 de large. Il est élevé de quelques degrés & chargé sur les faces de plusieurs inscriptions (1) latines. Quoique la statue

---

(1) La longueur de ces inscriptions est fatigante; mais j'ai crû devoir les rapporter, parce qu'elles sont de l'Académie, d'ailleurs, cet ouvrage étant destiné principalement à faire connoître aux étrangers les monumens de la Capitale, ce seroit manquer le but que d'omettre les inscriptions qui les accompagnent.

LUDOVICO MAGNO,
Decimo quarto,
Francorum & Navarræ,
Regi christianissimo,
Victori perpetuo,
Religionis vindici
Justo, pio, felici, Patri patriæ,
Erga urbem munificentissimo,
Quam arcubûs, fontibus, plateis,
Ponte lapideo, vallo amplissimo arboribus consito
decoravit,
Innumeris beneficiis cumulavit;
Quo imperante securi vivimus, neminem timemus,
Statuam hanc equestrem quam diu oblatam recusavit,
Et civium amori,
Omnium que votis indulgens
Erigi tandem passus est.
Præfectus & ædiles,
Acclamante populo læti posuere,
1699.
Optimum principem Deus servet.

CHRISTIANISSIMUS & Ecclesiæ primogenitus,

96 Description

équestre ait été érigée en 1699, néanmoins le pied d'estal n'a été décoré de trophées & de cartels de

---

Relligionis antiquæ vindex, eam domi forifque propagavit;
Edicto Namnetensi quod olim temporum infelicitas extorserat,
   Sublato,
Hæreticorum factionem à patre afflictam & exanimatam
   Honoribus, dignitatibus, publicis officiis spoliatam
      Sine bello extinxit;
Templa profanæ novitatis evertit, pravi cultûs reliquias abolevit;
Ad unitatem catholicam reversis, ne fidei morumque doctrinâ,
   Et ad piè vivendum subsidia deforent, providit;
   Dociles præmiis conciliavit : egentes sublevavit;
   Omnes clementiâ & mansuetudine in officio continuit;
   Trecentas ecclesias a fundamentis erexit, ornavit;
   In extremam Asiam, episcopos & sacerdotes,
Qui christum gentibus annuntiarent, misit, & liberalissimè fovit;
Christianos toto oriente ab infidelium injuriis securos præstitit,
Loca sancta, ut christianis peregrinis paterent, majestate nominis
      Effecit.
   Sepulchrum Domini pretiosissimis donariis decoravit,
Captivos christianos, etiam hostes, ex barbaricâ servitute liberavit.
      Argentoratensi ecclesiæ à Clodovæo & Dagoberto fundatæ
   Sacra patria & episcopum post annos CLII. reddidit;
   Electorem archiepescopum Ecclesiæ Trevirensi suæ,
   Erfurdiam Moguntinæ restitui procuravit.
   Insanos singularium certaminum furores,
Sanctissimis legibus, inexorabilique severitate compressit.
Domos alendis & educandis pauperibus construxit & ditavit.
      Amplissimè regnare sibi visus est,
   Cùm religionem sanctissimam & castissimam,
   Potestate, legibus, exemplo, justitiâ, liberalitate,
      Defendit, stabilivit, firmavit.

bronze,

bronze, soutenus par des génies, qu'en 1730, comme le portent les deux inscriptions qui y sont gravées.

ARMA SEMPER SUMPSIT invitus, posuit volens.
Christiani orbis quater pacator.
Illo regnante & auspice, scientiis, artibus, commercio, floruit
Gallia.
Viros doctrinâ insignes ubique munificentiâ prosecutus,
Scientiarum, numismatum, picturæ, statuariæ, architectonices,
Academias instituit;
Gallicam Academiam adoptavit;
Cunctas contubernales habuit; easque, vel difficillimis tempo-
ribus
liberalitate fovit.
Peritissimos artifices, tam exteros quam suos, donis invitavit,
Excitavit præmiis.
Navalibus copiis, utramque Indiam Gallis aperuit.
Interno mari Oceanum junxit.
Litigiosas ambages foro summovit; regnum emendavit legibus,
Moribus ornavit.
Superiorum judicum delectu, non semel in provincias misso;
Quod inferiorum vel errore vel corruptelâ peccatum fuerat,
correxit;
Ac tenuiores a potentiorum injuriis vindicavit.
Extruxit arces aut munivit plus CC. hostium terrores, imperii
Firmamenta.
Novos portus fecit, veteres ampliores tutioresque reddidit.
Milites senio aut vulnere invalidos non indecoro dedit frui otio,
ac Domo excepit regiæ pari.
Nautas annis aut vulneribus graves honestâ missione dimisit,
certumque
Eis stipendium constituit.
San-Cyrianas ædes alendis ac educandis nobilibus puellis dicavit.
Rerum moderator, sibi ipse consiliarius, quæstor, administer,

Description

La PLACE DE LOUIS XV, située entre les Tuileries & le Cours-la-Reine, à une petite distance

Quietis, quam dat, vix particeps, tot tantaque negotia sustinuit
solus.
Aditu facilis, comis alloquio, patens semper precibus, sæpè votis
Occurrens,
Pater patriæ,
Omnes charitate ac providentiâ complexus :
Quantus militiæ, tantus domi :
Unum victoriarum laborumque fructum quæsivit,
Felicitatem populorum.

A VICTORIIS regnum puer quinquennis auspicatus est.
Annum XVI ingressus exercitibus præfuit,
Fortunam victoriamque comites duxit.
Licentiæ militum fræna injecit,
Disciplinamque militarem restituit.
Hostes terrâ marique tricentis præliis fudit.
CCCL. urbes munitas cepit.
Bataviam unâ æstate peragravit.
Germaniæ, Hispaniæ, Bataviæ,
Totiusque ferè Europæ conjuratæ,
Pluribus in locis, maximèque diversis, conatus repressit;
Validissimas urbes expugnavit, exercitus delevit;
Victis pacem dedit.
Socios & fœderatos defendit, servavit.
Arma Ottomanica Germanorum cervicibus imminentia,
Cæsis ad Arrabonem Turcis, depulit.
Cretam obsessam navium & copiarum subsidiis,
Diù sustentavit.
Mare à prædonibus pacavit.
Asia, Africa & America sensére quid Marte posset.
Imperii fines longè latèque propagavit.
CCCC. millia militum sub signis habuit.
Naves CXX, triremes XL, nautarum, præter remiges, LX millia,

de la rive droite de la Seine, est un témoignage durable de l'amour des François pour leurs Rois.

Bellum latè divisum atque dispersum, quod conjunxerant
 Reges potentissimi, & susceperant integræ gentes,
  Mirâ prudentiâ & felicitate confecit.
Regnum non modo a belli calamitate, sed etiam à metu
  calamitatis defendit.
Europâ damnis fatigatâ, conditionibus ab eo latis
  Tandem acquievit :
Et cujus virtutem & consilium armata timuerat,
 Ejus mansuetudinem & æquitatem
  Pacata miratur & diligit.

Quoique la statue équestre ait été érigée en 1699, néanmoins le piédestal n'a été décoré de trophées & de cartels de bronze, qu'en 1730. Les deux cartels sont soutenus chacun par deux génies de bronze, sous la forme de deux petits enfans; dans le premier cartel est gravée l'épigraphe suivante :

  LUDOVICUS XV.
Franciæ & Navarræ rex optimus,
 Magni pronepos,
  Europæ arbiter,
Suscepto è Mariâ Polonâ Delphino,
A PRÆFECTU ET ÆDILIBUS
  Proavo
Monumentum absolvi sivit
  Anno 1730.

Et dans le second, la suivante :

  CIPPUM
Cui equestris LUDOVICI MAGNI
  Statua imposita est,
  Splendidis ordine uno
  Latè septum ædibus,
Restitui & ornari curaverunt
  Præfectus & Ædiles,
  Anno 1730.

Après la Paix d'Aix-la-Chapelle, qui fut l'époque brillante du dernier règne, par l'assemblage de toutes les prospérités que produit la victoire, & par le progrès des arts enfans de la paix, toute la nation s'empressa d'élever des monumens publics au Monarque chéri, qui réunissoit alors les qualités du conquérant heureux, aux plus touchantes vertus du Roi pacifique. La ville de Paris voulut se signaler à cette occasion par un monument qui retraçât aux yeux de la postérité, son attachement pour Louis le Bien-Aimé. Le 27 juin 1648, le Prévôt des Marchands & les Echevins, demandèrent au Roi la permission de lui élever une statue dans tel quartier de cette capitale qu'il lui plairoit ordonner. Sa Majesté ayant bien voulu agréer ce gage du zèle, de l'amour & de la reconnoissance de ses peuples, M. de Tournehem, alors directeur des bâtimens du Roi, invita les Architectes de l'Académie, à proposer des projets de places pour les quartiers de Paris qui leur paroîtroient les plus favorables. Plusieurs autres artistes profitèrent de cette circonstance pour donner des preuves de leur zèle & de leurs talens. L'émulation & l'envie de se distinguer dans ce concours, produisirent des chefs-d'œuvre; chaque artiste choisit le quartier qui lui parut prêter à l'idée qu'il s'étoit formée du beau, & ne suivant que son génie pour guide, on vit naître des idées d'embellissemens pour cette capitale, & des projets de place, dont se seroient honorés les plus habiles Architectes de l'antiquité. On verra la notice de tous ces plans dans un des volumes suivans, qui contien-

Vüe Généralle de la Place de Louis XV.

Vüe d'une des Colonades de la Place de Louis XV. prise du pied de la Statue.

dra l'examen critique des différens projets proposés pour l'utilité, la décoration & les embellissemens de Paris.

Tous les deſſins & devis admis au concours, ayant été préſentés au Roi, il vit au premier coup-d'œil, qu'il n'étoit pas poſſible de conſtruire une place convenable dans Paris, ſans dévaſter des quartiers marchands, & ſans ſacrifier la commodité & les intérêts d'un nombre de ſes ſujets, par la deſtruction d'une infinité de maiſons. Louis XV voulut l'emporter de généroſité ſur ſon peuple, & fit préſent à la Ville d'un grand terrain qui lui appartenoit entre le pont-tournant des Tuileries & les Champs-Eliſées. Cette action méritoit ſeule une ſtatue. C'eſt dans ce même terrain où l'on a conſtruit la place dont nous parlons. M. Gabriel, premier Architecte du Roi, fut chargé de l'exécution de cette place, dont on fit l'inauguration lors de l'érection de la ſtatue, le 20 juin 1763. La place forme un parallélogramme de 130 toiſes de longueur ſur 105 de largeur; les angles du parallélogramme forment quatre pans coupés, de vingt-deux toiſes chacun. Elle eſt environnée de larges foſſés, bordés des deux côtés de belles baluſtrades en pierre, poſées ſur un ſocle avec un parapet qui règne au pourtour. Il y a quatre pavillons décorés en boſſage du côté des Champs-Eliſées; & des autres côtés, on a conſtruit des guérites, dont le comble devoit être orné de figures allégoriques: le tout eſt terminé par deux magnifiques bâtimens, du côté du fauxbourg Saint-Honoré, faiſant face au palais Bourbon. Ces deux édifices qu'on appelle les *Colonnades des Tui-*

leries, ont chacun 48 toises de face, & sont séparés par la rue Royale de 15 toises de large : ils sont d'ordre corinthien, à colonnes solitaires, & élevés sur un soubassement qui a les $\frac{4}{5}$ de l'ordre, comme dans la colonnade du Louvre. Ils sont terminés par deux pavillons à six colonnes couronnées d'un fronton, orné de figures allégoriques analogues aux événemens du règne de Louis XV. Le rez-de-chaussée est percé d'arcades. Les colonnades élevées sur le soubassement & formant une galerie, sont terminées par une corniche, surmontée d'une balustrade qui sert de comble à ces édifices.

On arrive dans la place par six avenues, dont les deux principales ont 25 toises de large. Celle qui répond à la grande allée des Tuileries, traverse les Champs-Elisées, qu'elle partage en deux parties presque égales, & enfile la nouvelle route de la montagne de l'Etoile, pour aboutir au pont de Neuilly qui est sur la même ligne que la figure équestre du Roi ; de manière que depuis le château des Tuileries jusqu'à Neuilly, la vue n'est interrompue par aucun autre objet. La statue équestre qui est au centre de cette place, représente le Monarque vêtu à la Romaine, la tête ceinte de lauriers, tenant de la main gauche les rênes du cheval, & de la droite un bâton de commandement, appuyé sur l'arçon de la selle. Cette statue de 14 pieds de proportion, a été coulée en fonte d'un seul jet. Le célèbre Bouchardon, qui avoit été chargé par la Ville de l'exécution de ce monument, en avoit donné tous les dessins ; c'est sur son modèle, que M. Gor, Commissaire des fontes de l'Artillerie, fondit la statue & le cheval d'un seul jet, le 6 mai 1758. Jusqu'à cette époque, les fondeurs faisoient couler le métal de haut en bas dans le moule ; méthode qui rendoit presque toujours l'opération défectueuse, parce que l'air enfermé dans le moule, empêchoit la matière de se porter également dans toutes les parties, & de les remplir exactement. Mais M. Gor, la fit au contraire refluer de bas en haut, & il assura par ce procédé simple & ingénieux, le succès de la fonte pour toutes sortes de monumens, quelque grands qu'ils soient, pourvu toutefois qu'on y apporte les précautions nécessaires.

La hauteur du piédestal est de 21 pieds, sa longueur de 14 $\frac{1}{2}$, & sa largeur de 8 $\frac{1}{2}$. Lorsque M. de Bernage, Prévôt des Marchands, en posa la première pierre avec les cérémonies accoutumées, on enferma entre la première & la seconde pierre une boîte de cèdre à double fond, contenant une médaille d'or & six d'argent ; ces médailles représentent d'un côté le buste du Roi, & de l'autre ses belles actions, les noms des Officiers municipaux alors en place, la date & l'année de la dédicace. Le piédestal porte sur deux grandes marches de marbre blanc veiné. Aux quatre angles, sont quatre espèces de Cariatides, appuyées sur le socle & soutenant la corniche du piédestal avec leurs têtes & leurs mains. Ces Cariatides en bronze, représentent les quatre vertus Cardinales : la Force & la Tempérance, aux angles du côté des Tuileries ; la Prudence & la Justice, aux angles opposés. On lit sur les deux faces de ce monument deux inscriptions latines (1), entourées de deux branches de laurier en bronze doré. Le côté du piédestal répondant aux Colonnades, est enrichi d'un bas-relief en bronze, de sept pieds & demi de longueur sur cinq de hauteur ; le Roi y est représenté assis sur un trophée d'armes, donnant la paix à l'Europe; & sur le côté opposé à la rivière, est un

---

(1) Inscription du côté des Tuileries :
LUDOVICO XV,
Optimo principi,
Quod
Ad Scaldim, Mosam, Rhenum,
Victor
Pacem armis ;
Pace
Et Suorum & Europæ
Felicitatem
Quæsivit.

Il y a eu de grandes disputes littéraires, ou plutôt grammaticales, pour savoir si le *quod* employé dans cette inscription, doit gouverner le subjonctif, &c. On a justifié la tournure latine de l'inscription par des exemples puisés dans les auteurs du siècle d'Auguste. *Voyez* les Journaux, &c.

Inscription du côté des Champs-Elisées :
Hoc
Pietatis publicæ
Monumentum
Præfectus
Et Ædiles
Decreverunt anno
M. DCC. XLVIII.
Posuerunt anno
M. DCC. LXIII.

autre bas-relief de la même proportion, où le Roi est représenté assis sur un char de triomphe, couronné par la Victoire & conduit par la Renommée au devant des Peuples qui se soumettent à lui. Au milieu de ces deux bas-reliefs & sur le socle, sont deux amas de casques, piques, épées & boucliers antiques en bronze, formant des trophées d'armes. La corniche du piédestal est terminée par un pied-d'ouche, dont les quatre angles sont ornés de quatre mufles de lion, tenant dans leurs gueules des guirlandes de laurier unies à des cornes d'abondance qui embrassent les deux côtés des bas-reliefs ; sur le pied-d'ouche du côté des Tuileries, sont gravées les armes du Roi, & du côté des Champs Elisées, celles de la Ville, sur deux plaques de bronze.

Tous ces ornemens ont été faits sur les dessins de Bouchardon, que la mort surprit au milieu de son travail; & ils ont été achevés par M. Pigal, qu'il avoit désigné en mourant pour finir ce monument. La critique si difficile à contenter, & qui s'exprime avec tant de liberté sur les productions des arts & du génie, n'est pas restée muette. On trouve que la place est trop vaste, trop découverte, & qu'elle a moins l'air d'une place royale que d'une grande esplanade, parce que les pavillons & les guérites qui l'entourent sont trop petits, & n'ont ni la convenance ni la majesté nécessaires pour représenter une place publique ; le cheval n'a pas assez de feu & manque d'expression, &c. Les Cariatides qui sont aux quatre angles du piédestal, & qui représentent quatre vertus, ne sont pas faites pour l'emploi d'esclaves qu'on semble leur donner; c'est un défaut de convenance, un abus dans l'architecture que de mettre la figure des vertus pour support dans un monument national : puisque les Cariatides employées par les Grecs dans leurs édifices étoient l'image des femmes Cariennes réduites en servitude (ce qui n'a plus lieu dans nos mœurs) il sembleroit qu'on dût les proscrire de l'architecture moderne, &c. Selon le dessin de M. Gabriel, il devoit y avoir deux jets-d'eau dans la place, à 30 toises chacun de la statue équestre. On devoit faire de nouveaux ornemens sur les deux terrasses des tuileries en face de la place. On avoit donné le dessin d'une nouvelle église pour la paroisse de la Magdeleine à l'extrémité des anciens boulevarts; le portail de cette église auroit fait le point de vue au centre de la place, &c. Mais ces projets d'embellissemens n'ont pas encore eu lieu.

La PLACE DE GRÈVE, l'une des plus anciennes de Paris, & qui servoit de marché sous les Comtes, est située vis-à-vis l'Hôtel-de-Ville, sur la rive droite de la Seine; elle a pris son nom de sa situation au bord de la rivière, &, de ce qu'avant la construction du quai, la Seine en se débordant y déposoit quantité de graviers. C'est la place la plus connue de Paris, tant à cause des feux de joie & des artifices que les magistrats de la ville y font faire, que parce que c'est le lieu ordinaire pour l'exécution des malfaiteurs. Quoiqu'il n'y ait point de monument public au milieu de cette place, cependant l'Hôtel-de-Ville auquel elle sert d'esplanade peut être regardé lui-même comme un monument public, puisqu'on y voit au dessus de la porte une statue équestre de Henri IV, faite en demi-bosse sur un fond noir. Cette statue est de Pierre Biard, disciple de Michel-Ange, lequel a voulu, dit-on, imiter le cheval de Marc-Aurèle, qui est au Capitole à Rome. Au dessus de la statue, sont ces mots : *Sub Ludovico Magno felicitas Urbis :* sur le comble du bâtiment entre deux pavillons est une horloge qui, outre l'usage ordinaire, donne le signal & sonne pendant trois jours & trois nuits, soit à la naissance des Dauphins ou des héritiers présomptifs de la Couronne, soit aux réjouissances publiques. Quant à l'édifice, c'est un bâtiment assez gothique, commencé sur les desseins de Dominique Cortone, architecte Italien sous François I, qui posa la première pierre le 15 juillet 1533 ; il ne fut achevé qu'en 1605.

L'escalier qui conduit à la cour est formé de degrés faits en ovale ; au fond de cette cour est une statue pédestre de Louis-le-Grand vêtu à l'antique ; elle est de bronze, & a été faite par Coyzevox ; elle est élevée sur un piédestal de marbre blanc, & accompagnée d'ornemens avec une inscription (1).

---

(1) *Ludovico Magno*
Victori perpetuo,
Semper Pacifico,
Ecclesiæ & regum dignitatis
Assertori ;
Præfectus & Ædiles
Æternum hoc

Cette cour est assez belle quoique trop petite, elle est entourée d'arcades qui soutiennent le bâtiment. On y voit trente inscriptions des plus glorieuses actions de Louis XIV, depuis son mariage conclu en 1659 jusqu'en 1689, où ces inscriptions se terminent par la protection que Louis XIV donne à Jacques II, roi d'Angleterre, & à sa famille, victimes d'un zèle outré & d'une conduite peu réfléchie. Autour de la même cour on voit les portraits des prévôts des marchands, sculptés en médaillons. C'est dans cet hôtel où s'assemblent les prévôts des marchands & les échevins, tant pour exercer leur jurisdiction, que pour régler les affaires de la ville, & celles du corps de ville. Nous parlerons à l'article des jurisdictions, de celle de la ville, qui remonte aux temps les plus reculés, comme on le voit par l'inscription des *Nautes Parisiens*, dont le préfet ou prévôt étoit le chef.

Il y a un grand nombre d'autres places; mais elles ne sont pas distinguées par des monumens publics comme celles dont on vient de parler : on se contentera de les indiquer à l'article des places, carrefours, halles & marchés.

Fidei, obsequentiæ, pietatis
Et memoris animi
Monumentum
Posuerunt
Anno R. S. H. M. D. C. LXXXIX.

ARTICLE VI.

Palais & Hôtels, Ponts, Quais, Abreuvoirs, Fontaines & Egoûts.

Après la description détaillée des monumens publics, l'ordre des matières semble nous amener à faire connoître, en peu de mots, les palais & les autres curiosités de Paris.

Parmi le nombre prodigieux de superbes édifices qui décorent la capitale, trois PALAIS magnifiques destinés pour la demeure des rois & de leur auguste famille, se distinguent sur tous les autres : savoir, le LOUVRE, les TUILERIES & le LUXEMBOURG.

Le LOUVRE, situé entre la rivière de Seine & la rue Saint-Honoré, en face de Saint-Germain l'Auxerrois, est la première maison royale de France. Les uns fixent son origine dès les rois de la première race ; les autres disent qu'il fut bâti dans un bois, par Philippe Auguste, en 1214, ce qui lui fit donner le nom de *Château du bois*. Il y fit construire une tour qui servoit à renfermer les prisonniers d'état, & qui a passé pour le principal manoir ou chef-lieu de la couronne, parce qu'on y gardoit le trésor & les archives. En 1528, François I le fit abattre aussi-bien que la tour, & commença le nouvel édifice que son fils Henri II fit achever, & porta au point de perfection où il est aujourd'hui, sur les desseins de l'abbé de Cluny, exécutés par le fameux Jean Gougeon. Charles IX fit commencer la grande galerie qui joint le Louvre aux Tuileries, & Henri IV la termina. Louis XIII fit élever par le Mercier le périftile qui fert d'entrée au *vieux Louvre* du côté des Tuileries, & fit continuer l'angle oppofé à celui de Henri II. Tout le refte de l'édifice moderne, qui forme ce qu'on appelle le *nouveau Louvre*, a été fait par les ordres de Louis XIV, & les foins de Colbert qui y employa Louis le Vau, célèbre architecte, & François d'Orbay fon élève. On prétend avec raifon que le deffin de la façade extérieure du côté de Saint-Germain l'Auxerrois, appelée la *Colonade du Louvre*, qui ne cède en rien au plus bel antique, eft de Claude Perrault le médecin; & que c'eft à tort que Boileau lui a difputé cette gloire. Le plan de tout l'édifice forme un quarré parfait de 84 toifes, au milieu duquel eft une cour de 63 toifes auffi en quarré. Si cet édifice auquel on travaille toujours étoit achevé, il pourroit paffer pour l'un des plus beaux, des plus vaftes & des plus folides de tout l'univers. On en verra les détails dans la defcription particulière.

Le PALAIS DES TUILERIES, ainfi appelé, parce qu'on y fabriquoit autrefois de la tuile, fut commencé en 1564 par Catherine de Médicis, pour en faire fa demeure, & avoir un palais féparé de celui du roi qui logeoit au Louvre. Philibert Delorme qui conftruifit cet édifice, a publié dans fes ouvrages imprimés, que cette reine en fut le principal architecte, & qu'elle en donna elle-même les deffins. En 1600, Henri IV fit achever le bâtiment compofé de quatre pavillons réunis par quatre corps de logis fur la même ligne, avec un autre gros pavillon en forme de dôme quarré, fous lequel eft le veftibule en périftile qui conduit aux appartemens. Ce veftibule percé de cinq ouvertures eft fi dégagé, que la vue qui s'échappe par les arcades, fe porte tout le long du jardin des Tuileries jufqu'aux Champs-Elifées, ce qui forme la perfpective la plus agréable. Le plan de cet édifice forme une ligne droite & continue d'environ 170 toifes de long, fur 17 ou 18 de large. Depuis que Louis XIV lui eut fait donner, pour le dedans & l'efcalier, l'état de perfection dont il étoit fufceptible, il eft devenu un des plus beaux palais de l'univers. Le jardin, l'un des plus beaux & des plus réguliers qui exiftent, eft du deffin de Le Nôtre, le même qui a porté fi haut parmi nous l'art de conftruire les jardins & parterres; c'eft un quarré long de 300 toifes, fur 170, ce qui fait plus de 50 mille toifes quarrées; il eft bordé de deux terraffes qui viennent aboutir, ainfi que le jardin, par un pont-tournant, à la place de Louis XV. On verra dans la Defcription particulière, le détail des ftatues & autres beautés qui décorent ce fuperbe jardin.

Le LUXEMBOURG, qu'on nomme auffi le *Palais d'Orléans*, forme un quarré de 84 toifes, fur 63; c'eft le plus beau palais & le plus grand qu'il y ait en France après le Louvre; il fut commencé en 1615 par Marie de Médicis, veuve de Henri IV, qui le fit conftruire tout entier en moins de fix ans, fous la conduite de Jacques de Broffe, le plus fameux architecte de fon temps, au lieu où étoit un hôtel de *Luxembourg*, qui tomboit en ruine; l'architecture de ce palais situé entre cour & jardin, & le bossage de cette architecture, sont infiniment estimés. L'étendue du jardin est de 408 toises, sur 126; il est composé de plusieurs belles allées & massifs, avec des compartimens de gazon; & cette promenade est recherchée de ceux qui veulent respirer un air libre & pur. Le *petit Luxembourg* ou *Palais Bourbon* n'est séparé du grand jardin que par une grille, &c.

Les autres maisons royales sont : 1°. L'ARCENAL, près de la Seine vis-à-vis l'île Louvier, qui a (y compris le petit arcenal & le magasin des armes avec le jardin) 338 toises de long, sur 42 de large; il y a un magasin à poudre & deux fonderies, qui ne servent plus que pour la fonte des statues en bronze. 2°. La BASTILLE, près de la porte Saint-Antoine qu'on vient d'abattre, est voisine de l'Arcenal; cette ancienne forteresse dont Hugues Aubriot, prévôt de Paris, mit la première pierre en 1301 sous Charles V, pour défendre Paris de ce côté-là, des courses des Anglois, ne sert plus aujourd'hui qu'à renfermer les prisonniers d'Etat : elle consiste en une courtine flanquée de huit grosses tours, & d'un bastion qui regarde le fauxbourg Saint-Antoine. 3°. Le PALAIS MARCHAND, situé au milieu de Paris (dans l'île, ce qui lui a fait donner le nom d'*Ile du Palais*) a 105 toises de long, sur 84 de large; il a été autrefois la résidence de plusieurs de nos rois; & c'est aujourd'hui le lieu où l'on rend la Justice; il renferme dans son enclos les chambres du Parlement, la chambre des Comptes, la cour des Aides, &c. &c. 4°. L'HÔTEL

TEL DES INVALIDES, fondé par Louis XIV, pour servir de retraite aux officiers & soldats qui ont passé 20 ans au service, ou qui ont été estropiés & mis hors d'état de servir davantage. On y reçoit jusqu'à 4000 hommes, qui y sont nourris, habillés & logés. La nouvelle église, dont le dôme n'a point de pareil en France, pour l'élévation, la solidité & l'excellence de la construction, a été élevée sur les desseins de J. H. Mansard, &c. 5°. L'ECOLE ROYALE MILITAIRE, sur la rive gauche de la Seine, à quelque distance des Invalides, a été fondée par Louis XV en 1751, & consacrée à l'éducation de 500 jeunes gentilshommes qui y étoient entretenus & instruits dans les sciences de leur état. Les bâtimens, cours & jardins, sans les avenues, ont 336 toises de long, sur 25 de large. *Le Champ de Mars*, destiné pour les revues de la Maison du Roi, est devant l'Ecole militaire.

On pourroit mettre au nombre des maisons royales : 1°. Le PALAIS ROYAL, que le cardinal de Richelieu fit commencer en 1629, par Jacques le Mercier, & qu'on nommoit alors le *Palais Cardinal*; mais le cardinal en ayant fait donation au Roi, & Anne d'Autriche étant venue l'habiter avec Louis XIV son fils, pendant sa minorité, il en prit le nom de *Palais Royal*; il fut donné à Philippe d'Orléans, depuis régent, en faveur de son mariage avec Marie de Bourbon, légitimée de France. L'entrée principale est dans la rue Saint-Honoré, il a 64 toises en quarré, & le jardin 105, sur 46. &c. 2°. Le PALAIS BOURBON, bâti à la Romaine, a 84 toises, sur 63 ; il est situé au fauxbourg Saint-Germain sur la rive

Tome I. H

gauche de la Seine, vis-à-vis la place Louis XV, & occupé par Mgr. le Prince de Condé. Il y a une magnifique terrasse qui donne sur la rivière. 3°. Le PALAIS DU TEMPLE, (y compris la cour Marchande & l'église) contient 130 toises en quarré. Cette maison qui étoit aux Templiers, a passé sous Philippe-le-Bel, aux chevaliers de Malthe qui en ont fait la maison principale du grand prieur de France; c'est un lieu privilégié pour les ouvriers sans maîtrise, & de refuge pour ceux qui ont dérangé leurs affaires. 4°. L'HÔTEL DE TOULOUSE, près de la place des Victoires, a quarante-trois toises presqu'en triangle; le feu comte de Toulouse & Mgr. le duc de Penthièvre, son fils, ont fait de cet hôtel un séjour également magnifique & délicieux. La porte d'entrée sur l'entablement de laquelle posoient les figures de Mars & de Minerve, passe pour le chef-d'œuvre de François Mansard. 5°. L'HÔTEL DE SOUBISE, anciennement *Hôtel de Guise*, dans le quartier du Marais, a 105 toises de long, sur 84 de large; la façade, la cour entourée de colonnes couplées formant un corridor; & les appartemens, les meubles, les jardins qui sont publics, tout y est de la plus grande magnificence, &c. &c. Ce sera dans le volume des hôtels qu'on en trouvera les descriptions particulières.

Outre ces palais, on compte plus de 500 BEAUX HÔTELS, en y comprenant les belles maisons qui n'ont pas droit d'en porter le titre; les premiers ne sont qu'au nombre de 154. Indépendamment de ces hôtels, on compte environ 150 hôtels garnis qui ne désempliffent pas d'étrangers. On n'a rien dit des deux *Châtelets*, de *l'hôtel des Monnoies*, de la *Bourfe*, de l'*hôtel de la Compagnie des Indes*, du *Contrôle général*, de la *grande Chancellerie*, de la *Bibliothèque du Roi*, du *Collège Royal*, du *Jardin du Roi*, des *Manufactures Royales*, &c. &c. parce qu'on aura occafion de parler ailleurs de ces divers établiffemens.

La fituation de l'ancienne Cité des Parifiens, dans une île formée par les deux bras de la Seine, a de tout temps rendu néceffaire, la conftruction de plufieurs ponts pour y aborder des deux côtés. On y entroit par deux ponts de bois, connus fous la fimple dénomination de *grand* & *de petit ponts*; les Parifiens les coupèrent eux-mêmes pour garantir leur cité de l'invafion de Labiènus, lieutenant de Céfar. Après la foumiffion des Gaules, ces ponts furent reconftruits, & les agrandiffemens fucceffifs de Paris en exigèrent plufieurs autres. Ces différens ponts de bois furent fouvent la victime des élémens, tantôt emportés par les glaces & les inondations, tantôt confumés par les flammes; aujourd'hui douze ponts de pierre d'une conftruction également belle & fûre, & deux ponts de bois, facilitent la communication de la Ville & de l'Univerfité entr'elles, & en même temps celle des îles avec ces deux parties; & prefque tous les bords de la Seine font revêtus de magnifiques quais en pierre de taille. La beauté de la plupart de ces ponts, les place au rang des monumens de Paris, & exige une defcription particulière, en fuivant le cours de la Seine, depuis fon entrée dans

Paris à la pointe de l'île Louviers jufqu'à fa fortie au delà du Pont Royal (1).

Le PONT DE GRAMMONT ou de *l'île Louviers*, eft le premier des ponts fous lefquels la rivière de Seine paffe dans Paris; il n'eft que de bois & fert pour communiquer à l'île dont il porte le nom, qui n'eft fréquentée que par des mariniers & occupée par de grands chantiers de planches & de bois. Cette île anciennement appelée *l'île aux Meules des Javaux*, & aujourd'hui *l'île Louviers*, eft fituée au bout du mail de l'Arcenal, dont elle n'eft féparée que par un bras peu confidérable, & où la Seine charioit tant de gravier, qu'en été on la paffoit à pied fec; ce qui avoit fait propofer plufieurs fois de le combler & d'y bâtir des maifons; mais le crédit des grands maîtres de l'Artillerie y a toujours mis obftacle. La ville qui avoit acheté cette île de la maifon d'Entragues, y a fait conftruire le pont qui la joint au quai des Céleftins; elle fit élargir en 1730 le canal qui la fépare du mail, & fit faire une eftacade ou forte digue en tête, pour mettre les bateaux à l'abri des vagues & des glaçons. Le bras qui fépare l'île Louviers de l'île Notre-Dame a environ 70 toifes de largeur;

_____

(1) Si nous écrivions l'hiftoire, il faudroit fuivre l'ordre chronologique & commencer par le Pont au Change, le petit Pont & le Pont Saint Michel, qui font les trois plus anciens Ponts de Paris; mais ne donnant qu'une defcription, il paroit plus naturel de fuivre le cours de la rivière, & le giffement des Iles. On verra, dans la *Notice hiftorique de Paris*, les faits particuliers qui concernent les différentes Iles & les Ponts qui les unilfoient au continent.

Pl. XVII.   Page. 117.

Vue du Pont Marie, prise de la pointe du Quay Pelletier.

Vue du Pont notre Dame, prise du Quay Pelletier.

& le grand canal de la Seine coule entre l'île Louviers & le fauxbourg Saint-Victor. La Ville y fit conſtruire en 1549 une eſpèce de havre avec un fort, pour donner à Henri II le ſpectacle d'un combat naval.

Le PONT MARIE, jeté ſur le même bras de rivière que le précédent, eſt le premier des trois ponts par leſquels l'*île Notre-Dame* ou de *Saint-Louis*, communique aux autres parties. Cette île étoit autrefois partagée en deux, dont l'une s'appeloit l'*île Notre-Dame*, & l'autre l'*île aux Vaches*, avec deux ponts de bois; mais Henri IV, qui voyoit tout en grand, conçut le projet de joindre ces îles, de les couvrir de maiſons, & de les unir à la Ville & à l'Univerſité par deux ponts de pierre; ce qui n'eut lieu qu'après ſa mort. Chriſtophe Marie, entrepreneur général des ponts & chauſſées, fit en 1614 un traité avec le roi, par lequel il s'obligea de joindre en dix années les deux îles, de les environner de quais revêtus, d'y bâtir des maiſons & trois ponts de communication, dont deux en pierre & un en bois, &c. Marie & ſes aſſociés, après avoir fait bâtir une partie de l'île, abandonnèrent cette entrepriſe en 1623, & la reprirent en 1627; elle ne fut achevée que vers 1647, par le ſoin des habitans de l'île. Le Pont Marie, qui a conſervé le nom du premier entrepreneur, ne fut fini qu'en 1635; il eſt compoſé de cinq arches, quatre piles & deux culées; il a environ 50 toiſes de longueur, ſur 12 de largeur, ce qui laiſſe la liberté à trois carroſſes d'y paſſer de front. On avoit élevé ſur ce pont cinquante maiſons uniformes & profondes de quatre toiſes; mais une inondation extraordinaire, arrivée, selon Sauval, la nuit du premier mars 1658, entraîna deux arches du côté de l'île avec les maisons qui étoient dessus ; événement qui coûta la vie à un grand nombre de personnes. En attendant la reconstruction, on jeta un pont de bois pour faciliter la communication, & on établit un péage de deux deniers pour subvenir aux frais, ce qui lui fit donner le nom de *Pont au Double*, tout le temps que dura le péage. Les deux arches furent rétablies quelques années après ; mais sans y élever de nouvelles maisons : sage réglement pour l'avenir, qui annonce que la police doit veiller à la sûreté des citoyens, en empêchant d'élever de grands édifices sur des fondemens aussi ruineux que les arches d'un pont.

Le PONT DE LA TOURNELLE, qui communique de l'île Notre-Dame à l'Université sur le quai de la Tournelle, a pris son nom, ainsi que le quai voisin, de cette espèce de château attenant la porte Saint-Bernard, où logent les galériens en attendant leur départ ; ou selon d'autres, de cette grosse tour de l'enceinte de Charles V, laquelle avoit été construite, ainsi que la tour de Billy, pour défendre de ce côté l'entrée de la rivière. Il y avoit précédemment un pont de bois au même endroit ; mais dans l'adjudication faite à Marie, il devoit être construit en pierre, & il ne fut achevé que vers 1646. Les glaces & le débordement de 1651 ayant renversé une partie de ce pont, il fut rétabli en 1656 tel qu'on le voit aujourd'hui (1). Ce pont, sur lequel

---

(1) On trouve la date de cette reconstruction dans l'ins-

Pl. XVIII. ## VUË DU PONT LA TOURNELLE. Page 118.

martinet

prise du port aux thuilles.

VUË DU PONT DE BIEVRE.

martinet.

prise du bord de la Seine.

peuvent paſſer quatre carroſſes de front, à 46 toiſes de longueur, ſur 8 de largeur, avec des banquettes & trottoirs pour la commodité des gens de pied; il eſt compoſé de ſix arches aſſez hardies & ſolidement bâties ſans aucune maiſon deſſus, & bordé de parapets de trois pieds de hauteur; on a pratiqué à la naiſſance des arches ſur chaque pile des niches propres à recevoir des ſtatues. Son entrée, du côté de la porte Saint-Bernard, eſt évaſée en forme de trompe pour ſervir au dégagement des voitures. Comme il n'y a point de maiſons ſur ce pont, le point de vue y eſt admirable, ce qui donne en même temps de l'air à ces quartiers.

Le PONT ROUGE, auſſi appelé *Pont de Bois*, *Pont au Double*, parce qu'il eſt de bois peint en rouge, & parce qu'on y payoit deux deniers pour le paſſage, eſt le dernier des ponts de l'île Notre-Dame, par lequel cette île communique à celle du Palais dans le cloître Notre-Dame. Marie & ſes aſſociés ayant voulu commencer ce pont en 1617, les tracaſſeries du chapitre de Notre-Dame, qui ſembloit méconnoître les avantages qu'il en devoit retirer,

---

cription ſuivante, gravée ſur une table de marbre poſée entre les arcades, du côté de la pointe de l'île.

Du Regne de Louis XIV.
De la Prévôté de Meſſire Alexandre de Sève, Prévôt, &c.
Ce préſent Pont a été bâti, &c.
Au-deſſous eſt ce diſtique :
Ædiles recreant ſubmerſum flumine Pontem;
Non eſt officii ſed pietatis opus.
1656.

les forcèrent d'abandonner l'entreprise, sous prétexte qu'une partie de ce pont devoit être élevé sur quelques pieds de leur terrain. Malgré plusieurs arrêts du Conseil, obtenus par les entrepreneurs, ce ne fut que long-temps après (en 1642) que le chapitre se départit de toute opposition moyennant 50 mille liv. que le roi paya, pour la largeur de trente pieds du port Saint-Landry, destinés à faire la culée & le passage du pont; & encore, à condition qu'on ne construiroit sur ce pont ni maisons ni boutiques, & qu'on n'exigeroit aucun péage des chanoines ni de leurs domestiques. Ce pont avoit été fini dès 1634, puisque les processions qui y passèrent cette année pour se rendre à Notre-Dame, y attirèrent une si grande foule qu'il manqua d'écrouler. Il fut démoli en 1710, parce qu'il menaçoit ruine; & reconstruit tel qu'il est aujourd'hui, en 1718, par le sieur Rannequin, fils de l'auteur de la machine de Marly. Le roi lui accorda un droit de péage pendant 15 ans pour le dédommager des frais; mais ce droit & le pont furent réunis à la Ville en 1734. Ce pont forme un angle obtus, il y a des garde-fous de chaque côté, & le passage est défendu aux voitures. Il y a eu des projets pour supprimer ce pont, & réunir l'île Notre-Dame avec celle du Palais en comblant le bras qui les sépare; on en parlera ailleurs.

Pour comprendre l'ordre & la suite des ponts dont il nous reste à traiter, il faut se rappeler que ce qu'on nomme proprement la *Cité*, étoit une île située entre quatre autres, dont deux au dessus sont aujourd'hui réunies pour former l'île Notre-Dame;

Pl. XIX.   Page. 120.

Vüe du Pont Rouge, prise du Quay des Miramiones.

Vüe du petit Pont de l'Hotel-Dieu.

& deux au dessous, à peu près où est aujourd'hui la place Dauphine, furent jointes au Palais sur la fin du XVIe. siècle. Malgré cette adjonction, la *Cité* ou l'*île du Palais*, n'a tout au plus que 500 toises de longueur, sur 120 à 140 de largeur, on compte néanmoins dans ce petit espace, la cathédrale & une vingtaine d'églises, le Palais & toutes ses dépendances, cinq places, une cinquantaine de rues, &c. On y entre par huit ponts ; savoir, le Pont Rouge dont on vient de parler, le pont de l'Hôtel-Dieu, le pont Saint-Charles, le petit Pont, le pont Notre-Dame, le pont au Change, le pont Saint-Michel & le pont Neuf.

Le PONT DE L'HÔTEL-DIEU, de 25 toises de longueur, fut construit en pierre par les administrateurs de cette maison en 1634. Il n'est passager que pour les piétons, qui y paient un liard au profit de l'Hôtel-Dieu ; il communique du parvis ou place Notre-Dame à la rue de la Bucherie dans l'Université. Il y a encore le PONT SAINT-CHARLES, compris tout entier dans l'enceinte de l'Hôtel-Dieu, & qui n'est que pour le service de cet hôpital. On parlera de ces deux ponts dans la description particulière de cette maison.

Le PETIT PONT, aussi appelé *pont du Petit Châtelet*, communique de la Cité à l'Université par la rue Saint-Jacques qui vient y aboutir. C'est un des ponts les plus anciens de Paris, puisqu'il existoit en bois, dans le même lieu, dès le temps de César. Il étoit encore en bois lors du fameux siège de Paris par les Normands, avec une grosse tour de bois qui en défendoit l'entrée du côté Méridional ; mais il fut la proie des flammes. Il fut rebâti en bois après le départ des Normands, & conſtruit en pierre pour la première fois en 1185, par la libéralité de Maurice de Sully, évêque de Paris. Il n'eſt pas de pont dans Paris qui ait plus été le jouet de la fureur des eaux que celui-ci. On peut voir, dans Sauval, combien de fois il a été emporté par les inondations, & réparé avec les maiſons qui étoient deſſus. Le 27 avril 1718, le feu ayant pris à deux bateaux de foin amarrés ſur le quai de la Tournelle, on coupa les cordes, crainte que le feu ne gagnât les bateaux voiſins : ceux qui étoient enflammés ſuivirent le courant de l'eau, paſſèrent ſous les ponts de l'Hôtel-Dieu, & s'arrêtèrent en travers ſous le petit Pont ; le feu prit aux maiſons de bois bâties en ſaillie ſur ce pont, & tout fut conſumé en moins de quatre heures. Le petit Pont fut rebâti en pierre l'année ſuivante, mais non les maiſons : ce qui, en procurant de l'air à ce quartier, corrige un peu le mauvais effet du voiſinage de l'Hôtel-Dieu. Ce pont eſt compoſé de trois arches & de deux culées ; les deux bords ſont relevés d'un parapet de trois à quatre pieds de hauteur ; deux trottoirs règnent de chaque côté pour les perſonnes à pied ; il y paſſe trois carroſſes de front ; mais il y a ſouvent des embarras & des accidens ſur ce pont à cauſe de la difficulté du paſſage du petit Châtelet, qu'on abattra vraiſemblablement quelque jour, lorſque l'humanité aura inſpiré de faire conſtruire ailleurs des priſons plus ſpacieuſes, plus aérées & plus ſalubres que celles de ce lieu infect.

Pl. XX. VUË GENERALE DU PONT NEUF &C. Page. 123.

VUË DU PONT ST MICHEL.

Dessiné et Gravé par Martinet.

Le Pont Saint-Michel, fur le même bras de la rivière, communique du Palais & de la Cité, à l'Univerfité, par la rue de la Harpe, &c. Il exiftoit en bois, lors du fiège mémorable des Normands en 885. On croit que c'eft Charles le Chauve qui l'avoit fait bâtir avec des tours de bois, pour fortifier la ville du côté Méridional. Il étoit plus bas que l'endroit où il fe trouve aujourd'hui, & M. Bonamy (*Mém. de l'Acad. tom. XVII, p. 245, &c.*) prétend qu'il commençoit du côté de l'Univerfité vers la rue Pavée, & qu'il finiffoit dans la Cité vers le For-l'Evêque. Ayant été détruit par les Normands, on négligea de le reconftruire ; ce ne fut que fous Charles VI, que les communications devenant de plus en plus néceffaires, on bâtit un nouveau pont de pierre, dans l'endroit où eft aujourd'hui celui de Saint-Michel. Ce nouveau pont ayant effuyé plufieurs accidens, & s'étant écroulé plufieurs fois, des particuliers s'offrirent de le reconftruire en pierre & d'élever deffus trente-deux maifons d'égale fymétrie; cette offre fut acceptée, à condition qu'ils n'en jouiroient que pendant 60 ans, à l'expiration defquels la propriété en feroit acquife au Roi. Le traité eut lieu, & le pont fut achevé en 1618, tel qu'il eft à préfent. Les befoins de l'Etat déterminèrent Louis XIV à abandonner la propriété de ces maifons, moyennant 200 mille livres, &c. Ce pont a 38 toifes de longueur, fur 10 toifes de largeur, en y comprenant celle des maifons ; il y peut paffer trois carroffes de front. Il eft compofé de quatre arches & de deux culées ; fur la pile du milieu eft représentée en pierre la figure équestre de Louis XIII, sous le règne duquel il a été construit. Il fut appelé tantôt le *neuf pont*, le *petit pont neuf*, &c; mais il a repris son premier nom qu'il tenoit ou d'une chapelle voisine, ou de la porte Saint-Michel à laquelle il conduisoit.

Le Pont Notre-Dame, est le premier qui se présente sur le bras opposé de la rivière, pour servir de communication entre la Cité & la Ville, par la rue Saint-Martin sur le même alignement que le petit pont & la rue Saint-Jacques, ce qui facilite la traversée de Paris sur une même ligne droite du Midi au Nord. Ce pont existoit en bois, sous le nom de *pont de la planche Mibray*, dès le commencement du 14e siècle; mais emporté plusieurs fois par les eaux, Louis XII, le père du peuple, qui, comme tous les bons Rois, entroit dans les plus petits détails lorsqu'il s'agissoit du salut des citoyens, ordonna après l'inondation de 1499, qu'il seroit reconstruit en pierre, & accorda à la Ville pendant six ans, la perception de quelques droits d'entrée pour subvenir aux frais. Frère Joconde (1),

---

(1) Il s'appeloit en latin, *Joannes Jucondus*, qu'on pourroit traduire en françois, par Jean Joyeux. Il avoit enseigné la Théologie & les Belles-lettres, au père de Joseph Scaliger, qui dit que Joconde, homme docte & vertueux, étoit une créature de la famille des Lescales Princes de Vérone ses ancêtres, & qu'il s'étoit fait Cordelier : mais Piganiol prétend, d'après le Vasari & Onuphre Panvin, que Joconde étoit Dominicain & non Cordelier. Il fut appelé à Rome pour prendre, avec Raphaël, la conduite de

Cordelier & habile Architecte, natif de Vérone en Italie, fut chargé de sa construction; le pont fut achevé en 1507; mais les maisons qui sont dessus ne furent finies qu'en 1512. Ce pont est composé de six arches & de deux culées, il a 46 toises de longueur, & trois carrosses peuvent y passer de front (1).

---

la superbe Eglise de S. Pierre de Rome, après la mort de Bramante. Comme il avoit fait construire le Petit Pont, en 1499, & le Pont Notre-Dame, à peu près vers le même temps, Sannazar fit cette Epigramme :

Jucundus geminum posuit tibi, Sequana, pontem ;
Hunc tu jure potes dicere Pontificem.

Ce qui fait allusion, comme le remarque Sauval, à l'inscription du Pont de Trajan :

Prudentia Augusti verè Pontificis.

(1) Il reste quelque chose à remarquer sur le pont Notre-Dame, & sur ce qu'en ont dit les auteurs. Ce pont existoit en bois, bien avant 1413, où les historiens de Paris, Sauval & Piganiol, placent sa première construction ; c'est celui que Raoul de Presle appeloit *Pont de fust*, c'est-à-dire de bois. Ayant été emporté le 25 octobre 1499, il fut reconstruit en pierre dès la même année, mais il ne fut achevé qu'en 1507, & réputé fini qu'en 1512, temps auquel furent achevées les maisons qu'on a construites dessus. Il y en avoit 68, comme le dit le P. du Breul, mais il n'en reste que 61, parce qu'on en a coupé, pour l'ouverture du quai Pelletier & de la rue de Gêvres. Ces maisons étoient louées 60 livres chacune, sous le regne de Henri II, en 1548, & la Ville s'y réservoit le premier étage pour les jours de solemnités ou fêtes publiques. Sauval & Germain Brice, dit l'auteur des *Recherches sur Paris*, ne se souvenoient pas sans doute que le grand & le petit Pont étoient bâtis en pierre au douzième siècle, lorsqu'ils ont dit que celui-ci étoit le premier & le plus ancien de tous les

Sur les deux côtés du pont dans toute son étendue, règnent des maisons de même symétrie à deux étages, en pierre de taille & en brique, au nombre de 61 : les faces extérieures de ces maisons sont ornées de figures d'hommes & de femmes, en Termes à demi-corps plus gros que le naturel, chargées sur leurs têtes de corbeilles de fleurs & de fruits, & séparées par des médaillons, représentant presque tous nos Rois avec leurs noms & une inscription à chacun. Quoique tous ces ornemens eussent été réparés avec soin, suivant Germain Brice, lors de l'entrée de la Reine Marie - Thérèse d'Autriche à Paris ; cependant il n'en reste aujourd'hui que quelques foibles vestiges.

Au milieu du pont, vers la 3e arche du côté du Nord, est un bâtiment précieux par son utilité, en ce qu'il contient les deux machines hydrauliques, qui distribuent l'eau dans la plupart des quartiers de Paris. Elles furent construites en 1670, par MM.

---

ponts de pierre, & le seul qui n'ait point encore menacé ruine. On voit cependant qu'en 1540, il avoit besoin de réparations ; qu'en 1577, il y avoit deux arches fort endommagées ; & qu'il fut encore réparé en 1659, suivant l'inscription qu'on y mit alors :

Jucundus celebrem posuit tibi, Sequana, pontem :
Invito Ædiles flumine restituunt.
An. N. S. M. DC. LIX.

Il ne reste plus que quelques vestiges des décorations faites sur ce pont pour l'entrée de la reine Marie-Thérèse d'Autriche. Aux quatre maisons qui sont aux extrémités, on a placé dans des niches, d'un côté, les statues de Louis XIII & de Henri IV ; de l'autre, celles de S. Louis & de Louis XIV.

Vüe Généralle de la Statue d'Henry IV. et du Pont Royal, prise d'une Maison de la Place Dauphine.

Vüe du Pont au Change, prise du Pont Neuf.

Joly & de Mans; comme elles n'étoient pas sans défaut, elles furent refaites à neuf en 1708, par le sieur Rannequin, habile Méchanicien, du pays de Liège, Auteur de la machine de Marly: elles sont composées de 12 corps de pompe accolés trois à trois. Quatre équipages mus par deux roues à aubes qui se haussent & se baissent à volonté, les font agir & font monter l'eau dans un réservoir élevé à quatre-vingt-un pieds du lit de la rivière; de ce réservoir, elles se répandent comme d'une source féconde dans presque tous les quartiers de Paris, même les plus éloignés, par le moyen de différens tuyaux. Elles donnent 100 pouces d'eau par minute, & 6750 muids par 24 heures. Le savant Belidor fit voir qu'on pourroit les rectifier, de manière à fournir le double de l'eau, & M. Rannequin donna lui-même un nouveau projet; mais on a sans doute été arrêté par la dépense. La porte du bâtiment qui contient ces deux machines, est ornée d'un ordre Ionique, avec des bas-reliefs du célèbre Jean Gougeon. Tous ces ouvrages ont été réparés en 1708, comme on le voit par l'inscription qui est sur la porte d'entrée, sur un marbre noir. On lit au dessus du ceintre, les vers connus de Santeuil, qui y furent gravés en 1676 (1).

Le PONT AU CHANGE est au dessous du précé-

---

(1) Ces vers sont trop beaux pour être omis, quoique tout le monde les sache par cœur:

Sequana quàm primùm Reginæ allabitur urbi,
Tardat præcipites ambitiosus aquas;

dent & fur le même canal. C'étoit l'un des plus anciens ponts de Paris, il étoit de bois, & il portoit le nom de *grand pont*, qu'il conferva jufqu'à ce que Louis VII y établît les changeurs en 1141, d'où il a pris le nom de *pont au Change*, qu'il a toujours confervé depuis; on l'appeloit auffi le *pont aux oifeaux*, parce qu'on avoit permis aux oifeleurs d'y vendre les Fêtes & Dimanches toutes fortes d'oi-

---

> *Captus amore loci curfum oblivifcitur anceps*
> *Quò fluat, & dulces nectit in urbe moras.*
> *Hinc varios implens, fluctu fubeunte, canales,*
> *Fons fieri gaudet qui modo flumen erat.*
> *Anno. M. DC. LXXVI.*

Pierre Corneille a traduit ces vers:

> Que le Dieu de la Seine a d'amour pour Paris
> Dès qu'il en peut baifer les rivages chéris;
> De fes flots fufpendus, la defcente plus douce,
> Laiffe douter aux yeux s'il avance ou rebrouffe:
> Lui-même à fon canal il derobe les eaux
> Qu'il y fait rejaillir, par de fecrettes veines;
> Et le plaifir qu'il prend à voir des lieux fi beaux,
> De grand fleuve qu'il eft le transforme en fontaines.

Charpentier, de l'Académie Françoife, a auffi traduit les mêmes vers, qui feroient plus coulans que ceux de Corneille, fi, par une métaphore outrée & ridicule, il n'avoit fuppofé la Seine brûlant d'amour.

> Auffitôt que la Seine, en fa courfe tranquille,
> Joint les fuperbes murs de la Royale Ville,
> Pour ces lieux fortunés elle brûle d'amour;
> Elle arrête fes flots; elle avance avec peine,
> Et par mille canaux fe transforme en fontaine
> Pour ne fortir jamais d'un fi charmant féjour.

feaux,

feaux, à condition d'en lâcher deux cents douzaines, à l'heure que les Rois ou les Reines paſſeroient ſur ce pont, le jour de leur entrée triomphante (1). On voit dans Sauval que ce pont étoit partie en bois, partie en pierre dans les 11ᵉ & 12ᵉ ſiècles, qu'il étoit tout en pierre en 1296; mais qu'ayant été apparemment emporté par les eaux, il avoit été reconſtruit en bois.

Il y avoit auprès du pont au Change un autre pont auſſi de bois, appelé le *pont aux Colombes*, parce qu'on y vendoit des pigeons, & *pont aux Meûniers*, à cauſe des moulins qui étoient entre ſes arches. Ce pont entraîné pluſieurs fois par les glaces, fut reconſtruit par Charles Marchand, Colonel des archers de la Ville, qui offrit de le faire rebâtir à ſes frais, à condition qu'à l'avenir il ſeroit appelé le *pont Marchand*; il fit mettre à chaque bout une table de marbre noir, ſur chacune deſquelles il avoit fait graver un diſtique latin (2). La nuit du 24 Octobre

―――――――――――――――――

(1) C'eſt ſur ce Pont, & non ſur celui de Notre-Dame, (comme l'ont avancé quelques Hiſtoriens peu exacts) que la Reine Iſabeau de Bavière reçut une couronne d'or, qu'un homme, ſous la figure d'un Ange, deſcendant ſur une corde du haut des Tours Notre-Dame, lui mit ſur la tête lorſqu'elle fit ſon entrée à Paris, en 1389. Ce Voltigeur deſcendit le long de la corde tendue, tenant un flambeau allumé de chaque main, parce qu'il étoit déja tard. Charles VI, qui y aſſiſtoit *incognito*, monté en croupe derrière un de ſes Chambellans, fut battu par les Sergens du Guet.

(2) *Pons olim ſubmerſus aquis, nunc mole reſurgo;*
    Mercator fecit, nomen & ipſe dedit.

1621, le feu prit à ce pont par une fusée que jeta un jeune homme nommé l'*Empereur*. Le pont au

Le *Pont au Change* n'a pas toujours été exactement situé au même endroit où il est aujourd'hui; il étoit originairement plus près de l'emplacement où l'on a bâti, depuis, le pont Notre-Dame. Comme il fut emporté plusieurs fois par les inondations, il fut successivement rebâti plus ou moins près du *Pont aux Colombes*, dit depuis *Pont aux Meûniers*, parce qu'il y avoit onze moulins sur ce pont, & enfin *Pont Marchand*, du nom de celui qui le rétablit en 1604, comme on l'a dit dans le texte. Le savant auteur des *Recherches sur Paris*, prétend que c'est ce dernier pont qui fut appelé le *Pont aux Oiseaux*, parce qu'il étoit couvert de maisons de bois, de même symétrie, peintes à l'huile, & dont chacune avoit en face un cartouche où l'on avoit peint un oiseau; & qu'ainsi Piganiol se trompe, en disant que le Pont au Change fut appelé Pont aux Oiseaux, parce que les oiseliers y venoient vendre toutes sortes d'oiseaux, &c. Mais cette dénomination est antérieure à la construction du Pont Marchand, qui ne subsista que douze ans, puisqu'il ne fut achevé qu'en 1609, & qu'il fut consumé avec le Pont au Change, dont il n'étoit séparé que de cinq toises, le 24 octobre 1621. Lorsque le Pont au Change fut reconstruit en pierre, de 1639 à 1647, on ne rebâtit point le Pont Marchand, mais on conserva au nouveau pont l'ancienne direction des deux précédens; ce qui forme la double entrée qui est de ce côté.

Sauval, *tome I*, *page 280*, & Félibien, *Hist. de Paris*, *tome I*, *page 91*, ont confondu le Pont au Change, appelé auparavant le *grand Pont*, avec un autre *grand Pont*, dont il ne reste plus depuis long-temps aucuns vestiges, & que Charles le Chauve fit faire pour s'opposer à l'incursion des Normands. Ce pont, que le même Roi donna ensuite à Enée, évêque de Paris, & à ses successeurs, étoit assis sur des piles de maçonnerie, & défendu à ses extrémités par deux forts châteaux de bois; il commençoit, suivant M. Bonamy, d'un

Change qui n'étoit pas éloigné, fut auſſi conſumé en moins de trois heures; il y eut 140 maiſons brûlées entièrement, & tous ceux qui demeuroient ſur ces deux ponts furent ruinés. Lorſqu'on reconſtruiſit en pierres le pont au Change, on y comprit l'emplacement qu'occupoit le pont Marchand, & ces deux ponts voiſins furent réunis en un ſeul.

On commença à bâtir de pierre le pont au Change tel qu'il eſt aujourd'hui, en 1639; il eſt compoſé de ſept arches & de deux culées; il eſt chargé de deux rangs de maiſons à quatre étages, & malgré cela, il y a un libre paſſage pour trois carroſſes à la fois. Il a trente toiſes de largeur du côté du grand Châtelet; le reſte a environ 18 toiſes, en y comprenant les maiſons. Vers le milieu du pont, de ce même côté du grand Châtelet, eſt un bâtiment triangulaire à trois étages, élevé ſur la clé de la dernière arche, ce qu'on regarde comme une hardieſſe & une beauté de l'art. Au moyen de ce bâtiment triangulaire, le pont au Change a deux entrées par la rue de Geſvres, dont l'une communique au

---

côté, vers le For-Lévêque, & aboutiſſoit, de l'autre, vers la rue Pavée, parce que l'île de la Cité ou du Palais ne s'étendoit pas ſi loin de ce côté, & que les petites îles ſur leſquelles ont été conſtruites les places Dauphine & de Henri IV, en étoient alors ſéparées. C'eſt à ce même grand pont de Charles le Chauve où il ſe fit de ſi beaux exploits par les Pariſiens, lors du fameux ſiège des Normands, en 886, comme on le verra dans notre *Hiſtoire de Paris*. On peut toujours conſulter l'excellent *Mémoire* de M. Bonamy, *t. XVI*, des *Mémoires de l'Académie des Inſcriptions*, page 245 & ſuiv.

pont Notre-Dame par un quai couvert & garni de boutiques des deux côtés.

Au sommet du triangle de ce même bâtiment dont on vient de parler, est représenté Louis XIV encore enfant, couronné par la Victoire & tenant un sceptre à la main. Cette figure élevée sur un piédestal, est environnée de celles de Louis XIII & de la Reine Anne d'Autriche. Ces trois figures qui sont de grandeur naturelle, & dont le mérite consiste dans l'exacte ressemblance des personnes qu'elles représentent, sont de bronze sur un fond de marbre noir, & élevées à environ 18 pieds de hauteur : elles sont accompagnées de deux pilastres Ioniques, surmontés d'un fronton, dans lequel sont accolées les armes de France & d'Autriche. Sous les figures, sont des demi-reliefs représentant des captifs, &c. Tous ces morceaux de sculpture sont de Simon Guillain : on y voit deux inscriptions qui apprennent la date de ce monument (1).

---

(1) La première inscription est sur le piédestal de la statue de Louis XIV.

CE PONT a été commencé
le 19 Septembre 1639, du glorieux
Règne de LOUIS LE JUSTE,
& achevé le 20 d'Octobre 1647,
Régnant LOUIS XIV,
Sous l'heureuse Régence de la Reine
ANNE D'AUTRICHE sa mère.

Sur une table de marbre noir, qui est dans le soubassement, est l'inscription qui suit :

PAR ORDRE de Pierre Séguier, Chancelier de France,

A l'autre extrémité du pont, est une petite place auparavant occupée par les maisons du pont, qui s'avançoient sur le quai de l'Horloge, jusqu'à la pointe de l'angle que forme ce quai ; ce qui rendoit de ce côté l'accès du pont au Change difficile & dangereux. La Ville en fit l'acquisition sous la fameuse prévôté de M. Turgot, qui les fit démolir pour élargir l'entrée du pont, le 20 mars 1737, comme le porte l'inscription gravée sur un marbre noir, posée sur la dernière maison de ce côté. Au dessus de cette inscription & sur le même pignon, on a encastré une tablette de marbre blanc, sur laquelle on a tracé une ligne méridienne, les signes du zodiaque, les deux solstices & les heures, & on y a coulé du plomb pour rendre le tout plus visible ; le style qui marque les heures est doré, & le soleil est de cuivre doré d'or moulu. Tout ce beau travail a été exécuté par le sieur Langlois, ingénieur du Roi pour les instrumens de Mathématique, & l'un des plus habiles ouvriers en ce genre ; la méridienne a été tracée par M. de Cassini, comme le porte l'inscription.

A l'opposite de ce monument, est la tour de l'horloge du Palais, dont on ne sonne la cloche que dans les réjouissances publiques ou à la mort des Rois. Cette cloche fatale fut en 1572, le signal du massa-

---

Claude de Mesmes, Comte d'Avaux, &c..... Claude Ridel, Commissaire député pour la direction de ces ouvrages, construits aux dépens des propriétaires incommutables des maisons dudit Pont, suivant les Arrêts du Conseil, Lettres-Patentes & Edits vérifiés en Parlement.

cre des Huguenots la nuit de la S. Barthelemi; nuit désaſtreuſe & funeſte, qu'il faudroit pouvoir effacer de nos annales par les larmes du repentir, au lieu des éloges que des fanatiques ont voulu lui donner.

Tous les ponts dont on vient de parler, ne traverſent qu'un des bras de la Seine, ſoit du côté de la Ville, ſoit de celui de l'Univerſité; mais les deux dont il nous reſte à parler, ont l'avantage de communiquer directement de la Ville à l'Univerſité, parce qu'ils ſont jetés ſur la rivière dans des endroits où les deux bras réunis ne forment plus qu'un ſeul lit.

Le PONT NEUF, le plus grand, le plus beau, le mieux orné, le plus paſſager de tous ceux qui ſont à Paris, eſt placé ſi heureuſement vers le centre de Paris, & à la pointe de l'île du Palais, qu'il fait ſeul la communication & le débouché des trois parties de cette ville immenſe. Ce ſuperbe monument eſt en même temps un témoignage de l'amour de Henri IV pour ſa bonne ville de Paris, dont il ſe glorifioit d'être *Bourgeois* (1). Les habitans du fauxbourg Saint-Germain & de l'Univerſité, n'avoient ſous Henri II, que le pont Notre-Dame pour toute communication avec la Ville, parce que le pont Saint-Michel avoit

---

(1) On dit que ce Héros des François, répondit à une lettre faſtueuſe du Roi d'Eſpagne, dont les titres multipliés rempliſſoient la première page:

Henry, Bourgeois de Paris.
A
Philippe II, Roi des Eſpagnes, Souverain des deux Indes, &c.

été entraîné par les glaces que la rivière charioit après un dégel en 1547. Ils représentèrent à ce Prince la nécessité de faire jeter un nouveau pont entre le Louvre & l'hôtel de Nesle, aujourd'hui le collège des quatre Nations; leur demande fut sans effet, parce que Henri II vouloit que la Ville supportât seule les frais immenses de cet ouvrage. Deux arches du pont Notre-Dame ayant été ébranlées en 1577, par la charge énorme des voitures & chariots qui y passoient continuellement, on craignit de voir toute communication interrompue entre la Ville & l'Université. Les habitans de ces derniers quartiers renouvellèrent leur demande à Henri III, & la nécessité la fit accueillir; le Roi nomma des commissaires pour examiner les différens projets qui seroient proposés. On se détermina pour l'emplacement où le Pont Neuf existe aujourd'hui, comme le plus propre à la libre circulation & au débouché de toutes les parties. On imposa le sou pour livre des tailles sur l'Ile de France, la Normandie, la Champagne & la Picardie, parce que ces Provinces font tout le commerce de Paris, &c.

La conduite de cet ouvrage fut confiée à Jacques Androuet Ducerceau, aussi bon théoricien qu'habile & exercé dans la pratique de son art, sur lequel il a laissé plusieurs ouvrages. Henri III posa solemnellement la première pierre du pont, le 30 mai 1578, le jour même qu'il assista à la pompe funèbre de Quélus & de Maugiron, ses plus chers favoris; ce qui fit dire aux plaisans, que ce nouveau pont seroit sans doute appelé le *pont des pleurs*. Les piles du côté du quai des Auguftins, furent élevées jufqu'à la naiffance des arches. On commençoit à jeter les fondemens des piles du côté oppofé, lorfque les troubles de la Ligue & la fureur des guerres civiles mirent tout en combuftion, & forcèrent l'Architecte à fe retirer dans les pays étrangers où il mourut. L'ouvrage difcontinué ne fut repris que lorfque Henri IV, après avoir forcé les Parifiens à le recevoir, leur fit regretter par fes bienfaits d'avoir méconnu fi long-temps le meilleur des Rois. Il fupprima l'impôt établi pour la conftruction du nouveau pont, & le fit continuer à fes dépens, fous la direction de Guillaume Marchand. Il ne fut achevé qu'en 1604.

Ce pont eft formé de 12 arches, fept du côté du Louvre & cinq du côté des Auguftins, qui s'étendent fur les deux canaux de la rivière, plus large en cet endroit où elle forme un confluent. Il a environ 150 toifes de longueur, & il peut livrer paffage à cinq voitures. En effet, fon fol a 12 toifes de large partagé en trois; le milieu pour les carroffes en a cinq, & les trotoirs ou banquettes élevées de deux pieds, en ont fept & font pour les gens de pied. Tout le long de chaque côté, il règne un accoudoir ou garde-fou, de trois pieds & demi de hauteur, avec des demi-lunes faillantes fur les piles. C'eft-là qu'on a conftruit en pierres de taille des boutiques, de forme femi-circulaire, depuis qu'on a fupprimé les échoppes portatives, au nombre de 178, qui appartenoient aux valets-de-pied du Roi. Au deffus des arches en dehors, il y a une double corniche d'un pied &

Pl. XXII. Page. 137.

Vue de la Samaritaine, prise d'une maison du Quay de la Ferraille.

Statue Equestre d'Henry Legrand.

demi de large, soutenue de deux pieds en deux pieds par des têtes de Sylvains, de Dryades & de Satyres, & ornée de fleurs & de festons à l'antique (1). A l'endroit des piles, il y a des culs-de-lampe qui sortent fort avant sous l'eau, parce qu'on avoit projeté d'y bâtir des maisons comme au pont Notre-Dame; & pour cela, on avoit pratiqué des caves dans chaque pile; mais heureusement ce dessein fut changé, ce qui laisse jouir de toute la beauté du point de vue qui est unique en cet endroit. Quelle perspective en effet, que celle des deux bords de la Seine dans Paris, si les ponts n'y étoient pas embarrassés de maisons! L'air étant plus libre, y seroit plus sain; on n'y seroit pas non plus exposé aux accidens dont on a fait si souvent la triste expérience, &c.

Le Pont Neuf est embelli par le cheval de bronze (2),

---

(1) Palladio, dans ses Commentaires sur Vitruve, a fait un grand éloge de la corniche du Pont de Rimini, dans la Romagne, quoiqu'elle fût toute simple & sans consoles; mais en ce qu'elle étoit dans le même goût que celle du Pont Neuf, qui mérite, à cet égard, de fixer les yeux des connoisseurs.

(2) Quoique la statue de Henri IV, dit Piganiol, soit parfaitement belle, & que la figure du cheval ait de grands défauts; cependant un *usage ridicule* fait qu'en parlant de ce monument, on dit toujours, *le cheval de bronze*, sans dire un seul mot de la statue du Grand Henri.

Cette réflexion de Piganiol est aussi mauvaise que l'usage qu'il condamne. Il vouloit faire allusion à ces jolis vers qu'il rapporte:

Superbes monumens, que votre vanité
    Est inutile pour la gloire

ou plutôt la STATUE EQUESTRE DE HENRI IV, monument cher à la nation, dont on a déja vu la description à l'article des places. LA SAMARITAINE est un autre ornement du Pont Neuf : c'est un petit bâtiment avec titre de château Royal, qui avoit été construit sous le règne de Henri IV à la seconde arche du Pont Neuf, du côté du Louvre, pour servir de logement à celui qui a soin de la pompe. Le mauvais état où se trouvoit cette maison au commencement de la dernière Régence, détermina à la rebâtir de fond en comble. On fit dans la rivière un nouveau pilotis, sur lequel a été élevé un fort joli bâtiment à trois étages, dont le second est au niveau du pont, & où il y a beaucoup de logement. Il renferme une pompe qui élève l'eau de la Seine, pour la distribuer aux fontaines du Louvre & du jardin des Tuileries, au Palais Royal & à quelques quartiers voisins. Cette machine qui est de Robert de Cotte, Intendant des bâtimens du Roi, est composée de quatre corps de pompes, partagés en deux équipages mus par une roue à aubes. Deux pompes aspirent l'eau, & la dégorgent dans une bâche à trois pieds de relevée ; de là, deux autres pompes la refoulent dans les tuyaux qui aboutissent au réservoir, à

  Des grands Héros dont la mémoire
   Mérite l'immortalité !
Que sert-il que Paris, au bord de son canal,
Expose de nos Rois ce grand original,
Qui sut si bien régner, qui sut si bien combattre ?
  On ne parle point d'Henri quatre,
  On ne parle que du cheval.

72 pieds de hauteur du lit de la rivière. La machine donne 37 pouces & $\frac{1}{9}$ d'eau par minute, ce qui fait 2540 muids par 24 heures. M. Belidor a prouvé que si elle étoit rectifiée, elle pourroit fournir le double de l'eau qu'elle élève aujourd'hui, la rivière étant dans son état moyen. (Voyez *Arch. hydr. t. 2, page 177.*)

Le comble du petit édifice qui contient cette machine hydraulique, est garni d'une balustrade qui règne tout autour avec agrément; les faces des côtés sont percées de cinq fenêtres à chaque étage & de deux sur le devant. Ces deux dernières sont séparées par un avant-corps en bossage rustique, & cintré au dessus d'un cadran qu'on a placé dans un renfoncement, surmonté de deux urnes. Au bas du cadran, est un grand bassin doré qui reçoit les eaux du réservoir, pour les dégorger à son tour dans le tuyau qui les porte à leur destination. Ces eaux en tombant sur une coquille, & delà dans le bassin, forment une cascade très-agréable à la vue. Le bassin est accompagné de deux figures de plomb bronzé, dorées, dont l'une représente Jesus-Christ assis, & l'autre la Samaritaine puisant de l'eau au puits de Jacob, & s'arrêtant pour écouter le Christ. La première de ces figures est de Bertrand, & l'autre de Fremin, sculpteurs habiles. Sous le bassin est l'inscription suivante :

Fons Hortorum,
Puteus Aquarum Viventium.

Inscription d'autant plus heureuse, que sans changer ni ajouter un seul mot aux paroles de l'Ecriture, elle indique le sujet de la dénomination de cet édifice, & en même temps sa principale destination, qui est de fournir de l'eau aux jardins des Tuileries & à celui du Palais Royal.

A la face opposée & qui regarde le Pont Royal, est un autre cadran d'autant plus utile, qu'il est vu de bien des endroits & de fort loin. Dans le milieu de l'édifice & au dessus du cintre entre les deux cadrans, on a élevé une espèce de petit donjon ou campanile de charpente, revêtu de plomb doré, où sont les tymbres de l'horloge, & ceux qui composent le carillon jouant des airs à toutes les heures, &c. Piganiol & quelques autres ont avancé que la Samaritaine avoit été construite en premier lieu sous Henri III ; mais on a vu plus haut que cette partie du Pont Neuf ne fut bâtie que sous Henri IV ; elle fut démolie en 1712, & rebâtie en entier. On pourroit regarder comme une nouvelle construction les réparations qui y furent faites en 1772 ; elle ne fut achevée qu'en 1774, & le même jour que Louis XVI vint à Paris rendre à son peuple ses juges naturels, & à Thémis ses anciens ministres ; au moment où le roi passoit sur le Pont Neuf pour se rendre au Palais, le carillon sonna pour la première fois cet air si connu : *Où peut-on être mieux qu'au sein de sa famille ?* Paris seroit, en effet, le véritable séjour des rois, s'ils vouloient partager les transports d'amour que leur présence excite chez un peuple sensible.

Le PONT ROYAL a 88 toises de long, avec deux parapets : il y peut passer quatre carrosses de front, indépendamment de deux larges banquet-

Pl. XXIII. Page. 141.

Vüe du Pont Royal, et de l'entrée du Jardin des Tuileries.

Vüe du Pont Neuf, prise du Quay des Augustins.

tes élevées sur son sol; il a été construit tel qu'il est en 1685, pour la communication du Louvre, des Tuileries & des quartiers voisins au fauxbourg Saint-Germain. Dès 1632, il existoit de ce côté un pont de bois, qui commençoit vis-à-vis le balcon du Louvre, & aboutissoit vers la rue des Saints Pères sur le quai des Théatins. Ce pont de bois, dont la ville étoit redevable aux soins de M. Barbier, contrôleur des bois de l'Ile de France, étoit aussi appelé *Pont Rouge*, parce qu'il étoit peint de cette couleur pour le garantir des intempéries des saisons; il fut emporté en 1684 par les glaces, & l'inondation qui fut la suite du dégel. Les éditeurs de Sauval ont avancé, sans preuve, qu'il fut détruit par les flammes, & par la malice d'un laquais qui jeta un flambeau allumé dans un bateau de foin amarré près de ce pont.

Quoi qu'il en soit de la cause de cet accident, Paris s'étoit tellement agrandi sous Louis XIV, dans le fauxbourg Saint-Germain, sur la rive gauche de la Seine, & sur la rive droite du côté de la porte Saint-Honoré & du fauxbourg Montmartre, qu'il étoit indispensable de rétablir un pont pour la desserte de ces divers quartiers. Louis XIV ordonna de le rebâtir en pierre, mais plus près des Tuileries. Hardouin Mansart donna un dessin de ce pont; mais il ne fut point suivi. François Romain, Jacobin versé dans l'architecture, en donna un autre qui fut applaudi. M. Gabriel père, fut chargé de l'exécution de l'ouvrage; mais la mort l'ayant surpris, le pont fut achevé par Jacques Gabriel son fils. Les premiers fondemens furent jetés du côté du fauxbourg Saint-Germain, le 25 octobre 1685 ; l'été suivant les piles furent élevées à fleur d'eau, & le pont fut achevé, avec cette *ardeur* & cette *rapidité* qu'on mettoit alors dans l'exécution des projets les plus difficiles; (comme on peut le voir dans le canal royal de Languedoc, qui fut achevé vers le même temps ; dans la construction du nouveau Louvre, du château de Versailles, &c.) C'est ce qui distingue spécialement le siècle de Louis XIV de tous ceux qui l'ont précédé, sans nous avoir laissé les moyens de pouvoir y atteindre.

Le Pont Royal, véritablement digne de ce nom, est remarquable par sa noble simplicité, par la hardiesse & la solidité des arches, & par la coupe ingénieuse des pierres & des trompes qui en forment l'évasement aux deux extrémités ; il est soutenu par quatre piles & deux culées qui forment cinq arches inégales, dont la différence est une toise pour chacune : celle du milieu a douze toises de distance d'une pile à l'autre ; les deux qui sont à côté, onze chacune ; celles qui touchent aux culées dix, & les culées elles-mêmes, en ont six chacune ; les deux extrémités sont plus larges & terminées en trompe, pour faciliter l'entrée & la sortie du pont. Ce pont est libre comme le Pont Neuf & dégagé de tout bâtiment, ce qui laisse jouir des deux côtés du plus beau point de vue de l'univers : celui qui regarde le Pont Neuf est sur-tout admirable par la variété qui y règne, & parce qu'étant plus animé, il fait contraste avec l'aspect pittoresque & sauvage qui règne du côté des Champs-Elifées & des Invalides. Un des plaifirs les plus vifs du célèbre Maréchal de Catinat, étoit d'aller tous les jours de grand matin fur le milieu du Pont Royal, pour jouir du fpectacle enchanteur que la vue y préfente. *Jamais*, difoit-il, *je n'ai rien vu d'auffi beau dans tous les pays que j'ai parcourus.*

Les obfervateurs fe rendent auffi très-fouvent au même pont, parce qu'à une des piles du côté des Tuileries, on voit en écrit la hauteur de l'eau, des années où il y a eu de grands débordemens; & c'eſt-là que s'obferve auffi l'étiage de la Seine : le No. XIII marque la hauteur moyenne des eaux, en y ajoutant la différence de pente du banc du *nœud de l'aiguillette*, près de Chaillot, parce que les divifions de l'échelle répondent à la furface de ce banc, comme on l'a dit plus haut. Germain Brice nous apprend qu'on a mis dans le maffif de la culée du côté des Tuileries, une boîte de cèdre, enfermée dans un autre de plomb, contenant douze médailles qui repréfentent les principales actions du règne de Louis XIV. Le Pont Royal eſt le plus paffager pour les carroffes & les voitures, non-feulement parce qu'il fert de débouché aux guichets des galeries du Louvre, & au faux-bourg Saint-Germain, rempli de beaux hôtels & habité par la haute nobleffe; mais encore parce qu'il eſt fur la route de Verfailles, & que le bureau des voitures de la Cour eſt tout auprès fur la rive gauche de la Seine. D'ailleurs, ce pont fitué au bas du pavillon de Flore, vis-à-vis l'entrée des Tuileries, offre dans les trois faifons l'abord d'une promenade délicieufe.

La conſtruction d'un nouveau pont, déja fi néceffaire pour la communication du fauxbourg Saint-Honoré, du Roule & de Chaillot, au fauxbourg Saint-Germain, au palais Bourbon & aux Invalides, paroît indispensable depuis la construction de la place de Louis XV, à laquelle il serviroit d'ornement & de débouché. On pourroit le construire vis-à-vis de cette place pour communiquer directement avec la rue de Bourgogne, ou en face de la grande allée des Invalides; alors il serviroit à unir les boulevards neufs avec les vieux boulevards, & l'on pourroit faire tout le tour de Paris. On en parlera plus au long dans le volume des projets pour l'utilité, la décoration & les embellissemens de Paris, qui doit suivre la description générale.

Dans le détail des ponts qu'on vient de donner, on n'a pas compris le *Ponceau* & le *Pont aux Tripes*, sur la rivière de Bièvre dans le fauxbourg Saint-Marceau. La *Bièvre*, autrement appelée *rivière des Gobelins*, formée par deux sources au bois de Satory près Versailles, passe au village de Bièvre qui lui a donné son nom, & par quelques autres villages; se sépare tout près de Paris en deux bras, qui se rejoignent dans le fauxbourg Saint-Marceau au Pont aux Tripes, & va se jeter dans la Seine auprès de la Salpêtrière.

Les QUAIS, qui bordent la Seine de chaque côté, sont au nombre de 26, distingués par autant de noms différens. Ces quais, tous revêtus de pierre de taille avec des gardes-fous à hauteur d'appui, & la plupart avec des banquettes, forment un ensemble qui ne contribue pas peu à l'ornement de la ville;

ville; dix-huit ou vingt ouvertures aux quais, font autant d'iſſues pour les *abreuvoirs*, qui font en pareil nombre. Les *ports* fitués fur les quais ou dans leur alignement, & où abordent & fe déchargent les diverſes denrées & marchandiſes, font au nombre de ſeize; on les diſtingue par le nom des marchandiſes qu'on eſt dans l'uſage d'y décharger.

Nous allons ſuivre les principaux quais en commençant par ceux des îles. L'île Saint-Louis ou de Notre-Dame en eſt toute environnée; on y diſtingue le *Quai Bourbon*, celui d'*Anjou* ou d'*Alençon*, le *Quai Dauphin* ou des *Balcons*, & le *Quai d'Orléans*. L'île du Palais eſt toute revêtue; mais il n'y a point de quais autour de l'Archevêché ni du Cloître, non plus qu'à l'Hôtel-Dieu. On trouve à la pointe de l'île du Palais le quai de l'*Horloge du Palais* ou des *Morfondus*; & de l'autre côté celui des *Orfèvres*.

Le premier quai dans la ville eſt celui du *Port Saint-Paul* ou des *Céleſtins*, revêtu par-tout où il convient au commerce qu'il le ſoit. Après le port Saint-Paul juſqu'à la Grève, on trouve différens *Ports au Foin*, au *Vin*, au *Blé*, &c. qui ſont toujours inondés dans les crues d'eau. Le *Quai de la Grève*, qui faiſoit autrefois un retour confidérable ſur la place, vient d'être aligné; ce qui augmente confidérablement l'étendue de la place de Grève, qui deviendra un jour l'une des plus belles de Paris, après la conſtruction des édifices que l'on projette de faire à droite & à gauche de l'Hôtel-de-Ville, & des ornemens dont cette place eſt ſuſceptible, comme on le verra lorſque nous traiterons cette

Tome I. K

partie. Le *Quai Pelletier* règne depuis la Grève jusqu'au Pont Notre-Dame; & à sa suite le *Quai de Gesvres*, qui est couvert jusqu'au Pont au Change. Ces deux quais, ainsi appelés du nom de ceux à qui on en doit la construction, sont extrêmement hardis; ils sont portés en l'air sur des arcades, sans qu'il y soit jamais arrivé aucun inconvénient. A la suite du quai de Gesvres, entre le Pont au Change & le Pont Neuf, se trouvent la vieille *Vallée de Misère*, & le quai de la *Mégisserie* ou de la *Ferraille*. Au-delà du Pont Neuf, est le quai de l'*Ecole*; & à sa suite les quais de *Bourbon* & du *Louvre*, avec le *Port Saint-Nicolas*. Ces quais règnent de ce côté-là fort loin hors de la ville & au-delà du Cours.

De l'autre côté de la rivière, entre le Ponceau où passe la rivière des Gobelins, & la porte Saint-Bernard, il y a les *ports de Pertuis* & de *Bellefonds*, pour la décharge des bois, des grains, des vins & d'autres marchandises; à leur suite est le *Quai de la Tournelle*, qui n'est à proprement parler qu'un port, après lequel la rivière reste cachée par les maisons jusqu'au Pont Saint-Michel; on trouve ensuite le *Quai des Augustins*, où se tient le marché de la volaille. Après le Pont Neuf, sont le *Quai de Conti*, où l'on a bâti le nouvel hôtel de la Monnoie; le *Quai Malaquest*, dont une partie a pris le nom du *collège des quatre Nations*, & le *Quai des Théatins*. En 1704, Louis XIV avoit ordonné la construction du *Quai de la Grenouillère*, depuis le Pont Royal jusqu'à l'extrémité du fauxbourg Saint-Germain; mais ce quai n'est que commencé, & la partie qui en est faite a pris le nom de M. *d'Orfay*, prévôt des marchands.

Lorsque la ville de Paris s'est trouvée resserrée, par les ravages des Barbares, dans l'île du Palais & dans quelques édifices sur les deux rives de la Seine, les eaux de cette rivière ont suffi à l'usage de ses habitans ; mais le besoin devoit s'accroître à mesure que Paris prenoit des augmentations au Nord & au Midi : on y a suppléé par des FONTAINES, qui distribuent l'eau dans les divers quartiers. Ces FONTAINES, au nombre de 65 (1), sont fournies elles-mêmes, les unes des eaux de la Seine, par les *deux machines hydrauliques* construites l'une sur le *Pont Neuf* dans le bâtiment royal de la *Samaritaine*, & l'autre sur le *Pont Notre-Dame*. Les autres fontaines du côté de la Ville sont nourries par les *aqueducs de Belleville* & *du pré Saint-Gervais ;* & celles de l'Université par les *aqueducs de Rongis* & *d'Arcueil*, dont le réservoir, connu sous le nom du *Regard*, est hors de la fausse porte Saint-Bernard. Ces fontaines servent non-seulement pour la consommation des habi-

---

(1) Parmi le petit nombre de ces Fontaines, dont la plupart sont placées dans des niches, & ne fournissent de l'eau qu'en petite quantité, par une espèce de robinet, celle des *Innocens* & la belle Fontaine de la rue de *Grenelle*, attirent l'admiration des curieux. On verra les plans & la description de toutes ces Fontaines dans un des Volumes suivans, avec les moyens de suppléer à la disette de l'eau ; on n'en parle ici que pour compléter la description générale, & rassembler tous les objets sous le même coup d'œil. On donnera en même temps les points de vue des Aqueducs d'Arcueil, &c. &c.

K ij

tans, mais auſſi pour arrêter les incendies, au moyen des pompes roulantes diſtribuées dans certaines maiſons des différens quartiers, où l'on fait les trouver au beſoin. Il s'en faut, au reſte, de beaucoup que ce nombre de 60 à 65 fontaines ſoit ſuffiſant pour la conſommation d'eau qui ſe fait dans Paris. Des hommes & femmes, chargés chacun de deux grands ſeaux qu'ils vont remplir ou à la rivière, ou aux fontaines, y ſuppléent en partie ; & le ſurplus eſt fourni par des voitures publiques.

On a reconnu, il y a du temps, qu'il ſeroit important de multiplier les fontaines dans cette capitale. La *vente de l'eau* eſt en effet l'une des plus fortes impoſitions & des plus onéreuſes qui ſoient dans Paris. En ſuppoſant la voie d'eau à deux ſous, & la conſommation à deux voies ſeulement par mois pour chaque perſonne, ſix cents mille habitans ſont taxés tous les ans, pour l'uſage de l'eau, à la ſomme d'un million 440 mille livres ; d'ailleurs, les hommes & les femmes actuellement employés à cette vente, pourroient, s'ils ceſſoient d'être néceſſaires à cet égard, s'occuper à autre choſe, & ce ſeroit multiplier l'eſpèce. On a formé différens projets à cet égard, dont le plus ſimple conſiſtoit à amener les eaux de la Seine du port à l'Anglois, par une machine hydraulique, à la place de l'Eſtrapade, la plus élevée de Paris. On parlera ailleurs de ces différens projets qui ſont demeurés ſans exécution. On paroît avoir adopté celui de MM. Perrier, qui conſiſte à élever les eaux de la Seine, priſes au deſſus de la porte de la Conférence, à la hauteur de Chaillot, par le moyen d'une pompe à feu, déja proposée par M. le chevalier d'Auxiron : on y travaille actuellement. On peut auſſi ſe plaindre de ce qu'il n'y a que quelques *bains ſur bateaux*, dans une ville auſſi immenſe que Paris, quoique les empereurs Romains euſſent donné l'exemple d'y conſtruire des bâtimens ſuperbes deſtinés à cet uſage, comme on le voit par les reſtes du fameux *Palais de Thermes* (1). Nous ſommes bien loin de ces conquérans pour tout ce qui regarde la commodité & l'embelliſſement des grandes villes ; principalement en ce qui concerne les fontaines & égoûts, les bains publics & particuliers, les ſpectacles, les places, halles & marchés, &c.

Rien n'eſt plus néceſſaire que des EGOUTS à une auſſi grande ville, qui fut privée de cet avantage juſqu'au règne de Charles VI. Hugues Aubriot, prévôt de Paris, fit conſtruire dans la partie de la Ville au Nord, le GRAND EGOUT en 1381 ; il le partagea en deux, dont l'un paſſoit ſous la porte Saint-Antoine, recevoit les eaux des rues Saint-Antoine, Saint-Paul, &c. & alloit ſe décharger dans la rivière au *Pont Perrin*, dont il portoit le nom ; l'autre, appelé *l'Egoût de la Courtille Barbette*, paſſoit vers les rues Barbette, du Parc Royal, &c. & ſe rendoit aux foſſés de la ville. Charles V ayant fait bâtir l'hôtel Saint-Paul, il y eut des ordres de détourner l'égoût du Pont Perrin par la Coulture Ste. Cathe-

---

(1) On donnera le plan & les ruines de ce Palais, dans la Notice Hiſtorique qui ſera à la tête du *Dictionnaire Etymologique & Anecdotique des rues de Paris.*

rine, ce qui fut exécuté; & les deux égoûts se trouvant ainsi joints, il n'y en eut plus qu'un qu'on nomma le *Grand Egoût*. Il commençoit à la rue des Egoûts près la place Royale, prenoit son chemin par la rue Saint-Louis & par le Calvaire, & entroit dans les fossés de la ville entre les portes Saint-Antoine & du Temple, en contournant toute la partie septentrionale de la ville jusqu'à Chaillot, où il se déchargeoit dans la rivière, après avoir traversé les fauxbourgs sur une étendue de 3500 toises.

Cet égoût, dans lequel plusieurs autres se rendent, étoit découvert & infectoit tous ces quartiers; mais il fut reconstruit sous la prévôté de M. Turgot, depuis 1737 à 1740. Il a dix pieds de large, quatorze vannes, & un beau *réservoir* en tête pour le laver (1). L'égoût n'a été voûté que dans ces derniers temps, sous la prévôté de M. Bignon; on y a même bâti des maisons, en laissant seulement de petites ruelles pour communiquer à ces fauxbourgs, qui seront dans peu de temps les quartiers de Paris les plus brillans. La disposition du local n'a pas rendu possible la même construction dans les autres parties de la ville; ensorte que la pureté des eaux de la

---

(1) Ce Réservoir, qui contenoit 22112 muids d'eau, & qui étoit rempli par une pompe à manège, vient d'être abandonné, parce qu'on en a construit un autre ailleurs. Nous en parlerons dans les Volumes suivans. On peut toujours consulter, sur la forme du grand Egoût, les *Mémoires de l'Académie des Belles-Lettres, Tome XXX, p. 754*; *l'Encyclopédie*, au mot *Hydraulique*; & sur-tout Sauval, *Tome I, pag. 248*.

Seine en est considérablement altérée, quoi qu'en dise un chimiste moderne (1). Il n'y a point d'égoût dans la Cité; les eaux des deux îles du Palais & de Saint-Louis, de même que celles des rues de la Ville & de l'Université qui sont le long de la Seine, se rendent dans la rivière par des *gargouilles* & des *éviers* dispersés le long des quais. L'égoût de Bièvre dans l'Université, l'un des plus anciens & des mieux bâtis de Paris, suivoit le cours de la rivière de Bièvre; mais il n'en reste qu'un bout, le reste ayant été couvert de maisons. On a percé la voûte en plusieurs endroits pour la faire servir d'égoûts, de privés, &c: le cours de l'eau qui auroit dû laver cet égoût, s'est trouvé interrompu; & l'on n'a pu remédier à ce désordre, &c. Si les habitans de certains quartiers savoient les dangers continuels dont ils sont menacés, ils ne voudroient pas y demeurer.

---

(1) Cet Auteur, auquel on doit plusieurs ouvrages économiques, s'est quelquefois distingué par des opinions singulières; il assure, dans une Dissertation sur les Eaux de la Seine, que ces eaux puisées au centre de Paris (où elle reçoit toutes sortes d'immondices qu'on y jette, ou qui y sont entraînées par les ruisseaux & les égoûts) sont les plus légères, les plus agréables, & les plus salubres de toutes celles qui existent dans le Royaume; & il s'élève fortement contre tous les projets imaginés pour dépurer l'eau de la Seine, qui, selon lui, n'a pas besoin de l'être, & qui ne peut l'être qu'aux dépens de sa bonté, &c. Voyez ce qui a été dit sur les opinions chimiques de cet Ecrivain laborieux, dans le *Traité des Grains & de la Mouture Economique, Tome II. in-4°. p. 505.* & dans tout le dernier Chapitre du même ouvrage.

ARTICLE VII.

Places, Halles & Marchés; Consommation; Foires, Commerce; Manufactures, industrie, &c.

Nous avons parlé dans l'Article V, des PLACES où l'amour des peuples a élevé des monumens en l'honneur des rois, telles sont la *place de Henri IV*, la *place Royale* ou *de Louis XIII*, la *place des Victoires*, la *place Vendôme*, la *place de Louis XV*, & la *Grève* ou *place de l'Hôtel-de-Ville*. Outre ces places, il y en a un grand nombre d'autres qui ne sont que pour l'ornement, & pour ménager en perspective la vue des beaux édifices devant lesquels elles sont situées.

Les principales sont 1°. la *place des Tuileries* ou le *Carrousel*, ainsi appelée, parce que Louis XIV, dans sa jeunesse, y avoit fait plusieurs carrousels. Cette place est située entre la cour des Tuileries & la rue Saint-Nicaise; c'est-là où les soldats de la garde Françoise & Suisse, se mettent en bataille lorsque le Roi réside à Paris. 2°. La *place du vieux Louvre*, entre la rue Froimenteau & le vieux Louvre. 3°. La *place du nouveau Louvre*, entre Saint-Germain l'Auxerrois & la colonnade du Louvre. 4°. La *place du Palais Royal*, située devant la grande porte du palais de ce nom, & bornée au Midi par le Château d'Eau; on l'a déja beaucoup agrandie & embellie, & l'on se propose d'y faire de nouveaux changemens (1). 5°. La *place Maubert*, au centre de l'Université, de forme triangulaire, entre les rues des Noyers, de Saint-Victor, &c. Cette place, ainsi nommée du savant docteur Albert, qui y donnoit ses leçons, sert à présent de marché. 6°. Le *Parvis Notre-Dame*, vis-à-vis le grand portail de cette église : c'est ce que les anciens appeloient *atrium*, & dans la basse latinité *paradisus*, d'où l'on croit que le mot de *parvis* est dérivé par corruption. On voyoit à l'entrée de cette place une grande figure antique de pierre de taille, adossée à une colonne quarrée de 12 pieds de haut. On avoit cru que c'étoit une figure d'Esculape, dieu de la santé, à cause du voisinage de l'Hôtel-Dieu ; mais suivant Moreau de Mautour, c'étoit la figure d'Archambaud, maire du palais sous Clovis II, qui fit construire l'Hôtel-Dieu (2). 7°. La

---

(1) On parlera, à l'article des Fontaines, du *Château d'Eau* qui fait face à la principale entrée du Palais Royal, & on en donnera le dessin.

(2) Cette Statue longue & mal faite, (dit le dernier Editeur de Piganiol) tenoit un livre d'une main, & de l'autre un bâton entouré d'un serpent, ce qui l'a fait prendre pour *Esculape*, dont le serpent étoit le symbole. D'autres ont imaginé que, comme les Ecoles publiques étoient en cet endroit, cette figure représentoit *Mercure* ou le *Dieu Terme*, parce que les anciens mettoient de ces figures aux Carrefours, dans les Places publiques & auprès de leurs Ecoles. D'autres ont cru que c'étoit la figure d'Archambaud, Maire du Palais.... Les Hermétiques, qui regardent Guillaume de Paris comme un de leurs Patriarches, assurent que c'est lui qui avoit fait ériger ici sa figure, & qui avoit aussi fait bâtir le portail de Notre Dame, où il a marqué tous les chemins qu'il

place de Sorbonne, entre cette église & la rue de la Harpe ; c'est proprement le parvis ou l'*atrium* de la Sorbonne, qui laisse voir à découvert la belle façade de cette église. 8°. La *place de Sainte-Geneviève*, vis-à-vis la nouvelle église. Cette place sera une des plus belles de Paris, lorsque les bâtimens qui doivent l'entourer seront terminés, &c.

Outre ces places, il y en a encore un grand nombre d'autres dans Paris, mais moins renommées que celles dont on vient de donner le détail ; telles sont dans la Cité la petite *place des Barnabites* : dans la Ville, la *place des Quinze-Vingts*, la *place de la Croix du Trahoir*, celle de *Ville-Neuve* ; la *place de Gâtine*, celle du *Chevalier du Guet* ; l'ancienne & la

---

faut suivre pour parvenir à ce grand œuvre, qu'ils croient voir par-tout & qu'ils ne trouvent nulle part. M. l'Abbé Lebeuf, après avoir bien examiné cette Statue, a prétendu qu'elle représentoit Jesus-Christ, tenant dans sa main le livre des Evangiles. Il croit que cette figure antique avoit fait partie des ornemens du Portique de la Cathédrale, & que lorsqu'on travailla à rebâtir cette Eglise, la Statue fut plantée vis-à-vis l'Hôtel-Dieu, dans l'endroit où on l'a vue, jusqu'en 1748. *Histoire du Diocèse de Paris, Tome I. pag. 12.* Derrière cette Statue étoit une Fontaine qui fut construite en 1639, & sur laquelle on avoit mis cette inscription :

Qui sitis huc tendas ; defunt si fortè liquores
  Progredere, æternas Diva paravit aquas.

La Fontaine & la Statue ont été supprimées en 1748, lorsqu'on a travaillé à donner au Parvis une figure plus régulière. On a aussi ôté les escaliers par lesquels on descendoit au Parvis, en donnant à la rue Neuve Notre-Dame, qui y conduit, une pente presque insensible.

nouvelle *place aux Veaux*, la *place de Saint-Gervais*, la *place des Jésuites*, la *place de la Bastille*, &c. Dans l'Université, la *place Saint-Michel*, celles du *Puits-Certain*, de la *Croix Rouge*, du collège des *Quatre Nations*, de *Cambray*, de l'*Estrapade*. On trouve encore dans la ville les *places Baudoyer*, de *Saint-Landry*, de *Fourcy*, du *Cimetière Saint-Jean*, &c. (1). Il y a en outre 22 places dites des *Fiacres*, & 17 autres places dites de *Chaises à Porteurs* & *Brouettes*, parce que ce sont les lieux fixes & de réunion de ces diverses voitures quand elles ne sont point employées. On a observé plus haut qu'il y a 18 carrefours, 20 cloîtres espèces de places fermées, & un grand nombre de cours qui servent de passage d'une rue à l'autre, &c.

Aux places qui ne sont faites que pour l'ornement de Paris, ou pour le dégagement des rues, doivent être ajoutées les places qui servent à tenir les MARCHÉS & les FOIRES ; leur nombre est au moins de cinquante ; mais on ne parlera ici que des principales. La HALLE pour toutes les denrées, est le lieu le plus considérable & celui qui fournit tous les mar-

---

(1) Je parlerai, dans le *Dictionnaire Etymologique & Anecdotique des rues de Paris*, de toutes ces petites Places que je ne fais qu'indiquer ici, & des évènemens qui y sont arrivés, telles que celles de Gastine, des Barnabites ; la Place du *Puits d'Amour* ou de l'*Ariane*, fameuse par plusieurs aventures tragiques & galantes, l'une desquelles a servi de fonds à l'agréable Roman de Pierre Le Long & Blanche Bazu, écrit avec ce style naïf & touchant, si éloigné du néologisme de notre siècle philosophique, & si propre à peindre la simplicité des mœurs des âges précédens.

chés, en légumes, œufs, beurre, fruits, poissons, &c. Elle est située entre les paroisses Saint-Eustache & des Innocens, entre plusieurs rues qui y aboutissent, & dont les principales sont les rues de Saint-Denis, de Saint-Eustache, de Saint-Honoré & de Montorgueil. C'étoit autrefois un endroit désert en partie, appelé *Champeau* (1), où Philippe Auguste transféra le marché & la foire que les anciens religieux de Saint-Lazare avoient coutume de tenir auprès de leur maison. On fait assez communément dériver le mot latin *Halla* du verbe *aller*, usité par ceux que le besoin d'acheter appeloient à ce marché général de la ville de Paris. On trouve dans cet endroit & de la pre-

---

(1) On lit, dans un *Mémoire Historique & Critique sur la Topographie de Paris*, que ce lieu de *Champeaux* [*Campelli*] étoit une dépendance de l'ancienne Abbaye de S. Germain l'Auxerrois, qui avoit été réunie au Domaine Royal, sous Charles Martel, & *où il y avoit des Halles long-temps avant Philippe Auguste*, puisque Louis le Gros transigea avec l'Evêque de Paris qui élevoit des prétentions sur ce Marché, & consentit qu'il eût *le tiers des droits du Marché appelé Fossé-Champeaux*; ce qui fut confirmé par une seconde Transaction faite avec Philippe Auguste. Ce droit a depuis été converti en une rente de 8000 liv. &c. Il suit de-là que si, long-temps avant Philippe Auguste, il y avoit un Marché & des Halles en Champeaux, Paris étoit plus étendu, plus considérable qu'on ne le fait communément avant le règne de ce Prince. C'est ce que nous démontrerons sous toutes les époques. On peut toujours consulter ce Mémoire curieux, qui est de M. l'Abbé Bouquet, Historiographe & Avocat de la Ville; on y trouvera une critique judicieuse & forte de l'*Histoire de l'emplacement de l'ancien Hôtel de Soissons*, par M. Terrasson, & de sa *Dissertation sur l'enceinte de Philippe Auguste*.

mière main, tout ce qui peut être nécessaire & d'usage pour la vie & pour l'entretien. Chaque marchandise y a son quartier. En tête, vers les rues Montorgueil & de Montmartre, sont les herbes, les fruits, les poteries de terre, &c. Au milieu est une tour fort ancienne, appelée vulgairement le *Pilori*, où l'on expose (& plutôt où l'on exposoit anciennement) trois jours de marchés consécutifs, deux heures de suite, les banqueroutiers frauduleux & les concussionnaires; ils y sont d'autant plus mal à leur aise, qu'ils y essuient, dans une position très-gênante, les brocards des gens de la Halle, qui, en pareils cas, se donnent plus de licence que jamais. Le rétablissement de cette peine salutaire est desiré par tous les honnêtes gens, trop souvent les victimes des banqueroutes frauduleuses.

D'un côté des halles est une galerie nommée les *Piliers des Halles*, remplie de boutiques de marchands fripiers : de l'autre est une boucherie, vis-à-vis de laquelle est la porte de l'ancienne halle au blé, destinée aujourd'hui à un autre usage. Les autres endroits sont la halle au beurre & à la chandelle ; la halle au poisson d'eau douce ; vers la rue de la *Cossonnerie*, la halle aux porcs, celle de la morue, de la saline, &c. On y vend aussi le pain, le vin, du linge, en un mot, tout ce qui peut être nécessaire à la subsistance & à l'entretien d'une très-grande partie des habitans de cette ville. Aussi la plupart des rues de ce quartier ont des noms relatifs au commerce qui s'y fait, telles que les rues de la Chanverrerie ou Chanvrerie, pour les chanvres &

filasses; de la Cordonnerie, où il y a une halle aux cuirs; de la Cossonnerie (ou *Cochonnerie*, comme dit Sauval) parce qu'on y vend de la chaircuiterie; la rue aux Fers, par corruption de rue au *Feure*, vieux mot qui veut dire de la paille, à cause du marché qui s'y tenoit; les rues de la grande & petite Friperie, à cause des fripiers qui y habitent; les rues du Lard, de la Fromagerie, de la Lingerie, de la Poterie, de la Truanderie, &c. &c.

Les Nouvelles Halles aux grains & aux farines, ont été bâties sur l'emplacement de l'ancien *Hôtel de Soissons* (1), habité près de 500 ans par les

---

(1) Cet Hôtel, qui appartenoit à l'ancienne Maison de Nesle, fut donné, en 1230, au Roi S. Louis & à la Reine Blanche, par le Seigneur de Nesle. Philippe le Bel donna en apanage cette Maison Royale au Comte de Valois, son frère, en 1296; & elle resta dans la maison des Valois jusqu'en 1327, que Philippe de Valois en fit don au Roi de Bohême & à ses descendans en ligne directe, dont il prit le nom d'*Hôtel de Bohême*. La réversion ayant eu lieu, le Roi Jean & Charles V son fils le donnèrent, en 1354, à Amédée II, Comte de Savoie, en accroissement du Comté de Maulévrier, comme fief de dignité, mouvant de la Couronne. Des mains du Comte de Savoie, il passa dans celles de Louis, Duc d'Anjou, qui le vendit à Charles VI, en 1388. Ce Roi en disposa, à titre d'apanage, en faveur de Louis, depuis Duc d'Orléans, son frère, qui l'agrandit considérablement, & qui en jouit, ainsi que ses descendans, jusqu'à Louis XII, alors Duc d'Orléans, qui donna la majeure partie de son Hôtel de Bohême aux Filles Pénitentes, en 1498. Il fut ensuite appelé *Hôtel de la Reine*, parce que Catherine de Médicis, qui y vint demeurer, l'agrandit & l'embellit, après avoir placé ailleurs les Filles Pénitentes. Elle

plus grands princes, & où S. Louis & Philippe le Bel faifoient leur réfidence ordinaire. L'enceinte de la halle aux grains, de 88 pieds de diamètre, a une circonférence de fix rues, chacune de 24 pieds de large. On a laiffé fubfifter en dehors de l'enceinte, la fameufe *Colonne Dorique*, de cent pieds de haut, bâtie par Catherine de Médicis, pour fervir aux Obfervations céleftes. Le bâtiment intérieur de la halle eft fermé par des grilles, & formé par vingt-cinq arcades, au deffus defquelles on monte, par deux efcaliers d'une conftruction admirable, à la halle où font entrepofés des menus grains dans des corridors voûtés & conftruits en brique.

Après les halles, les autres principaux MARCHÉS de Paris, font le *Marché Neuf* dans la Cité près l'églife de Saint-Germain le vieux; on n'y vendoit autrefois que des herbes, mais la Ville a permis qu'on y établît les étaux au poiffon. Dans l'Univerfité, le

---

fit élever la fameufe Tour Aftronomique, qui fubfifte encore. C'eft ce même Hôtel, appelé depuis *Hôtel de Soiffons*, que la Ville acquit, par ordre du Roi, pour y établir un Marché public, qui a donné lieu à un fameux procès entre l'Archevêque de Paris & la Ville, au fujet de l'indemnité & des lods & ventes de cette acquifition. Cette conteftation indécife, nous a valu l'*Hiftoire de l'Hôtel de Soiffons*, par M. l'Abbé Terraffon, & le *Mémoire refponfif fur la Topographie de Paris*, par M. l'Abbé Bouquet, ouvrage curieux, où il règne une connoiffance profonde du droit public & de notre Hiftoire. J'ai cru devoir donner cette notice de l'emplacement des nouvelles Halles, parce qu'on a confervé, dans leur conftruction, la Tour de Médicis.

Marché de la place Maubert, qui étoit autrefois l'un des plus considérables & des plus fréquentés de Paris. Dans le fauxbourg Saint-Germain, le *petit Marché* ou *Marché de l'Abbaye*, qui est aussi très-considérable, quoiqu'il soit fort serré; & le marché de la *Croix Rouge*, auprès des Prémontrés Ste. Anne. Dans la Ville, le *Marché d'Aguesseau*, fauxbourg Saint-Honoré; le *Marché du cimetière Saint-Jean*, près la rue Saint-Antoine, qui servoit autrefois de cimetière pour toutes les paroisses qui n'en avoient point de particuliers, avant l'établissement de celui des Saints-Innocens. Le *Marché près Saint-Paul*; celui *du Marais*, ceux du fauxbourg Saint-Antoine, &c. Il y en a également dans tous les quartiers, dans les grandes rues & aux carrefours: ce sont autant d'*aides* de la halle, qui est, comme on l'a dit, le marché général & commun où se fait la première distribution des denrées, pour de-là être transportées dans tous les autres marchés.

Indépendamment d'environ 600 maîtres *Boulangers* établis en boutiques, il y a quinze à seize cents boulangers des environs de Paris, qui sont obligés d'apporter du pain les mercredi & samedi de chaque semaine à la halle, & dans les différens marchés qu'on vient de nommer. On peut ajouter à ces marchés publics, ceux des *deux Vallées*; le premier où l'on vend toute la volaille qui peut se consommer dans Paris, se tient sur le quai des Augustins. Celui appelé la *Vallée de Misère* ou de *la Ferraille*, est pour les arbres & pour les fleurs, qui, deux jours de la semaine, convertissent le quai de la Mégisserie en

un

un parterre couvert de fleurs. Le *Marché au Vin* est à la porte Saint-Bernard ; le *Marché aux Chevaux*, au bout de la rue Saint-Victor, près de la Salpêtrière, &c. &c. Les *boucheries* de Paris (1), au nombre de 50 à 60, sont établies dans toutes les grandes rues & les différens quartiers de cette capitale. La plus ancienne, après celle de la Porte de Paris, établie par Louis le Gros en 1133, est celle que les Templiers firent construire malgré les bouchers de Paris, en 1182. Après celle-là, fut construite en 1274 la boucherie du fauxbourg Saint-Germain, dont les bouchers devoient être natifs de ce même fauxbourg.

---

(1) La première & la plus ancienne Boucherie est celle de la *Porte de Paris*, ainsi nommée, parce qu'elle est située près du Châtelet, qui a servi autrefois de Porte à la Cité. Elle fut établie en 1133, par Louis le Gros, à la place d'une grande maison du nommé Guerry de la Porte, que ce Prince acquit du Prieuré de S. Martin-des-Champs. Elle appartint, dans la suite, à une famille puissante de Paris, nommée de Saint-Yon ; qui étoit très-nombreuse, & qui descendoit des anciens Barons de Saint-Yon (près de Chartres) & de Montlhery. Le crédit de cette famille, soutenu des Bouchers qui dépendoient d'elle, causa de grands désordres dans Paris, sous le règne fâcheux de Charles VI, par les liaisons qu'elle avoit avec le Duc de Bourgogne, comme on le verra dans notre Histoire. Ce fut à l'occasion de ces désordres que la Boucherie dont il s'agit, fut démolie en 1416. On la rétablit quelques années après ; elle fut long-temps la seule, parce que les Bouchers prétendoient avoir le droit d'empêcher d'en bâtir de nouvelles. La nécessité mit des bornes à ces prétentions ; & la ville de Paris s'étant considérablement agrandie, on établit de nouvelles Boucheries dans tous les quartiers, &c.

Tome I. L

La quatrième, fut celle du cimetière Saint-Jean, établie en 1495, & cédée presque en même temps aux anciens bouchers, pour y vendre pour leur compte, &c.

Le COMMERCE de Paris (excepté les objets de goût & de luxe, dont on parlera plus bas, & dont cette ville fournit la France & toute l'Europe) n'est presque qu'un COMMERCE DE CONSOMMATION; mais il est immense. En effet, les consommations annuelles de bouche sont si considérables, que cette ville met tout le royaume à contribution; & cependant la sage prévoyance des magistrats empêche qu'on ne s'y sente à certain point des temps de calamité, qui affligent quelquefois les campagnes & les provinces. On estime, qu'année commune, il se consomme à Paris 1800 mille setiers de blé (1); 900 muids de

---

(1) Le setier de blé pèse, année commune, 240 liv.; c'est le douzième du muid, qui est la plus grosse de toutes les mesures à grain.

Ainsi le muid (*modius*) vaut douze setiers, & pèse aux environs de 3 milliers.

Le setier (*sextarius*) vaut deux mines, & pèse environ 240 liv.

La mine (*mina, medimnus,*) vaut deux minots, & pèse 120 liv.

Le minot (*semi-medimnus*) vaut trois boisseaux, & pèse 60 liv.

Le boisseau (*modiolus*) vaut quatre quarts, & pèse 20 liv.

Le quart (*quadrans*) vaut quatre litrons, & pèse 5 liv.

Le litron (*quartilla*) qui est la plus petite des mesures, a

sels (le muid de 48 minots); 77 mille bœufs ou vaches; 120 mille veaux, 420 mille moutons, 14400 cochons, 33977 morues, 32590 barils de harengs, 3250 barils de saumon salé, 1340 barils de maquereaux salés; 450 mille muids de vin, sans les eaux-de-vie & la bière, dont il se fait une très-grande consommation: (le muid de vin, mesure de Paris, contient 300 pintes); 41315 muids de charbon; de 4 à 500 mille voies de bois; 3212 muids d'avoine, dix millions 200 bottes de foin & de paille; cinq millions 4519 livres de suif; environ 160 mille rames de papier pour l'impression, & 28000 pour l'écriture, les cartes, estampes, &c. &c. (1). L'Al-

---

3 pouces 10 lignes de large, sur 3 pouces 6 lignes de haut: il doit peser 20 onces, ou une livre un quart.

Les bons économes qui veulent acheter les grains au poids, parce que plus le grain pèse, meilleure est la farine en qualité & en quantité, attachent deux litrons à une balance, & se servent de poids proportionnels à la livre, comme le litron l'est au setier. *Voyez* ce que j'ai dit à ce sujet, dans mon *Traité de la Connoissance générale des Grains*, & dans les *Supplémens de l'Encyclopédie*, au mot *Balance d'essai*.

(1) On a déja observé plus haut, Art. II, que si l'on pouvoit compter sur la justesse de ces états de consommation, on pourroit en induire, par le calcul, que la population de Paris approche d'environ 900 mille ames, ou passe ce nombre. Dans le temps même qu'on imprimoit cet Ouvrage, M. Morand, de l'Académie des Sciences, y a lu un Mémoire sur la population du Royaume, & sur celle de Paris en particulier, qu'il ne porte qu'à environ 700 mille ames. En attendant que son Mémoire & ses raisons soient publics, voici la petite note qu'il a eu la bonté de m'envoyer:

manach Parisien dit qu'il se consomme par an 15000 muids de blé, & 350 mille muids de vin, non com-

« M. Morand, qui a donné dans le Volume des Mémoires de
» l'Académie des Sciences pour l'année 1771, un Tableau de
» mortalité pour la ville de Paris, avec des Réflexions, depuis
» le commencement du siècle, jusqu'en 1770 inclusivement,
» ayant eu occasion, en continuant ce travail (sur lequel
» il a lu un second Mémoire à la rentrée du 14 Avril 1779)
» de comparer la population actuelle de cette Capitale avec
» celle du Royaume, établit, d'après les résultats de sup-
» putations faites par différentes personnes qui s'occupent de
» ce genre de spéculations, qu'il y a depuis une trentaine
» d'années, augmentation marquée de population, & dans
» la Capitale, & dans la plus grande partie des Provinces du
» Royaume: le nombre des personnes vivantes dans Paris,
» est porté de six cents mille à près de sept cents mille ; celui
» des Sujets du Royaume est porté de 22 à 24 millions.
» Dans un troisième Mémoire, destiné pour les séances
» particulières de l'Académie, M. Morand examine les ob-
» jections qui paroissent donner des armes pour infirmer la
» vérité de cette population, de cette diminution de mortalité,
» de cette longévité soit dans la Capitale, soit dans les Pro-
» vinces ; objections puisées dans la dépravation des mœurs,
» le luxe, les débauches, qu'on reproche à la Capitale ».
Cette note servira à compléter ce qui a été dit plus haut
sur l'article de la population. Je dois seulement prévenir que
je persiste à croire qu'elle excède le nombre de 800 mille
personnes, & que je me crois d'autant mieux fondé à admettre cette opinion, que c'est le sentiment de M. Jaillot,
auteur des *Recherches critiques sur Paris*, dont on connoît
l'exactitude. Ce laborieux Ecrivain m'a assuré que ses Réflexions & ses Recherches, concouroient également à le persuader que le nombre des habitans de Paris étoit de 8 à 900
mille. Les auteurs d'un *nouveau Dictionnaire de Paris*, comptent un million d'ames.

pris la bière, le cidre, &c. plus de 100 mille bœufs ou vaches, plus de 480 mille moutons, plus de 25000 veaux, plus de 140 mille porcs, &c. On voit par ces prodigieuses différences, que ces sortes d'états de consommation ne sont pas justes. On devroit les publier tous les ans, duement certifiés des officiers qui ont cette partie de l'inspection de la police, & de ceux qui perçoivent les droits sur les consommations (1).

LES FOIRES qui se tiennent dans Paris, sont au nombre de sept ; savoir, celle de Saint-Germain des Prés, de Saint-Laurent, de Saint-Ovide, du Parvis, du Temple, de Saint-Victor, & du petit Bezons. Les deux premières sont les plus considérables. La *foire de Saint-Germain des Prés* a été accordée par Louis XI, aux Religieux de l'Abbaye de ce nom, en 1484. L'ouverture s'en fait par accord des Religieux de Saint-Germain avec ceux de Saint-Denis, le 3 février, par le Lieutenant de Police, avec les Officiers du Châtelet ; elle finit le dernier jour de la Passion. Elle est située à peu de distance de l'Abbaye, sur la paroisse de Saint-Sulpice. Elle consistoit, avant l'incendie qui la consuma en 1762, dans un grand bâtiment couvert, divisé en nombre d'allées qui

---

(1) On évalue les droits sur les entrées de Paris, à vingt millions, année commune ; somme immense ! mais aussi, quelles richesses, quelles ressources que celles qui se trouvent dans cette Capitale du Royaume !

La capitation est un objet d'environ deux millions, & le dixième des maisons de Paris, de trois millions, &c.

communiquoient les unes aux autres. Ces allées étoient garnies de boutiques, dont les marchands forains de province tenoient une partie dans les huit premiers jours que dure la franchise accordée par Louis XI; le reste étoit occupé par des marchands bijoutiers, de soieries & d'autres galanteries, qui tous les soirs formoient un spectacle assez agréable. Depuis l'incendie, on a bâti des loges assez régulières, en attendant le rétablissement de ce qui a été dévoré par les flammes. Les cours, appelées les préaux, sont occupées par plusieurs loges, où il y a un Waux-Hall, les petits spectacles, des danseurs de corde & des voltigeurs; il y en a aussi quelques-unes destinées à montrer des choses curieuses & singulières, soit animaux, soit instrumens, &c. Cette foire est la plus considérable, parce qu'elle est située dans Paris, & qu'elle se tient en hiver; elle étoit fameuse autrefois par de grosses parties de jeu, où bien des gens se ruinoient; mais ces jeux ont été supprimés.

La *foire de Saint-Laurent* se tient au haut de la rue Saint-Martin & de la rue Saint-Denis, au fauxbourg de Saint-Laurent, dans un grand enclos de 126 toises de longueur, sur 88 de largeur. Elle commence le 28 juin, & dure six semaines. Elle a pris naissance d'une foire que le Roi Louis VI accorda autrefois aux Religieux du Prieuré de Saint-Lazare, & dont Philippe Auguste acquit le droit pour le transférer où sont à présent les halles. Quelque temps après, il en accorda une autre à ces Religieux, sous le titre de *foire Saint-Laurent*, qui ne devoit être que d'un jour, le lendemain de la fête de Saint-Laurent; elle fut depuis prolongée depuis le 24 juillet jusqu'à la fin de septembre; & enfin, déterminée comme il a été dit, à commencer du 28 juin. Anciennement, elle se tenoit depuis la Chapelle jusqu'à la porte Saint-Denis; elle a été ensuite fixée dans l'enclos des Prêtres de la Mission, dits de Saint-Lazare. C'est aussi le Lieutenant Général de Police qui en fait l'ouverture. Cette foire est très-agréable par ses promenades, & l'emporte à cet égard sur celle de Saint-Germain; les boutiques sont à peu près fournies des mêmes marchandises, & les préaux occupés par des loges pour le même usage.

La *foire Saint-Ovide* commence le 31 août, & dure 15 ou 18 jours. Elle se tenoit autrefois à la place Vendôme, & à présent dans celle de Louis XV; elle forme un coup-d'œil agréable, sur-tout aux lumières, par des boutiques de même symétrie dans toute la place, & qui sont enlevées la foire finie: on y voit aussi toutes sortes de baladins qui attirent le peuple par des parades. La *foire du Parvis* ou *aux Jambons*, se tient le mardi de la Semaine Sainte, dans la rue & place Notre-Dame; on y vend toute sorte de chair salée & fumée. La *foire du Temple* se tient le jour de Saint-Simon & Saint-Jude & le lendemain, dans les cours du Temple & aux environs : on y vend toutes sortes de marchandises, & sur-tout beaucoup de manchons. La *foire de Saint-Victor* ou de *Saint-Clair* commence le 18 juillet, & dure neuf jours. Celle du *petit Bezons* se tient le premier dimanche après le 30 août, dans les allées des Champs Elisées, ce qui la rend très-agréable.

La plupart des rues de Paris, sur-tout celles qui approchent le plus du centre de cette capitale, sont autant de foires continues & perpétuelles ; aussi le commerce & la consommation qui se font dans cette ville sont-ils immenses. Pour entretenir ce commerce, il y a dans Paris *six corps de marchands* ; savoir, la *Draperie*, l'*Epicerie*, la *Mercerie*, la *Pelleterie* & l'*Orfévrerie* ; auxquels on a joint le corps de la *Librairie & Imprimerie*, & celui des *Marchands de Vin*. Suivant les listes de 1767, dressées par les maîtres & gardes de chacun des *six corps*, le nombre total des marchands maîtres, & des veuves jouissant du privilège de leurs défunts maris, montoit à 4084 (1). Outre ces huit corps, il y a

---

(1) A la revue des bourgeois de Paris sous Henri II, & en présence de ce prince, les seuls marchands merciers formoient un corps de 3000 hommes, qui plut tellement au Roi par sa magnificence & sa bonne mine, que par une marque de distinction, ce monarque voulut que le prince de la Roche-sur-Yon se mît à la tête pour le faire marcher en ordre de bataille, & lui faire faire les évolutions. Aujourd'hui cependant le même corps des merciers ne se monte pas à 2200 maîtres ; ce qui fait présumer qu'à la première époque, d'autres corps aujourd'hui distincts se trouvoient réunis à celui des merciers. Rien en effet n'autorise à présumer que le nombre des maîtres de ce corps soit diminué, le commerce & le luxe ayant augmenté, & diverses circonstances ayant porté le Gouvernement à créer de nouvelles maîtrises dans tous les corps, &c.

116 communautés d'arts & métiers ou *corps de jurande*, formant en tout 124 communautés, réduites

Les *six corps* des marchands de Paris ont varié, soit pour le nombre, soit pour la prefféance; ce n'est que sur la fin du seizième siècle qu'ils ont été fixés au nombre de six. Ils ont été mandés, depuis plusieurs siècles, pour porter le poêle ou dais, soit à l'entrée de nos Rois & de nos Reines, soit aux Légats, aux Princes étrangers ou autres qui doivent être honorés de cette distinction. On peut sur tout cela, consulter le *Recueil de Sauval*.

Il y avoit, dès la seconde race, un *Roi des Merciers*, qui avoit juridiction sur tous ceux qui se mêloient du commerce dans le royaume. Par une Déclaration du mois d'avril 1597, Henri le Grand, qui avoit fort à cœur le commerce du royaume, supprima la charge de *Roi des Merciers*, annulla toutes les lettres d'apprentissage & de maîtrise données en son nom, avec défense d'en expédier à l'avenir; & depuis ce temps il n'est plus fait mention du *Roi des Merciers*.

L'art. 98 de l'Ordonnance d'Orléans en 1560, avoit ordonné que tous les statuts des corps & communautés seroient revus & corrigés, réduits en meilleure forme & en langue plus intelligible, & confirmés par lettres-patentes du Roi. Mais les guerres de religion qui agitèrent long-temps le royaume, empêchèrent l'exécution de ce beau projet. Louis XIV donna un Edit du mois de mars 1673, pour le renouvellement général de tous les statuts des corps & communautés; & par autre Edit de mars 1691, portant création de maîtres, gardes & jurés en titre d'office, les corps & communautés de la ville de Paris furent portés à cent vingt-neuf, dont six néanmoins n'eurent point de lettres; ce qui les a fait fixer à cent vingt-quatre communautés, réduites par des réunions à cent vingt, y compris les six corps des marchands, que l'usage cependant est de distinguer des autres communautés d'arts & métiers. La révolution occasionnée par les Economistes qui vouloient établir, d'après leur système, une

à 120, à cause de quelques réunions, & composant plus de 35000 maîtres. Quelques-unes de ces communautés, comme celles des tailleurs, des cordonniers, &c. ont jusqu'à 18 & 1900 maîtres; non compris les *privilégiés patentés*, & ceux qui, sans être patentés ni reçus à aucune maîtrise, travaillent dans les *lieux privilégiés*, qui sont le fauxbourg Saint-Antoine, le Temple, l'abbaye Saint-Germain des Prés, l'enclos du prieuré de Saint-Martin, les Quinze-Vingts & Saint-Jean de Latran : d'autres y ajoutent encore le cloître & parvis Notre-Dame, la cour Saint-Benoît, l'enclos de Saint-Denis de la Chartre, la rue de Lourfine au fauxbourg Saint-Marceau, & la cour de la Trinité. On met aussi de ce nombre & avec raison, les galeries du Louvre, l'hôtel Royal des Gobelins, & les maisons des peintres & sculpteurs de l'Académie. Les palais & hôtels des Princes du sang, sont également respectés comme des lieux privilégiés. Les collèges mêmes des Universités ont des espèces de priviléges, &c. Indépendamment des 120 corps de jurande dont on vient de parler, on compte encore 17 ou 18 communautés non patentées & qui n'ont point de statuts en forme, comme les bateliers, les bouquetiers, les coëffeuses, les marchands de chevaux, les écrivains, les imagers, les organistes, les pêcheurs, &c.

C'est par les mains de ces différens marchands,

---

liberté générale, & qui avoient beaucoup écrit pour la suppression des maîtrises & jurandes, a été de courte durée; & les choses ont été remises sur l'ancien pied.

ouvriers & artisans, que passe tout le commerce de Paris, tant pour la vente des marchandises de leur propre fabrique, que pour celles qui leur viennent du dehors : en effet, Paris peut être regardé comme le centre de tout le commerce qui se fait dans le royaume. Son principal commerce consiste dans toutes les marchandises de modes, pour homme & pour femme, dont il se fait des expéditions pour les pays les plus éloignés ; en bijouteries, où l'art de l'ouvrier l'emporte toujours sur la richesse de la matière ; en draps de Julienne & leur teinture en écarlate ; en étoffes d'or, d'argent & de soie ; en damas, velours, moires, taffetas, gazes, raz de Saint-Maur ; en fabriques de galons, rubans en or, argent & soie, qui ont une réputation très-étendue. La fabrique des bas de soie, de fleuret & de laine, soit au métier, soit à l'aiguille ; celle des chapeaux de castor & autres qualités, dont il se fait des envois considérables ; celle des tapisseries de haute & basse lisse, & de ces tapisseries soufflées dont les fonds sont de toile ou de papier, & les fleurs en dessins de laine hachée ; celles des glaces, des tapis façon de Perse ; les ouvrages de menuiserie en bois de placage, qu'on nomme marqueterie, & tant d'autres objets de luxe, dont le détail seroit aussi long qu'ennuyeux. L'imprimerie, la librairie & la gravure, forment aussi un des articles les plus essentiels du commerce de cette ville.

Pour avoir une idée plus précise du commerce particulier de Paris, on va indiquer les principales manufactures de cette capitale.

La *Manufacture royale des Gobelins*, située rue du fauxbourg Saint-Marceau, est ainsi nommée de Gilles Gobelin, teinturier en laine, qui mit en usage sous François I, l'art de teindre la belle écarlate, qui en a pris son nom. Louis XIV fit bâtir l'hôtel actuel des Gobelins (1), de 88 toises de longueur sur 76

---

(1) Ce fut en 1667, que ce lieu changea le nom de *Folie Gobelin*, qu'il avoit porté jusqu'alors, en celui d'*Hôtel royal des Gobelins*. M. Colbert, surintendant des bâtimens, jardins, arts & manufactures de France, & l'un de ces hommes rares que la Providence se plaît à former pour la gloire des Etats & le bien des peuples, fut le promoteur de cet établissement. C'étoit par les soins de ce grand homme, que venoient d'être rétablies & embellies les Maisons royales, & sur-tout le Louvre & les Tuileries. Il pensa alors à faire travailler à des meubles qui répondissent à la magnificence des superbes maisons que le Roi avoit ordonnées. Il rassembla, dans ce dessein, une partie de ce qu'il y avoit de plus habiles ouvriers dans le royaume en toutes sortes d'arts & de manufactures, particulièrement de peintres, de tapissiers, de sculpteurs, d'orfévres & d'ébénistes. Il attira aussi en France, plusieurs de ceux des mêmes professions qui étoient les plus célèbres dans les pays étrangers; il obtint pour eux des priviléges & des pensions, & porta le Roi à acquérir l'hôtel des Gobelins pour les y loger. Il fit rendre l'Edit de novembre 1667, qui contient dix-sept articles de réglemens, pour assurer l'état de ces différens artistes, & fixer leur police. C'est de cette manufacture royale des Gobelins, que sont sortis tant d'excellens ouvrages en tout genre, qui servent d'ornemens aux maisons royales: c'est aussi dans cet hôtel que se sont perfectionnés tant d'habiles ouvriers qui, depuis son établissement, se sont répandus dans le royaume, où ils ont poussé les beaux arts au point de ne plus faire envier ni regretter

de largeur, & où coule la petite rivière de Bièvre. Il est destiné aux manufactures royales. On y loge aussi des artistes & ouvriers qui travaillent ordinairement pour le Roi, sous la direction du surintendant des bâtimens. C'est-là que se font les plus belles tapisseries de l'Europe, dont les plus grands peintres du royaume sont chargés de composer les cartons. On sait quelle est la réputation des teintures dites des Gobelins, & sur-tout de ces belles écarlates qui se font dans les fabriques & ateliers des teinturiers établis dans le fauxbourg Saint-Marceau aux environs des Gobelins. La manufacture de draps établie au même lieu, est renommée par la bonté, la finesse des laines, leur préparation & teinture.

La *Manufacture royale des Glaces*, où l'on polit

---

par les François, les ouvrages tant vantés des Grecs & des Romains. On peut dire en particulier, que les tapisseries de haute & basse lisse y ont acquis le dernier degré de perfection, sous la surintendance de MM. Colbert & de Louvois: on peut même douter que l'Angleterre & la Flandre aient jamais rien fait voir de plus parfait que les Batailles d'Alexandre, les quatre Saisons, les quatre Elémens, les Maisons royales; & une suite des principales actions de Louis XIV, exécutées aux Gobelins en haute & basse lisse, sur les dessins du célèbre Lebrun, par les ordres de Colbert. On doit dire la même chose des tapisseries que M. de Louvois a fait faire, d'après les plus beaux originaux du Cabinet du Roi, de Raphaël, de Jules Romain, & d'autres semblables peintres illustres des écoles d'Italie, qu'il avoit auparavant fait peindre en grand par les plus habiles peintres François, tels qu'étoient alors les Coypel, les Boulogne, la Fosse, Jouvenet, & plusieurs autres.

celles qui se font à Saint-Gobin, près la Fère en Picardie, & à Tourlaville, près Cherbourg en Normandie, est située à Paris, rue de Reuilly, au fauxbourg Saint-Antoine. Il n'y avoit point en France de manufactures de glaces à miroir avant 1665 ; ce fut le même Colbert qui le premier conçut le dessein d'y en établir une, & le sieur Nicolas Dunoyer en fut le premier entrepreneur. Après avoir attiré des ouvriers de Venise, il fit son établissement à Tourlaville, à cause du voisinage de la forêt de Brie. Ces étrangers formèrent en peu de temps des ouvriers François, qui réussirent bientôt à surpasser leurs maîtres, & à faire des glaces soufflées plus belles que celles de Venise. Une douzaine d'années après ce premier établissement, le sieur Abraham Thevart proposa à la Cour une nouvelle fabrique de glaces, dont jusqu'alors on n'avoit point entendu parler en Europe. Ces glaces devoient se couler à la manière du plomb, que les plombiers réduisent en tables. Cette nouvelle invention donnoit non-seulement la facilité de faire des glaces du double de la grandeur & du volume de celles qui se souffloient à la manière de Venise, mais encore de fondre toutes sortes de bandes & bordures de miroirs, de corniches, de chambranles, de moulures, & autres pareils ouvrages d'architecture en cristal. Les propositions du sieur Thevart furent examinées & acceptées au conseil du Roi, & la nouvelle manufacture établie à Paris ; mais les frais y étant considérables, principalement à cause de la grande consommation de bois fort cher dans la capitale, les entrepreneurs transférèrent leur manufacture à Saint-Gobin, près de la Fère en Picardie, au voisinage d'une grande forêt & de la rivière d'Oise, qui descend à Paris. En 1695, la manufacture des glaces soufflées fut réunie à celle de Saint-Gobin, & elles sont toutes deux dirigées par la même compagnie, qui a son dépôt à Paris, où l'on polit les glaces. On en a diminué le prix en 1758, à cause de la concurrence d'une troisième manufacture de glaces, établie dans ces derniers temps à Rouelle en Bourgogne (1).

La *Manufacture royale des Tapis de la Couronne*, est au bas de Chaillot: c'est-là qu'on fait ces riches tapis de laine & de soie, qui égalent les véritables Perses pour la beauté des couleurs, & les surpassent par le goût du dessin. Celle de la *porcelaine de Sève*, qui l'emporte sur celle de Saxe, & dont le magasin est rue de la Magdeleine, fauxbourg Saint-Honoré. Celle des *beaux vernis de Martin*, rue du fauxbourg Saint-Denis; celle des *vernis du Roi*, rue du fauxbourg Saint-Martin; celle de *cuir de Hongrie*, même quartier; celle de *maroquins*, rue Saint-Hippolyte, fauxbourg Saint-Marceau; celles de *cuir doré*, de tontisse & de toiles à fleur, rue Saint-Antoine, près la Bastille; celle de *coutil peint*, en façon de verdure & histoire, même quartier; celle de *velours à la turque*, rue du fauxbourg Saint-Antoine, près des Enfans-Trouvés; celle d'*étain en feuille*, pour les

---

(1) *Voyez* ce que j'ai dit, sur cette dernière manufacture, dans la *Description du duché de Bourgogne*, qui comprend l'histoire naturelle & civile de cette province.

glaces, même quartier ; celle de *colle forte*, rue de Charonne, fauxbourg Saint-Antoine ; celle de *lanternes à réverbère*, rue Saint-Louis dans la Cité ; celle de *chandelles*, à Scipion, rue de la Barre, fauxbourg Saint-Marceau, & dans différens quartiers ; celle de *castor*, en différentes rues du fauxbourg Saint-Antoine ; celle *pour dégraisser & épurer les laines*, au port à l'Anglois ; celle de *lampes*, rue Saint-Antoine ; celle de *poêles de faïence*, rue de la Roquette & ailleurs ; celle de *cheminées à la prussienne*, même rue ; celle de *tapisseries peintes*, rues Saint-Antoine & d'Enfer ; celle de *papier façon d'Angleterre*, & celle de *papier velouté*, au fauxbourg Saint-Antoine ; celle de *tapisseries veloutées*, sur toile & papier, au pont Marie ; celle de *l'huile de bœuf*, à la Triperie, à la pointe de l'Ile au Cygne ; celle de *plomb laminé*, rue Bercy, fauxbourg Saint-Antoine & rue Bétisy ; celle de *fer battu à froid* & blanchi, dit *métal blanc*, rue Basfroy & rue de l'Arbre sec ; la *fabrique d'étoffes de soie*, près la porte Saint-Martin, & rue neuve Saint-Laurent ; celle de *gaze*, de *rubans d'or*, d'argent & de soie, de marly, effilé, de franges, de chenilles, de blondes, rue Saint-Denis, depuis la rue de l'Egoût jusque dans le fauxbourg au dessus de Saint-Lazare ; celle de *galons d'or* & autres, rue Saint-Honoré, près la rue des Bourdonnois ; celle de toutes sortes de *cartons*, rue de la Roquette ; celle d'*amidon*, en plusieurs rues ; celle de *chocolat*, dans la cour de la Bastille, & rue Saint-Honoré près Saint-Roch ; les *calendres royales*, rue Cimetière Saint-Nicolas, & rue de Louis le Grand ; les *tanneries*, au fauxbourg Saint-Marceau ; les *jardiniers fleuristes*, au fauxbourg Saint-Antoine ; les *libraires*, papetiers & imprimeurs, rues Saint-Jacques & de la Harpe, quai des Augustins, &c. &c. Les magasins de toutes sortes de marchandises utiles ou rares, sont principalement dans les rues les plus fréquentées, telles que les rues Saint-Honoré, Saint-Denis, Saint-Martin, des Lombards, Dauphine, quai de Gèvres, Pont au Change, &c. &c.

Outre le négoce immense de toutes sortes de denrées & marchandises qui se fait à Paris, les BANQUIERS y ont aussi un commerce d'argent en *Traittes & Remises*, comparable à celui d'Amsterdam & des villes les plus considérables de l'Europe. Les monnoies de change & les écritures se tiennent en livres & sous tournois. On peut consulter les *Tables & Instructions des Négocians*, & sur-tout le *Dictionnaire du Commerce de Savary*, (en attendant celui auquel M. l'abbé Morelet travaille depuis si long-temps,) pour voir les rapports de cette monnoie de change avec celle des autres villes commerçantes de l'Europe. Paris tire ordinairement ses échéances à courts jours, ou à jours certains, ou à une ou deux usances de 30 jours de date, suivant la distance ou l'usage des lieux. Les *Lettres de Change* sur Paris ont dix jours de grace ou de faveur après l'échéance, excepté celles qui sont à vue ou à jour préfix, lesquelles doivent être payées à leur présentation, & protestées à défaut de paiement, &c.

Il se fait à Paris, comme dans tout le reste de la

France, un commerce confidérable en matières d'or & d'argent, qui s'emploient, foit dans la fonte des monnoies, foit dans l'exploitation des différentes manufactures. Le prix de l'or & de l'argent en matière, varie fuivant leur titre. Le *titre* de l'or le plus fin s'exprime par 24 *carats*, qui fe divifent chacun en 32 parties ; celui de l'argent le plus fin par 12 *deniers*, qui fe divifent chacun en 24 *grains*. Les *poids* dont on fe fert pour pefer l'or & l'argent font le *marc*, qui fe divife en huit *onces* ou 4608 *grains*, l'*once* en 24 *deniers* ou 576 *grains*, le *denier* en 24 *grains*. Par arrêt du Confeil d'Etat, du 15 juin 1726, il eft ordonné aux maîtres des monnoies de recevoir l'or du titre de 24 carats, fur le pied de 749 liv. 9 f. 1 den. $\frac{1}{11}$ le marc, & celui des autres titres à proportion ; & l'argent du titre de 12 deniers, fur le pied de 51 liv. 3 f. 3 den. $\frac{3}{11}$ le marc, & les autres titres à proportion. Suivant l'Edit du 26 mai 1726, qui règle le cours actuel des efpèces d'or & d'argent, les louis d'or de 24 liv. doivent être au titre de 22 carats, au remède de loi de $\frac{1}{16}$, à la taille de 30 au marc ; ainfi, le marc d'or monnoyé revient à la fomme de 720 l. Les écus doivent être du titre de 11 deniers, à la taille de 8 & $\frac{3}{10}$ au marc ; ainfi l'écu vaut 6 liv., le demi écu 3 liv., le 5e. d'écu 1 liv. 4 f., le 10e. d'écu 12 f. & le 20e. 6 f. ; & le marc d'argent monnoyé revient à 49 liv. 16 f. On peut recourir pour tous les objets ci-deffus, aux auteurs qui ont traité des monnoies, & qui ont donné des tables de rapport pour les titres & poids d'efpèces d'or & d'argent des différens états réduits en titres & poids de France, & le prix des matières d'or & d'argent suivant le cours & les différences du titre, &c.

Après bien des variations arrivées lors & depuis les temps orageux du Systême, *l'intérêt de l'argent* avoit été fixé au denier 20 ou à 5 pour 100 ; mais en 1766, le roi le réduisit au denier 25 ou à 4 pour 100. Après quelques années, le resserrement de l'argent a forcé de rétablir l'intérêt légitime sur l'ancien pied du denier vingt (1). Quarante agens de

---

(1) C'est à l'abondance des denrées de première nécessité, toujours maintenues à un prix à peu près égal ; c'est à la confiance publique & aux facilités de la circulation, à faire baisser l'intérêt de lui-même, comme en Hollande ; c'est surtout en révoquant l'Edit des hypothèques, & en légitimant par toute la France les obligations portant intérêt sans aliénation du capital, quoique le Clergé soit intéressé en qualité d'usufruitier à l'aliénation des capitaux, qu'on parviendra à faciliter la circulation nécessaire à un Etat riche & commerçant. Ce qui est en usage en plusieurs provinces, comme l'Alsace, la Bresse, &c. où les obligations à intérêts sont permises & licites, passe pour un crime dans d'autres provinces. Cependant le seul moyen de détruire les funestes effets de l'usure qui dévore toutes les classes de l'Etat, c'est de la légitimer, en la fixant au taux réglé par le Prince, & en autorisant les obligations portant intérêt. J'ai donné un Mémoire au Ministre, sur les moyens d'augmenter les revenus du Roi en soulageant les sujets, dans lequel cette matière est traitée à fond. A l'égard de l'égalité du prix des grains, & de son influence sur l'intérêt de l'argent & la richesse de l'Etat, on peut consulter ce que j'en ai dit dans le dernier Chapitre du *Traité général des Grains*, tome II, in-4°, depuis la page 740 jusqu'à la fin. On y prouve que *l'égalité constante*

change, créés en titre d'office, facilitent la négotiation des *lettres* & *billets* de change, & des *effets publics* qui ont cours, tels que les actions de la Compagnie des Indes, promesses à 4 & 5 pour 100, annuités, amortissemens, actions des fermes, billets de loteries royales, lettres des Colonies, actions de la caisse d'escompte, &c. Tous ces effets sont garnis de coupons pour les intérêts, & appartiennent aux porteurs; la cession s'en fait par la remise effective, à la différence des contrats sur la Ville, sur les Tailles, sur les pays d'Etats, &c. qui se cèdent par transport & lettres de ratification, par cession, par reconstitution, &c. On s'assembloit autrefois pour négocier les effets de commerce, dans la *Place du Change*, cour du Palais; mais en 1724, Louis XV établit une *Bourse* à l'instar de celle d'Amsterdam, pour procurer à ceux qui négocient sur les effets publics, un lieu d'assemblée convenable. Cette Bourse a sa principale entrée rue Vivienne, derrière l'hôtel de la *Compagnie des Indes*, dont on parlera ailleurs; il faudroit, en effet, un volume particulier pour traiter ce qui regarde cette compagnie, celle des

---

du prix des grains, maintenue dans le rapport du prix du setier au tiers du marc d'argent, & la *stabilité de la monnoie*, sont la véritable pierre de touche pour juger des Gouvernemens bien réglés. En effet, *l'argent & le pain qui sont aux deux bouts de tout*, suivant l'expression d'un grand politique, sont en même temps la juste mesure l'un de l'autre : varier l'un ou l'autre, causera toujours le même effet, dont la punition suit de près la tentative.

fermiers-généraux, & le commerce des effets publics dont on vient de parler.

La *poste aux chevaux*, qui est des mieux servies, & part quand on veut ; les *diligences*, les *messageries royales*, les *coches*, *carrosses* qui partent à certains jours de la semaine pour toutes les villes du royaume, & qui mènent jusqu'aux villes frontières, où l'on trouve d'autres voitures de communication & de correspondance pour les pays étrangers; nombre de *commissionnaires* fidèles & exacts qui se chargent de faire parvenir dans les pays les plus éloignés, les marchandises & effets qu'on leur confie; la *poste aux lettres*, servie si ponctuellement & si fidèlement ; la *petite poste* établie en 1760 pour l'intérieur de Paris, ses fauxbourgs & banlieue, &c. &c. sont de nouvelles facilités que la capitale présente en tout temps pour la circulation, le commerce & les affaires. Il suffit de recourir aux almanachs pour connoître le service de ces divers objets.

ARTICLE VIII.

Idée générale du Gouvernement Ecclésiastique de Paris; Eglises, Paroisses, Séminaires, Hôpitaux, &c.

On n'a que des idées bien confuses sur la religion des Parisiens, avant l'arrivée des Romains. Le peu de relation que ce peuple devoit avoir avec l'Italie & la Narbonnoise dont il étoit éloigné, lorsque César fit la conquête des Gaules, ne permet pas de supposer que le polythéisme des Grecs & des Romains fût l'objet du culte des Parisiens. Quand il seroit aussi certain qu'il l'est peu que la déesse Isis (1) eut un temple dans le lieu où est l'abbaye Saint-Germain, & que le collège de ses prêtres fût à Issy; quand on voudroit admettre l'existence de tous ces temples que l'auteur des *Essais historiques* place

___

(1) Je remets à traiter cette question dans l'*Histoire de Paris*. On sent bien que, dans une Description générale où l'on ne doit qu'effleurer les objets, je ne peux pas tout dire. Les explications & développemens que je pourrois donner en note, deviendroient fatigans par leur multiplicité, & feroient perdre de vue le mérite de l'ensemble. Ainsi je serai plus réservé sur les Notes, parce que les volumes des descriptions particulières suppléeront à ce qui peut manquer dans celui-ci. D'ailleurs, je répète ici ce qui est dit dans la Préface; c'est l'*Histoire de Paris & de la France*, qui est l'objet capital de mon travail: je ne serai, à l'égard de la Description, qu'un simple éditeur, qui a rassemblé, abrégé & mis en ordre ce qu'il y a de meilleur dans les autres Descriptions de Paris.

autour de Paris ; cette supposition ne pourroit convenir qu'aux temps postérieurs à la conquête, où les Gaulois soumis prirent les mœurs, le langage & la religion des vainqueurs, comme on le fera voir dans la Notice historique.

Quoi qu'il en soit, les Parisiens étoient enveloppés dans les ténèbres de l'idolâtrie, lorsque S. Denis, regardé comme le premier évêque de Paris, vint y apporter les lumières de la foi vers le milieu du IIIe. siècle, & peut-être même plus tard. Plusieurs auteurs ont prétendu que c'étoit S. Denis l'aréopagite, converti par S. Paul, & depuis évêque d'Athènes ; d'autres, que c'étoit un autre saint du même nom, envoyé par le pape S. Clément : ce qui a donné lieu à beaucoup de contestations parmi les savans, dont nous renvoyons la discussion à l'Histoire. Piganiol assure que l'opinion de l'Eglise de Paris est, que celui qu'elle reconnoît pour premier évêque, est un troisième S. Denis, qui, selon Grégoire de Tours, vint dans les Gaules vers le milieu du IIIe. siècle ; il y fut aidé dans le ministère évangélique par le prêtre Rustique & le diacre Eleuthère, & ils y reçurent tous les trois la couronne du martyre.

Hilduin, abbé de Saint-Denis au IXe. siècle, est le premier qui se soit avisé de soutenir, dans la vie de ce premier apôtre des Parisiens, que S. Denis de Paris est le même que S. Denis l'aréopagite. L'anachronisme auroit dû suffire pour empêcher les modernes de suivre cette opinion ; mais il n'y a point de chimère qui ne trouve des défenseurs & des partifans. La fameufe miffion des fept évêques des Gau-les, S. Gatien de Tours, S. Saturnin de Touloufe, S. Denis de Paris, &c. dont parle Grégoire de Tours, *Liv. I, ch. 28*, ne tombe qu'à l'an 250 de J. C.

Les Actes de S. Denis, vrais ou fuppofés, portent *qu'il fit bâtir une églife dans la Cité;* mais les temps étoient trop dangereux pour que l'on pût élever un temple au vrai Dieu au milieu d'une ville, fous les yeux du gouverneur Romain, & dans un fiècle où le chriftianifme étoit profcrit avec tant de rigueur. « Les Actes de S. Denis, dit M. l'abbé Le-
» beuf, ne font pas d'une haute antiquité. C'eft
» d'après le langage emprunté d'une autre vie de
» Saint, qu'on y lit qu'il bâtit une églife dans la Cité;
» ce qui fuppofe feulement qu'il convertit affez de
» Parifiens pour en faire une affemblée de chré-
» tiens, qui fe rendoient fecrettement avec lui dans
» des lieux retirés à la campagne, pour y célébrer
» les myftères le jour du dimanche. » *Voyez l'Hiftoire de Paris, par l'abbé Lebeuf*, Tome I, fect. 2; *& fes Differtations*. Paris, Durand, 1739.

Ce ne fut que l'an 273, ou plus tard felon d'autres, que S. Denis & fes compagnons eurent la tête tranchée, le 9 octobre. La fentence portoit que les trois corps feroient jetés dans la Seine; mais une dame les fit enlever & enterrer fur le lieu même où ils avoient été décapités, appelé dans la Vie de Ste. Geneviève *vicus Catalocenfis*, & *Catulliacus* dans les Geftes de Dagobert. Suivant l'opinion commune, qui a fon fondement dans celle de l'abbé Hilduin, premier auteur de l'*aréopagitifme* de fon saint patron, les trois Saints furent exécutés sur la montagne de Montmartre, *Mons Martyrum*, & enterrés dans le lieu où est aujourd'hui l'abbaye de Saint-Denis en France. Mais il seroit singulier qu'on eût fait alors les exécutions à environ une lieue de la ville; d'ailleurs, Montmartre s'appeloit encore *Mont de Mercure* & *Mont de Mars*, du vivant même d'Hilduin, & plus de 50 ans après lui. Ce n'est que long-temps après que le nom de *Mons Martyrum* a prévalu, vraisemblablement à cause de deux églises qu'on y avoit bâties en l'honneur de S. Denis. M. de Tillemont, *Hist. Ecclésiast. Tom. IV*, pag. 713, dit qu'alors les exécutions se faisoient hors de la ville; & que par *vicus Catulliacus*, il faut entendre la rue ou le chemin qui conduit à *Chaillot*; d'autres disent *Chatou*; & D. Duplessis soupçonne que ce pourroit être sur le chemin de *Chantilly*, qui traversoit le lieu où Dagobert fonda l'abbaye de Saint-Denis.

Le juge qui condamna à mort S. Denis & ses compagnons, s'appeloit *Sisinnius Fescenninus*: c'étoit un tribun ou un préfet qui commandoit les troupes Romaines, sous l'autorité du gouverneur de la province; il est qualifié de *préfet* dans les actes & dans le martyrologe. Les successeurs immédiats de S. Denis furent, suivant les auteurs du *Gallia Christiana, Tom. VII, pag. 13*. Mallon, Massus, Marc que quelques-uns ne distinguent point des deux précédens; Adventus, Victorin, Paul, Prudent & S. Marcel, &c. Il n'est pas possible de fixer les dates. La première liste que nous ayons des évêques de Paris, n'a été dressée que vers l'an 940. Ces premiers évêques sont trop incertains & ont resté trop peu de temps à Paris, pour y avoir augmenté de beaucoup le nombre des chrétiens & avoir élevé des temples matériels; ce ne fut que lorsque la religion chrétienne fut affermie sur le trône des Césars, plus d'un siècle après S. Denis, que l'on trouve des indices d'une église bâtie dans la Cité des Parisiens en 375 ou 380, sous l'évêque *Prudentius*, prédécesseur de S. Marcel, comme on le voit dans la vie de ce saint prélat.

Les liaisons qui avoient toujours subsisté entre les Parisiens & les Sénonois, au point de ne faire qu'une seule & même cité, furent, sans doute, une des causes pour soumettre son évêque au métropolitain de Sens, lorsque la religion chrétienne s'établit dans les Gaules, Paris n'étant pas alors assez considérable pour être érigé en métropole; il ne jouit de cet avantage qu'en 1622 (1). Depuis S. Denis, l'église de Paris

---

(1) Ce siège fut distrait de la *métropole de Sens*, & érigé en archevêché par le pape Grégoire, en 1622, sous l'épiscopat de Jean-François de Gondy. Louis XIII choisit le temps de la vacance du siège de Sens, pour demander en cour de Rome les bulles nécessaires à cette érection; il y eut cependant des contestations qui ne furent terminées qu'en 1664. On donna pour suffragans au nouvel archevêché, les évêques de *Chartres, Meaux & Orléans*. On y a ajouté *Blois* érigé en évêché en 1698. Louis XIV illustra le siège archiépiscopal de Paris d'une nouvelle dignité, par l'érection, faite au mois d'avril 1674, des terres de Saint-Cloud, Creteil, &c. en *duché-pairie*, sous le titre de Saint-Cloud, en faveur de François de Harlay & ses successeurs. On estime à environ 200000 livres le revenu annuel de ce siège; la taxe en cour de Rome, est de 4283 florins. L'archevêque exerce, par ses officiers, deux

a eu cent huit évêques & neuf archevêques. Parmi ces prélats, il y en a eu plusieurs honorés comme saints, & plusieurs autres recommandables ou par leur naissance ou par leur savoir. On distingue plus particulièrement S. Marcel, patron de la ville, mort en 436; S. Germain, grand aumônier de Childebert, vers 557; S. Landry, mort en 660; Pierre Lombard, dit le maître des sentences, mort en 1164; Eudes de Sully, parent de Philippe Auguste; le cardinal Pierre de la Forêt; le cardinal Etienne de Paris; Louis de Baumont; le trop fameux cardinal de Retz, dont on a les mémoires; le savant Pierre de Marca; Hardouin de Péréfixe, auteur de la meilleure vie de Henri IV; le pieux cardinal de Noailles; & le vertueux Christophe de Baumont, archevêque depuis 1746.

---

sortes de juridictions, dont l'une, sous le nom d'*officialité*, s'étend sur tout le diocèse; l'autre, sous le nom de *temporalité*, connoît des appellations des sentences rendues en matière civile par les officiers de justice des terres de l'archevêché. Il y a neuf fiefs dans Paris dépendans de l'archevêché; 1°. celui de la *Trémoille*, dans la rue des Bourdonnois; 2°. le *Roulle*, village faisant aujourd'hui partie du fauxbourg Saint-Honoré; 3°. la *Grange-Batelière*, au bout de la rue Richelieu; 4°. le fief ou arrière-fief des *Rosiers*; 5°. celui d'*Outre-Petit-Pont*; 6°. le fief de *Tirechape*, dans la rue du même nom; 7°. le fief *Pépin* ou *Thibaut-aux-Dés*; 8°. le fief des *Tombes* près l'Estrapade; 9°. le fief de *Poissy*, dont les Chartreux sont propriétaires: dans tous lesquels fiefs & ceux dépendans anciennement de Saint-Magloire & Saint-Eloy, réunis depuis au siège, l'archevêque a droit de justice, de fief & de voierie, &c.

Le DIOCESE DE PARIS est composé de trois *archidiaconés*, subdivisés en vingt *doyennés*, dont treize dans la ville & sept à la campagne; ces derniers sont Chelles, Montmorency, Corbeil, Lagny, Champigny, Mont-le-Héry, & Château-Fort. Le savant abbé Lebeuf nous a donné l'histoire de tous ces doyennés & des églises qui en dépendent, dans son *Histoire du Diocèse de Paris*. Ce diocèse comprend 492 paroisses, dix abbayes d'hommes, quatorze abbayes de filles, vingt-deux chapitres, & un grand nombre de maisons religieuses de l'un & de l'autre sexe (1).

L'ÉGLISE MÉTROPOLITAINE, dédiée à la sainte Vierge sous le titre de Notre-Dame, est située dans l'île du Palais, au même lieu où étoit autrefois un temple de Jupiter, selon le P. Montfauçon, ou de Neptune, selon d'autres: elle a porté le nom de Saint-Denis jusqu'en 522, temps auquel elle fut rétablie sous le règne de Childebert Ier, & dédiée à la sainte Vierge. On la rebâtit sous le roi Robert,

---

(1) Suivant Piganiol, il y a dans le diocèse 22 Chapitres, dont 12 sont dans Paris; 32 Abbayes, dont 4 d'hommes & 6 de filles sont dans Paris; 66 Prieurés, dont 11 sont dans Paris; 184 Monastères ou Communautés, dont 124 sont dans Paris; 474 Cures, dont 59 sont dans Paris, fauxbourgs & banlieue; 256 Chapelles, dont 90 sont dans la ville, fauxbourgs & banlieue, non compris celles de Notre-Dame; 34 Maladreries, dont 5 sont à Paris, &c. Mais son dernier Editeur observe que le nombre des Chapitres, Abbayes, Cures, &c. n'est pas le même aujourd'hui, à cause des réunions, &c.

& elle ne fut achevée que vers l'an 1150 sous Philippe Auguste, par les soins de Maurice de Sully. La hardiesse & la délicatesse de l'architecture de cette église, quoique gotique, la font passer avec raison pour une des plus belles du royaume. On en verra les détails dans les descriptions particulières (1). Le *Chapitre de Notre-Dame* est composé de 8 dignités & de 45 chanoines (outre les chanoines des trois églises de *Saint-Agnant*, de *Saint-Denis du Pas* & de *Saint-Jean le Rond*, situées dans le cloître ou auprès de Notre-Dame, lesquels sont censés *de gremio chori*). L'église collégiale de *Saint-Germain l'Auxerrois* a été incorporée au chapitre de Notre-Dame en 1744.

Il y a encore à Paris plusieurs autres EGLISES COLLÉGIALES; savoir, celles de *Saint-Marcel*, de *Saint-Honoré* & de *Sainte-Opportune*, qu'on appelle les *trois Filles de l'Archevêché*, parce qu'elles sont sous la juridiction de l'archevêque; & celles de *Saint-Etienne des Grès*, de *Saint-Benoît*, de *Saint-Merry* & du *Saint-Sépulcre*, nommées les *quatre Filles*

---

(1) Ce que l'on dit dans ce VIIIe Article sur le clergé & les églises de Paris, n'est qu'une espèce de notice abrégée, ou plutôt une simple nomenclature des églises & couvens de Paris, afin de compléter la Description générale de cette ville, & de tout réunir sous un même coup d'œil. Ce ne sera que dans les volumes de Descriptions particulières qu'on trouvera l'histoire & les curiosités de chaque église. Par la même raison, on ne dit rien des *Conciles* tenus à Paris, au nombre d'environ 60, dont trois ou quatre nationaux : ces objets sont du ressort de l'Histoire.

de Notre-Dame, parce qu'elles font fous la juridiction du chapitre de Notre-Dame. Enfin, trois *Collégiales* indépendantes; favoir, la *Sainte-Chapelle*, fituée dans l'ancienne cour du Palais; la collégiale de *Saint-Louis du Louvre*, rue Saint-Thomas du Louvre; & celle de *Saint-Jacques l'Hôpital*, rue Mauconfeil.

Les Paroisses, au nombre de cinquante-trois, divifent la ville & les fauxbourgs de Paris, en autant de parties (1), y compris les lieux exceptés de

---

(1) La divifion de la ville de Paris par paroiffes, eft plus ancienne que celle qui eft faite par quartiers. C'eft ce qui a engagé M. l'abbé Lebeuf à préférer la divifion eccléfiaftique, dans fon *Hiftoire de la Ville & du Diocèfe de Paris*, à la méthode des annaliftes, qui entre-mêlent indifféremment dans une même année tous les évènemens des différens lieux.

« Cette divifion par paroiffes, dit M. l'abbé Lebeuf, forme
» une efpèce de defcendance généalogique d'églifes, en com-
» mençant par la cathédrale ou églife-mère, & par fes dépen-
» dances médiates ou immédiates, & en fuivant l'ordre des
» temps pour les démembremens qui en ont été formés, &c. »

Son *Hiftoire de Paris* eft divifée en deux parties; la première contient treize Chapitres, dont chacun commence par une églife qui eft féculière, ou qui a été telle dans fon origine, en fuivant l'ordre des temps de leurs fondations, & en y ajoutant le catalogue des Couvens, Chapelles, Collèges & Communautés fitués fur chacune de ces paroiffes, &c.

La feconde partie ne renferme que cinq Chapitres, qui, à leur tour, commencent chacun par une églife monaftique ou monacale, ou bien qui a été telle primitivement; & ces Chapitres renferment dans leurs fous-divifions les églifes paroiffiales qui ont été bâties fur le territoire de ces anciennes maifons monaftiques; & enfuite ce qui eft contenu dans ces

l'ordinaire. Il y a huit paroiſſes dans la Cité, dix-ſept dans la Ville, huit dans l'Univerſité, treize dans les fauxbourgs, & ſept pour les lieux exceptés de l'ordinaire; les voici par ordre alphabétique, avec l'année de leur fondation.

1°. Saint-André des Arcs en l'Univerſité, fondée en 1212.

2°. Saint-Barthelemi, dans la Cité, en 1138.

3°. Saint-Benoît, dans l'Univerſité, en 1183.

4°. Saint-Côme, dans l'Univerſité, en 1212.

5°. Saint-Denis, dans la Cité, excepté de l'ordinaire.

6°. Saint-Etienne du Mont, en l'Univerſité, au XIIIe. ſiècle.

7°. Saint-Euſtache, dans la Ville, en 1523.

8°. Saint-Germain l'Auxerrois, dans la Ville, au VIe. ſiècle.

9°. Saint-Germain le Vieux, dans la Cité, en 1368.

---

paroiſſes, le tout pareillement diſpoſé ſelon l'ordre chronologique.

Cette diſtribution eſt méthodique, & la marche en eſt commode; mais il faut avouer qu'elle ne peut convenir qu'à l'ouvrage de M. l'abbé Lebeuf, parce que toutes ſes remarques ſont dans le genre eccléſiaſtique, & qu'il omet à deſſein ce qui concerne le civil. J'avois un tout autre objet dans la Deſcription générale, où la partie eccléſiaſtique ne forme qu'un ſeul article. C'eſt par la même raiſon, que j'ai rejeté la diviſion par quartiers, qui ne peut convenir qu'à une Deſcription particulière, & qui d'ailleurs eſt la moins méthodique, parce que les objets y ſont épars. *Voyez* ce que j'ai dit à ce ſujet dans la Préface.

10°. Saint-Gervais, dans la Ville, au VIe. siècle.

11°. Saint-Hilaire, dans l'Université, en 1158.

12°. Saint-Hippolyte, fauxbourg Saint-Marceau, X^e. siècle.

13°. Saint-Jacques de la Boucherie, dans la Ville, en 1315.

14°. Saint-Jacques du Haut-pas, fauxbourg Saint-Jacques, en 1633.

15°. Saint-Jacques de l'Hôpital, dans la Ville, en 1315.

16°. Saint-Jean du cardinal Lemoine, dans l'Université, en 1308.

17°. Saint-Jean en Grève, dans la Ville, en 1213.

18°. Saint-Jean de Latran, excepté de l'ordinaire, XIIe. siècle.

19°. Saint-Jean-Baptiste ou Saint-Jean le Rond, dans le cloître Notre-Dame, excepté.

20°. Saints-Innocens, dans la Ville, en 1457.

21°. Saint-Joseph, fauxbourg Montmartre, succursale de Saint-Eustache.

22°. Saint-Josse, dans la Ville, en 1260.

23°. Saint-Landry, dans la Cité, en 1460.

24°. Saint-Laurent, fauxbourg du même nom, en 1180.

25°. Saint-Leu & Saint-Gilles, dans la Ville, en 1617.

26°. Saint-Louis des Invalides, fauxbourg Saint-Germain, en 1674.

27°. Saint-Louis en l'île, dans la Cité, en 1623.

28°. La Magdeleine, dans la Cité, en 491.

29°.

29°. La Magdeleine en la Ville l'Evêque, fauxbourg Saint-Honoré, en 1639.

30°. Saint-Martin, cloître Saint-Marcel, au fauxbourg de même nom, en 1480.

31°. Saint-Médard, fauxbourg Saint-Marcel,

32°. Saint-Merry, dans la Ville, en 1200.

33°. Saint-Nicolas des Champs, dans la Ville, en 1212.

34°. Saint-Nicolas du Chardonnet, dans l'Université, en 1243.

35°. Notre-Dame de Bonne-Nouvelle, dans la Ville, en 1673.

36°. Saint-Paul, dans la Ville, en 1107.

37°. Saint-Philippe du Roule, fauxbourg Saint-Honoré, en 1699.

38°. Saint-Pierre des Arcis, dans la Cité, en 1107.

39°. Saint-Pierre aux Bœufs, dans la Cité, en 1107.

40°. Saint-Pierre du Gros-Caillou, fauxbourg Saint-Germain, fuccurfale de Saint-Sulpice.

41°. Saint-Pierre de Chaillot, fauxbourg....

42°. Saint-Roch, dans la Ville, en 1633.

43°. Saint-Sauveur, dans la Ville, en 1560.

44°. Saint-Severin, dans l'Univerfité, XI°. fiècle.

45°. Saint-Sulpice, fauxbourg Saint-Germain, en 1200.

46°. Saint-Symphorien de l'abbaye Saint-Germain des Prés, excepté de l'Ordinaire.

47°. La Sainte-Chapelle, dans la Cité, exceptée de l'Ordinaire.

Tome I.

48°. Sainte-Croix, dans la Cité, en 1107.

49°. Sainte-Marguerite, fauxbourg Saint-Antoine, en 1712.

50°. Sainte-Marine, dans la Cité, XIIe. siècle.

51°. Notre-Dame de Lorette, aux Porcherons, annexe de Montmartre.

52°. Sainte-Opportune, dans la Ville, en 853.

53°. Le Temple, excepté de l'ordinaire.

Outre les 53 paroisses qu'on vient d'indiquer, & qui forment la division par paroisses, adoptée par l'abbé Lebeuf, suivant l'antiquité des églises, dans son *Histoire du Diocèse de Paris*, il y a encore 13 ou 14 autres églises où se font les fonctions curiales. Telles sont l'église de l'abbaye Saint-Antoine, pour les habitans & domestiques de l'enclos; celles de l'abbaye de Saint-Victor, du prieuré de Saint-Martin des Champs, de Saint-Honoré, de Saint-Louis du Louvre; des hôpitaux de Bicêtre, de la Salpêtrière, de la Pitié, de l'Hôtel-Dieu, des Petites-Maisons, de la Trinité, des Enfans-Rouges & du Saint-Esprit, ce qui fait en tout *soixante-six églises où se font les fonctions curiales*. Aux paroisses de Paris, il faut joindre celles de la banlieue ecclésiastique, au nombre de douze; savoir, Saint-Pierre de Montmartre, Saint-Lambert de Vaugirard, la Chapelle Saint-Denis, la Villette, Saint-Lazare, Saint-Germain de Charonne, Auteuil, Notre-Dame de Boulogne, Saint-Médard de Clichy, Saint-Jacques de Montrouge, Saint-Martin de Villiers la Grande, Passy & Conflans.

Les SÉMINAIRES, sont des espèces de collèges fondés pour élever & instruire les jeunes gens qui se destinent à l'état ecclésiastique; ils sont au nombre de douze: 1°. Le *Séminaire des Anglois*, rue des Postes, fauxbourg Saint-Marcel, fondé par Louis XIV en 1672, pour servir de retraite aux ecclésiastiques Anglois, Irlandois & Ecossois, qui se réfugièrent en France pour cause de religion. 2°. Le *Séminaire des Bons-Enfans*, rue Saint-Nicolas quartier de la place Maubert, où Saint-Vincent de Paule commença le premier établissement des prêtres de sa congrégation, dite de la Mission. 3°. Le *Séminaire des Etudians* ou des *Eudistes*, institué pour les missions de la campagne, par le P. Eudes, frère de l'historien Mezerai. 4°. Le *Séminaire des Irlandois* ou le *Collège des Lombards*, rue des Carmes, fondé pour 100 prêtres & 50 élèves destinés aux missions d'Irlande. 5°. Le *Séminaire des Missions Etrangères*, rue du Bacq, fauxbourg Saint-Germain, fondé en 1663 par Bernard de Sainte-Thérèse, évêque de Babylone. 6°. Le *Séminaire du Saint-Esprit*, rue Saint-Etienne du Mont, fondé pour de pauvres écoliers. 7°. Le *Séminaire de Saint-Louis* & de *Saint-Pierre*, rue d'Enfer, porte Saint-Michel. Cet établissement, commencé en 1691 par François Chanciergues, qui en fit d'abord deux communautés, fut réuni en un seul Séminaire par le cardinal de Noailles en 1704. 8°. Le *Séminaire Saint-Magloire*, rue du fauxbourg Saint-Jacques, étoit une abbaye dont la mense abbatiale a été unie à l'archevêché de Paris; Henri de Gondy, cardinal de Retz, la convertit en

Séminaire, dont la direction fut donnée, en 1620, aux prêtres de l'Oratoire. 9°. Le *Séminaire de Saint-Marcel*, rue Bordet, établi par le Chapitre de cette église, avec l'agrément des archevêques de Paris. 10°. Le *Séminaire de Saint-Nicolas du Chardonnet*, rue Saint-Victor. Cet établissement, commencé en 1612 par le vertueux prêtre Adrien Bourdoise, ami de saint Vincent de Paule, fut converti en Séminaire en 1644, par M. de Gondy, archevêque de Paris, & destiné aux ecclésiastiques qui se préparent aux Ordres. Cet établissement parut si utile, qu'il a été imité par toutes les villes épiscopales du royaume. 11°. Le *Séminaire de Saint-Sulpice*, rue du vieux Colombier, fondé en 1642 par M. Ollier, curé de Saint-Sulpice, qui institua pour le gouverner une société de prêtres, connus depuis sous le nom de *Sulpiciens*. 12° Enfin, le *Séminaire des trente-trois pauvres Ecoliers*, situé rue & montagne Sainte-Geneviève; c'étoit une communauté d'abord fondée pour 5 écoliers, augmentée jusqu'à 33, en mémoire des 33 années que J. C. a passées sur la terre. Claude Bernard, connu sous le nom du *pauvre Prêtre*, l'érigea en Séminaire vers 1633. On porte à plus de seize cents le nombre des ecclésiastiques élevés & entretenus dans les 12 Séminaires de Paris.

Les HÔPITAUX étoient autrefois des espèces d'hospices ou hôtelleries, des maisons publiques, où les voyageurs étrangers recevoient les secours de l'hospitalité. Au lieu de ces maisons, ce sont aujourd'hui des lieux où des pauvres de toute espèce se réfugient, & où ils doivent être pourvus des choses nécessaires aux besoins les plus urgens de la vie (1). On compte jusqu'à *vingt-six hôpitaux* dans Paris : 1°. celui de *Bicêtre* près Ville-Juif, ainsi nommé par corruption, de Jean, évêque de Vincestre, qui le fit bâtir en 1290. Le duc de Berry, frère de Charles VI, qui le fit rebâtir vers 1400, en fit un des plus beaux & des plus vastes châteaux de plaisance qu'il y eût alors en France ; mais il fut détruit en partie dans les guerres civiles de ce règne malheureux. Louis XIV accorda ce château à l'Hôpital-général en 1656. Cette maison, où l'on compte dix mille ames, sert de retraite à quantité de vieillards ; on y renferme les fous, les mendians valides & les libertins. 2°. L'*Hôpital de la Charité*, rue des Saints-Pères, chef-lieu des trente-neuf maisons de l'ordre de S. Jean de Dieu, qui sont en France : cet hô-

---

(1) Les Clercs qui avoient autrefois l'administration des hôpitaux, les convertissoient en bénéfices pour jouir des revenus ; le concile de Vienne, pour remédier à cet abus, transféra l'administration des hôpitaux, à des laïques qui prêteroient serment & rendroient compte à l'Ordinaire. Ce décret respectable, fut confirmé par le concile de Trente. Un moyen sûr d'augmenter les revenus déja immenses des hôpitaux, ce seroit de diminuer le nombre des pauvres, en distinguant les vrais pauvres des mendians valides. Confondre ces derniers avec les pauvres dans les mêmes maisons, c'est oublier qu'on a des terres incultes à défricher, des colonies à peupler, des manufactures à soutenir, des travaux publics à continuer, &c. On peut consulter ce que j'ai dit, dans mon *Traité général des Grains & des Subsistances*, sur les moyens d'éteindre la mendicité, en ouvrant des ateliers à l'indigence, &c.

pital, fondé en 1613, eſt deſſervi par 60 frères; il y a 200 lits, & chaque malade y eſt couché ſeul & bien ſoigné. 3°. Les *Convaleſcens*, rue du Bacq, fondés en 1642, par la ſurintendante de Bullion, pour recevoir pendant huit jours les convaleſcens qui ſortent de la Charité. 4°. L'*Hôpital des Enfans Rouges*, fondé en 1534, par Marguerite de Valois, ſœur de François I, princeſſe chérie des ſavans pour ſa ſcience, & auſſi recommandable par la bonté de ſon eſprit que célèbre par ſa beauté. Cette maiſon ſiſe dans le Marais, eſt pour 80 orphelins, fils de maîtres artiſans, qu'on y reçoit depuis 7 ans juſqu'à 15. François I voulut qu'ils fuſſent habillés de rouge, pour marque de la charité qui les fait ſubſiſter. 5°. L'*Hôpital des Enfans trouvés*, ſitué vis-à-vis l'Hôtel-Dieu, & dont les bâtimens magnifiques furent conſtruits en 1746, par les bienfaits de la Reine défunte, femme de Louis XV. Les enfans expoſés dans Paris, y ſont reçus à toute heure, de jour & de nuit ſans formalité, & leur nombre ſe monte à environ 5000 par an; on les élève juſqu'à ce qu'ils ſoient en âge d'apprendre des métiers. 6°. Il y a un autre maiſon des *Enfans trouvés*, ſituée aux fauxbourg Saint-Antoine, fondée en 1677, par le chancelier d'Aligre: c'eſt le lieu où l'on élève les enfans revenus de nourrice; les filles ſont miſes enſuite à l'Hôpital-Général, & les garçons à la Pitié; ils ſont habillés de gris.

L'*Hôpital-Général*, dit la *Salpêtrière* à cauſe de l'uſage auquel Louis XIII avoit deſtiné cette maiſon ſituée au fauxbourg Saint-Victor, fut établi en 1656 par les soins du surintendant Fouquet, & de M. Pomponne de Bellièvre, pour servir de retraite aux pauvres qui mendient dans Paris; il est appelé *Hôpital-Général*, parce que c'est la principale maison du corps de l'Hôpital-Général, qui comprend encore Bicêtre, l'Hôtel-Dieu, la Pitié, &c. Ce bâtiment, qui est très-vaste & très-commode, a plutôt l'apparence d'un gros bourg que d'un hôpital; il renferme dix à douze mille personnes distribuées selon leur sexe & leur âge, nourries & entretenues avec beaucoup d'ordre. Il y a un corps de logis pour les filles de mauvaise vie, qui y sont en grand nombre, & un autre pour les enfans que l'on met à la correction. Les pauvres des deux sexes, en santé, y sont occupés à des ouvrages convenables, qui aident à leur subsistance, &c. On ne dit rien ici de ce qui regarde l'administration de cet hôpital, ni de ses bâtimens & de la structure singulière de son église; on traitera de cet objet dans les descriptions particulières. 8°. L'*Hôpital du Nom de Jesus*, fondé par S. Vincent de Paule, pour servir de retraite à de pauvres artisans, qui ne pouvant plus gagner leur vie, par vieillesse ou par infirmité, se trouvent réduits à la mendicité. 9°. L'*Hôtel-Dieu*, le plus ancien hôpital de Paris, fondé en 660 par S. Landry & le comte Archambaud, pour y recevoir les malades de l'un & de l'autre sexe, sans exception de personne; il y a en tout 1200 lits, & quelquefois le nombre des malades se monte à 5 à 6000 (1). 10°. L'*Hôpital des*

---

(1) On a souvent & depuis long-temps proposé de placer

Incurables, situé rue de Sève, fauxbourg Saint-Germain, fondé en 1637 par le pieux cardinal de la Rochefoucault; il est sous la direction des administrateurs de l'Hôtel-Dieu. 11°. L'*Hôpital des Petites-Maisons*, ainsi appelé, parce que ses cours sont entourées de maisons fort petites & fort basses, étoit autrefois une maladerie, qui fut destinée sous Charles VIII pour le soulagement des maladies vénériennes, apportées en France après le retour de l'expédition de Naples; aujourd'hui on y renferme les fous. Cette maison, où l'on guérit encore la teigne & les maladies vénériennes, en donnant une somme modique, est aussi un lieu de refuge pour 400 vieillards de l'un & de l'autre sexe, auxquels on donne le logement, &c. 12°. L'*Hôpital de la Pitié*, rue des Coupeaux, fauxbourg Saint-Victor, fondé en 1612, & réuni ensuite à l'Hôpital-Général: c'est actuellement le re-

---

ailleurs l'Hôtel-Dieu, ce qui seroit d'un grand avantage; tant pour les malades, que pour conserver aux quartiers du voisinage la salubrité de l'air & des eaux. Je parlerai dans la suite de ces différens projets; mais il faut perdre l'espérance de voir celui-ci se réaliser, puisqu'après l'incendie arrivé ces dernières années, on a rebâti l'Hôtel-Dieu dans la même place. Par un acte capitulaire de l'Eglise de Paris, de 1168, le lit de l'évêque & celui de chaque chanoine appartiennent à l'Hôtel-Dieu, après leur mort. Suivant les canons, tous les biens des ecclésiastiques appartiennent de droit aux pauvres. L'exécution de cette loi, qui est de droit divin & humain, fourniroit un moyen fort simple pour fonder des Hôtels-Dieu & des hôpitaux, ou pour aider ceux qui ne sont pas assez riches.

fuge des orphelins & des enfans trouvés, qui y font au nombre d'environ 1200, fous la conduite d'une fupérieure, & où on les inftruit pour les mettre en état de gagner leur vie. C'eft dans cette maifon que les adminiftrateurs de l'Hôpital-Général tiennent leurs affemblées. 13°. L'*Hôpital royal des Quinze-Vingts*, rue Saint-Honoré, fondé par S. Louis pour 300 aveugles (1), dont les places font à la nomination du grand-aumônier, &c. 14°. L'*Hôpital du Saint-Efprit*, place de Grève à côté de l'Hôtel-de-Ville, fondé en 1362 pour y retirer les pauvres enfans, & dont Louis XIV donna l'adminiftration à l'Hôpital-Général. 15°. L'*Hôpital Saint-Louis*, rue du faux-bourg Saint-Laurent, fondé en 1607 par Henri IV pour les maladies contagieufes, & dédié à S. Louis, parce que ce prince mourut d'une maladie de cette efpèce. Cette maifon dépend de l'Hôtel-Dieu, qui y envoie fes convalefcens pour fe rétablir. 16°. L'*Hôpital de la Trinité*, anciennement nommé *la Croix de la Reine*, fitué rue Greneta, fondé en 1202 par deux Allemands, pour retirer les pélerins qui

---

(1) Belleforet eft un des premiers qui aient prétendu que c'étoient 300 chevaliers donnés en ôtage par S. Louis au Soudan du grand Caire, & auxquels les Sarafins avoient crevé les yeux; mais on peut révoquer ce fait en doute, puifque les auteurs contemporains, & fur-tout le fire de Joinville, qui accompagna S. Louis dans toutes fes expéditions, n'en difent rien, & que la bulle donnée en 1260, par le pape Alexandre IV, en faveur de cette maifon, à la prière de S. Louis, n'en fait aucune mention.

arrivoient trop tard pour entrer dans la ville, servit dans la suite de retraite aux Confrères de la Passion, qui donnèrent naissance aux spectacles par leurs représentations saintes. Lors du réglement général de 1544, sous François I, pour les pauvres, cette maison fut destinée aux pauvres orphelins: 110 garçons & 36 filles, tous de Paris, & privés de père & mère, y sont élevés jusqu'à l'âge d'apprendre des métiers; ils sont habillés de bleu & donnent 4 à 500 liv. en entrant, mais on leur rend cet argent en sortant; ils donnent la maîtrise à ceux qui les instruisent, &c.

Les *maisons hospitalières de femmes* sont: 17°. La communauté des *Femmes veuves*, située rue du Gros Chenet; elles ont un logement *gratis*, & vivent chacune en particulier suivant ce qu'elles ont. 18°. Les hospitalières *de Notre-Dame de la Miséricorde*, rue Censier: cette maison a été fondée par le président Séguier, en 1624, pour cent orphelines qui y sont élevées & entretenues depuis l'âge de six à sept ans jusqu'à 25; elles donnent la maîtrise gratuite aux apprentifs de ville qui les épousent; ou l'hôpital les dote si elles veulent entrer en religion. Outre les ouvrages convenables à des filles, on leur apprend la musique, le clavecin, le dessin, &c. 19°. Les hospitalières de la *Place Royale*, au nombre de 40 religieuses, fondées en 1624 par la mère Françoise de la Croix, pour le service & le soulagement des pauvres filles & femmes malades, & dotées en 1629 par la reine Anne d'Autriche, pour 28 lits: cette maison se fait honneur d'avoir servi de retraite à Françoise d'Aubigné, depuis marquise de Maintenon.

20°. Les hospitalières de *la Roquette*, dites de *Saint-Joseph*, au fauxbourg Saint-Antoine, fondées en 1739, pour le même objet que celles de la place Royale; leur communauté est de 38 religieuses, & il y a 17 lits fondés pour les malades. 21°. Les hospitalières de *Saint-Gervais*, dites de *Saint-Anastase*, vieille rue du Temple; c'est l'ancien hôpital de Saint-Gervais, fondé en 1171 par Guérin Maçon, & transféré à l'hôtel d'O; la communauté est de 40 religieuses, & il y a trente lits pour les pauvres voyageurs. 22°. Les hospitalières de *Saint-Julien*, rue Mouffetard, fauxbourg Saint-Marceau: communauté de 12 religieuses, où il y a 37 lits, fondés pour des femmes infirmes; les autres malades paient 36 liv. par mois. 23°. Les hospitalières de *Saint-Thomas de Villeneuve*, instituées en 1660 par le P. Ange Proust, augustin, & consacrées au service des pauvres, à l'imitation de Saint-Thomas de Villeneuve, archevêque de Valence, en Espagne; elles ont été établies à Paris en 1700 dans la rue de Sève, & le couvent est chef de l'institut. Toutes les maisons hospitalières dont on vient de parler, sont sous la règle de saint Augustin. 24°. Les *Orphelines du Saint Nom de Jésus*, au nombre de 15 sœurs, desservent l'hôpital de ce nom, fondé rue des Postes, pour y élever 20 filles orphelines jusqu'à l'âge de 25 ans. 25°. Les *Orphelines* de la rue du vieux Colombier, fondées pour le même objet que les précédentes. 26°. Les *Sœurs grises* ou de la *Charité*, rue Saint-Laurent, ont été instituées en 1653 par S. Vincent de Paule & la dame le Gras, pour avoir soin des pauvres &

des malades, que la honte ou d'autres raifons empêchent de fe retirer dans les hôpitaux (1). Les *Sœurs grifes* ont leur maifon principale vis-à-vis des Prêtres de la Miffion, qui en ont toujours eu la direction. Le nombre des fœurs qui font à Paris eft de 40 aux Incurables, & de 80 pour les principales paroiffes, outre celles qui ont foin des enfans trouvés, &c.

Indépendamment des 26 hôpitaux dont on vient de parler, & où l'on compte plus de trente mille perfonnes foignées & entretenues par charité, il

---

(1) Il n'eft point de congrégation de filles plus utile à la fociété que les Sœurs grifes ; ces filles, ainfi nommées de la couleur de leur habillement, ne font point de vœux, & peuvent quitter quand elles veulent. Elles fe difperfent dans les différens endroits où elles font appelées pour y exercer les fonctions de leur inftitut. La fomme requife pour l'établiffement d'une fociété de fœurs de la charité, eft fixée à 200 livres de penfion pour chacune. Elles ont 28 maifons dans le royaume, & 120 hôpitaux, indépendamment de celles qui font difperfées fur les paroiffes des villes, &c.

En confidérant l'utilité de ces fortes de fondations, & de toutes celles dont nous rendons compte dans cet article & le fuivant, on ne peut s'empêcher d'admirer l'efprit de zèle & de charité qui a infpiré ces établiffemens, & les motifs de religion qui les foutiennent dans l'exercice pénible de ces fonctions. C'eft alors qu'on pourroit demander à cette *fauffe philofophie* qui veut tout détruire fans rien édifier, comment elle remplaceroit, dans les fyftêmes abufifs qu'elle propofe, ces divers inftituts créés pour le foulagement de l'humanité pauvre, fouffrante ou miférable. C'eft-là le triomphe de la religion, & de fes miniftres, lorfqu'ils fe renferment dans les devoirs qu'elle prefcrit.

y en a encore quelques autres, tels que, 1°. L'Hôpital *de la Santé :* il fut d'abord établi dans le lieu où est aujourd'hui le Val-de-Grace ; mais la Reine Anne céda un emplacement sur le chemin de Gentilly, aux Administrateurs de l'Hôtel-Dieu, qui y ont fait construire, en 1652, l'Hôpital de la Santé, pour y mettre, en temps de contagion, les malades pestiférés, & il sert de magasins à l'Hôtel-Dieu. 2°. L'Hôpital *de Sainte-Marthe* ou *Scipion*, situé rue de la Barre, fauxbourg Saint-Victor, maison dépendante de la Pitié, & où se tiennent la boulangerie & la boucherie de toutes les maisons de l'Hôpital général, &c. 3°. Le petit Hôpital des *Enfans teigneux*, rue de la Chaise, fauxbourg Saint-Germain, &c. &c. Le *Bureau général des Pauvres* de toutes les Paroisses de Paris, est situé à la Place de Grève. C'est là que se tiennent les assemblées, deux fois par semaine. Ce Bureau a pour chef unique le Procureur général, & il a le droit de lever tous les ans, à Paris, une taxe d'aumône pour les pauvres ; c'est pourquoi il a juridiction & huissiers, tant pour faire les taxes, que pour contraindre les refusans, & ceux qui, étant nommés Commissaires des pauvres, refusent d'en accepter ou d'en faire les fonctions.

On peut encore mettre au nombre des Hôpitaux, les six MAISONS DE REFUGE qui sont dans Paris ; savoir, 1°. Le *Bon-Pasteur*, rue du Chasse-Midi. Cette Communauté de Filles Pénitentes, semblable à celle de Sainte-Pélagie, dont on va parler, fut établie en 1688. Il y a un Supérieure

& environ 160 Sœurs, qui donnent chacune vingt écus en entrant : elles travaillent en commun pour le foutien de la maifon. 2°. Les *Filles de Sainte-Pélagie*, rue du Puits-l'Hermite ; c'eft une Communauté fondée dans le dernier fiècle, pour des Filles Pénitentes qui fe retirent du monde, après avoir donné preuve de mauvaife conduite : elles donnent vingt écus en entrant, mais ils font perdus pour elles, fi elles fortent ; il y a une Supérieure & environ 60 Sœurs ; une partie du bâtiment fert de Maifon de force. 3°. Les *Filles de la Providence*, rue de l'Arbalête, fondées dans l'autre fiècle par Anne d'Autriche, & inftituées par Madame de Pollalion, pour fervir d'afile aux perfonnes du fexe, dont la vertu feroit en danger dans le monde, &c. 4°. Les *Filles du Sauveur*, rue Vendôme, près le Boulevart : Communauté de 40 Sœurs, fondée en 1699, pour les Filles Repenties, &c. 5°. Les *Filles de Sainte-Valère*, près la Barrière de la rue de Grenelle, fondée en 1688 : c'eft encore un afile pour les Filles dérangées ; il y a une Supérieure & 70 Sœurs, qui travaillent pour le foutien de la maifon. 6°. La *Magdeleine* ou les *Magdelonettes*, rue des Fontaines, près du Temple, fondées en 1620 ; il y a 30 Religieufes de l'Ordre de Saint Auguftin. On y renferme les filles de mauvaife vie, pour lefquelles on paye une penfion affez forte ; & on compte environ 2000 filles ou femmes renfermées dans ces fix Maifons de Refuge, fans y comprendre celles qui font à la Salpêtrière, &c.

ARTICLE IX.

Abbayes, Prieurés, Couvens, Commanderies, &c.

LES ORDRES MONASTIQUES forment une classe distincte & séparée du Clergé séculier, moins intéressante pour la société, parce qu'elle tire moins d'utilité de ces pieux établissemens. Il y a dans Paris TROIS ABBAYES D'HOMMES.

1°. L'Abbaye de *Saint-Germain des Prés*, Ordre de S. Benoît, près la rue du Colombier, & dont l'enclos est privilégié; elle fut fondée en 542, par Childebert premier, à l'instigation de saint Germain, évêque de Paris, qui dédia l'église, en 559, sous le titre de Sainte-Croix & de Saint-Vincent; mais ce saint évêque y ayant été enterré, son nom a prévalu insensiblement. Cette ancienne église étoit d'une si grande magnificence, qu'on l'appeloit *Saint-Germain le doré*; mais ayant été pillée & brûlée par les Normands dans le 9ᵉ. siècle, elle ne fut rebâtie, telle qu'elle est aujourd'hui, que dans le 11ᵉ. siècle. S. Germain y mit d'abord des religieux de S. Symphorien d'Autun, dont il avoit été abbé. Dans la suite, ces religieux embrassèrent la règle de S. Benoît, qu'ils suivent encore. Cette abbaye, réformée en 1513, le fut de nouveau en 1631, & agrégée à la Congrégation de S. Maur, dont elle est comme le chef-lieu. La Communauté est de 60 religieux, &c.

2°. l'Abbaye *de Saint-Victor*, rue de même nom, est de l'Ordre de S. Augustin & en commende. C'étoit un Prieuré dépendant de l'Abbaye Saint-Victor de Marseille. Louis le Gros en fit une abbaye en 1113, & la dota de biens considérables, à la prière du célèbre Guillaume de Champeaux, qui en avoit été religieux. La Communauté est ordinairement de 25 Chanoines réguliers; l'Eglise d'aujourd'hui fut rébâtie en 1517, sous le règne de François premier.

3°. L'Abbaye *de Sainte-Geneviève*, située dans l'Université, au haut de la Montagne Sainte-Geneviève, fut fondée par Clovis, pour accomplir le vœu qu'il avoit fait en marchant contre Alaric. L'Eglise dédiée par S. Remy sous le titre de S. Pierre & de S. Paul, ayant été ruinée pendant les guerres des Normands, fut rébâtie & prit le nom de sainte Geneviève, que l'on y avoit inhumée en 509. On y voit encore son tombeau, & ceux de Clovis & de Ste. Clotilde. La Châsse de Ste. Geneviève est élevée sur quatre colonnes de jaspe. Dans les calamités publiques, on la descend & on la porte en procession à Notre-Dame. La nouvelle église que l'ont construit à présent pour y transférer le corps de la Sainte, est disposée en forme de croix grecque, de manière que la Châsse placée au centre, sous le dôme, sera vue de toutes les parties de l'Eglise, &c. L'Abbaye de Sainte-Geneviève est le chef-lieu de la Congrégation des Chanoines réguliers, Ordre de S. Augustin. La Communauté est de 70 Religieux, &c.

Les PRIEURÉS d'hommes sont au nombre de douze. 1°. Celui des *Billettes*, occupé par des Carmes

mes mitigés. 2°. Celui des *Blancs-Manteaux*, établi en 1252, pour des religieux vêtus de blanc, & qui se qualifioient Serviteurs de la Vierge; il est aujourd'hui réuni à la Congrégation de saint Maur. 3°. Le Prieuré de *Saint-Barthélemi*, aujourd'hui paroisse dans la Cité. 4°. Le Prieuré *de Saint-Bon*, à la nomination de l'Archevêque de Paris, en qualité d'Abbé de S. Maur. 5°. Celui de *Saint-Denis de la Chartre*, (*de carcere*) dépendant de Saint-Martin des Champs, ordre de Cluny; il a 7 religieux. 6°. Le Prieuré de Saint-Eloy, près du Palais, appartenant aux Barnabites. 7°. Le prieuré de *Saint-Julien le Pauvre*, près la rue Saint-Jacques, dépendant de l'Hôtel-Dieu. 8°. Le prieuré de *Saint-Lazare*, au fauxbourg Saint-Denis: on y avoit autrefois uni la Léproserie de Paris, & il étoit desservi par des chanoines réguliers; mais en 1632 cette maison fut donnée à la congrégation de la Mission. 9°. Le prieuré de *Saint-Martin des Champs*, deuxième fille de Cluny, est en commende, de l'ordre de S. Benoît; il y a ordinairement 40 à 45 religieux. 10°. Le prieuré de *Saint-Yves*, rue Saint-Jacques, est séculier; il y a une confrérie sous l'invocation de saint Yves, qui fut pendant sa vie avocat des pauvres. On a attaché aux murs de cette église un grand nombre de sacs où sont les pièces de plusieurs procès gagnés, à ce qu'on dit, par des plaideurs qui avoient invoqué ce saint. 11°. Le prieuré de *Sainte-Catherine de la Culture*, ordre de S. Augustin, dépendant aujourd'hui de Ste. Geneviève, a été transféré de la rue Couture Sainte-Catherine, dans la maison des

Jéfuites de la rue Saint-Antoine, par Lettres-patentes du 23 mai 1763, à condition qu'il y aura 20 chanoines réguliers dans cette maifon, &c. 12°. Enfin, le prieuré de *Sainte-Croix de la Bretonnerie*, ordre de S. Auguftin : ce font des chanoines réguliers inftitués par S. Théodore de Chelles, chanoine de Liège, & établis à Paris par S. Louis en 1250 ; leur communauté à Paris eft de 12 religieux, &c.

Les COUVENS & maifons religieufes d'hommes, font au nombre de 40 : nous allons les indiquer par ordre alphabétique.

1°. Les *Antonins*, rue Saint-Antoine, chanoines réguliers de la congrégation de Saint-Antoine en Viennois, avoient été appelés à Paris pour exercer l'hofpitalité envers les pauvres attaqués de la maladie facrée, ou feu S. Antoine. Leur maifon appelée le *Petit Saint-Antoine*, pour la diftinguer de l'abbaye de même nom, étoit autrefois commanderie ; mais elle fut convertie en féminaire pour les jeunes religieux de l'ordre, qui y étoient au nombre de 16 : ils portoient fur la poitrine une croix bleue en forme de T, pour marquer qu'ils étoient autrefois hofpitaliers. Ils ont été fupprimés.

2°. Les *Auguftins*, religieux qui fuivent la règle compofée par S. Auguftin pour les hermites qu'il avoit raffemblés à Hippone, furent établis en France par Guillaume, duc de Guienne, qui prit l'habit de leur ordre. La réforme de cet ordre eft connue fous le nom de petits Auguftins, petits Pères, &c. Ils ont trois couvens à Paris. Les *grands Auguftins*, ainfi nommés pour les diftinguer des réformés de leur ordre. Ils s'établirent à Paris sous S. Louis près la porte Saint-Eustache, dans la rue qu'on nomme encore, à cause d'eux, la rue des Vieux Augustins. Ils achetèrent en 1293 la place où ils ont depuis bâti leur église & leur couvent sur le quai de la Vallée; c'est-là où se font les cérémonies de l'ordre du S. Esprit, qui y a sa chapelle, & occupe plusieurs salles. C'est dans le même couvent que le Clergé a coutume de tenir ses assemblées générales, & où sont ses archives. Cette communauté d'Augustins, ordinairement composée de 90 religieux, relève directement du Général, &c.

3°. Les *petits Augustins*, situés dans la rue de leur nom, fauxbourg Saint-Germain; c'étoient auparavant des Augustins déchaussés, fondés par Marguerite de France, première femme de Henri IV, pour chanter des cantiques *sur les airs qui seroient faits par son ordre*: elle leur substitua en 1612 d'autres Augustins, tirés de la réforme de Bourges, qui commencèrent à faire bâtir en 1617 l'église d'à présent. Le fameux père André le Boulanger, connu sous le nom de *petit Père André*, étoit de cette maison, composée ordinairement de 30 religieux, &c.

4°. Les *Augustins déchaussés* de la place des Victoires, dits les *petits Pères*, ayant été renvoyés par la reine Marguerite, revinrent à Paris en 1619, & furent fondés par Louis XIII, qui leur donna pour armoiries une Notre-Dame des Victoires avec trois fleurs de lis. Leur église fut commencée en 1656, & leur communauté est d'environ 70 religieux, qui laissoient autrefois croître leur barbe & ne portoient point de chauffures; mais la forme de leur inftitut a changé.

5°. Les *Barnabites*, rue Saint-Eloy, prennent leur nom de l'églife Saint-Barnabé de Milan, leur première maifon; on les appelle auffi Clercs réguliers de la Congrégation de S. Paul. Ils occupent depuis 1631 l'ancien prieuré de Saint-Eloy, & font au nombre de 16, &c.

6°. Les *Bénédictins* ont fix maifons à Paris; favoir, Cluny, l'abbaye de Saint-Germain des Prés, les prieurés de Saint-Martin des Champs & de Saint-Denis de la Chartre, les Blancs-Manteaux, & les Bénédictins Anglois. Lorfque S. Maur, premier difciple de S. Benoît, apporta fa règle en France, elle fut reçue par tous les anciens monaftères. Sous Charlemagne, on ne connoiffoit plus en France d'autres moines que les Bénédictins. Anciennement les monaftères de S. Benoît étoient réciproquement indépendans, comme le font encore ceux qu'on nomme *Bénédictins anciens* ou *non-réformés*. En differens temps, des religieux zélés entreprirent d'affujettir à des pratiques uniformes un certain nombre de monaftères. Telle eft l'origine des ordres religieux que l'ordre de S. Benoît a produits, comme ceux de Cluny, Grammont, Fontevrault; & des congrégations ou réformes Bénédictines, telles que celle de Saint-Vannes, érigée en 1604, & celle de Saint-Maur en 1621, dont le fupérieur général réfide à l'abbaye de Saint-Germain des Prés; nous en avons déja parlé, ainfi que des prieurés de Saint-Martin & Saint-Denis. Les *Bénédictins Anglois*, fitués rue du fauxbourg Saint-Jacques : leur monastère, composé de 14 religieux, doit son origine aux Bénédictins Anglois qui se retirèrent à Paris lors des troubles. Jacques II, roi d'Angleterre, y est enterré, &c.

7°. Les *Bernardins*, ordre de Cîteaux, n'ont qu'une maison à Paris, rue de même nom ; c'est une espèce de collège fondé par Etienne de Lexinston, abbé de Clairvaux : il y a environ 20 religieux, &c.

8°. Les *Blancs-Manteaux*, situés rue de même nom, sont de l'ordre de S. Benoît, & de la congrégation de S. Maur. On en a parlé à l'article des prieurés.

9°. Les *Capucins*, de l'ordre de S. François, réformés par Matthieu Baschy, religieux Observantin, ont trois maisons à Paris ; la première rue Saint-Honoré, est le chef-lieu de l'ordre par rapport au royaume : elle fut fondée par Catherine de Médicis en 1576 : il y a 110 religieux, &c.

10°. Les *Capucins de la rue Saint-Jacques*, fondés en 1613 par Godefroy de la Tour ; c'est le noviciat de la province : il y a 60 religieux, &c.

11°. Les *Capucins du Marais*, établis en 1623 par les soins du P. Athanase Molé, frère du Garde des Sceaux : la communauté est composée de 45 religieux, &c.

12°. Les *Carmes*, qui font remonter leur origine jusqu'au prophète Elie, retiré sur le Mont-Carmel avec quelques disciples, ont trois maisons à Paris. Le grand couvent de la place Maubert, est le collège de leur ordre, & leur premier établissement en France. On fait que S. Louis, qui avoit été les visiter au Mont-

Carmel, en amena plusieurs avec lui à son retour de la Terre-Sainte, &c. La communauté est d'environ 70 religieux.

13°. Les *Carmes-Billettes*, au Marais, ainsi nommés de la rue où est leur couvent, ont été substitués en 1632 aux Frères de la charité de Notre-Dame; il y a 40 religieux. Leur église rebâtie depuis peu, est au même endroit où arriva, sous Philippe le Bel, le célèbre miracle de l'Hostie percée par un Juif, &c.

14°. Les *Carmes déchaussés*, rue de Vaugirard, près le Luxembourg, sont de l'austère réforme du P. de la Croix, aide de Ste. Thérèse, Carmélite Espagnole, qui fit recevoir sa réforme par les couvens de filles; ils furent fondés en 1611 par la reine Marie de Médicis: leur communauté est de 45 religieux.

15°. Les *Célestins*, de l'ordre de S. Benoît, portent le nom du pape Clément V, leur fondateur; ils furent établis en 1318, près l'Arcenal, par Charles le Sage, qui fit bâtir leur église. C'est, après Saint-Denis, l'église de France qui renferme le plus grand nombre de monumens funèbres, comme on le verra dans les descriptions particulières. Les Célestins ayant été supprimés dans ces derniers temps par le concours des deux puissances, les Cordeliers doivent être transférés dans ce couvent, &c.

16°. Les *Frères de la Charité*. Voyez ci-devant à l'article des Hôpitaux.

17°. Les *Chartreux*, rue d'Enfer. S. Louis les établit d'abord à Gentilly, & leur donna en 1257 son hôtel de Valvert, où ils sont aujourd'hui. C'étoit un palais à demi ruiné, qui avoit servi de demeure à quelques-uns de nos anciens rois. Comme il étoit abandonné & qu'il en tomboit de temps à autre quelque partie dans l'intérieur, le peuple s'étoit imaginé qu'il étoit occupé par des esprits malins; & les Chartreux n'eurent pas de peine à l'obtenir. Leur église commencée en 1276, ne fut dédiée qu'en 1325. Tout le couvent est entouré d'un vaste clos où les Chartreux vont se promener une fois la semaine, ce qu'ils appellent le *spaciement*, &c.

18°. Les *Clunistes* ont à Paris, près de la place de Sorbonne, un collège fondé en 1269 par Yves de Vergy, abbé de Cluny, en faveur des religieux de cette congrégation, qui font leurs études à Paris. On compte dans cette maison sept Clunistes réformés & 15 non-réformés.

19°. Les *Cordeliers*, l'un des quatre ordres mendians, institués par S. François d'Assise, qui devoit les venir établir lui-même à Paris, où ils arrivèrent en 1216, furent logés au commencement chez les bourgeois, jusqu'à ce que les moines de Saint-Germain des Prés leur aient donné une place où ils bâtirent un couvent, dans la rue dite, à cause d'eux, *rue des Cordeliers*. Leur vrai nom est celui de *Frères Mineurs*; l'autre vient de la *corde* dont ils sont liés. On les distingue en *Conventuels*, & *Observantins* qui suivent la réforme ou première observance rétablie par S. Bernardin de Sienne. Ce couvent est le collège général des huit provinces que les Cordeliers ont en France; il est ordinairement composé de 120 religieux. Leur première église bâtie par

S. Louis, ayant été consumée par le feu, Henri III en fit construire une nouvelle en 1582. On a projeté de transférer les Cordeliers dans la maison des Célestins près l'Arcenal, & leur ancien couvent doit être détruit pour faire une place devant le superbe bâtiment des Ecoles de Chirurgie, &c.

20°. Les *Doctrinaires*, institués à Rome par *Marc Luzani* gentilhomme Milanois, pour enseigner au peuple la *doctrine chrétienne*. César de Bus les établit à Avignon en 1597 ; & la congrégation de ces clercs réguliers fait en France un corps séparé de celle d'Italie. Ils ont trois maisons à Paris. La première, appelée la *maison de Saint-Charles*, rue des Fossés Saint-Victor, fondée en 1628, est composée de 18 prêtres & de cinq frères : le Général y fait sa résidence, &c.

21°. La *Doctrine Chrétienne*, rue Saint-Martin, sous le titre de *S. Julien des Ménétriers*, ainsi nommée, parce que cette maison appartenoit autrefois aux maîtres à danser : c'est une communauté de 15 prêtres, fondée en 1630 sous la protection de la reine Anne d'Autriche, &c.

22°. La *Doctrine Chrétienne*, sous le titre de *S. Charles Borromée*, est une communauté de six prêtres, située rue du fauxbourg Saint-Antoine, &c.

23°. Les *Dominicains*, l'un des quatre ordres mendians, ont été institués par S. Dominique de Gusman, chanoine d'Osma ; il établit leur première maison à Toulouse en 1216, sous la règle de S. Augustin, & sous le titre de *Frères Prêcheurs*, qui annonce le but de leur institut. Il en envoya sept à Paris, où l'Université leur donna un terrain appelé *Parloir aux Bourgeois*, rue Saint-Jacques, & une chapelle dédiée à S. Jacques le Majeur, d'où ils ont pris le nom de *Jacobins*, qui s'est communiqué à tout l'ordre. Les bienfaits de S. Louis contribuèrent à leur établissement & à la bâtisse de leur église. Indépendamment de cette première maison composée d'environ 80 religieux, les Dominicains en ont deux autres à Paris.

24°. Les *Dominicains* de la rue *Saint-Dominique*, fauxbourg Saint-Germain, fondés par le cardinal de Richelieu; c'est le noviciat général de la réforme, ou primitive observance, établie par le P. Le Quien, Parisien: il y a 60 religieux, &c.

25°. Les *Dominicains* de la rue *Saint-Honoré*, fondés en 1611 par Henri de Gondy, évêque de Paris; ils suivent la réforme du *P. Michaëlis*, qui en fut le premier prieur, & qui mourut dans cette maison en odeur de sainteté: il y a 60 religieux, &c.

26°. Les *Eudistes*, institués par le P. Eudes, frère de Mézeray. *V.* ci-devant à l'article des Séminaires.

27°. Les *Feuillans*, réforme de Cîteaux, ainsi nommés de l'abbaye de Feuillans en Gascogne, ont deux maisons à Paris, où ils furent appelés par Henri III. Leur première maison, composée d'environ 40 religieux, est située rue Saint-Honoré près des Tuileries; Henri IV posa la première pierre de leur église en 1601. L'autre maison des Feuillans, rue d'Enfer, est destinée pour servir de noviciat.

28°. Les *Grandmontins*, ou religieux de Grandmont, avoient une maison ou collège de leur ordre, rue Mignon, qu'ils échangèrent avec Henri III pour le prieuré de Grandmont, où sont actuellement les Minimes de Vincennes; mais ils ont été supprimés en 1769, & leur collège réuni à celui de Louis le Grand, &c.

29°. Les *ci-devant Jésuites* avoient trois maisons à Paris; la maison professe, rue Saint-Antoine, donnée aux chanoines réguliers de la Culture Sainte-Catherine; le collège de Louis-le-Grand, rue Saint-Jacques, où ils avoient jusqu'à six cents pensionnaires; & la maison du noviciat, rue du Pot de Fer près Saint-Sulpice, &c.

30°. Les *Lazaristes* ou *Prêtres de la Mission*, au fauxbourg Saint-Denis, institués en 1632 par S. Vincent de Paule, qui avoit fait de cette maison, où il mourut en 1660, le chef-lieu & le séminaire de sa congrégation. S. Lazare, d'où les prêtres de la Mission ont pris le nom de Lazaristes, étoit autrefois un prieuré & hôpital destiné au soulagement des lépreux. Cette communauté, composée de 170 prêtres, est renommée pour les retraites. Ils ne font que des vœux simples; leur général est toujours François, & réside à Paris; leur principal ministère est de faire des missions dans les villages & bourgades, &c.

31°. Les *Mathurins*, dits *Trinitaires* ou Chanoines réguliers de la Rédemption des Captifs, furent institués sur la fin du XIIe. siècle par S. Jean de Matha, Provençal, pour racheter les captifs chrétiens des mains des Barbares. Ils furent établis à Paris dans un hôpital abandonné, où il y avoit une chapelle dédiée à S. Mathurin, confesseur, dont le nom est resté à ces religieux, & à la rue où est établie leur communauté, composée de 40 religieux. Robert Gaguin, historien de France, & l'un de leurs premiers généraux, a fait bâtir l'église, &c.

32°. Les *Pères de la Merci*, institués en Espagne par S. Pierre Nolasque & S. Raymond de Pegnafort, pour la rédemption des esclaves, avec l'obligation de demeurer en ôtage pour eux, ont deux maisons à Paris. La première, *rue du Chaume*, a été fondée en 1613 par Marie de Médicis, à charge que le commandeur ou supérieur de cette maison, iroit chaque année présenter un cierge à la reine régnante le jour de la Purification, &c. Il y a 30 religieux.

33°. Les *Pères de la Merci*, rue des *sept Voies*: Alain d'Albret, prince de Navarre, leur donna ce terrain en 1520 pour y bâtir un couvent, destiné à servir de collège aux religieux de l'ordre, &c.

34°. Les *Minimes*, rue du même nom près la place Royale, institués par S. François de Paule, hermite de Calabre, que Louis XI invita de venir en France. Ces religieux ne furent cependant établis à Paris que long-temps après, par Marie de Médicis, en 1611: leur communauté est d'environ 25 religieux.

35°. Les *Pères de Nazareth*, du tiers-ordre de S. François, au bout de la rue du Temple, ainsi appelés, parce que leur église est sous le titre de Notre-Dame de Nazareth. Leur communauté, composée d'environ 45 religieux, a été établie à Paris en 1636. La règle du *Tiers-Ordre* de S. François, établie d'abord en faveur des séculiers, a donné naissance à un nouvel ordre de réguliers, en ce que ceux des séculiers qui ont voulu observer plus étroitement l'institut du Tiers-Ordre, se sont retirés dans des cloîtres, &c.

36°. Les *Nouveaux-Convertis*, situés rue de Seine Saint-Victor. Cette maison, dont l'église est sous le titre de *Sainte-Croix*, a été établie en 1636, pour ceux qui veulent être instruits à la foi Catholique.

37°. Les PP. de *l'Oratoire*, institués à Rome par S. Philippe de Néri, ont été introduits en France par M. de Bérulle, depuis cardinal, qui forma de toutes les maisons, un corps de congrégation sous un même chef. Cette congrégation où les prêtres ne font aucun vœu, & qui n'a été reçue en France qu'à condition d'être toujours sous la juridiction des Ordinaires, a deux maisons dans Paris, outre le séminaire de Saint-Magloire. La première, située rue Saint-Honoré, où réside le supérieur général, est regardée comme la mère de toutes les maisons de l'Oratoire en France. C'est-là que M. de Bérulle, avec sa société naissante, y fit bâtir l'église à laquelle il travailla de ses propres mains : elle n'a été achevée qu'en 1747. La communauté est ordinairement composée de 25 prêtres, &c.

38°. *L'Institution de l'Oratoire*, rue d'Enfer, fondée par Gaston de France, en 1650 ; c'est le noviciat des Oratoriens. Il y a trois prêtres, & environ vingt sujets, &c.

39°. Les *Picpus* ou *Pénitens du Tiers-Ordre de S. François*, situés au bout du fauxbourg Saint-Antoine, ont été ainsi appelés du village de Picque-Puces ; & comme c'est le premier couvent des réformes de cet ordre, & où s'est fait le premier établissement de la réforme, l'ordre entier en a pris le nom en France. Ce couvent, dont la communauté est d'environ 60 religieux, est établi depuis 1600. Louis XIII posa la première pierre de leur église, en 1611. Il y a dans le couvent un appartement pour les ambassadeurs; c'est-là où l'introducteur va les chercher dans les carrosses du Roi, le jour de leur entrée publique, &c.

40°. Les *Prémontrés*, chanoines réguliers, ainsi nommés du lieu de Prémontré en Laonnois, où est l'abbaye chef-d'ordre, sous la règle de S. Augustin, instituée par S. Norbert, en 1120, ont deux maisons à Paris. La première, destinée aux études des religieux de l'ordre, a été établie dès 1292, au coin de la rue Haute-Feuille. Il y a 12 chanoines réguliers, &c.

41°. Les *Prémontrés de la Croix-Rouge*, fauxbourg Saint-Germain, fondés en 1661, par la reine Anne d'Autriche. Il y a 15 religieux, &c.

42°. Les *Récollets*, Observantins réformés de l'ordre de S. François, sont ainsi appelés, parce que leur réforme a comme recueilli & rassemblé tous les religieux qui vouloient observer plus étroitement la règle. Leur gouvernement est uni à celui des Cordeliers & des Picpus; ils ont le même général. Leur couvent, situé rue du fauxbourg Saint-Martin, a été fondé en 1600, par la reine Marie de Médicis. Il y a environ 60 religieux, &c.

43°. Les *Chanoines réguliers de Sainte-Croix de la*

Bretonnerie, occupent le prieuré de Sainte-Croix. *Voyez* ci-devant à l'article des Prieurés.

44°. Les *Théatins*, clercs réguliers inſtitués par S. Cajétan, vers 1524, & qui ont pris leur nom de la ville de Théate, aujourd'hui Chieſi, furent appelés en France par le cardinal Mazarin, en 1647. Leur couvent, le ſeul de cet ordre qu'il y ait en France, eſt ſur le quai Malaquais, qui de leur nom a pris celui de quai des Théatins. Il y a 24 religieux, &c.

On évalue le nombre total des religieux & autres réguliers, à environ deux mille perſonnes. Nous allons ſuivre le même ordre pour les COMMUNAUTÉS DE FILLES, en commençant par les ABBAYES, au nombre de ſept; les PRIEURÉS, au nombre de ſix; & les COUVENS, au nombre de cinquante-trois.

1°. L'abbaye *aux Bois*, de l'ordre de Cîteaux, rue de Sève; on y compte environ 30 religieuſes. Cette abbaye, ainſi nommée à cauſe de ſa première ſituation au milieu des bois, où elle avoit été fondée au diocèſe de Noyon, en 1207, fut transférée à Paris pendant les guerres, &c.

2°. L'abbaye *des Cordelières*, rue de Lourſine. Ces religieuſes, dont la communauté eſt au nombre d'environ 40, furent d'abord établies en 1270, par Thibaud VII, comte de Champagne, près de la ville de Troyes, d'où elles furent transférées à Paris. Marguerite de Provence, femme de S. Louis, & Blanche ſa fille, qui ſe rendit religieuſe dans ce monaſtère, en firent bâtir l'égliſe. Ces religieuſes qui suivent la règle de S. François, sont appelées *Urbanistes*, parce qu'elles peuvent, comme celles de Longchamps, posséder des immeubles, suivant la constitution du pape Urbain, &c.

3°. L'abbaye *de Montmartre*, ordre de S. Benoît, située sur la montagne de même nom, a été fondée en 1113, par Louis le Gros & la reine Adélaïde ; c'est par cette raison qu'elle est de nomination royale : il y a 30 religieuses. Les moines de Saint-Denis y portent tous les sept ans en procession le chef de ce Saint, parce qu'on prétend que S. Denis & ses compagnons ont souffert le martyre sur cette montagne, d'où lui est venu le nom de *Mons Martyrum*, ce qui est sans fondement. *Voyez* ci-devant, p. 185.

4°. L'abbaye de *Panthemont*, ordre de Cîteaux, située rue de Grenelle, fauxbourg Saint-Germain, avoit été fondée dans le diocèse de Beauvais ; elle fut transférée à Paris en 1671, & substituée aux religieux du Verbe incarné : on y compte 20 religieuses. L'église nouvellement rebâtie est remarquable par son architecture.

5°. L'abbaye de *Port-Royal*, située rue de la Bourbe, fauxbourg Saint-Jacques, est de la réforme de Cîteaux : on y compte 36 religieuses. Ce monastère est composé des débris d'une abbaye de même nom, fondée, en 1204, par Matthieu de Montmorency, dans un lieu près de Chevreuse, appelé *Port-Royal*, parce que Philippe-Auguste, égaré à la chasse, se réfugia dans un oratoire qui étoit en cet endroit.

6°. L'abbaye de *Saint-Antoine*, qui a donné le nom à tout le fauxbourg Saint-Antoine, dont l'abbesse est Dame, a été fondée en 1198, par un missionnaire curé de Neuilly, pour y recevoir les femmes converties par ses sermons. L'église, bâtie par ordre de S. Louis, fut dédiée, en 1233, sous l'invocation de la sainte Vierge & de S. Antoine. On y compte 25 religieuses incorporées à l'ordre de Cîteaux, en 1204.

7°. L'abbaye du *Val-de-Grace*, de l'ordre de S. Benoît, & où il y a une communauté de 50 religieuses, est située rue du fauxbourg Saint-Jacques. Elle fut transférée du Val profond ou Val-de-Grace près de Bièvre-le-Chatel, à Paris, en 1621, & fondée par Anne d'Autriche, qui en fit bâtir la superbe église, en action de graces de la naissance de Louis XIV.

Les Prieurés de Filles sont au nombre de six, tous conventuels, & de l'ordre de S. Benoît: savoir; 1°. les *Bénédictines du petit Montmartre*, ou de la Ville-l'Evêque; 2°. le prieuré du *Cherche-Midi*; 3°. celui de la *Magdeleine de Trainel*; 4°. celui de *N. D. de Liesses*; 5°. celui de la *Présentation de N. D.*; 6°. & le prieuré de *N. D. de bon Secours*, rue de Charonne. On trouvera la notice de ces prieurés, à l'article des Couvens et Communautés de Filles, qui va suivre par ordre alphabétique.

1°. Les *Annonciades-Célestes*, ou les *Filles-Bleues*, rue de la Couture-Sainte-Catherine, sont de l'ordre de S. Augustin, & forment une communauté de 40 religieuses. Leur règle est très-austère; elles furent instituées par une dame Génoise au commencement

du

du dix-septième siècle, & elles ont été fondées à Paris en 1637, par Mademoiselle, fille de Gaston d'Orléans.

2°. Les *Chanoinesses de l'Assomption*, de l'ordre de S. Augustin, rue S. Honoré, au nombre de 16, ont été fondées en 1622, par l'union que fit le cardinal de la Rochefoucault des biens de l'hôpital des Haudriettes, rue la Mortellerie, à cette maison. L'église, commencée en 1670, ne consiste qu'en un dôme, &c. On distingue les chanoinesses régulières des séculières, parce que celles-ci ne font point de vœux & ne gardent point le cloître, &c.

3°. Les *Religieuses de l'Ave-Maria*, de l'ordre de sainte Claire, situées rue des Barres, quartier Saint-Paul, sont au nombre de 54. Elles ont succédé à des religieuses de même nom, établies en cet endroit par Louis XI. Leur règle est la plus austère de toutes les communautés de Paris.

4°. Les *Augustines Angloises*, rue de Charenton, fauxbourg Saint-Antoine, sont au nombre de 22, & toutes Angloises; elles vinrent de Nieuport en Flandres, s'établir à Paris en 1668, &c.

5°. Les *Chanoinesses de Belle-Chasse* ou *du Saint-Sépulcre*, ordre de S. Augustin, sont situées rue Saint-Dominique, fauxbourg Saint-Germain. Elles furent instituées en Palestine, où elles avoient la garde du Saint-Sépulcre, & attirées de Charleville à Paris par la baronne de Plancy, en 1632: elles sont appelées de Belle-Chasse, du nom que portoit autrefois l'endroit où elles sont établies. Elles sont au nombre de 45, & gouvernées par une prieure élective.

Tome I. P

6°. Les *Bénédictines de N. D. de Liesses*, de l'ordre de S. François de Sales, sont situées près de la barrière de Sève. Elles furent fondées à Rhetel en 1631, & transférées à Paris en 1636, par la comtesse de Soissons. Il y a 7 religieuses gouvernées par une prieure élective, &c.

7°. Les *Bénédictines Angloises*, au nombre de 20, situées au Champ-de-Lallouette, rue des Fossés-Saint-Victor, furent fondées, en 1620, par des dames Angloises réfugiées pour cause de Religion; leur église est sous le titre de *N. D. de Bonne-Espérance*.

8°. Les *Bénédictines de l'Adoration perpétuelle du S. Sacrement*, & de l'observance étroite de S. Benoît, fondées en 1652, par la reine Anne d'Autriche, dans la rue Cassette près du Luxembourg. Elles sont au nombre de 40.

9°. Les *Bénédictines du Chasse-Midi* ou *Cherche-Midi*, au nombre de 40, & sous le titre de *N. D. de Consolation*; c'est un prieuré fondé en 1669, par Eléonore de Rohan, abbesse de Malnoue, dame dont l'esprit égaloit la naissance, & auteur de la *Morale du Sage* : Pélisson a fait son épitaphe qui est un chef-d'œuvre.

10°. Les *Bénédictines du S. Sacrement*, rue Saint-Louis au Marais, sont au nombre de 45. Elles occupent l'hôtel de l'illustre vicomte de Turenne, & furent fondées, en 1684, par Thérèse de Vignerod, duchesse d'Aiguillon.

11°. Les *Bénédictines de la Ville-l'Evêque* ou du *petit Montmartre*, au nombre de 50 religieuses de la réforme de S. Benoît, ont été fondées en

1613, sous le titre de *N. D. de Grace*, par deux princesses d'Orléans-Longueville. Ce monastère est demeuré uni à celui de Montmartre jusqu'en 1647; c'est un prieuré, & la prieure est triennale.

12°. Les *Bernardines* ou les *Filles du précieux Sang*, établies en 1658. Elles sont au nombre de 27, de l'ordre de Cîteaux, & situées rue de Vaugirard près du Luxembourg.

13°. Les *Capucines*, situées rue neuve des Petits-Champs, près la place Vendôme, sont au nombre de 40 religieuses, sous la règle de S. François, mais plus austère que celle des capucins. Leur couvent a été construit par Louise de Lorraine, veuve de Henri III. Leur église possède le corps de saint Ovide, & les beaux mausolées de MM. de Louvois & de Créqui : elle est desservie par des Capucins; les frères font la quête pour les religieuses, &c.

14°. Les *Carmélites*, ordre institué en Espagne par sainte Thérèse, vers le milieu du seizième siècle, ont trois maisons à Paris. Celles de la *rue de Grenelle*, fauxbourg Saint-Germain, furent d'abord établies rue du Bouloy en 1664, & transférées où elles sont à présent en 1689. Elles sont au nombre de 40 religieuses; leur église, dédiée à sainte Thérèse, est petite, &c.

15°. Les *Carmélites Déchaussées*, rue du fauxbourg Saint-Jacques. C'est le premier couvent que cet ordre ait eu en France; le cardinal de Bérulle fut lui-même chercher en Espagne six de ces religieuses pour les y établir : aussi voit-on le superbe mausolée de ce bienfaiteur dans la chapelle de la

Magdeleine, décorée du tableau le plus parfait qui soit sorti du pinceau de Lebrun. Nous donnerons dans les Descriptions particulières, celle de cette église & de ses ornemens. Ce monastère est encore fameux par la retraite de la duchesse de la Vallière, qui y est morte religieuse en 1710, après y avoir vécu 35 ans dans les exercices de la piété la plus austère & la plus solide. Les religieuses sont au nombre de 40, &c.

16°. Les *Carmélites de la rue Chapon* au Marais, ont été fondées en 1519, par Catherine d'Orléans, princesse de Longueville. La communauté est composée de 40 religieuses, &c.

17°. Les *Chanoinesses de N. D. des Victoires*, de l'ordre de S. Augustin, situées rue des Picpus. Elles sont au nombre de 36, & ont été fondées en 1640, par Jean-François de Gondy, premier archevêque de Paris, sous le titre de *N. D. de la Victoire de Lépante*.

18°. Les *Cordelières de la Croix Rouge*, fauxbourg Saint-Germain, ou *petites Cordelières*, avoient été fondées en 1633; mais leur monastère ayant été supprimé en 1749, ce terrain fut vendu, & il est couvert de belles maisons. Sur les Cordelières, *voyez* ce qui a été dit ci-devant à l'article des ABBAYES DE FILLES, *page 222*.

19°. Les *Dames de la Croix*, de l'ordre de S. Dominique, au nombre de 20, établies rue de Matignon, en 1636, & ensuite transférées, en 1641, rue de Charonne, où elles sont à présent. Charlotte d'Effiat, fille du Maréchal, qui y est morte religieuse en 1692, en est regardée comme la fondatrice.

20°. Les *Dames de Sainte-Marie* ou de la *Visitation*, furent instituées en 1610, à Annecy, par saint François de Sales, évêque de Genève, & la baronne de Chantal, canonisée il y a quelques années. Leur premier institut les destinoit à visiter les malades, d'où elles ont conservé le nom de *Visitandines* ; mais les fondateurs, considérant les dangers qui pouvoient menacer un ordre sans vœux & sans cloître, dressèrent de nouvelles constitutions, selon la règle de S. Augustin. Elles imposent peu de mortifications corporelles, afin que l'ordre puisse servir d'asile aux personnes que l'âge ou les infirmités empêchent d'embrasser une règle austère. Les fondateurs les établirent eux-mêmes dans la rue Saint-Antoine en 1618 ; elles sont 40 religieuses, &c. Cet ordre a encore deux maisons dans Paris.

21°. Les *Visitandines*, *rue du fauxbourg Saint-Jacques*, dont le couvent, composé de 30 religieuses, fut fondé en 1626, comme un aide de celui de Saint-Antoine ; c'est aujourd'hui un des plus considérables de l'ordre.

22°. Les *Visitandines*, *rue du Bacq*, établies en 1660, rue Montorgueil, & transférées rue du Bacq en 1673. Elles sont 35 religieuses ; c'est un démembrement du couvent de la rue Saint-Jacques.

23°. L'*Enfant Jesus*, rue du petit Vaugirard, près la barrière de Sève. Cet utile établissement a été fait par M. Languet, curé de Saint-Sulpice, l'un de ces génies auxquels la ville de Dijon se glorifie d'avoir donné naissance. C'est ce qui nous détermine à faire connoître plus particulièrement les détails de cette institution (1).

---

(1) Voici à quelle occasion s'est fait cet établissement. Au commencement de ce siècle, on avoit établi, sous le titre de l'*Enfant Jesus*, une maison de pension sur un terrain assez étendu, entre les chemins de Sève & de Vaugirard: elle fut louée dans la suite à M. de Raphœlix, supérieur de la communauté des Gentilshommes, fondée en 1676. Cette communauté ne subsistant plus, M. de Raphœlix céda son bail, le 1ᵉʳ octobre 1724, à M Languet de Gergy, curé de Saint-Sulpice, qui en fit l'acquisition, moyennant 86100 livres, par Sentence de licitation du 29 mars 1632. Il destinoit cet endroit pour y établir un hôpital, en faveur des pauvres filles ou femmes malades de sa paroisse; mais il crut se rendre plus utile, en formant un double projet; l'un, en faveur de la pauvre noblesse; l'autre, en procurant aux filles & femmes pauvres de la ville & de la campagne, les moyens de gagner leur vie par le travail, sans être à charge au public. Il disposa son terrain, & fit construire des bâtimens en conséquence de cette idée sublime. Son établissement fut autorisé par lettres-patentes de décembre 1751, enregistrées au mois de juillet suivant. Il y plaça, suivant le modèle de la maison royale de Saint-Cyr, 30 à 35 demoiselles pauvres, qui font preuve de noblesse depuis 1535, avec la qualité de chevalier dans le premier père dont elles descendent: elles y reçoivent un entretien & une éducation dignes de leur naissance; on les occupe en même temps, tour-à-tour, aux différens soins que demandent la boulangerie, les basses-cours, les laiteries, le blanchissage, le jardin, l'apothicairerie, la lingerie, la filerie & autres objets du ménage; ensuite on les renvoie avec du linge, des habits & de l'argent: si elles ont la vocation religieuse, on paie leur dot. Un autre but du même établissement, est de servir de retraite & de ressource à plus de 800 pauvres femmes & filles, que l'on y nourrit, en leur faisant

24°. Les *Feuillantines*, rue du fauxbourg Saint-Jacques. Ces religieuses ont été instituées par ma-

---

gagner leur vie par le travail, & en les employant sur-tout à filer du coton & du lin. Il y a eu jusqu'à 14 ou 1500 femmes de cette espèce ; & le curé de Saint-Sulpice employoit tous les moyens convenables pour les établir. Les femmes & filles sont partagées en différentes classes ou chambrées. Il y a dans chaque chambrée deux dames de la congrégation de Saint-Thomas de Villeneuve, pour conduire le travail & donner les instructions convenables ; ces dames ne quittent jamais leur poste que quand elles sont relevées par d'autres. Les femmes & filles qui travaillent dans cette maison, ayant mené quelquefois une vie licentieuse & oisive dans le monde, rentrent souvent en elles-mêmes, par les exemples de vertu qu'elles ont sous les yeux, & par les instructions qu'on leur donne : en se retirant, elles emportent le prix de leur travail en argent, deviennent laborieuses & édifiantes, & ont le bonheur d'être ainsi rendues à la société & à la religion.

Quoique le terrain de l'Enfant-Jesus ne contienne que dix-sept arpens, il y a une grande basse-cour, où l'on nourrit des bestiaux qui fournissent du lait à plus de 2000 enfans de la paroisse de Saint-Sulpice ; plusieurs bauges de sangliers, dont on vend les marcassins ; des volailles de toutes sortes ; une boulangerie qui fournit par mois plus de cent mille livres de pain aux pauvres de la paroisse ; des filages, un jardin très-bien cultivé & d'un grand rapport ; une apothicairerie magnifique, où l'on fait toutes sortes de distillations qui sont d'un grand produit, &c. L'ordre qui s'observe dans cette maison, soit pour l'éducation & l'instruction, soit pour le travail, est admirable, & ne peut que donner la plus haute idée de l'estimable auteur de cet établissement d'humanité & de saine politique, propre à servir de modèle à tous les curés ; mais c'est sur-tout aux Communautés religieuses qui possèdent tant de vastes terrains dans Paris, à apprendre l'usage qu'on en peut faire.

dame Deſtourmel, & attirées à Paris par Anne d'Autriche. La communauté, compoſée de 40 religieuſes, eſt dirigée par les Feuillans.

25°. Les *Filles du Calvaire*, *rue Saint-Louis au Marais*, de l'ordre de S. Benoît, inſtituées en 1722, par le célèbre père Joſeph, Capucin, pour honorer la Croix, aux pieds de laquelle il y a des religieuſes, tant de jour que de nuit. La communauté eſt de 30 religieuſes.

26°. Les *Filles du Calvaire*, *rue de Vaugirard*, de même inſtitut & en même nombre que les précédentes, ont été fondées en 1623, par Marie de Médicis.

27°. Les *Filles de la Conception*, du tiers-ordre de S. François, fondées en 1635, vis-à-vis l'Aſſomption. La communauté eſt de 25 religieuſes.

28°. Les *Filles de la Croix*, ou *Filles de Sainte-Jeanne*, rue d'Orléans, fauxbourg Saint-Marceau. C'eſt une communauté de ſix ſœurs conſacrées à l'inſtruction des pauvres filles de la paroiſſe Saint-Médard.

29°. Les *Filles de la Croix*, ſituées au cul de ſac de Guimené; communauté de 30 religieuſes, établie en 1640.

30°. Les *Filles de la Croix Saint-Gervais*, communauté de 21 ſœurs, ſituée rue des Barres.

31°. Les *Filles-Dieu*, de l'ordre de Fontevrault, au nombre de 25 religieuſes, ſituées rue Saint-Denis, où Charles VIII les plaça en 1483, au lieu des Pénitentes fondées par S. Louis. C'eſt dans la cour de ce couvent que les criminels qu'on conduiſoit à

Montfaucon, buvoient un coup de vin & mangeoient du pain; ce qu'on nommoit, le *dernier morceau des patiens*.

32°. Les *Filles de l'Enfant Jesus*, rue Saint-Maur, fauxbourg Saint-Germain, au nombre de 12 sœurs.

33°. Les *Filles de l'Instruction*, communauté de 30 sœurs, fondée en 1657, & située rue Pot-de-Fer, fauxbourg Saint-Germain.

34°. Les *Filles de l'Union Chrétienne*, dites de *Saint-Chaumont*, parce qu'elles achetèrent, en 1683, l'hôtel de ce nom, rue Saint-Denis, où elles se logèrent; auparavant elles étoient à Charonne. Elles sont 18 religieuses. Elles ont été instituées par Anne de Croze pour l'instruction des filles, & spécialement des orphelines & des nouvelles converties. Leur institut comprend 20 maisons.

35°. Les *Filles de Saint-Chaumont*, de la rue de Sève; communauté de 20 religieuses.

36°. Les *Filles de Saint-Joseph*, rue Saint-Dominique, fauxbourg Saint-Germain, fondées en 1641, par Marie Delpech de Létang; communauté de 18 religieuses, où l'on reçoit des orphelines de 9 à 10 ans, jusqu'à ce qu'on leur ait procuré un état.

37°. Les *Filles de Saint-Thomas d'Aquin*, vis-à-vis la rue Vivienne; elles sont de l'ordre de S. Dominique, & ont été fondées en 1620, par Anne de Caumont, comtesse de Saint-Paul. La communauté consiste en 20 religieuses.

38°. Les *Filles de Sainte-Agnès*, rue Plâtrière; communauté de 30 religieuses, fondée en 1678, par Anne Pasquier, pour apprendre des métiers aux filles pauvres de la paroisse de Saint-Eustache.

39°. Les *Filles de Sainte-Aure*, rue neuve Sainte-Geneviève, instituées sur la fin du dernier siècle, par M. Le Febvre, sous-précepteur des Enfans de France.

40°. Les *Filles de Sainte-Elisabeth*, du tiers-ordre de S. François, rue du Temple; communauté de 40 religieuses, fondée en 1616, par Marie de Médicis.

41°. Les *Filles de Sainte-Geneviève*, ou les *Miramiones*, situées sur le quai de la Tournelle. Cette communauté consiste en 30 sœurs; elle a été établie par la demoiselle Dubloffet & la dame de Miramion, pour l'instruction & l'éducation des jeunes filles. Les pauvres de la paroisse de Saint Nicolas du Chardonnet y sont aussi traités gratuitement.

42°. Les *Filles de Sainte-Marguerite*, rue du bas de Rully, fauxbourg Saint-Antoine; communauté de 10 sœurs, fondée en 1682.

43°. Les *Filles de la Trinité*; communauté de 10 sœurs, fondée en 1612, & située rue du bas de Rully, fauxbourg Saint-Antoine.

44°. La *Magdeleine de Trenel*, rue Charonne, fauxbourg Saint-Antoine, est un prieuré perpétuel de la réforme de S. Benoît, & l'un des cinq qui furent fondés par la comtesse Mathilde, femme de Thibauld, comte de Champagne. Il fut d'abord établi à Traisnel ou Trenel, en Champagne, & depuis transféré à Paris, vers 1540. Il relevoit anciennement de l'abbaye du Paraclet, qu'Héloïse a rendue si célèbre. La communauté est composée de 33 religieuses.

45°. Les *Maglorines*, ou *Dames Chanoinesses de Saint-Magloire*, de l'ordre de S. Augustin, situées rue Saint-Denis, étoient originairement pénitentes ou repenties. Elles avoient été instituées par Jean Tisserand, Cordelier, prédicateur fameux, qui les fonda sous l'invocation de Sainte-Magdeleine, en 1492, après avoir converti par ses vives prédications beaucoup de filles & de femmes débauchées: leur nombre s'étant accru jusqu'à celui de 200, Louis XII, alors duc d'Orléans, leur donna son palais pour en faire un monastère; elles y demeurèrent jusqu'en 1580, que la reine Catherine de Médicis les plaça au prieuré de Saint-Magloire, dont elle transféra les Bénédictins au prieuré de Saint-Jacques du Haut-Pas, à présent Saint-Magloire, & fit bâtir l'hôtel de Soissons, à la place de l'ancien couvent de ces religieuses. Autrefois, pour être admise dans cette communauté, il falloit *faire preuve* de prostitution. On n'y reçoit plus que des personnes de bonnes mœurs. Il y a 30 religieuses.

46°. *Notre-Dame de Bon-Secours*, rue Charonne, est un prieuré perpétuel de Bénédictines mitigées, fondé en 1648, par dame Claude de Bouchavane, veuve d'un directeur des finances. Il est à la nomination de l'archevêque de Paris; la communauté est composée de 36 religieuses.

47°. Les *Nouvelles Catholiques*, rue Sainte-Anne, sont des religieuses non cloîtrées, au nombre de 25; c'est au vicomte de Turenne nouvellement converti, qu'elles doivent la maison qu'elles occupent: elles ont été instituées en 1634, par M. de Gondy, archevêque de Paris, pour retirer les nouvelles Catholiques.

48°. La *Présentation*, rue des Postes, prieuré perpétuel de l'ordre S. Benoît, fondé vers le milieu du dernier siècle, par la dame de Carrouge; il est occupé par 30 Bénédictines mitigées.

49°. Les *Récolettes* ou l'*Immaculée Conception*, communauté de 34 religieuses, fondée vers 1661, par la reine Marie-Thérèse d'Autriche, en action de graces de l'heureuse naissance du Dauphin.

50. Les *Religieuses de la Congrégation de N. D.* de l'ordre de S. Augustin, situées rue neuve Saint-Etienne, fauxbourg Saint-Marceau. Elles ont été instituées en 1615, par Pierre Fourrier, curé de Mathaincourt, pour l'instruction gratuite des filles. La communauté est composée de 30 religieuses.

51°. Les *Religieuses de la Miséricorde*, de l'ordre de S. Augustin, ont à Paris deux maisons, l'une rue du vieux Colombier, & l'autre rue des Postes. Il y a 20 religieuses dans chacune de ces deux maisons: elles ont été instituées à Aix en Provence, pour servir d'asile à des filles nobles ou d'honnête condition, à qui leur indigence fermoit l'entrée des autres couvens. Elles furent attirées à Paris par la reine Anne d'Autriche, &c.

52°. Les *Ursulines*, institut établi dès 1537, sous l'invocation de sainte Ursule, pour instruire gratuitement les jeunes filles. Au commencement, elles étoient dispersées chez leurs parens. La première maison où elles aient fait des vœux solemnels, est celle de Paris, rue du fauxbourg Saint-Jacques, fondée en 1610, par Magdeleine Lhuillier, veuve de M. de Sainte-Beuve, conseiller au Parlement, qui est enterrée au milieu du chœur. Il y a 35 religieuses.

53°. Les *Ursulines de la rue Sainte-Avoye*, du même institut, & au même nombre de 35, furent établies en 1626, dans une maison auparavant occupée par des béguines qui y avoient été fondées par S. Louis.

On évalue à environ 3000 le nombre des régulières qui sont dans Paris, en y comprenant les sept abbayes de filles, les religieuses & les sœurs qui desservent les hôpitaux & maisons de refuge.

Il y a à Paris deux COMMANDERIES considérables, qui appartiennent aux *Chevaliers de S. Jean de Jérusalem*, plus connus sous le nom de *Chevaliers de Malte*, parce que cette île est le lieu de résidence de leur *Grand-Maître*, qui y est souverain (1). Ces

---

(1) L'ORDRE DE MALTE, d'abord hospitalier, devenu militaire & depuis souverain ; ordre (dit l'abbé de Vertot son historien), que la charité fit naître, que le zèle de défendre les lieux saints arma ensuite contre les infidèles, & qui, dans le tumulte des armes & au milieu d'une guerre continuelle, sut allier les vertus paisibles de la religion avec la plus haute valeur dans les combats, doit sa naissance à un hôpital fondé à Jérusalem, en faveur des pèlerins qui alloient visiter les lieux saints. L'église de cet hôpital étoit sous l'invocation de S. Jean, d'où est venu le nom de *Chevaliers hospitaliers de S. Jean de Jérusalem*. Un Provençal nommé *Gérard*, natif de Martigues, étoit supérieur de cet hôpital en 1119, quand Godefroy de Bouillon conquit Jérusalem. Il devint l'instituteur d'une société

Commanderies sont le *Temple* & *Saint-Jean de Latran*.

Le Temple, dans le Marais, a pris son nom des religieux Templiers qui vinrent s'établir à Paris vers le milieu du douzième siècle. On sait l'origine, les progrès & la chute épouvantable de cet ordre célèbre, le plus ancien de tous les ordres militaires. La vie des premiers Templiers étoit si régulière, que S. Bernard disoit d'eux qu'ils joignoient

---

d'hospitaliers qu'il lia par les trois vœux de religion, & qu'il engagea par un quatrième à secourir les pélerins ; il leur donna une règle conforme à ces deux états, & pour uniforme un habit noir orné d'une croix blanche à huit pointes. Après la perte de Jérusalem, les chevaliers, forcés de se retirer successivement à Acre, dans l'île de Chypre, dans celle de Rhodes, défendirent ces divers établissemens avec une valeur plus qu'humaine. Obligés de céder aux forces supérieures de Soliman, en 1522, ils errèrent long-temps, & se fixèrent enfin dans l'île de Malte, qui leur fut donnée par Charles-Quint, en 1530.

Tout l'Ordre, gouverné par un *Grand-Maître*, est divisé en huit *langues* ou *nations*; la langue de *Provence*, celles d'*Auvergne*, de *France*, d'*Italie*, d'*Arragon*, d'*Allemagne*, de *Castille* & d'*Angleterre*. Ces huit langues ont chacune à Malte leurs chefs ou piliers qui composent le conseil ordinaire. Les biens qu'ils possèdent dans les diverses langues, sont divisés en *Grands-Prieurés*, en *Bailliages capitulaires*, & en *Commanderies*. Dans la langue de Provence, on compte les grands-prieurés de Saint-Gilles & de Toulouse, le bailliage de Manosque, & 70 commanderies ; dans la langue d'Auvergne, le grand-prieuré d'Auvergne, le Bailliage de Lyon, & 50 commanderies ; enfin, dans la langue de France, les grands-prieurés de France, d'Aquitaine & de Champagne, & 94 commanderies ; & ainsi dans les autres langues ou nations.

Cette Note a paru nécessaire pour l'intelligence du texte.

la douceur des religieux à la valeur des guerriers: on a peine à concevoir qu'ils aient dégénéré au point d'être coupables de tous les crimes dont on les accufoit, & pour lefquels le grand-maître & les principaux officiers de l'ordre furent brûlés vifs à Paris. Après leur deftruction, Philippe le Bel donna le *Temple* aux chevaliers de Malte. Cette efpèce de bourg, féparé du refte de Paris par une haute enceinte, eft la réfidence du grand-prieur de la langue de France, qui y a un beau palais avec un grand jardin. Cet enclos privilégié eft un lieu d'afile pour plufieurs cas: on ne fauroit y arrêter perfonne qu'avec une lettre de cachet & la permiffion du grand-Prieur. Il y a un bailliage particulier; l'églife de Saint-Simon & de Saint-Jude eft la paroiffe de l'enclos, &c.

SAINT-JEAN DE LATRAN, autre commanderie fondée dans le douzième fiècle, &c. fituée au bas de la place de Cambray. Elle dépend du grand-prieur du Temple; c'étoit, avant 1117, un hôpital qui portoit le nom de *Saint-Jean de Latran*. L'églife, où eft le beau maufolée de Jacques de Souvré, grand-prieur de France, eft paroiffe de l'enclos, qui eft un lieu privilégié comme celui du Temple; & la Commanderie y a haute, moyenne & baffe juftice, &c.

Les CHAPELLES & *Preftimonies* difperfées dans Paris, font au nombre de 90, fuivant Piganiol; il fuffit de rappeler les principales. Celle de *Saint-Symphorien*, autrefois paroiffe de la Cité, & réunie à celle de la Magdeleine, fert de Chapelle à la communauté des peintres & des fculpteurs; celles de *Saint-Joseph* & de *N. D. de Lorette*, rue Montmartre, servent d'aide à la paroisse Saint-Eustache; celle de *Saint-Blaise*, rue Galande, sert à la confrérie des maçons & charpentiers; celle de *Sainte-Marie Egyptienne*, dite par corruption la *Jussienne*, sert à la confrérie des marchands drapiers; celle de *Sainte-Anne*, au quartier de la Nouvelle-France, sert d'aide à la paroisse Saint-Laurent pour les mariages de ces cantons; celle de *Saint-Hubert*, fauxbourg Saint-Antoine, appelé le *Répit*, parce que ceux qui sont mordus par des chiens enragés y vont prier S. Hubert de leur accorder répit jusqu'à ce qu'ils aient été à la mer ou à Saint-Hubert, &c. Les chapelles des *Haudriettes*, rue de la Mortellerie; de *Saint-Clair*, rue des Bons-Enfans; de *Sainte-Colombe*, fauxbourg Saint-Antoine; de *Saint-Gervais*, rue de la Tisseranderie; de *Saint-Michel*, rue de Bièvre; de *Saint-Michel*, cour du Palais, où il y a plusieurs confréries; de *Saint-Nicolas*, rue du Fouarre; des *Orfèvres*, rue des deux Portes; de *Saint-Pierre*, fauxbourg Saint-Antoine; de *la Reine*, rue de la Chaise, fauxbourg Saint-Germain, &c. &c.

Suivant une récapitulation générale du clergé de la ville & fauxbourgs de Paris, rapportée dans le grand *Dictionnaire de la France*, il y a 3156 ecclésiastiques séculiers, ci   3156
2036 religieux & autres réguliers,   2036
2858 religieuses & autres régulières,   2858
720 sœurs au service des hôpitaux, &c.   720

TOTAL   8770

À ce dénombrement général de 8770, tant séculiers que réguliers de l'un & l'autre sexe, on peut ajouter au moins plus de 1200 ecclésiastiques séculiers, non attachés à aucune église particulière; ce qui donneroit le nombre d'environ *dix mille* pour le total général des ecclésiastiques domiciliés à Paris.

ARTICLE X.

Idée générale du Gouvernement civil & militaire de Paris, ancien & moderne ; état de la Police actuelle, &c.

LES villes des Gaules conquises par les Romains, étoient gouvernées (si l'on en croit l'auteur du *Traité de la Police*) par des *Préfets*, espèce de Magistrats qu'ils commettoient, & ces places étoient nommées *Préfectures*. On lit dans les Actes de S. Denis, que ce fut le *Préfet* Sisinnius Fescenninus qui le condamna à mort. La même forme de gouvernement subsista sous les François, qui conservèrent les établissemens Romains. On voit sous Chilpéric premier, Mommol qualifié de *Préfet* ou Gouverneur de Paris, *Præfectus urbis*. Archambaud eut le même titre sous Clotaire III ; mais il changea par la suite le titre de *Préfet*, pour prendre celui de *Comte de Paris*, en 665. Le grand Châtelet bâti par César, suivant le même auteur, fut la demeure du Préfet ou Gouverneur de Paris sous les Romains ; il l'a été ensuite du comte de Paris sous les François, puis du vicomte,

& enfin du Prévôt ou garde de la Prévôté; & c'est toujours le château ou principal manoir de la ville, d'où relèvent tous les fiefs du comté de Paris, &c. Ce système, imaginé par un commissaire du Châtelet, paroît suspect à ceux qui cherchent la vérité. Parmi les *Préfets* ou gouverneurs de villes sous les Romains, la Notice des dignités de l'Empire ne fait mention que de ceux de Rome & de Constantinople; ceux de Paris sont totalement inconnus. Le Préfet qui condamna S. Denis à mort, étoit un Tribun ou Préfet militaire, qui commandoit les troupes Romaines, sous l'autorité du gouverneur de la province. Paris & le grand Châtelet rebâtis par César, sont une assertion plus que douteuse, puisqu'elle est dénuée de preuves, &c (1).

---

(1) on verra dans l'*Histoire de Paris*, qu'il n'y a aucune preuve que cette ville ait été rebâtie par César; que, lors du siège de Labiénus, les Parisiens n'avoient brûlé que leurs fauxbourgs situés sur les deux rives de la Seine, & qu'ainsi la cité n'eut pas besoin d'être réédifiée, comme le prétend le commissaire Lamare, &c. Cette partie du système de l'auteur du *Traité de la Police*, a été adoptée par les historiens de Paris, & par M. le Roy, auteur de la *Dissertation sur l'Hôtel-de-Ville* que je vais analyser dans le texte. Tous ces écrivains prétendent que Paris, renfermé dans l'île du Palais, fut brûlé par ses propres habitans; & qu'après la bataille où Camulogène, chef des Parisiens, périt avec tous ses soldats jusqu'au dernier, César fit rebâtir la ville à neuf, dans la même île où elle étoit, la fit entourer de murailles, & fortifier de tours avec deux châteaux au bout des deux ponts; que, du temps de Gilles Corrozet, on voyoit encore sur une des portes du grand Châtelet, bâti par César, l'ancienne inscription

Un autre savant, auquel on doit une Dissertation curieuse *sur l'origine de l'Hôtel-de-Ville de Paris*, prétend que cette cité, ayant fait acheter trop chèrement la victoire aux Romains, fut rendue tributaire & dépouillée de son ancienne liberté; qu'en cet état, elle n'eut que de simples officiers subalternes, sous le titre de *Défenseurs de la Cité*; que le commerce des Parisiens par eau étant considérable, c'étoit ordinairement parmi les commerçans qu'on choisissoit les défenseurs de la cité, & qu'ils avoient pris le nom de *Nautes Parisiens*, dans la fameuse Inscription déterrée en 1711; que ces magistrats municipaux, dont les fonctions étoient mixtes, tenoient lieu de juges ordinaires & de police, & d'officiers de finances, sous l'autorité de l'unique magistrat de la province, c'est-à-dire, du président ou proconsul Romain: qu'ils étoient toujours pris parmi les notables habitans; & que durant leur administration, dont le temps étoit limité, ils rendoient la justice à leurs concitoyens, régloient les affaires du commerce, géroient les fonctions municipales, & administroient ainsi la ville, &c. Il ajoute que Cons-

---

Tributum Cæsaris, comme un vestige de l'assujetissement des Parisiens, &c. Mais indépendamment du défaut de preuves directes, tout cela est détruit par le texte même de César; puisqu'après l'entière défaite des Parisiens, ces peuples, loin d'être réduits en servitude, envoyèrent huit mille hommes au secours d'Alise, assiégée par César. Ceci n'annonce pas que les Parisiens ne fussent alors (comme l'ont avancé quelques écrivains) qu'une misérable troupe de mariniers ou de pêcheurs.

tantin ayant établi un juge ordinaire à Paris, fous le nom de *Comte*, les défenfeurs de la cité, ou Nautes Parifiens, continuèrent leurs fonctions tout le temps que la ville eut un Comte Romain pour juge fupérieur.

Lorfque Paris eut paffé fous la domination des Francs, & qu'elle fut devenue la capitale du royaume fous Clovis, les Comtes ou juges fupérieurs ne furent plus tirés que de la nation Françoife ; mais les *Nautes*, en qualité de *défenfeurs de la cité*, continuèrent toujours de rendre la juftice en première inftance, particulièrement dans le fait de leur commerce ; de vaquer au recouvrement des deniers publics & des impôts, & de prendre foin des affaires communes de la ville. Le titre & le nom des *défenfeurs* ayant été éteints, leur miniftère demeura toujours entre les mains des Nautes : de-là, le corps des négocians par eau fut regardé comme le corps municipal ; fes biens-fonds & fes privilèges devinrent réellement le domaine & les privilèges de la ville. Au titre éteint de *défenfeurs de la cité*, on fubftitua ceux de *Citoyens* ou *Bourgeois*, dans la perfonne des chefs du commerce par eau ; titre qu'ils portèrent par excellence, & comme étant à la tête de l'état populaire qu'ils adminiftroient. Ce corps municipal perdit auffi le nom de *Nautæ Parifiaci*, ou *Nautes Parifiens*, pour prendre celui de *Mercatores aquæ Parifius*, ou *marchands de l'eau de Paris*. Enfin, l'ancienne confédération de ces négocians, fut déformais exprimée par le mot de *hanfe*, qui a la même fignification dans la langue Germanique, d'où il eft tiré, & qui étoit celle de nos premiers François lorsqu'ils établirent leur domination dans les Gaules : cette hanse a été aussi appelée sous la première race, *Compagnie Françoise*, &c. C'est-là l'origine de l'*Hôtel-de-Ville de Paris* (1).

(1) Il y a plusieurs choses à observer sur les recherches de ce savant. Il suppose les *défenseurs de la cité*, créés avant les *Nautes Parisiens*, ou plutôt que ce sont ces défenseurs qui ont pris le titre de *Nautes*. Mais, suivant M. de Tillemont, *Hist. des Emper. tome V, page 29*, il n'est fait mention pour la première fois des défenseurs des cités que dans deux lois de l'empereur Valentinien I, l'une & l'autre de l'an 365. C'étoient des bourgeois d'une probité reconnue, choisis par tous les autres, & confirmés par le Préfet du Prétoire, pour juger les différends que les bourgeois auroient entr'eux ; à quoi on ajouta, par succession de temps, plusieurs autres fonctions. Il est encore moins prouvé que Constantin ait établi à Paris un juge supérieur, sous le nom de *Comte*; & on peut même douter qu'il y en ait eu du temps des Romains, à l'exception des Comtes du Palais, & de quelques autres dignités militaires, comme le *Comes Tractûs Argentoratensis*, dont il est fait mention dans la notice de l'empire. Il n'est parlé nulle part des Comtes de Paris, comme le suppose gratuitement l'auteur de la dissertation, qui, à cela près, explique néanmoins fort heureusement l'origine de l'*Hôtel de Ville de Paris*, ainsi que je le ferai voir dans l'Histoire de cette capitale. Il observe encore que c'est à cette occasion que le Corps-de-Ville a pris pour symbole ou devise un bateau ou une barque de marchands, comme on l'observe dans les sceaux du temps de S. Louis ; & que cette barque a passé depuis dans les armoiries de la Ville, où ce n'est que dans les derniers temps qu'on lui a substitué un navire. Quoiqu'il y ait quelques objections à faire sur cette idée, elle est bien plus probable que celle de Pasquier, adoptée par Sauval, qui veulent que cette nef ne soit que l'image de l'ancien Paris, ou de l'île qui le renfermoit,

M. le Roy, auteur de cette Dissertation, ajoute que le siège des anciens défenseurs étoit situé hors de la ville, entre le grand Châtelet & la chapelle de Saint-Leufroy, & qu'il fut appelé *Locutorium civium*, c'est-à-dire, le *Parloir des bourgeois*. Sauval, *Tome II, page 480*, prétend qu'il avoit d'abord été placé à la vallée de Misère, à l'endroit où étoit une maison qu'on appeloit encore de son temps *la maison de la marchandise*; & c'est-là en effet où le P. Dubreul le met du temps de Childebert I. Ce n'est peut-être pas même là, le plus ancien *Parloir aux Bourgeois*, puisqu'il y en avoit un anciennement à la montagne Sainte-Geneviève, qui avoit donné occasion, selon Adrien de Valois, d'appeler cette montagne *Mons* ou *Collis Locutitius*, & qu'elle est ainsi nommée dans la chartre de Childebert, de l'an 558. Cela est d'autant plus vraisemblable, que l'Université, ou fauxbourg méridional, étoit, sous

---

dont les deux extrémités représentent assez bien, disent-ils, la proue & la pouppe d'un vaisseau. L'abbé Dubos conjecture que ce navire étoit un de ceux qui composoient la flotte destinée à la garde de la Seine contre les incursions des pirates, & dont le siège ainsi que le Préfet étoient à Paris, *Præfectus classis Andericianorum Parisiis*, (not. imper.) & qu'enfin ce furent les matelots de cette flotte qui dressèrent, avant la mort de J. C. en l'honneur de Jupiter, l'inscription *Nautæ Parisiaci*, &c. Mais comment prouver que, dès le temps de Tibère, les Romains avoient déja pensé à l'établissement de cette flotte, qui portoit le nom d'*Andresi*? Pourquoi ces matelots ne se seroient-ils pas appelés sur ce monument *Nautæ Andericiani*? &c. &c.

les Rois de la première race, le *quartier des négocians*, comme le remarque Grégoire de Tours, *L. 6*, *C. 32.* On présume que cet établissement d'abord placé au bas de la montagne Sainte-Geneviève, aux environs de la place Maubert, a été reculé jusqu'auprès des Jacobins; que dans la suite, il fut placé près du grand Châtelet; que ce *parloir* a pris, par succession de temps, le nom d'*Hôtel commun de la Ville*, ou simplement d'*Hôtel-de-Ville*, & qu'on a appelé *Préfet*, & ensuite *Prévôt*, l'officier qui étoit à la tête des marchands. On peut également conjecturer de-là, combien est fausse l'idée de ceux qui croient que la ville de Paris n'avoit jamais étendu ses limites au-delà de l'île du Palais, avant la troisième race.

Quoi qu'il en soit de la nature du gouvernement municipal de la ville de Paris lors de la domination Romaine, il est certain que, sous les deux premières races de nos Rois, les Préfets, Comtes & Vicomtes de Paris, rendoient eux-mêmes la justice en dernier ressort. Mommol, à qui Frédegonde fit souffrir les plus affreux supplices en 584, est le plus ancien des *Préfets* ou *Gouverneurs de Paris* dont on ait connoissance. Erchinoald, Préfet & Maire du Palais en 641; c'est le même dont les auteurs font un si grand éloge sous le nom d'*Archambaud*, & qui fonda l'Hôtel-Dieu, avec S. Landry, en 651. Il quitta le titre de *Préfet* pour prendre celui de *Comte de Paris*. Gairin ou Guerin en 710; Gairefroi en 737; Gerard I en 759; Etienne en 802; Bégon, gendre de Charlemagne, en 816; Gerard II en 837;

Conrad I, dit le Vieux, Comte d'Auxerre, & beau-frère de Louis le Débonnaire, furent successivement *Comtes de Paris*. Selon d'autres, Robert le Fort étoit Comte de Paris & Duc de France, en 861. Conrad II, gendre de Charles le Chauve, l'étoit en 879. Enfin Eudes, fils de Robert le Fort, fut le douzième Comte de Paris, & le troisième Duc de France : devenu Roi de France en 888, le Comté de Paris passa à son frère Robert qui le transmit à son fils Hugues le Grand, père de Hugues Capet, chef de la troisième race de nos Rois.

Les Comtes, amovibles au commencement, administroient tout à-la-fois, la Justice civile & criminelle, & les finances; ils avoient en même temps le gouvernement politique de la province, l'intendance des armées, la conduite de l'arrière-ban, & l'inspection sur les *Comtes du second ordre* qui étoient dans la province, tels que ceux de Montlhery, de Corbeil, d'Etampes, de Dammartin, &c. de même que sur les *Centeniers*, *Cinquanteniers* & *Dixeniers*, qui étoient les premiers Juges des lieux, & chez lesquels les Comtes alloient tenir leurs assises. Lorsque les Comtes étoient obligés de s'absenter pour l'armée ou pour leurs assises, ils commettoient en leur place un *Vicaire* ou *Vicomte* (*quasi vices comitis gerens*) dont le pouvoir finissoit à leur retour. Les Comtes de Paris & des villes principales, étoient pourvus de leurs offices par le Roi; & Marculfe nous a conservé la formule de leurs provisions. Mais Charles le Chauve ayant consenti par son fameux Capitulaire de Quiercy-sur-Oyse, en

877, que les enfans des Comtes & autres officiers leur succédassent dans les offices & dans les fiefs, peu à peu les comtés devinrent héréditaires & patrimoniaux. Le commissaire Lamare est le seul qui dise (*Traité de la Police*, Tome *I*, page *99*) que Hugues le Grand obtint de Charles le Simple le comté de Paris par *inféodation*, en 884; mais il se trompe, puisque c'étoit l'empereur Charles le Gros qui régnoit en 884, & Eudes, fils de Robert le Fort, qui étoit alors Comte de Paris, & qui, par son avènement au trône, transmit le comté de Paris à son frère Robert, aïeul de Hugues Capet.

Tant que le comté de Paris avoit appartenu à la postérité de Robert le Fort, les Comtes de Paris, s'en regardant alors comme seigneurs & propriétaires incommutables, cessèrent de rendre la justice par eux-mêmes: ils établirent en leur place des espèces de *lieutenans*, sous le nom de *Vicomtes*. Grimaud ou Grimoard fut le premier vicomte perpétuel nommé par Eudes, Comte de Paris, en 900. Il eut pour successeur à la vicomté Theudo en 926, Adalelme en 987, ou, selon d'autres, Burchard en 981, & Falco ou Foulques, le quatrième & dernier de ces vicomtes. Hugues Capet, fils de Hugues le Grand, & quinzième Comte de Paris, étant parvenu à la Couronne en 987, il y réunit ce comté suivant quelques auteurs, & en confondit le titre avec celui de Roi. Il y eut cependant encore deux Comtes de Paris depuis l'avènement de Hugues Capet au trône; & ce ne fut qu'après le décès d'Othon, dix-septième & dernier Comte de Paris, mort sans postérité en 1032, que ce comté fut réuni pour toujours à la Couronne. Alors le roi Henri I supprima auſſi les Vicomtes, & nomma en leur place un *Prévôt* pour rendre la juſtice en ſon nom (*quaſi à Rege præpoſitus Juri dicundo*). Etienne eſt le premier qui prend le nom de *Prévôt de Paris*. Il étoit encore en exercice en 1060.

Ainſi le *Prévôt de Paris*, pourvu pour rendre la juſtice au nom du Roi, eſt entré dans tous les droits & dans toutes les fonctions de celui qui la rendoit auparavant au nom du Comte. Il avoit, comme lui, l'exercice de la juſtice, de la police & des finances dans ſon reſſort, &c. Tous les actes de ſa juridiction contentieuſe ou volontaire ſe ſcelloient de ſon ſceau particulier, & cela ſeul les rendoit authentiques. Les Prévôts de Paris jugeoient en dernier reſſort, comme les Comtes, toutes les affaires qui ſe préſentoient à leurs tribunaux. Il n'y avoit point alors de *Parlement* pour recevoir les appels. La *Cour du Roi*, compoſée des Barons ou grands ſeigneurs de fief, ne s'aſſembloit qu'une ou deux fois l'an pour peu de jours, & ne connoiſſoit alors que des grandes cauſes concernant les duchés & comtés, les crimes des Pairs de France, les domaines de la Couronne, &c.

Le grand Coutumier de France porte que le *Prévôt de Paris, commè chef du Châtelet, repréſente la perſonne du Roi au chef de la Juſtice*. C'eſt la raiſon pour laquelle, dit le commiſſaire Lamare, il y a encore aujourd'hui un dais au deſſus du ſiège du Prévôt ou de ſon lieutenant civil; ce qui n'eſt pas de même dans les Parlemens. Lorſque cette charge vient à vaquer, alors la Prévôté retourne au Roi,

& la charge est exercée par son Procureur général du Parlement, qui s'intitule *Garde de la Prévôté, le siège vacant*. Le Prévôt de Paris ne reconnoît d'autre supérieur que le Roi, & le Parlement où il prête le serment : & quand le Roi tient son lit de justice, le Prévôt de Paris a la garde du Parlement, & il a séance aux pieds du Roi, au dessous du grand Chambellan. Le Châtelet, qui étoit, suivant le même auteur, le séjour des Comtes, devint celui des Prévôts de Paris, qui y ont eu leur logement jusque sous le règne de Charles VII, qui permit, en 1454, au Prévôt de se loger ailleurs, & lui assigna 100 livres de rente sur le domaine de Paris pour son logement. La juridiction de la Prévôté est la première qui ait eu un sceau aux armes du Roi, & un officier particulier pour en avoir la garde : elle a joui seule pendant plus d'un siècle de cette prérogative. Les autres Juges ordinaires n'avoient qu'un sceau particulier, espèce de monogramme qui changeoit à chaque mutation.

La charge de Prévôt avoit d'abord été donnée aux plus grands seigneurs; mais ils s'avisèrent d'en amodier les droits utiles, & même l'abus des Prévôts fermiers s'introduisit peu à peu. Ces fermiers avoient tout vendu, jusqu'à la liberté du commerce; & les impôts sur les denrées étoient excessifs. S. Louis, après avoir pacifié les troubles de son Etat, retira à lui la Prévôté de Paris, & la sépara pour toujours des fermes de son domaine, pour lesquelles il créa un receveur particulier & un scelleur. Il établit en même temps 60 notaires dans une chambre commune (1) du Châtelet, pour y exercer la juridiction volontaire sous le sceau du Roi, qui étoit celui de la Prévôté : & comme ce sceau royal étoit reconnu par tout le royaume, il devint par cela même attributif de juridiction, &c. S. Louis fut souvent lui-même rendre la justice en personne au Châtelet, & il confia la garde de la Prévôté qu'il avoit retirée, au fameux Etienne Boileau ou Boisselve, qui fit plusieurs réglemens généraux pour l'établissement de la police. Ce Prévôt rangea & distribua les marchands & artisans en confréries, & dressa leurs premiers statuts avec tant de prévoyance, qu'ils n'ont été que copiés ou imités par ceux qu'on a faits dans la suite.

La Prévôté de Paris, rétablie par S. Louis dans tout son lustre, fut tenue de nouveau par les plus grands seigneurs. Mais le *Parlement*, rendu sédentaire en 1302, recevant tous les appels sans distinction, & les ordonnances de Charles VIII en 1493, & de Louis XII en 1498, ayant exigé que les Prévôts & Baillis & leurs lieutenans fussent gradués, sinon qu'ils n'auroient plus de voix délibérative en leurs tribunaux ; les seigneurs qui n'étoient pas lettrés abandonnèrent insensiblement l'exercice de la justice & de la police à leurs lieutenans. Cette révolution dans le droit national étoit due principalement à la découverte faite dans le douzième siècle, du corps de Droit civil que S. Louis avoit fait connoître en France par le Code qu'il promulgua pour ses domaines,

---

(1) On peut voir l'Histoire de cette création dans un Mémoire *sur l'origine & les fonctions des Notaires*, que j'ai publié à Dijon en 1769.

sous le nom d'*Etablissemens*. Mais c'est sur-tout depuis que la cour de Rome vint demeurer en France pendant les schismes qui divisoient l'Eglise, & lorsque les décrétales des Papes eurent introduit une nouvelle forme judiciaire qui rendoit l'étude des lois indispensable, que l'ancien droit François fut entièrement aboli. Les usages, l'esprit, les mœurs de la nation, tout fut changé : les seigneurs, les comtes, les vicomtes, les prévôts, les baillis, tous désertèrent les tribunaux pour les abandonner aux juristes, seuls en état de percer l'obscurité des lois, & de démêler les routes tortueuses du labyrinthe impénétrable de la chicane. De-là vint aussi la nécessité de multiplier les tribunaux, & d'établir plusieurs Cours souveraines dans les provinces. Les prévôts, les baillis & leurs lieutenans n'ayant plus conservé d'exercice de la justice, qu'à la charge de l'appel, & l'abus des appellations fatiguant les parties par des voyages & des frais immenses pour des intérêts modiques, Henri II établit, en 1551, des *Présidiaux* dans les principales villes pour juger en dernier ressort jusqu'à 250 livres, ou 10 livres de rente, (ce qui a été augmenté par la suite); & l'un de ces sièges fut établi au Châtelet de Paris.

La Police de Paris qui avoit appartenu de tout temps au prévôt & à son siège, étant exercée concuremment par ses lieutenans civil & criminel, ce concours occasionnoit de fréquens débats dans cette juridiction, & nuisoit en même temps à l'exercice de la justice contentieuse; d'un autre côté, la multiplicité des *Justices subalternes*, qui subsistoient alors dans Paris, & qui prétendoient avoir toutes le droit de police dans leur enceinte ou fur leur territoire, occafionnoit de fréquens débats, & rendoit incertain l'état des citoyens; le défaut d'unité dans l'exercice de la police, n'étoit propre qu'à jeter dans la confufion & le défordre, dont on ne vit que de trop funeftes exemples, depuis la mort de Henri II & fous la minorité de Louis XIV. Dès que ce grand Roi commença à régner par lui-même, un de fes premiers foins fut de s'occuper des moyens de rétablir la police dans Paris : il créa, en 1666, un *Confeil* exprès, pour entrer dans le détail de toutes fes parties.

Ce fut par ce Confeil & enfuite de fes délibérations, que Louis XIV forma tous ces grands deffeins pour la police de la capitale, lefquels furent depuis fi heureufement exécutés. La multiplicité des tribunaux qui vouloient partager la police avec le Prévôt, avoit été l'une des principales caufes de fa décadence : le Roi fit à cet égard ce qu'avoit fait Augufte, en pareille occafion, pour le rétabliffement de la police de Rome. Non-feulement il en interdit la connoiffance à tous les autres tribunaux; mais, dans le Châtelet même, il la fépara de la juridiction contentieufe, & créa un magiftrat exprès pour exercer feul cette ancienne fonction du Prévôt de Paris. En effet, ce qu'on appelle police n'ayant pour objet que le fervice du prince & l'ordre public, elle eft incompatible avec les embarras & les fubtilités des matières litigieufes, & tient beaucoup plus des fonctions du gouvernement que de celles du barreau. Par Edit de décembre 1666, contenant réglement général pour la police de Paris, Louis XIV confirma aux officiers du Châtelet leur juridiction pour la police générale en première instance, à l'exclusion de tous autres Juges; &, par Edit de mars 1667, il créa un *Lieutenant général de Police* de la ville, prévôté & vicomté de Paris. Par Edit de février 1674, il réunit au Châtelet toutes les justices seigneuriales qui l'exerçoient en première instance dans Paris, & dont la multiplicité embarrassoit & jetoit les citoyens dans l'incertitude, en compromettant leur état par des conflits de juridiction, &c. On peut voir dans le *Traité de la Police*, en quatre volumes *in-fol.* tous les réglemens de celle de Paris rangés par ordre de matières, & l'histoire de tous les officiers chargés de leur exécution.

Le Roi ne fut pas moins heureux dans le choix des officiers auxquels il confia le soin de la Police, & qui l'ont rendue si admirable, que la plupart des grandes villes du royaume & de l'Europe l'ont imitée, comme un modèle, sans pouvoir l'égaler. M. d'Argenson, second lieutenant de police, acquit dans cette place une réputation qui le mit au rang de ceux qui ont fait honneur au beau siècle de Louis XIV. Plusieurs des successeurs de ce digne Magistrat ont marché sur ses traces, & l'ont égalé. Il suffiroit de nommer M. de Sartine, que son mérite a placé à la tête du département de la Marine, dont il remplit également bien le ministère, parce que l'exactitude, l'amour de l'ordre & du travail, la connoissance des hommes & l'art de les encourager à propos, furent de tout temps les principales qualités d'un bon Miniftre & d'un homme d'Etat. Le Magiftrat qui exerce actuellement la police, eft digne des mêmes éloges; mais fa modeftie nous interdit la publicité d'un hommage dû à fes rares talens.

On ne répétera point ici ce qui a été dit à la fin de l'Article III, au fujet de la police de Paris, & des différentes gardes chargées de veiller à la sûreté de la ville & des habitans : il fuffit de donner une idée générale des principales fonctions du Lieutenant de Police, pour connoître toute l'étendue de cette place importante. Il tient feul, deux fois la femaine, l'audience de police, où l'on porte les caufes concernant la police & toutes fes branches, les droits des communautés, des marchands & artifans de Paris, le péril des bâtimens, l'illumination, la sûreté & le nettoyage des rues; tout ce qui concerne le comeftible; tout ce qui regarde la Bourfe & les conteftations qui peuvent s'élever fur le négoce des effets publics; le paiement des nourrices, l'infpection fur la librairie, &c. &c. &c. (1)

---

(1) On aura une plus jufte idée de tous les objets qui font du reffort de la police, par le détail des bureaux de ce Magiftrat. 1°. Le *bureau du cabinet*, qui a dans fon département la Baftille, Vincennes, & autres châteaux où font renfermés les prifonniers d'Etat; l'extrait des placets à renvoyer dans les bureaux; les affaires qui n'ont point de département fixe; tout ce qui concerne la librairie prohibée; les vifites à la Chambre fyndicale; les expéditions des affaires particulières & extraordinaires; le détail des fonds concernant les établiffemens de charité, les maifons de fanté & objets y relatifs.

Il

Il entretient une correspondance directe avec les ministres du Roi pour tout ce qui a rapport à la

2°. Le *bureau des ordres du Roi*, les placets & mémoires concernant ces ordres, les informations sur toutes les demandes tendantes à les obtenir; les maisons de force, &c. 3°. Le *bureau pour l'approvisionnement de Paris*; les différends qui s'élèvent à cette occasion, l'illumination & le nettoiement des rues; les affiches & placards; les colporteurs; les spectacles, les foires; les bureaux de nourrices; les billets pour les hôpitaux; ce qui concerne le militaire; le rapport de la garde de Paris; les prisonniers de Police; les objets relatifs à la Ferme générale, &c. 4°. Le *bureau des arts & métiers*, & de toutes les contestations qui peuvent s'élever à ce sujet; la revision des comptes des corps & communautés; les affaires concernant leurs statuts & réglemens, & l'administration de leurs revenus; la capitation & industrie desdits corps & communautés; la liquidation de leurs dettes, &c. 5°. Le *bureau du commerce*; les manufactures, les sauf-conduits & arrêts de surséance; les étoffes prohibées; les nouveaux convertis; les religionnaires; les agens de change; la taxe des officiers; les loteries; le détail des fonds assignés aux dépenses de la Police, &c. 6°. Le *bureau de sûreté*; les Juifs, les chambres garnies, les déclarations qui intéressent la sûreté publique, &c. Ce bureau a été établi, il y a une trentaine d'années, pour procurer à ceux qui ont été volés la facilité de recouvrer leurs effets sans aucun frais; trois inspecteurs de Police, chargés de cette partie, se rendent tous les jours à ce bureau pour y faire les déclarations dont ils ont connoissance, & y recevoir les ordres relatifs à cet objet, qui n'est point un des moindres articles de la police admirable de cette grande ville.

Les dépôts de ramonage pour les cheminées & ceux des pompes du Roi pour remédier aux incendies, sans que le public ni les particuliers dans la maison desquels le feu aura été, soient tenus de rien payer, sont encore une des preuves de l'attention scrupuleuse, & de l'immensité des petits détails dans lesquels

Tome I. R

police de Paris : il a sous ses ordres un grand nombre d'*Inspecteurs de Police*, de *Commissaires*, d'*Exempts* & d'autres Officiers, sur lesquels, ainsi que sur leurs droits, privilèges & fonctions, on peut consulter le savant ouvrage du commissaire Lamare.

 La même raison qui a porté toutes les nations bien disciplinées à établir des magistrats de police, & sous leurs ordres un certain nombre de commissaires, de délégués ou de substituts pour les représenter dans leurs fonctions, a engagé en même temps à partager les grandes villes en différentes portions, & à les distribuer entre ces officiers. On verra dans la Notice historique, que Paris fut originairement divisé sous les Romains en quatre *Quartiers*, lors de ses premiers accroissemens hors de l'île. Philippe-Auguste ayant renfermé dans une nouvelle enceinte plusieurs petits bourgs qui étoient hors la ville, cet accroissement donna lieu à une augmentation de quartiers sous S. Louis. La même chose arriva sous Charles VI, & Paris fut divisé en seize *Régions*, qui conservèrent le nom de *Quartiers*, du nom de leur première division en quatre. Les accroissemens faits sous les règnes suivans, & l'extension des quartiers prolongés par leurs extrémités, au point de surpasser en grandeur les villes

---

doit entrer un magistrat chargé de la conservation d'un peuple immense. Outre les 16 corps-de-garde où l'on trouve nuit & jour des gardes-pompes prêts à partir au premier avertissement, il y a 14 dépôts de pompes, & 12 dépôts de voitures d'eau pour les incendies, &c.

les plus considérables du royaume, (tandis que ceux de la ville & de l'intérieur étoient restés dans leurs anciennes bornes) dérangèrent bientôt l'égalité des quartiers, & cette juste proportion si nécessaire pour y maintenir l'ordre public. L'immense étendue des grands quartiers étoit un obstacle perpétuel à l'exécution des réglemens de police. Louis XIV ayant créé, en 1700, des receveurs en titre d'office, des deniers à lever sur les habitans pour l'entretien des lumières publiques & du nettoiement des rues, au lieu des receveurs bourgeois qui en avoient été chargés par le passé, & l'inégalité des quartiers s'opposant encore à ce nouvel établissement, il se détermina à ordonner une nouvelle division projetée depuis long-temps; ce qui fut exécuté par la Déclaration du 12 décembre 1702, enregistrée le 5 janvier 1703, qui fixe les quartiers au nombre de vingt, & en détermine les bornes & les limites. Nous les avons ci-devant décrits à l'Article III, & nous renvoyons au *Dictionnaire étymologique & anecdotique des rues de Paris*, tout ce qui pourroit avoir été omis dans cette Description générale.

Le GOUVERNEMENT MILITAIRE de Paris & de l'Ile de France, étoit anciennement attaché à l'office du Prévôt de Paris, qui prenoit à cette occasion le titre de *Capitaine de Paris*, & qui réunissoit, comme les Comtes ses prédécesseurs, le commandement des armées à l'administration de la justice & des finances; mais ces diverses fonctions ayant successivement passé à ses lieutenans, le gouvernement militaire de Paris & de l'Ile de France, en fut aussi retiré & défuni par François I, qui donna, en 1528, le gouvernement de Paris au comte d'Etampes, & celui de l'Ile de France à François de la Tour, vicomte de Turenne : ces deux gouvernemens furent enfuite fouvent réunis & divifés ; mais ils ne furent point rendus au Prévôt de Paris, auquel il ne refte du commandement des armées que la convocation du *ban* & de l'*arrière-ban*. Une Compagnie de cinquante gardes à cheval commandés par un Capitaine, un Lieutenant & un Cornette, fert de garde au gouverneur de Paris ; il a de plus douze hallebardiers Suiffes ; il marche dans les *Te Deum* & les cérémonies publiques, après le premier Préfident du Parlement, &c. Indépendamment du gouverneur général militaire de la ville, prévôté & vicomté de Paris, il y a encore plufieurs *gouvernemens particuliers*, tels que la Baftille, Vincennes, l'Hôtel royal des Invalides, l'Ecole royale militaire, le vieux Louvre, les Tuileries, &c. dont les gouverneurs ne reçoivent les ordres que du Roi, &c.

UNE GARDE paroîtroit fuperflue à une ville telle que celle de Paris, dont la police eft un chef-d'œuvre ; cependant cette garde exifte pour parer à tout évènement ; elle eft formée de trois compagnies d'ordonnance à la folde du Roi, qui compofent environ 900 hommes, indépendamment du Guet. Cette dernière garde eft auffi ancienne, parmi nous, que la Monarchie, puifque Clotaire II. publia en 595 un Edit qui règle l'exercice du guet de nuit dans les principales villes du royaume. On diftinguoit autrefois dans Paris le *guet assis* & le *guet royal*. Les communautés des marchands & artifans étoient obligées de fournir un certain nombre d'hommes, réglé par le Prévôt de Paris, pour former des corps-de-garde fixes; ce qui les fit appeler le *guet assis*. Le Roi fournissoit, de son côté, une compagnie de Sergens à pied & à cheval pour faire des rondes, & qu'on appeloit par cette raison le *guet royal*. Le commandant de ces guets, nommé *Miles Gueti, chevalier du guet*, qui répondoit au *Præfectus Vigilûm* des Romains, jouissoit des plus belles prérogatives. Il pouvoit entrer chez le Roi à toute heure, même en bottes; il rendoit compte directement à Sa Majesté, & prenoit ses ordres. L'ordre de l'Etoile, supprimé par Charles VIII, fut conservé en sa personne; &c. mais depuis la mort du sieur Choppin de Gouffangre, dernier *chevalier du guet*, arrivée le 27 janvier 1733, le Roi a ordonné le remboursement de sa charge, & a mis en sa place un commandant qui en fait les fonctions, &c.

Si contre toute apparence il étoit jamais besoin d'un plus grand nombre de troupes pour la garde de la ville de Paris, il seroit facile d'en employer beaucoup d'autres qui sont à portée de cette capitale, ou qui y ont leurs quartiers; telles que la Maison militaire du Roi, composée d'environ 9000 hommes; 2°. la compagnie du Prévôt général de la Connétablie & Maréchaussée de France; 3°. celle du Lieutenant criminel de Robe-Courte au Châtelet de Paris; 4°. celle du Prévôt de l'Ile de France; 5°. celle du Prévôt général des Monnoies; 6°. celle du Prévôt de la généralité de Paris; 7°. les trois compagnies des gardes de l'Hôtel-de-Ville de Paris; 8°. les Invalides, &c.

ARTICLE XI.

Suite de l'Article précédent; Origine & Variations du Droit civil & coutumier.

SI la ville de Paris est considérée comme le SIÈGE DE L'EMPIRE FRANÇOIS, c'est principalement à raison des COURS SOUVERAINES, & autres *tribunaux* qui honorent cette capitale. On y compte *six Cours souveraines*, *trente Juridictions inférieures*, *sept Juridictions de Robe-Courte*, ou qui ont des troupes, & *cinq Juridictions ecclésiastiques*. On ne comprend point dans ce détail les *bureaux & commissions particulières* qui ont aussi juridiction, & dont le nombre est considérable. Le ressort des Cours souveraines s'étend fort loin dans le royaume; il y en a même qui sont uniques, & qui n'ont d'autres limites que celles de la France. Parmi les autres juridictions, au nombre de quarante-deux, il y en a de générales pour la prévôté & vicomté, & pour toute la ville & dépendances, & d'autres qui ne sont que particulières à quelques cantons de cette même ville, &c. Avant de faire connoître la nature de ces diverses juridictions, il sera peut-être utile de jeter un coup d'œil rapide sur l'origine & les variations du Droit François qui forme aujourd'hui la constitution politique & civile de l'Etat &

des sujets (1). On ne craint pas de s'égarer, en prenant pour guide l'immortel auteur de l'*Esprit des Lois*.

Tout le pays qu'on appelle France, & dont Paris est la capitale, étoit anciennement régi par les *Lois Romaines* & le *Code Théodosien* publié l'an 438, dans le même siècle de l'irruption des Barbares dans les Gaules. Les Wisigoths s'étoient emparés de la Narbonnoise, & de presque tout le midi; les Bourguignons s'étoient établis à l'orient, du consentement des Romains, avec lesquels ils avoient fait le partage des terres; à l'occident, les peuples Armoriques avoient secoué le joug des Romains, & s'étoient formés en république indépendante; les François, venus les derniers, s'étoient établis dans le nord sur les bords de la Somme & de l'Escaut. Mais l'ambition & la politique de Clovis, chef de la tribu des Francs-Saliens; ses capitulations avec les

---

(1) On trouvera dans l'*Histoire de Paris & de la France* que j'ai annoncée, & pour laquelle cette Description est faite, les preuves & les développemens de l'esquisse dont on ne fait ici que tracer les principaux linéamens. Il est bon de s'accoutumer à étudier l'Histoire sous toutes les formes, & surtout de la connoître dans son rapport avec les lois. L'abrégé que je présente dans cet article, est un précis de l'ouvrage du célèbre Montesquieu, dégagé de tout ce qui en rend la lecture si pénible & si fatigante, & principalement de toutes ces idées systématiques qui rendent si obscure l'origine de notre monarchie, celle de nos usages, de nos lois, &c. Si l'*Esprit des Lois* est un chef-d'œuvre, ce n'est pas dans la partie systématique, comme on le verra ailleurs. Ceux qui liront ce précis avec attention, s'appercevront bien qu'il n'est pas fait par un simple copiste.

R iv

villes Romaines ; son union avec les Armoriques qui le rendit maître de tous ces pays, depuis la Somme jusqu'à la Loire ; son mariage avec Clotilde, fille d'un roi de Bourgogne, qui lui fit embrasser sa Religion, & lui transmit l'apparence de ses droits sur les pays occupés par les Bourguignons; ses intelligences secrettes avec tous les évêques qui détestoient les autres rois des Barbares, parce qu'ils étoient Ariens ; sa victoire sur Alaric, roi des Wisigoths ; ses assassinats qui le défirent des chefs des autres tribus Françoises, ses compétiteurs & ses parens; &c. lui fournirent bientôt toutes les Gaules, à l'exception du royaume de Bourgogne que Gondebaut sut défendre, mais qui ne tarda pas à devenir la proie des enfans de Clovis.

Il ne faut pas douter que tous ces peuples Barbares sortis des forêts de la Germanie, où la guerre, la chasse & la conduite des troupeaux faisoient leur seule occupation, n'aient conservé dans leurs conquêtes, & après leur établissement dans les Gaules, les mœurs, les inclinations & les usages qu'ils avoient dans leur pays natal ; parce qu'une nation ne change pas dans un instant de manière de penser & d'agir (1). C'est pour cela qu'ils firent rédi-

_____

(1) J'ai pensé que le lecteur verroit avec plaisir la manière dont M. de Voltaire peint les mœurs & la férocité de nos ancêtres, & ce qu'il dit de l'établissement de la monarchie Françoise, dans son *Essai sur l'Histoire générale depuis Charlemagne jusqu'à nos jours*. Cet élégant écrivain, plus ingénieux que profond, plus poëte que philosophe, plus philosophe qu'historien, a voulu continuer l'ouvrage de l'illustre Bossuet, qui

ger par écrit leurs coutumes & usages pour s'y conformer dans leurs nouveaux établissemens. Nous

s'est arrêté à Charlemagne, dans son *Discours sur l'Histoire universelle*: mais il avoit choisi un modèle inimitable. Ce qu'il raconte des commencemens de notre monarchie, mérite d'être mis en opposition avec ce qu'en dit l'auteur de l'*Esprit des Lois*.

« Les Gaulois avoient été heureux d'être vaincus par les
» Romains. Marseille, Arles, Autun, Lyon, Trèves, étoient
» des villes florissantes qui jouissoient paisiblement de leurs
» lois municipales subordonnées aux sages lois Romaines : un
» grand commerce les animoit. On voit par une lettre d'un
» proconsul à Théodose, qu'il y avoit à Autun 25 mille chefs
» de famille; mais, dès que les Wisigoths, les Bourgui-
» gnons, les Francs, arrivent dans la Gaule, on ne voit plus
» de grandes villes peuplées. Les cirques, les amphithéâtres
» construits par les Romains jusqu'au bord du Rhin, sont dé-
» molis ou négligés. Qui empêchoit ces nouveaux venus de
» bâtir des édifices réguliers sur les modèles Romains ? Pour-
» quoi toutes les manufactures, tous les arts, étoient-ils tom-
» bés & dépéris ? Pourquoi toutes les commodités qui adou-
» cissent l'amertume de la vie, étoient-elles inconnues, sinon
» parce que les Sauvages qui passèrent le Rhin, rendirent les
» autres peuples sauvages ? Qu'on en juge par ces lois Sali-
» ques, Ripuaires, Bourguignones, que Charlemagne lui-
» même confirma, ne pouvant les abroger. La pauvreté & la
» rapacité avoient évalué, à prix d'argent, la vie des hom-
» mes, la mutilation des membres, le viol, l'inceste, l'em-
» poisonnement; quiconque avoit quatre cents sous, c'est-à-
» dire, quatre cents écus du temps à donner, pouvoit tuer
» impunément un évêque : il en coûtoit deux cents sous pour
» la vie d'un prêtre; autant pour le viol; autant pour avoir
» empoisonné avec des herbes. Une sorcière qui avoit mangé
» de la chair humaine, en étoit quitte pour deux cents sous;

avons encore le Code où se trouvent la *loi Salique*, & celle des *Francs-Ripuaires* qui se réunirent aux

> » & cela prouve qu'alors les sorcières ne se trouvoient pas
> » seulement dans la lie du peuple, comme dans nos derniers
> » siècles; mais que ces horreurs extravagantes étoient pra-
> » tiquées chez les riches. Les combats & les épreuves déci-
> » doient de la possession d'un héritage, de la validité d'un
> » testament; la Jurisprudence étoit celle de la férocité & de
> » la superstition. Qu'on juge des mœurs par celles des Prin-
> » ces; on ne voit aucune action magnanime. La Religion
> » Chrétienne qui devoit humaniser les hommes, n'empêche
> » point le roi *Clovis* de faire assassiner les petits *Régas*, ses
> » voisins & ses parens; les deux enfans de Clodomir sont mas-
> » sacrés à Paris, en 533, par un Childebert & un Clotaire,
> » ses oncles, qu'on appelle *Rois de France*, & Clodoald, le
> » frère de ces deux innocens égorgés, est invoqué sous le
> » nom de *Saint-Cloud*, parce qu'on l'a fait moine.... Sous
> » un Chilpéric, roi de Soissons, en 562, les sujets esclaves
> » désertent *ce prétendu royaume*, lassés de la tyrannie de leur
> » maître qui prenoit leur pain & leur vin, ne pouvant pren-
> » dre l'argent qu'ils n'avoient pas, &c. &c. Il ne reste de mo-
> » numens de ces temps affreux, que des fondations de mo-
> » nastères, & un confus souvenir de misères & de brigan-
> » dage. Figurez-vous des déserts où les loups, les tigres &
> » les renards, égorgent un bétail épars & timide; c'est le por-
> » trait de l'Europe pendant tant de siècles. »

On ne voit là que de la déclamation appuyée sur le rapprochement de quelques faits épars & isolés, pour amener sur la fin de la tirade, une comparaison poétique; mais il n'y a ni l'esprit de recherches, ni le style sérieux & sévère qui convient à la majesté de l'histoire. Il prétend que Clovis n'étoit qu'un chef de brigands, élu par ses semblables, pour n'avoir qu'une part égale au butin; qu'on en trouve la preuve dans l'exemple de ce guerrier Franc, qui ne voulut jamais

Francs-Saliens sous Clovis; la *loi Gombette* donnée aux Bourguignons par leur roi Gondebaut; la *loi des Wisigoths*; celles des *Allemands*, & autres peuples de la Germanie. Mais il ne faut pas croire que ceux de ces peuples qui s'établirent dans les Gaules, aient forcé les Gaulois-Romains à suivre les usages & les lois des vainqueurs. Le droit Romain continua d'être celui de la nation entière; & nous avons encore l'abrégé des lois Romaines & la compilation du code Théodosien, faite par ordre d'Alaric, pour servir aux sujets de son Empire. On voit aussi par les lois des Bourguignons & des Francs, qu'elles furent écrites, non pas pour servir de loi aux peu-

---

permettre que Clovis ôtât du butin général un vase de l'église de Reims, & qui fendit le vase à coups de hache, sans que le chef osât l'empêcher; que, suivant la marche de la nature humaine, Clovis devint despotique à mesure qu'il devint puissant; que le gouvernement ne fut que militaire, & qu'on ne peut le mieux comparer qu'à celui d'Alger ou de Tunis, gouverné par un chef & une milice; que les évêques n'assistoient point aux assemblées de la nation Françoise, parce qu'ils étoient tous Gaulois ou Italiens, *peuples regardés comme serfs*; mais que, quand les majordomes ou Maires de cette milice usurpèrent insensiblement le pouvoir, ils voulurent cimenter leur autorité par le crédit des prélats & des abbés, en les appelant pour la première fois aux assemblées du Champ de Mai, sous le Maire Pépin I, en 692: époque trop négligée par les historiens, mais bien remarquable, en ce qu'elle fut le premier fondement du pouvoir temporel des évêques & des abbés en France & en Allemagne. L'auteur examine ensuite si le gouvernement des Maires devenus Rois par le crédit du Clergé, étoit despotique, & si le royaume étoit héréditaire, &c.

ples vaincus, mais pour être suivies par les vainqueurs seulement. Ces lois étoient personnelles, & non territoriales; c'est-à-dire que, dans quelque endroit des Gaules que ce fût, le Franc étoit jugé par la loi des Francs, le Bourguignon par la loi Gombette, & le Romain par la loi Romaine; les enfans suivoient la loi de leur père, &c. Cela vint même au point que dans la suite, chacun pouvoit prendre la loi qu'il vouloit.

La peine du Talion faisoit la base de toutes ces lois des Barbares. *Si quis alteri membrum ruperit, membrum pariter rumpere, injuriâ affecto jus esto.* Cette peine du talion qui semble gravée au fond des cœurs, & le droit de vengeance qui en est une suite naturelle, furent toujours la loi des peuples simples & sauvages qui ne sont pas éclairés des lumières de l'Evangile: c'est la clef de tous les codes des Barbares qui n'ont pour objet que de prévenir les guerres particulières de famille à famille, & qui évaluent ce droit par des peines pécuniaires, pour tenir lieu de peines corporelles que les offensés ou leurs parens feroient en droit d'exiger par représailles. Les lois Gothes & Gombettes, composées dans un temps où les Wisigoths & les Bourguignons avoient déja commencé à se naturaliser parmi les Romains, admirent les peines corporelles; mais les lois Salique & Ripuaire ne les reçurent point, parce qu'elles avoient mieux conservé leur premier caractère; on en trouve seulement quelques-unes dans le décret de Childebert, roi de Paris. Le prix de la vie de chaque personne est fixé suivant les circonstances de l'action, & suivant les qualités : si le meurtrier est insolvable, les parens jusqu'à un certain degré, sont obligés de payer; & s'ils ne le peuvent, le meurtrier est esclave de la famille du défunt. Ainsi les familles répondoient de la conduite de chaque particulier, & l'Etat épargnoit la vie de chaque citoyen. L'atrocité des lois pénales presque toutes disproportionées aux crimes, la question, la forme judiciaire qui traite tout accusé comme s'il étoit convaincu, les informations secrettes, les procédures, &c. valent-elles la simplicité admirable de ces lois, & sont-elles plus propres à prévenir les crimes (1) ?

Comme la loi Salique étoit plus favorable aux Francs, & qu'elle leur accordoit des *compositions* plus fortes qu'aux Gaulois-Romains, (à l'exception des ecclésiastiques dont les compositions étoient égales à celles des Francs), le droit Romain perdit peu à peu son usage chez les Francs, à cause de l'avantage qu'il y avoit à vivre sous la loi Salique : il fut seulement retenu par les ecclésiastiques qui n'eu-

---

(1) On n'a pas intention de faire une satire de notre Code criminel, en paroissant le mettre en opposition avec la simplicité des lois Saliques; & on ne pense pas que les lois Pénales dussent préférer l'expiation des crimes par des compositions en argent, aux peines corporelles plus propres à effrayer les coupables. Ces compositions n'avoient été imaginées que pour mettre un terme aux inimitiés & aux vengeances par représailles, & non pas pour ouvrir la porte aux crimes, en faveur de ceux qui auroient le moyen de payer la composition, comme le dit M. de Voltaire dans son *Essai sur l'Histoire générale.*

rent point d'intérêt à changer; aussi voit-on dans la loi des Ripuaires, & dans Ducange, au mot *Lex Romana*, que la loi Romaine fut toujours la loi particulière des ecclésiastiques. Il n'en fut pas de même dans les pays de la dépendance des Wisigoths & des Bourguignons: comme les lois Gothes & Gombettes étoient impartiales, & qu'elles ne faisoient aucune distinction des sujets pour les compositions, le droit Romain y conserva toute sa force, & fut bientôt regardé comme une loi réelle & territoriale de ces pays; sans que pour cela les lois particulières des Wisigoths & des Bourguignons y fussent abolies. Les *compositions* dont on vient de parler, & dont il est fait une mention si fréquente dans le Code des Barbares, tenoient aux mœurs simples des peuples Germains. Tacite nous apprend que lorsqu'un homme avoit fait quelque tort à un autre, les parens de la personne offensée entroient dans la querelle, & la haine s'appaisoit par une satisfaction ou composition qui appartenoit à celui qui avoit été offensé ou lésé, s'il pouvoit la recevoir, à moins que par sa mort elle ne fût dévolue à ses parens. Les rédacteurs des lois fixèrent les compositions suivant les usages de chaque nation, & furent attentifs à prévoir tous les cas, & à proportionner les compositions à l'injure, suivant la différence des conditions: ils marquèrent avec précision la différence des torts, des injures, des crimes, afin que chacun connût au juste jusqu'à quel point il étoit lésé ou offensé, qu'il sût exactement la réparation qu'il devoit recevoir, & sur-tout qu'il n'en devoit pas recevoir davantage. Outre la composition qu'on devoit payer aux parens pour les meurtres, les vols, les torts & les injures, il falloit encore payer un certain droit appelé *fredum*, pour la protection accordée par le Juge contre le droit de vengeance, &c.

Une autre singularité des lois des Barbares, & qui tenoit également à la simplicité de ces peuples, c'est qu'elles admettoient l'usage des *preuves négatives*, c'est-à-dire, que celui contre lequel on formoit une demande pouvoit, dans la plupart des cas, se justifier en jurant, avec un certain nombre de témoins, qu'il n'avoit point fait ce qu'on lui imputoit. Mais l'abus du serment donna lieu à un remède encore plus singulier. Ces mêmes lois permettoient au demandeur ou à l'accusateur de prévenir le serment, en offrant la *preuve par le combat singulier*. La loi Salique différoit des autres, en ce qu'elle n'admettoit point les preuves négatives, c'est-à-dire, que celui qui faisoit une demande ou une accusation devoit la prouver, & qu'il ne suffisoit pas à l'accusé de la nier. Le demandeur faisoit ouir ses témoins pour établir sa demande ; le défendeur faisoit ouir les siens pour se justifier, & le Juge cherchoit la vérité dans les uns & les autres témoignages ; ce qui est conforme aux lois de presque toutes les nations du monde. Aussi la loi Salique rejettoit-elle la preuve par le combat singulier ; mais elle la remplaçoit par l'épreuve du fer chaud ou de l'eau bouillante, que l'accusé étoit obligé de subir à défaut de preuves propres à justifier son innocence. Comme cette épreuve étoit fort cruelle, l'accusé pouvoit racheter sa main, du consentement de la partie, par une certaine somme que la loi fixoit, &c (1). L'obscurité des preuves positives chez un peuple ignorant, qui savoit à peine l'art d'écrire, rendit nécessaire l'usage du combat judiciaire chez les Francs comme chez les autres peuples Barbares; & il n'y eut bientôt plus d'autre jurisprudence, d'abord dans les affaires criminelles, & ensuite dans les civiles, comme on le verra plus bas.

La justice étoit rendue par les *Ducs*, les *Comtes*,

---

(1) On sera étonné, dit l'auteur que j'analyse, de voir que nos pères fissent ainsi dépendre l'honneur, la fortune & la vie des citoyens, de choses qui étoient moins du ressort de la raison que du hasard; qu'ils employassent sans cesse des preuves qui ne prouvoient point, & qui n'étoient liées ni avec l'innocence ni avec le crime. Mais l'origine de ces usages singuliers, tenoit aux mœurs primitives de ces peuples. Les Germains qui n'avoient jamais été subjugués, jouissoient d'une indépendance extrême. Les familles se faisoient la guerre pour des meurtres, des vols, des injures Velleïus Paterculus, *Lib. II, cap. 118*, dit que les Germains décidoient toutes les affaires par le combat. On modifia cette coutume, en mettant ces guerres sous des règles; elles se firent par ordre & sous les yeux des Magistrats, ce qui étoit préférable à une licence générale de se nuire. Comme aujourd'hui les Turcs, dans les guerres civiles, regardent la première victoire comme un jugement de Dieu qui décide; ainsi les peuples Germains, dans leurs affaires particulières, prenoient l'évènement du combat pour un arrêt de la Providence, toujours attentive à punir le criminel ou l'usurpateur. C'est de-là que toutes les preuves par le combat, le fer chaud, l'eau froide, l'eau bouillante, prirent le nom de *Jugemens de Dieu, &c.*

les *Vicomtes* où *Vicaires*, les *Centeniers*, &c. qui avoient chacun leurs départemens ou districts, & qui étoient en même temps officiers civils & militaires. Les noms de ces dignités furent empruntés des Romains, chez lesquels elles étoient purement militaires. Nos Rois innovèrent le moins qu'ils purent, & conservèrent, autant que les circonstances le permettoient, l'ordre de répartition & de correspondance des quatre *Primaties* & des *dix-sept Provinces*, formées & distinguées par les Romains en autant de *Métropoles* divisées en *Cités*, dont les *territoires* ou *Diocèses* se subdivisoient ensuite en grands cantons, *Pagi majores*, & petits cantons, *Pagi minores seu Pagelli*, comme on le verra dans la *Description topographique des Gaules*, qui doit précéder notre *Histoire de Paris & de la France*. Les grands offices furent distribués aux chefs des armées, sous le titre de *Duchés & Comtés*: les offices du second ordre furent pour les officiers subordonnés, sous la condition de maintenir le bon ordre, & d'administrer la justice à chacun, suivant la loi qui lui étoit propre & personnelle. Ces offices se nommoient en même temps *bénéfices*, *beneficia*, parce qu'outre l'exercice de l'office, les Juges avoient la jouissance des fruits du territoire, & la perception des amendes, *freda*, qui devoit être considérable dans un temps où presque toutes les peines étoient pécuniaires.

Les Comtes restèrent ainsi les premiers magistrats des villes de France, tant au militaire qu'au civil: on voit les lois Gombettes souscrites par trente-

Tome I. S

deux Comtes (1) qui s'obligent à les faire exécuter. Des Magistrats inférieurs nommés *Prévôts*, *Vicaires*, *Centeniers*, *Maires*, *Gravions*, &c. jugeoient les affaires ordinaires ; celles où il s'agissoit de la vie ou de la liberté des citoyens, étoient de la compétence des Ducs & des Comtes, qui connoissoient aussi exclusivement de la propriété des biens, de celle des esclaves, & de l'exécution des ordres du Roi. Les réglemens pour leur élection, & la distinction de leurs qualités, marquoient le degré d'autorité & d'attribution propre à l'exercice de leurs offices, &c. (2). D'abord les Comtes n'étoient envoyés dans

---

(1) On peut consulter sur cet objet & sur les *Pagi* qui prirent le nom de *Comtés*, l'*Histoire du duché de Bourgogne*, que j'ai mise à la tête de la Description de cette province. Un auteur a donné cette même histoire sous son nom, au moyen de quelques augmentations qu'il y a faites.

(2) On croira peut-être, dit Montesquieu, que le gouvernement des Francs étoit pour lors bien dur, puisque les mêmes officiers avoient en même temps sur les sujets la puissance militaire & la puissance civile, & même la puissance fiscale, ce qui est une des marques distinctives du despotisme. Mais il ne faut pas penser que les Comtes jugeassent seuls & rendissent la justice, comme les Bachas la rendent en Turquie. Pour qu'on puisse bien entendre ce qui concerne les jugemens dans les Formules, les Lois des Barbares & les Capitulaires, il faut observer que les fonctions de *Comte*, celles du *Gravion*, du *Centenier*, &c. étoient les mêmes, parce qu'ils jugeoient les uns & les autres en dernier ressort, & sans appel ; toute la différence étoit dans le partage de la juridiction. Le Comte pouvoit condamner à mort, juger de la liberté & de la restitution des biens ; le Centenier ne le pouvoit pas ; il n'avoit que ce qu'on appelle *moyenne & basse justice*. Par la

leurs districts que pour un an: bientôt ils achetèrent la continuation de leurs offices; & l'Histoire en fournit des exemples dès le règne des petits-enfans de Clovis. Grégoire de Tours dit que Péonius, comte d'Auxerre, envoya son fils Mummol porter de l'argent à Gontran, pour être continué dans son office de Comte; le fils donna l'argent pour lui-même, & obtint la place du père. Les Rois avoient déja commencé à corrompre leurs propres graces; ce qui entraîna par la suite les plus grands désordres avec

---

même raison, il y avoit des causes majeures réservées au Roi, c'étoient celles qui intéressoient directement l'ordre politique. Telles étoient les discussions qui étoient entre les Evêques, les Comtes, les Seigneurs & autres grands, que les Rois jugeoient avec les grands Vassaux.

Mais qui que ce fût qui eût la juridiction, il ne jugeoit jamais seul; le Comte, le Gravion, le Centenier, avoient des adjoints appelés *Juges, Rachimburges, Echevins*, qui étoient les mêmes personnes sous différens noms; & comme il ne falloit pas moins de douze personnes pour juger, comme on le voit par les Capitulaires de Louis le Débonnaire, ajoutés à la Loi Salique, art. 2, on remplissoit le nombre par des notables, *per bonos homines. Voyez* la formule des jugemens dans Ducange, au mot *boni homines*. Il en étoit de même des Seigneurs qui ne jugeoient jamais seuls; & même les Comtes & les Seigneurs ne jugeoient pas, ils ne faisoient que recueillir les voix & prononcer le jugement; & chaque particulier n'étoit jugé que par ses pairs. Cet usage qui tenoit son origine de la Germanie, se maintint encore, lorsque les Comtés devinrent héréditaires, & que les fiefs prirent une nouvelle forme. Quant aux droits judiciaires, ils étoient fixés par les lois qui prévenoient les malversations. Les envoyés du Roi, *Missi Dominici*, veilloient dans leurs tournées à l'exécution des lois, &c.

les effets ordinaires de la vénalité, la diminution de l'autorité des Rois & la perte de leurs plus belles prérogatives.

Indépendamment des comtés où les Comtes rendoient la justice en dernier ressort, chacun dans leurs districts, il y avoit encore d'autres bénéfices ou domaines gouvernés sur les mêmes principes; ils étoient à la disposition des Rois qui en gratifioient leurs *Leudes* ou *fidèles*. Dans le partage des terres qui suivit la conquête, il en avoit été réservé une portion pour le domaine propre du Roi, & pour distribuer à ses officiers ou à ceux qui étoient particulièrement sous sa foi, *in Truste Regis*, selon l'expression de la loi Salique. Ce sont ces officiers que les Codes des Barbares & les Formules désignent sous le nom d'*Antrustions*; nos premiers historiens par celui de *Leudes*, de *fidèles*, & les suivans par celui de *vassaux* & *seigneurs*. Les biens réservés pour l'entretien de la Famille royale étoient appelés *regalia*, & ceux destinés aux Leudes furent appelés des *biens fiscaux* (*fiscalia*) des *bénéfices*, des *honneurs*, des *immunités*, des *fiefs*, dans les divers auteurs & dans les divers temps (1). Les terres données à titre de fiscs,

―――――――――――――――――――――――

(1) L'origine du vasselage & des fiefs est une question trop obscure pour la traiter ici; les uns vont chercher cette origine jusqu'en Scythie & en Turquie, où l'on trouve quelques traces d'une apparence de féodalité. Les autres, dans les forêts de la Germanie, fondés sur ce que César & Tacite parlent de *volontaires* & de *compagnons* (*comites*) qui se vouoient & se recommandoient aux Princes pour les suivre dans leurs entreprises, à charge d'en partager le profit & le butin. D'au-

& les fiefs, étoient amovibles dans les commencemens. On voit dans Grégoire de Tours plusieurs exemples où les Rois ôtent à des seigneurs ce qu'ils tenoient du fisc, & ne leur laissent que ce qu'ils avoient en propriété ; ce qui prouve qu'on distinguoit les bénéfices de la propriété. Ainsi, il y avoit les *terres fiscales*, qui, à la mort du Leude ou fidèle, retournoient au Souverain, & les *terres allodiales* ou

---

tres enfin ne voient les commencemens de la féodalité que vers la fin de la seconde race, dans la concession de la propriété utile avec réserve de la propriété directe ; ensorte qu'on est devenu seigneur suzerain ou vassal, en acquérant des chefs-lieux dominans & servans.

Quelque parti que l'on prenne sur l'origine du vasselage, il faut nécessairement reconnoître plusieurs ordres de citoyens dans les premiers temps de la monarchie Françoise. Le premier contenoit ceux qui possédoient les premières seigneuries ou les premières dignités de l'Eglise ou de la Cour ; & leur composition étoit de 900 sous. Le deuxième ordre étoit rempli par les possesseurs des seigneuries subalternes ou des secondes dignités de l'Eglise ou de la Cour ; leur composition étoit de 600 sous. Les Francs, les Ripuaires & autres Barbares nés ingénus, occupoient le troisième ordre. Dans le quatrième ordre, étoient les Romains ou anciens Gaulois qui avoient conservé leur ingénuité, & désignés sous le nom d'*hommes libres* ; leur composition étoit de 100 sous. Enfin, on distinguoit les serfs & les affranchis, &c. &c. Les seigneurs & les Antrustions gouvernoient les districts & ressorts de leurs seigneuries & fiscalités, par les mêmes principes & de la même manière que les Comtes administroient leurs comtés : c'est par les moyens de ces districts & ressorts, qu'en France les justices sont devenues héréditaires & patrimoniales, & qu'elles ont été transférées par les ventes des chefs-lieux, &c.

patrimoniales qui appartenoient en propre aux hommes libres. Dans le cas où les leudes avoient donné quelques portions des terres fiscales, elles retournoient également au Roi, comme partie du bénéfice ou fief dominant; les arrières-vassaux subissoient le sort du vassal, & étoient dépouillés de ce qu'ils tenoient de lui. Les bénéfices ne se donnoient qu'à charge du service militaire, & les leudes-vassaux y étoient obligés en conséquence de leurs fiefs; ils conduisoient leurs arrière-vassaux à la guerre, comme les Comtes menoient les hommes libres de leurs comtés; & les Evêques, Abbés ou leurs avoués, (*advocati*), y menoient également les hommes des seigneuries ou immunités qu'ils tenoient du fisc.

C'étoit un principe fondamental de la Monarchie, que ceux qui étoient sous la puissance militaire de quelqu'un, étoient aussi sous sa juridiction civile: les seigneurs eurent le droit de rendre la justice dans leurs fiefs, par le même principe qui fit que les Comtes eurent le droit de la rendre dans leurs comtés; &, pour bien dire, les comtés suivirent toujours les variations arrivées dans les fiefs: les uns & les autres étoient gouvernés sur le même plan & les mêmes idées. Les fiefs comprenoient de grands territoires, & les Leudes qui les obtenoient, en tiroient tous les fruits & tous les émolumens, tels que les profits judiciaires, *freda*, que l'on recevoit par les usages des Francs. La justice n'étoit autre chose que le droit de faire payer les compositions de la loi, & celui d'exiger les amendes de la loi: ainsi celui qui avoit le fief, avoit aussi la justice qui ne s'exerçoit que par des compositions aux parens & des profits aux seigneurs. Les Eglises auxquelles les Rois donnèrent de grands fiscs, c'est-à-dire de grands fiefs, avoient également la justice & le droit d'en exiger les *freda*. Les Evêques & Abbés y faisoient exercer la justice par leurs officiers, & faisoient acquitter le service militaire de ces fiefs ou immunités par leurs avoués. La justice fut donc dans les fiefs anciens & dans les fiefs nouveaux, un droit inhérent au fief même, une dépendance du fief, un droit lucratif qui en faisoit partie. C'est pour cela que dans tous les temps elle a été regardée ainsi; d'où est né ce principe que les *Justices sont patrimoniales en France*. Ainsi, les justices seigneuriales ne sont point des usurpations, comme l'ont écrit plusieurs modernes, puisque Charlemagne recommande à ses envoyés de veiller à la manutention des lois, tant dans ses propres justices, que dans celles des seigneurs ecclésiastiques & séculiers (1).

---

(1) *Tam de justitiis nostris, quàmque justitiis ecclesiarum Dei & exterorum hominum. Cap. an. 802, c. 23.* Ce texte venge assez nos illustres ancêtres de la fausse & odieuse imputation d'avoir usurpé les hautes justices & les droits qui en dépendent. Il y a eu sans doute des abus & des extensions dans les siècles d'anarchie sur les fins de la deuxième race & aux commencemens de la troisième ; mais au moins la source des justices territoriales n'est point entachée de ce vice. C'est ce qui fait dire à l'auteur de l'*Esprit des Lois* : « Je prie de voir » dans le *Traité des Justices de Village de Loyseau*, quelle est » la manière dont il suppose que les seigneurs procédèrent » pour former & usurper leurs diverses justices. Il faudroit » qu'ils eussent été les gens du monde les plus raffinés, qu'ils

S iv

DESCRIPTION

Quoique par la loi du royaume, les fiefs, comme les comtés, fussent amovibles, ils ne se donnoient pourtant ni ne s'ôtoient d'une manière capricieuse & arbitraire, & c'étoit ordinairement une des principales choses qui se traitoient dans les assemblées de la nation : mais l'abus se glissa bientôt par-tout; on continua la possession des fiefs & des comtés pour de l'argent ; & lorsque la Cour voulut révoquer les dons qui avoient été faits, cela mit un mécontentement général dans la nation, comme on le vit dans la funeste catastrophe de Brunehaut qui mit fin au second royaume de Bourgogne, & qui donna des *Maires perpétuels* aux Rois. Ces grands officiers

---

» eussent fait un système général de politique, qu'ils eussent
» volé, non pas comme des guerriers pillent, mais comme
» des Juges de village & des Procureurs se volent entr'eux.
» Loyseau les fait raisonner, comme dans son cabinet il rai-
» sonnoit lui-même. » Le compilateur qui a donné un *Epitôme sur l'état civil de la France*, en deux mortels volumes in-12, prétend que « les ecclésiastiques ne pouvoient posséder ni
» fiefs ni justices, parce qu'ils étoient incapables de servir
» les fiefs, & de remplir l'office des Comtes ; il ajoute que
» les terres ecclésiastiques n'étoient que de simples alleux qui
» n'avoient aucuns des caractères de la féodalité ni de la jus-
» tice seigneuriale ; mais que leurs possessions allodiales étant
» devenues énormes dès le neuvième siècle, Charles Martel
» se crut obligé d'en réunir la plus forte partie au domaine
» de la Couronne ; que ce ne fut que dans le douzième siècle
» que les ecclésiastiques usurpèrent le droit de justice dans
» leurs possessions, qu'ils étendirent leurs juridictions usur-
» pées sur les matières civiles les plus ordinaires ; que, &c. ».
Voyez *Epitôme*, Tome II, Ch. VIII. On n'a jamais réuni tant d'anachronismes & d'erreurs qu'il y en a dans cet ouvrage.

n'eurent garde de rétablir l'amovibilité des charges & des offices, ils ne régnoient que par la protection qu'ils accordoient à cet égard à la noblesse, & les grands offices continuèrent à être donnés pour la vie ainsi que les fiefs; plusieurs même passoient aux héritiers, puisque Marculfe qui écrivoit du temps des Maires, rapporte plusieurs formules où les Rois donnent à la personne & aux héritiers. Ceux qui tenoient des fiefs ayant de très-grands avantages, & leurs compositions étant plus fortes, on imagina de donner ses alleux au Roi, & de les recevoir de lui en fief, en lui désignant ses héritiers ; désordre qui continua toujours, parce que les hommes libres, & sur-tout les Romains, possesseurs de fonds, vouloient faire corps avec les seigneurs, & entrer pour ainsi dire dans la monarchie féodale, afin de jouir des mêmes privilèges que les seigneurs. On appeloit ces sortes de fiefs, *fiefs de reprise*, &c.

Les Maires n'osant s'attaquer à la noblesse pour lui ôter les fiefs qu'elle tenoit de la libéralité des Rois, à vie ou en propriété, dépouillèrent les Eglises qui avoient envahi la majeure partie des bénéfices. Les ecclésiastiques dépouillés s'adressèrent à Pépin, Maire d'Austrasie, qui commençoit à se rendre indépendant; il saisit ce prétexte pour entrer en Neustrie. Il chassa les Maires, & tint les Rois dans une espèce de captivité. Les ecclésiastiques perdirent plus qu'ils ne gagnèrent à la protection passagère de Pépin; son fils Charles Martel, ne trouvant plus ni fiefs ni bénéfices à donner à ses guerriers, leur distribua tous les biens de l'Eglise, sans s'embarrasser des vaines clameurs du Clergé. Il rétablit les assemblées de la nation, & tint toujours des troupes aguerries sous le drapeau ; c'est par cet établissement que Pépin le Bref, son fils, osa envahir la Couronne sur son Roi légitime qui fut rasé (1) ; c'est à la même cause que Charlemagne dut toutes ses conquêtes. Ces deux Rois firent ce qu'ils purent pour faire rendre les biens ecclésiastiques que Charles Martel avoit distribués ; mais ils ne purent en venir à bout. Ils établirent seulement qu'on paieroit les *dixmes ;* nouveau genre de bien qui dédommagea amplement le Clergé, parce qu'on étendit, quoiqu'avec bien de la peine, cette charge onéreuse sur tous les fonds. La fameuse division que Charlemagne fit des dixmes en quatre parties, pour la fabrique des Eglises, pour les pauvres, pour l'évêque, pour les clercs, prouve bien qu'il vouloit

---

(1) Le couronnement de Pépin le Bref ne fut dans le fait qu'une cérémonie de plus, comme l'observe l'auteur de l'*Esprit des Lois ;* car son aïeul & son père étoient réellement Rois, quoiqu'ils n'en eussent pas le titre. Cette révolution est d'autant plus remarquable, que par ce grand changement la Couronne étoit devenue élective, d'héréditaire qu'elle étoit dans la famille de Clovis. Charlemagne reconnoît lui-même dans ses Capitulaires, que le droit d'élire appartenoit aux François, (*Baluze, page 439.*) On peut voir encore le serment que Louis le Bègue fit à Compiègne lorsqu'il y fut couronné roi : *Louis constitué Roi, par la miséricorde de Dieu & l'élection du peuple, je promets....* Je voudrois qu'on prît la peine de voir sur ce droit d'élire qui appartenoit à la nation, ce qu'en dit M. de Voltaire dans le Chap. XIV de son *Essai sur l'Histoire générale,* depuis Charlemagne jusqu'à nos jours.

donner à l'Eglise cet état fixe & permanent qu'elle avoit perdu. Par son testament, il donna les deux tiers de son bien mobilier aux Eglises, & leur partagea les richesses des Lombards & des Huns qui avoient dépouillé l'univers. Louis le Débonnaire, son fils, fit encore des dons plus immenses aux ecclésiastiques & aux évêques, qui en abusèrent si cruellement en le détrônant, & en favorisant les guerres civiles de ses fils.

Les libéralités indiscrètes de l'Empereur Louis, *qui*, selon l'expression de Nitard son neveu & son historien, *anéantit la République en donnant les biens fiscaux*, avoient tellement épuisé l'Etat, qu'il fut bientôt au penchant de sa ruine; & le Clergé fut puni de son avidité & de son ingratitude envers la maison de Charlemagne. Charles le Chauve & ses frères, dépouillèrent tour-à-tour les Eglises pour attirer la Noblesse dans leur parti. Il ne fut plus question que des démêlés entre le Clergé & les Laïcs, mais les étranges ravages des Normands mirent fin à toutes ces querelles. Une autre imprudence fit tomber la Couronne à terre. Charles le Chauve consentit, en 877, par ses Capitulaires, à la perpétuité des grands offices & des fiefs; les Comtés devinrent héréditaires, & passèrent, ainsi que les fiefs, non-seulement aux descendans, mais encore à des parens plus éloignés. Tout homme libre put se recommander à tel Seigneur qu'il voulut choisir, & même entrer dans le régime féodal en changeant son alleu en fief. Alors tous les hommes libres & les vassaux qui relevoient du Roi immédiatement, n'en relevèrent plus que médiatement, & la puissance royale se trouva, pour ainsi dire, reculée d'un ou deux degrés, & souvent plus, par l'arrière-vasselage. La Noblesse épuisée par la bataille de Fontenay, où il périt cent mille François, & par les guerres civiles de Charles le Chauve & de ses frères, força ses Rois à consentir qu'elle ne seroit plus contrainte de suivre les Princes à la guerre, que lorsqu'il s'agiroit de défendre l'Etat contre une invasion, & cet usage subsista pendant plusieurs siècles. En vain Charles le Chauve & ses Successeurs appellèrent-ils le Clergé pour soutenir l'Etat & en empêcher la chute; en vain cherchèrent-ils à donner de l'autorité à leurs lois par celle des canons; en vain, pour contrebalancer l'autorité de Comtes & des Seigneurs, donnèrent-ils à chaque Evêque la qualité de leur *envoyé dans les Provinces*, jamais le Clergé ne put réparer le mal qu'il avoit fait. L'Empire sortit bientôt de la maison de Charlemagne par l'élection de Conrad, Duc de Franconie, en 912. La branche qui régnoit en France, & qui pouvoit à peine disputer des Villages, étoit encore moins en état de disputer l'Empire; les derniers Rois de cette race n'avoient plus pour tout domaine que les villes de Laon & de Soissons, & quelques terres que des Seigneurs de village leur contestoient.

L'*hérédité des fiefs* & l'établissement général des *arrière-fiefs*, éteignirent le gouvernement politique & formèrent le *gouvernement féodal*; au lieu de cette multitude innombrable de vassaux que les

Rois avoient eus, ils n'en eurent plus que quelques-uns dont les autres dépendirent ; ils n'eurent presque plus d'autorité directe. Un pouvoir qui devoit passer par tant d'autres pouvoirs, & par de si grands pouvoirs, s'arrêta ou se perdit avant d'arriver à son terme. De si grands vassaux n'obéirent plus, & se servirent même de leurs arrière-vassaux pour ne plus obéir : les Rois privés de leurs domaines restèrent à leur merci ; l'arbre étendit trop loin ses branches, & la tête se sécha. Le Royaume se trouva sans domaine, comme est aujourd'hui l'Empire ; on donna la couronne à un des plus puissans vassaux. HUGUES CAPET, COMTE DE PARIS, tenoit dans ses mains les deux clefs des malheureux restes du Royaume ; on lui déféra une couronne qu'il étoit seul en état de défendre. C'est ainsi que depuis, on a donné l'Empire à la maison qui tient immobiles les frontières des Turcs. Les villes de Paris & d'Orléans, qui appartenoient à Hugues Capet, avoient servi de barrière aux courses des Normands ; les services de sa famille, ceux qu'il avoit rendus lui-même, & sa qualité de DUC DE FRANCE & de COMTE DE PARIS, lui valurent le suffrage de tous les grands vassaux, qui usèrent en sa faveur du droit d'élection (1), dont ils avoient joui sous la seconde

---

(1) M. de Voltaire a nié cette élection, & voudroit faire passer le chef de la troisième race de nos Rois pour un usurpateur. « L'on sait, dit-il, comment Hugues Capet, duc de » France, comte de Paris, enleva la Couronne au duc *Charles*, oncle du dernier roi *Louis V*. Si les suffrages eussent été

race. Du reste, on n'a pas dû rejeter fur le moment de cette révolution, tous les changemens qui étoient arrivés ou qui arrivèrent depuis. Tout se réduisit à deux évènemens, la famille régnante changea, & la *couronne fut unie à un grand fief.*

Il suivit de la perpétuité des fiefs, que le *droit d'aineſſe* & de primogéniture s'introduisit parmi les François. On ne le connoiſſoit point sous la première race, comme on peut le voir dans les lois Saliques & Ripuaires, au titre des Alleux. La couronne se partageoit entre les frères; les alleux se divisoient de même, & les fiefs amovibles ou à vie ne pouvoient pas être un objet de partage. Mais quand les fiefs furent héréditaires, le droit d'aineſſe s'établit dans la ſuccession des fiefs, & par la même raison dans celle de la couronne qui étoit le grand fief. La loi ancienne, qui formoit des partages égaux, ne ſubſiſta plus; les fiefs étant chargés d'un ſervice, il falloit que le possesseur fût en état de le remplir; on établit un droit de primogéniture, & la raison de la loi féodale força celle de la politique ou civile.

» libres, le ſang de Charlemagne respecté, & le droit de ſuc-
» ceſſion auſſi ſacré qu'aujourd'hui, *Charles, duc de Lorraine,*
» auroit été roi de France. Ce *ne fut point un Parlement de la*
» *nation* qui le priva du droit de ſes ancêtres, comme l'ont
» dit tant d'hiſtoriens; ce fut ce qui fait & défait les rois, *la*
» *force aidée de la prudence, &c.* » [*Eſſai fur l'Hiſt. génér.*]

J'ai cru devoir préférer le ſentiment de Monteſquieu à celui de M. de Voltaire ſur une question ſi délicate. Pour écrire l'Hiſtoire, il faut plus que de l'eſprit & de la philoſophie, il faut être juriſconſulte, & exercé à peſer les autorités & les preuves.

Par une suite de la même raison, les femmes, hors d'état de faire le service des fiefs, ne purent y succéder non plus qu'à la couronne ; mais les choses changèrent bientôt à l'égard des fiefs. Les Seigneurs perdant la liberté de disposer des fiefs, établirent, pour s'en dédommager, un *droit de rachat*, qui se paya d'abord en ligne directe, & qui, par usage, ne se paya plus qu'en ligne collatérale. Bientôt les fiefs pouvant être transportés aux étrangers comme un bien patrimonial, cela fit naître le droit de *lots & ventes*, établi dans presque tout le Royaume ; il fut même permis de se *jouer de son fief*, c'est-à-dire, d'en donner pour toujours une partie en arrière-fief. Les mutations augmentant les droits & profits des Seigneurs, on permit aux filles d'y succéder, à défaut des mâles ; car le Seigneur donnant le fief à la fille, il multiplioit le cas de son droit de rachat, parce que le mari devoit le payer comme la femme. Cette disposition ne pouvoit avoir lieu pour la couronne, aussi les femmes en demeurèrent-elles exclues, quoiqu'elles pussent succéder aux grands fiefs. Quand les fiefs étoient amovibles, on ne les donnoit qu'à des gens en état de les servir, & il n'étoit point question des mineurs ; mais quand ils furent perpétuels, les Seigneurs prirent le fief jusqu'à la majorité, soit pour augmenter leurs profits, soit pour faire élever le pupille dans l'exercice des armes ; c'est ce que les coutumes appellent la *gardenoble*, qui est entièrement distincte de la tutèle, & fondée sur d'autres principes. Quand les fiefs étoient à vie, on se *recomman-*

doit pour un fief, & la *tradition réelle qui se faisoit par le Sceptre*, constatoit le fief comme fait aujourd'hui l'*hommage* ; mais lorsque les fiefs passèrent aux héritiers & aux étrangers, la reconnoissance dut être faite d'une manière plus éclatante, plus remplie de formalités, parce qu'elle devoit porter la mémoire des devoirs réciproques du Seigneur & du vassal dans tous les âges. Quand les fiefs étoient amovibles ou à vie, ils n'appartenoient guères qu'aux lois politiques ; c'est pour cela que dans les lois civiles de ces temps-là il est fait si peu de mention des lois des fiefs : mais lorsqu'ils devinrent héréditaires, les lois concernant l'ordre des successions durent être relatives à la perpétuité des fiefs. Ainsi s'établit, malgré la disposition du droit Romain & de la loi Salique, cette maxime du droit François, *propres ne remontent point* ; il falloit que le fief fût servi, & un aïeul ou un grand oncle auroient été de mauvais vassaux à donner au Seigneur. Le *retrait lignager* ne put avoir lieu pour les fiefs, que lorsqu'ils furent perpétuels. Les Seigneurs dominans exigèrent que les filles qui devoient succéder aux fiefs ne pussent se marier sans leur consentement, afin de veiller, par des dispositions sur la succession future, à ce que le fief pût être servi par les héritiers : aussi les seuls nobles eurent-ils d'abord la liberté de disposer sur les successions futures par contrat de mariage, &c. &c. &c.

Ce ne furent pas là les seuls changemens dus au RÉGIME FÉODAL ; il fit oublier toutes les lois précédentes. En effet, on a vu que le droit Romain

avoit

avoit perdu son usage chez les Francs, à cause du grand avantage qu'il y avoit à vivre sous la loi Salique, qui acquit une autorité presque générale. Charlemagne qui corrigea & confirma les lois Saliques, Ripuaires & autres Codes des Barbares, y ajouta plusieurs CAPITULAIRES (1); les autres Rois

---

(1) Sous les deux premières races, on assembla souvent la nation, c'est-à-dire, les Seigneurs & les Evêques: il n'étoit point encore question des Communes. On chercha dans ces assemblées à régler les affaires ecclésiastiques & le Clergé, corps qui se formoit pour ainsi dire sous les conquérans, & qui établissoit ses prérogatives; les lois faites dans ces assemblées sont, ce que nous appelons les *Capitulaires*. Parmi ces capitulaires, les uns avoient du rapport au Gouvernement politique; d'autres, au Gouvernement économique; la plupart, au Gouvernement ecclésiastique; & quelques-uns, au Gouvernement civil: ceux de cette dernière espèce furent ajoutés à la loi civile, c'est-à-dire, aux lois personnelles de chaque nation. C'est pour cela qu'il est dit dans les Capitulaires (*Édit de Pistes*, art. 20.) qu'on n'y a rien stipulé contre la loi Romaine. Ainsi ces capitulaires ajoutés aux lois des Barbares durent tomber avec elles. A l'égard des Capitulaires concernant le Gouvernement ecclésiastique & politique, il arriva quatre choses: 1°. les lois des fiefs s'établirent, & une grande partie des biens de l'Eglise fut gouvernée par les lois des fiefs; 2°. les ecclésiastiques se séparèrent encore davantage, & négligèrent, suivant leur coutume, des lois de réforme où ils n'étoient pas les seuls réformateurs; 3°. on recueillit les canons des Conciles & les décrétales des Papes, vraies ou fausses, qui furent bientôt suivies de ce qu'on appelle *Corps du Droit Canonique*, & le Clergé reçut ces lois comme venant pour eux d'une source plus pure; 4°. depuis l'érection des grands fiefs, les Rois n'eurent plus d'*Envoyés*

en firent de même pour les expliquer, les augmenter ou les diminuer. Mais toutes ces lois, & les Capitulaires eux-mêmes, tombèrent bientôt dans l'oubli & la désuétude. Les fiefs étant devenus héréditaires, & les arrière-fiefs s'étant étendus, il s'introduisit beaucoup d'usages auxquels ces lois n'étoient plus applicables. On en retint bien l'esprit, qui étoit de régler la plupart des affaires par des *amendes*. Mais les valeurs ayant sans doute changé, les amendes changèrent aussi; & l'on voit beaucoup de Chartes où les Seigneurs fixoient les amendes qui devoient être payées dans leurs petits tribunaux. Ainsi, l'on suivit l'esprit de la loi sans suivre la loi même. D'ailleurs la France se trouvant divisée en une infinité de petites Seigneuries, qui reconnoissoient plutôt une dépendance féodale qu'une dépendance politique, il étoit bien difficile qu'une seule loi pût être autorisée. En effet, on n'auroit pas pu la faire observer. L'usage n'étoit guère plus qu'on envoyât des Officiers extraordinaires dans les Provinces (*Missi Dominici*), qui eussent l'œil sur l'administration de la Justice & sur les affaires politiques; il paroît même, par les Chartes, que lorsque de nouveaux fiefs s'établissoient, les Rois se privoient du droit de les envoyer. Ainsi, lorsque tout à peu près fut devenu fief, ces Officiers ne purent plus être employés; il n'y eut plus de loi

---

dans les provinces pour faire observer les lois émanées d'eux; ainsi, sous la troisième race, on n'entendit plus parler ni des Capitulaires, ni des lois civiles, comme on le dit dans le texte.

commune, parce que personne ne pouvoit faire observer la loi commune. Les lois Saliques, Gothes & Gombettes furent extrêmement négligées, & au commencement de la troisième race on n'en entendit presque plus parler. Les règnes malheureux qui suivirent celui de Charlemagne, les invasions des Normands, les guerres intestines, replongèrent la nation dans les ténèbres dont elle commençoit à sortir; on ne sut plus ni lire ni écrire. Cela fit oublier les lois Barbares écrites, le droit Romain & les Capitulaires; & par la chute de tant de lois, il se forma partout des *Coutumes & Usages*, qu'il faut bien distinguer des Lois écrites.

On a déja observé que la loi Salique qui rejetoit la *preuve par le combat*, établie par les autres lois des Barbares, admettoit la *preuve par l'eau bouillante*, l'eau froide, le fer chaud, &c. Mais ces dernières avoient encore plus d'inconvéniens, & la *preuve négative par le serment* en avoit encore d'avantage. Un homme, à qui on objectoit que sa Charte étoit fausse, se défendoit par une preuve négative, en déclarant, sur les Evangiles, qu'elle ne l'étoit pas. Les propriétés dépendoient d'un faux serment. On avoit ordonné, à la vérité, que le Notaire jureroit aussi que sa Charte n'étoit pas fausse, & que s'il étoit mort on feroit jurer les témoins; mais le mal subsistoit toujours. On crut ne pouvoir remédier à de tels abus que par la preuve par le combat, régardé comme jugement de Dieu. Gondebaut, qui l'établit dans ses Etats, rend raison de sa loi dans sa loi même. « C'est, dit-il, afin que nos sujets ne

« faſſent plus de ſermens ſur des faits obſcurs, & ne
« ſe parjurent point ſur des faits certains. » Ainſi,
tandis que les Eccléſiaſtiques déclaroient impie la
loi qui permettoit le combat, la loi des Bourguignons regardoit comme ſacrilège celle qui établiſ-
ſoit le ferment. Dans les aſſemblées générales
tenues par Charlemagne, la nation lui repréſenta
que dans l'état des choſes, il étoit très-difficile que
l'accuſateur ou l'accuſé ne ſe parjuraſſent, & qu'il
valoit mieux établir LE COMBAT JUDICIAIRE; ce
qu'il fit. Le combat judiciaire dut être regardé dès-
lors, comme un privilège de la Nobleſſe, comme
un rempart contre l'injuſtice & une aſſurance de la
propriété; dès ce moment cette pratique dut s'étendre & faire oublier toutes les autres. Charlemagne
avoit ordonné que s'il ſurvenoit quelque différend
entre ſes enfans, il fût terminé par le jugement de
la croix; mais Louis le Débonnaire borna ce jugement aux affaires Eccléſiaſtiques. Son fils Lothaire
l'abolit dans tous les cas, de même que la preuve
par l'eau froide, & on étendit le *duel* à toutes les
affaires, même dans les civiles. On voit dans le Recueil des Ordonnances, que Louis le Jeune reſtrei-
gnit l'uſage du combat judiciaire, au cas où la demande ſeroit au deſſus de cinq ſous; mais ce n'étoit
qu'une Ordonnance locale pour Orléans; car du
temps de S. Louis, il ſuffiſoit encore que la valeur
fût de plus de douze deniers, ſelon Beaumanoir,
qui dit auſſi que c'étoit une ancienne coutume de
louer un champion pour combattre dans ſes affaires;
ce qui ſuppoſe une prodigieuſe extenſion dans l'uſage
du combat judiciaire.

Cet usage, devenu si général, fit bientôt oublier toutes les lois. Une nation pareille n'avoit pas besoin de lois écrites. Y avoit-il quelque discussion entre deux parties? on ordonnoit le combat. Pour cela, il ne falloit pas beaucoup de suffisance. Toutes les actions civiles & criminelles se réduisent en faits, c'est sur ces faits que l'on combattoit; & ce n'étoit pas seulement le fond de l'affaire qu'on jugeoit par le combat, mais encore les incidens & les interlocutoires, comme le dit Beaumanoir, qui en donne des exemples. On avoit réduit en principes & formé un corps de jurisprudence, de cet usage monstreux du *combat judiciaire*, comme on le peut voir dans le praticien Desfontaines, contemporain de S. Louis, & dans Beaumanoir qui écrivit après lui. Leurs ouvrages furent faits pour les Comtés de Clermont & de Vermandois; car dans ces temps, chaque pays avoit ses usages & ses coutumes particulières. Cette jurisprudence consistoit toute en procédés; tout étoit gouverné par le point d'honneur. Si l'on avoit désobéi au Juge, il poursuivoit son offense; si l'on récusoit les témoins, il falloit les combattre; si le condamné appeloit les Juges *pour faux jugement*, il falloit les combattre : car l'appel établi par les lois Romaines & par les lois Canoniques, c'est-à-dire à un tribunal supérieur pour faire réformer le jugement d'un autre, étoit inconnu en France. L'appel chez une nation guerrière, uniquement gouvernée par le point d'honneur, étoit un défi à un combat par armes qui devoit se terminer par le sang, & non par cette invitation à une querelle de plume qu'on ne connut qu'après. Un comdamné à mort, pour crime notoire, ne pouvoit *fausser le jugement*; car il auroit toujours appelé ou pour prolonger sa vie, ou pour faire la paix. Le Vilain ne pouvoit fausser le jugement de son Seigneur, ni appeler de ce que sa cour avoit décidé; ce qui fait dire à Desfontaines : *aussi n'y a-t-il entre toi, Seigneur, & ton Vilain, juge fors Dieu*. Personne ne pouvoit fausser la Cour du Roi, c'est-à-dire appeler de ses décisions, parce que le Roi n'a point de supérieur, &c. Si le Seigneur étoit négligent d'assembler ses Pairs pour rendre la justice, on admettoit l'*appel de défaute de droit* au tribunal suzerain, ce qui fut une des grandes causes de la séparation de la justice d'avec le fief, d'où s'est formée la règle des Jurisconsultes François : *autre chose est le Fief, autre chose est la Justice*. Il y avoit bien des gens qui n'étoient pas en état d'offrir le combat ni de le recevoir; on permettoit, en connoissance de cause, de prendre un *Champion*; & pour qu'il eût le plus grand intérêt à défendre sa partie, il avoit le poing coupé s'il étoit vaincu. Pendant le combat par champions, chacune des parties étoit ceinte de la corde qui devoit servir à son supplice, si son champion étoit vaincu, &c. &c. Dans les affaires civiles, le Seigneur obligeoit de retirer les *gages de bataille* (1), quand on les offroit sur des questions déja

___

(1) C'est dans ces usages singuliers qu'il faut chercher l'origine du *point d'honneur*, de la *Chevalerie*, de l'*esprit de galanterie* & des mœurs qui firent long-temps le caractère distinctif

décidées, afin que les *Coutumes des lieux* ne fussent pas changées par les divers évènemens des combats;

de notre nation, comme l'a si bien prouvé l'auteur que j'analyse. Une constitution de Charlemagne veut que ceux à qui elle permet le duel, combattent avec le bâton; peut-être que, comme on étendoit l'usage des combats, on vouloit les rendre moins sanguinaires. Le Capitulaire de Louis le Débonnaire, ajouté à la loi Salique, l'an 819, donne le choix de combatre avec le bâton ou avec les armes; dans la suite, il n'y eut que les serfs qui combattissent avec le bâton. De-là on voit naître & se former les articles particuliers de notre point d'honneur. L'accusateur commençoit à déclarer devant le Juge qu'un tel avoit commis telle action, & celui-ci répondoit qu'il en avoit menti: sur cela le Juge ordonnoit le duel. La maxime s'établit, que lorsqu'on avoit reçu un démenti, il falloit se battre. Quand un homme avoit déclaré qu'il combattroit, il ne pouvoit plus s'en départir; & s'il le faisoit, il étoit condamné à une peine; de-là suivit cette règle, que quand un homme s'étoit engagé par sa parole d'honneur, on ne lui permettoit plus de la rétracter. Les gentilshommes se battoient entr'eux à cheval & avec leurs armes, & les vilains se battoient à pied & avec le bâton; de-là il suivit que le bâton étoit l'instrument des outrages, parce qu'un homme qui en avoit été battu, avoit été traité comme un vilain. On voit que cette opinion étoit secondaire dans l'esprit de la nation; puisque, par la loi Salique, il n'étoit dû qu'un sou de composition pour un coup de bâton donné à un ingénu, & que la loi établit différentes compositions pour un coup, pour deux, pour trois, pour quatre: aujourd'hui un coup de bâton en vaut cent mille. Il n'y avoit que les vilains qui combattissent à visage découvert; ainsi il n'y avoit qu'eux qui pussent recevoir des coups sur la face. Un soufflet devint une injure qui devoit être lavée par le sang, parce qu'un homme qui l'avoit reçu, avoit été traité comme un vilain, &c.

T iv

c'est ce qui donna lieu aux *enquêtes par tourbes*, pour conftater les ufages locaux, &c. &c. &c.

S. Louis abolit le combat judiciaire dans les tribunaux de fes domaines, comme il paroît par fon Ordonnance de 1260, & par fes *Etabliffemens*; mais il ne l'ôta point dans les cours de fes Barons, ex-

---

Si un des deux champions avoit fur lui des herbes propres aux enchantemens, le Juge les lui faifoit ôter, & lui faifoit jurer qu'il n'en avoit plus. Cette loi ne pouvoit être fondée que fur l'opinion commune; c'eft la peur, qu'on a dit avoir inventé tant de chofes, qui fit imaginer ces fortes de preftiges. Comme dans les combats particuliers, les champions étoient armés de toutes pièces, & que des armes d'une certaine trempe, d'une certaine force, donnoient des avantages infinis, l'opinion des armes enchantées de quelques combattans, dut tourner la tête à bien des gens: de-là naquit le fyftême merveilleux de la *Chevalerie*. Tous les efprits vinrent à ces idées; on vit dans les romans des Paladins, des Négromans, des Fées, des chevaux ailés ou intelligens, des hommes invifibles ou invulnérables, des magiciens, des palais enchantés & défenchantés: dans notre monde, un monde nouveau, & le cours de la nature laiffé feulement pour les hommes vulgaires. Des Paladins toujours armés dans une partie du monde pleine de châteaux, de fortereffes & de brigands, trouvoient de l'honneur à punir l'injuftice & à défendre la foibleffe; de-là encore dans nos Romans, naquit la *Galanterie* fondée fur l'idée de l'amour, jointe à celle de force & de protection, lorfqu'on imagina des hommes extraordinaires qui, voyant la vertu jointe à la beauté & à la foibleffe, furent portés à s'expofer pour elle dans les dangers, & à lui plaire dans les actions ordinaires de la vie. Cet efprit fe perpétua par l'ufage des *Tournois* qui, uniffant enfemble les droits de la valeur & de l'amour, donnèrent encore à la galanterie une grande importance, &c.

cepté dans les cas d'*appel de faux jugement*. On ne pouvoit fauffer le jugement de fon feigneur fans demander le combat contre les *juges* ou les *Pairs* qui avoient prononcé le jugement; mais S. Louis introduifit l'ufage de *fauffer fans combattre*, c'eſt-à-dire, de porter l'affaire au tribunal fupérieur ou fouverain, non pas pour y être décidée par le combat, mais par droit & par témoins, fuivant une forme de procéder, dont il donna des règles dans fes *Etabliffemens*. Ce changement fut une efpèce de révolution, quoique les Etabliffemens de S. Louis ne fuffent pas reçus dans les cours des Barons. En effet, cette compilation que nous avons fous le nom d'*Etabliffemens*, eſt un code général qui ſtatue fur toutes les affaires civiles & de police; mais ce code ne fut point donné par S. Louis comme une ordonnance générale qui dût être exécutée par-tout le royaume; il ne le pouvoit que du confentement des feigneurs. D'ailleurs, dans un temps où chaque ville, bourg ou village avoit fa coutume, donner un corps général de lois civiles, c'eût été tout renverfer, & détruire en un moment toutes les lois particulières fous lefquelles on vivoit dans chaque lieu du royaume; ce qui ne pouvoit venir dans l'efprit d'un monarque auffi jufte. On voit même que ce code obfcur, confus & ambigu, où l'on mêle fans ceffe la jurifprudence Françoife avec la loi Romaine, où l'on parle comme un légiſlateur & où l'on voit le jurifconfulte, eſt une chofe différente des Etabliffemens de S. Louis fur l'ordre judiciaire, puifqu'il cite les Etabliffemens, & que

S. Louis n'a pu le donner en 1270, comme le portent quelques manuscrits, puisqu'il étoit parti pour Tunis en 1269. Ce prince, voyant les abus de la jurisprudence de son temps, chercha à en dégoûter les peuples, & fit plusieurs réglemens pour les tribunaux de ses domaines, & pour ceux de ses Barons qui voudroient s'y conformer. Il fit traduire en même temps les livres du droit Romain, afin qu'ils fussent connus des hommes de loi de ces temps-là. C'est dans l'esprit de ces ouvrages que quelque homme de loi aura fait la compilation des Etablissemens, où il aura rassemblé particulièrement, les *usages de Paris* & *d'Anjou*, qui étoient du domaine du Roi.

Quoique les réglemens, faits par S. Louis, ne fussent pas faits pour être une loi générale du royaume ; néanmoins, ce prince remplit son objet en les donnant comme un exemple que chacun pourroit suivre, & même auroit intérêt de suivre. Il ôta le mal en faisant sentir le meilleur : la raison a un empire naturel & même tyrannique ; on lui résiste, mais cette résistance est son triomphe. Encore un peu temps, on sera forcé de revenir à elle. Quand on vit dans ses tribunaux, quand on vit dans ceux des seigneurs qui l'imitèrent, comme Robert Comte de Clermont son fils, une manière de procéder plus naturelle, plus conforme à la morale, à la religion, à la tranquillité publique, à la sûreté de la personne & des biens, on la prit & on abandonna l'autre. Comme on pouvoit appeler avec moins de risque qu'auparavant, & qu'on pouvoit fausser sans com-

battre, les appels furent plus fréquens; le PARLE-
MENT OU COUR DU ROI, jugea en dernier reffort, de presque toutes les affaires du royaume.
Auparavant, il ne jugeoit que des causes entre le
Roi & ses vassaux, plutôt dans le rapport qu'elles
avoient avec l'ordre politique, qu'avec l'ordre
civil. Dans la suite, on fut obligé de le rendre
sédentaire, & de le tenir toujours rassemblé; &
enfin, on en créa plusieurs pour qu'ils pussent suffire à toutes les affaires. A peine le Parlement fut-il
un corps fixe, qu'on commença à compiler ses
arrêts; Jean de Mont-Luc, sous le règne de Philippe-le-Bel, fit le recueil qu'on appelle aujourd'hui
les *Registres Olim*.

Les duels avoient introduit une *forme de procédure publique*; l'attaque & la défense étoient également connues; les témoins, dit Beaumanoir,
doivent dire leur témoignage devant tous. D'ailleurs, ceci étoit lié avec l'ignorance de l'écriture,
commune dans ces temps-là. L'usage de l'écriture
arrête les idées, & peut faire établir le secret; mais
quand on n'a point cet usage, il n'y a que la publicité de la procédure qui puisse fixer ces mêmes
idées. Et comme il pouvoit y avoir de l'incertitude sur ce qui avoit été jugé, on pouvoit en rappeler la mémoire toutes les fois qu'on tenoit la
Cour, par ce qui s'appeloit la *procédure par record*;
c'est-à-dire, qu'on prouvoit par témoins ce qui
s'étoit passé, dit, ou ordonné en justice. Mais dans la
suite, lorsque le Parlement fut rendu sédentaire, &
qu'il y eût une *partie publique* pour la poursuite des

crimes, il s'introduisit une forme de procéder fecrette : tout étoit public, tout devint caché, les interrogatoires, les informations, le récolement, la confrontation, les conclusions de la partie publique ; & c'est l'usage d'aujourd'hui. Anciennement, en France, il n'y avoit point de *condamnation de dépens* en Cour Laye ; la partie qui succomboit étoit assez punie par des condamnations d'amende envers le Seigneur & les Pairs qui formoient sa Cour. Mais lorsque de nouvelles facilités d'appeler augmentèrent le nombre des appels ; que par le fréquent usage de ces appels d'un tribunal à un autre, les parties furent sans cesse transportées hors du lieu de leur séjour ; quand l'art nouveau de la procédure multiplia & éternisa les procès ; lorsque la science d'éluder les demandes les plus justes se fût raffinée ; quand un plaideur fut fuir uniquement pour se faire suivre ; lorsque la demande fut ruineuse & la défense tranquille ; que les raisons se perdirent dans des volumes de paroles & d'écrits ; que tout fut plein de suppôts de justice ; que la mauvaise foi trouva des conseils là où elle ne trouva pas des appuis ; il fallut bien arrêter les plaideurs par la crainte des dépens. Ils durent les payer pour la décision & pour les moyens qu'ils avoient employés pour l'éluder : Charles le Bel fit là-dessus une Ordonnance générale en 1324.

On abandonna bientôt les *formes judiciaires établies par S. Louis*, dont la compilation formoit un code amphibie, où l'on avoit mêlé la jurisprudence Françoise avec la loi Romaine, & où l'on rapprochoit des choses qui n'avoient jamais de rapport, & qui souvent étoient contradictoires. On adopta les *formes judiciaires du droit Canonique*, plutôt que celles du droit Romain, parce qu'on avoit devant les yeux les tribunaux clercs qui suivoient les formes du droit Canonique, & que l'on ne connoissoit aucun tribunal qui suivît celles du droit Romain. D'ailleurs, la juridiction ecclésiastique ayant envahi la connoissance de la plupart des affaires (1), on savoit la manière d'y procéder. Dans ces circonstances, lorsque dans les *Tribunaux Laïcs* on voulut changer de *pratique*, on prit celle des clercs, parce qu'on la savoit; & on ne prit pas celle du

---

(1) Les bornes de la juridiction ecclésiastique & de la séculière, étoient dans ces temps-là très peu connues. Beaumanoir, *Ch. XI*, nous apprend qu'il y avoit des gens qui plaidoient indifféremment dans les deux Cours, comme les femmes veuves, les Croisés, ceux qui tenoient ou affermoient des biens d'Eglise, &c. Il y avoit des matières pour lesquelles on plaidoit de même. Il semble que la juridiction laïque ne se fût gardé, privativement à l'autre, que le jugement des matières féodales & des crimes commis par les laïques dans les cas qui ne choquoient pas la Religion; car si, pour raison des conventions & des contrats, il falloit aller à la justice laïque, les parties pouvoient volontairement procéder devant les tribunaux clercs qui, n'étant pas en droit d'obliger la justice laïque à faire exécuter la sentence, contraignoient d'obéir par voie d'excommunication: & même les tribunaux clercs, sous prétexte du serment, s'étoient saisis de la connoissance de toutes ces sortes d'affaires, comme on le voit par le fameux Concordat passé entre Philippe Auguste, les Clercs & les Barons, qui se trouve dans les Ordonnances de Laurière.

droit Romain, parce qu'on l'ignoroit ; car, en fait de pratique, on ne fait que ce que l'on pratique. La puissance civile étant entre les mains d'une infinité de seigneurs, il avoit été aisé à la juridiction ecclésiastique de se donner plus d'étendue. Mais comme la juridiction ecclésiastique énerva la juridiction des seigneurs, & contribua par-là à donner des forces à la juridiction royale ; la juridiction royale restreignit peu à peu la juridiction ecclésiastique, & celle-ci recula devant la première. Le Parlement, qui avoit pris dans sa forme de procéder, tout ce qu'il y avoit de bon & d'utile dans celle des tribunaux clercs, ne vit bientôt plus que ses abus ; & la juridiction royale se fortifiant tous les jours, elle fut toujours plus en état de corriger ces mêmes abus (1).

―――――

(1) En effet, dit Montesquieu, ces abus étoient intolérables ; & sans en faire l'énumération, il suffit d'indiquer ceux qui intéressoient plus directement la fortune publique, en renvoyant pour le surplus à Beaumanoir, *Ch. XI*, à la Somme rurale de Boutillier, *tit. 9*, & aux Ordonnances de nos Rois. Nous connoissons ces abus par les Arrêts qui les réformoient ; l'épaisse ignorance les avoit introduits ; une espèce de clarté parut, & ils ne furent plus. On peut juger par le silence du Clergé, qu'il alla lui-même au-devant de la correction ; ce qui, vu la nature de l'esprit humain, est digne de louanges. Tout homme qui mouroit sans donner une partie de ses biens à l'Eglise (ce qui s'appeloit *mourir Déconfès*) étoit privé de la communion & de la sépulture. Si l'on mouroit sans faire de testament, il falloit que les parens obtinssent de l'Evêque, qu'il nommât concurremment avec eux des arbitres, pour fixer ce que le défunt auroit dû donner, en cas qu'il eût fait

Le Digeste de Justinien ayant été retrouvé vers l'an 1137, le Droit Romain sembla prendre une seconde naissance. On établit des écoles en Italie, où on l'enseignoit; & des docteurs Italiens l'apportèrent en France. On n'y connoissoit que le Code Théodosien, parce que ce ne fut qu'après l'établissement des Barbares dans les Gaules, que *les lois de Justinien* furent faites. Ce droit éprouva quelques empêchemens, mais il se maintint malgré les oppositions des Papes, qui protégeoient leurs canons & leurs décrétales, dont ils auroient voulu rendre l'usage universel. S. Louis chercha à accréditer le Droit Romain, par les *traductions* qu'il fit faire des ouvrages de *Justinien*, que nous avons encore manuscrites dans nos Bibliothèques & dont il fit un si grand usage dans ses Etablissemens. (On n'a pas encore présenté l'éloge de S. Louis sous ce point de vue, dans ses panégyriques qu'on publie tous les ans). Philippe le Bel fit enseigner les lois de *Justinien* seulement, comme *raison écrite*, dans les pays de la France qui se gouvernoient par les coutumes; & elles furent adoptées comme *loi*, dans les pays où le Droit Romain étoit la loi. Voyez *la Charte de 1312 pour l'Université d'Orléans.*

On a déja dit que la manière de procéder par le combat judiciaire, demandoit dans *ceux qui ju-*

---

un testament. On ne pouvoit pas coucher ensemble la première nuit des noces, ni même les deux suivantes, sans en avoir acheté la permission : c'étoit bien ces trois nuits-là qu'il falloit choisir ; car pour les autres, on n'auroit pas donné beaucoup d'argent, &c.

geoient très-peu de suffisance ; on décidoit les affaires de chaque lieu par les usages de chaque lieu, & suivant quelques coutumes simples qui se retenoient par tradition. Il y avoit du temps de Beaumanoir, (Coutume de Beauvoisis, chap. I.) *deux différentes manières de rendre la Justice ;* dans des lieux, on jugeoit par *Pairs*, dans d'autres on jugeoit par *Baillis* (1). Quand on suivoit la première forme, les Pairs jugeoient selon l'usage de leur juridiction ; dans la seconde, c'étoient des prud'hommes ou vieillards, qui indiquoient au Baillif le même usage. Tout ceci ne demandoit aucunes lettres, aucune capacité, aucune étude. Mais lorsque le Code obscur des Etablissemens, & d'autres ouvrages de jurisprudence parurent ; lorsque le Droit Romain fut traduit

---

(1) Les *Pairs* étoient les vassaux d'un même seigneur, qui l'assistoient dans les jugemens qu'on rendoit de leur avis, pour ou contre chacun d'eux. Leur devoir étoit de juger & de combattre pour soutenir leur Arrêt, lorsqu'on vouloit fausser leur jugement. Dans les Communes, les bourgeois étoient jugés par d'autres bourgeois, comme les hommes de fiefs se jugeoient entr'eux. Sur les pairs bourgeois, on peut consulter la Thomassière, *ch. 19.* Les *Baillis*, que l'on distingue en Baillis royaux ou seigneuriaux, étoient des espèces de Lieutenans commis par le Roi ou les seigneurs pour juger les petites causes sur les lieux, après s'être enquis des coutumes & usages des lieux, auprès des prud'hommes ou vieillards. Lorsqu'on faussoit leur jugement, ils étoient obligés de le soutenir devant le tribunal suzerain. Philippe de Valois ordonna en 1332, que les baillis seuls, & non les seigneurs qui les auroient commis, seroient ajournés en cas d'appel. (*Voyez* la Somme rurale de Boutillier, *Liv. I.*) Cet auteur vivoit en 1432.

&

& enseigné dans les écoles ; lorsqu'un certain art de la procédure, & qu'un certain art de la jurisprudence commencèrent à se former ; lorsqu'on vit naître des praticiens & des jurisconsultes, les *Pairs* & les *Prud'hommes* ne furent plus en état de juger. Les Pairs commencèrent à se retirer des tribunaux des seigneurs, & les seigneurs furent peu portés à les assembler : d'autant mieux que les jugemens, au lieu d'être une action éclatante, agréable à la noblesse, intéressante pour les gens de guerre, n'étoient plus qu'une pratique, qu'ils ne savoient ni ne vouloient savoir. La pratique de juger par pairs devint moins en usage ; celle de juger par baillis s'étendit. Les baillis ne jugeoient pas, comme on le voit par les Etablissemens de S. Louis, (*Liv. I, chap. CV. Liv. II, chap. XV.*); & par la Somme rurale de Boutillier, (*Liv. I, tit. XIV.*) qui rapporte la formule des lettres que les seigneurs donnoient aux baillis : ils ne faisoient que l'instruction, ce qu'on appelle la procédure, & prononçoient le jugement des prud'hommes. Mais les prud'hommes n'étant plus en état de juger, les baillis jugèrent eux-mêmes. Cela se fit d'autant plus aisément, qu'on avoit devant les yeux la pratique des juges d'église qui jugeoient seuls : le droit Canonique & le droit Romain concoururent également à abolir les pairs.

Ainsi se perdit l'usage constamment observé dans la Monarchie, *qu'un juge ne jugeoit jamais seul*, comme on le voit par les lois Saliques, les Capitulaires, les Etablissemens de S. Louis, & par les premiers écrivains de pratique de la troisième race, tels que Desfontaines, Beaumanoir & Boutillier. L'abus contraire, qui n'a lieu que dans les justices locales, a été modéré, & en quelque façon corrigé par l'introduction en plusieurs lieux, d'un lieutenant de juge que celui-ci consulte, & qui représente les anciens prud'hommes; par l'obligation où est le juge de prendre deux gradués, dans les cas qui peuvent mériter une peine afflictive; & enfin, il est devenu nul par l'extrême facilité des appels. Ainsi, ce ne fut pas une loi qui défendit aux seigneurs de tenir leur cour, & qui abolit les fonctions de leurs pairs; il n'y eut point de loi qui leur ordonna de créer des baillis; & ce ne fut point par une loi que les baillis eurent le droit de juger: tout cela se fit peu à peu & par la force de la chose (1). La connoissance du

---

(1) La seule Ordonnance que nous ayons sur cette matière, est celle de l'an 1287, qui obligea les seigneurs de choisir les baillis dans l'ordre des laïques. C'est mal-à-propos qu'on l'a regardée comme la loi de leur création; mais elle ne dit que ce qu'elle dit. De plus, elle fixe ce qu'elle prescrit par les raisons qu'elle en donne: c'est afin, est-il dit, que les baillis puissent être punis de leurs prévarications, qu'il faut qu'ils soient pris dans l'ordre des laïques: *ut si ibi delinquant, superiores sui possint animadvertere in eosdem.* On sait quels étoient alors les privilèges des ecclésiastiques, qui les auroient exemptés de la correction.

Il ne faut pas croire que les droits dont les seigneurs jouissoient autrefois, & dont ils ne jouissent plus aujourd'hui, leur aient été ôtés comme des usurpations: plusieurs de ces droits ont été perdus par négligence; & d'autres ont été abandonnés, parce que divers changemens s'étant introduits dans le cours de plusieurs siècles, ils ne pouvoient subsister avec ces changemens.

droit Romain, des arrêts des Cours, des corps de Coutumes nouvellement écrites, demandoit une étude dont les nobles & le peuple sans lettres, n'étoient point capables.

Anciennement les juges qui n'avoient d'autres règles que les usages, s'en *enquéroient* ordinairement *par témoins* dans chaque question qui se présentoit. Le combat judiciaire devenant moins en usage, on fit les *enquêtes par écrit*. Mais une preuve vocale mise par écrit, n'est jamais qu'une preuve vocale : cela ne faisoit qu'augmenter les frais de la procédure. On peut voir dans les Etablissemens, comment on prouvoit l'âge, la parenté, &c. On fit des réglemens qui rendirent la plupart de ces enquêtes inutiles; on établit des regiftres publics, dans lesquels la plupart des faits se trouvoient prouvés, la noblesse, l'âge, la légitimité, le mariage. L'écriture est un témoin qui est difficilement corrompu : on fit rédiger par écrit les Coutumes; tout cela étoit bien raisonnable. Il est plus aisé d'aller chercher dans les regiftres de baptême, si Pierre est fils de Paul, que d'aller prouver ce fait par une longue enquête. Quand, dans un pays, il y a un très-grand nombre d'usages, il est plus aisé de les écrire tous dans un code (1), que d'obliger les particuliers à

---

(1) L'inverse de cette proposition est également vraie. Quand dans un pays il y a un si grand nombre de lois, qu'il est impossible à ceux mêmes qui font obligés de les connoitre par état, d'en saisir l'esprit & l'ensemble ; quand on trouve, dans la collection décousue de ces différentes lois, des

prouver chaque usage. Enfin, on fit la fameuse Ordonnance qui défendit de recevoir la preuve par témoin, pour une dette au dessus de cent livres, à moins qu'il n'y eût un commencement de preuves par écrit.

La France étoit régie, vers les commencemens de la troisième race, & même long-temps après, par un grand nombre de COUTUMES NON ÉCRITES; & les usages particuliers de chaque seigneurie formoient le DROIT CIVIL. Chaque seigneurie, dit Beaumanoir, avoit son droit civil, & un droit civil si particulier, que cet auteur, qu'on doit regarder comme la lumière de ce temps-là, & une grande lumière, dit qu'il ne croit pas que dans tout le royaume il y eût deux seigneuries qui fussent gouvernées de tout point par la même loi. (Voyez son Prologue sur la Coutume de Beauvoisis). Cette

---

interprétations, des antinomies, des contradictions perpétuelles ; quand ces lois sont écrites dans une langue étrangère & inconnue à la nation qui se sert d'un pareil code, ou, ce qui revient au même, si le style de ces lois a tellement vieilli, qu'elles soient inintelligibles ; si dans un Etat chaque canton, chaque province, a ses lois particulières ; si la plus grande partie de ces lois se trouve abrogée par le non usage & par les changemens arrivés depuis leur création, &c. alors on revient nécessairement aux usages ; tout est abandonné à l'arbitre des Juges : la jurisprudence variable des Arrêts n'est qu'une fausse lueur au milieu d'épaisses ténèbres ; les plus mauvaises contestations trouvent des défenseurs qui ne manquent ni d'autorités ni d'exemples. La justice n'est plus qu'un vain nom, & un pareil peuple a plus besoin d'un nouveau Code, que celui qui n'auroit aucune loi.

prodigieuse diversité avoit sa première origine dans celle des lois personnelles, qui régissoient, sous la première & la seconde race, les différens peuples de la monarchie. Puisque chacun étoit jugé suivant sa loi personnelle en quelqu'endroit que ce fût, il dut s'introduire, indépendamment de la loi dominante, une grande variété de décisions & d'usages locaux. Aussi le roi Pépin ordonna que, dans les lieux où il n'y auroit point de lois, on suivroit la *Coutume*. Une seconde cause de ce grand nombre d'usages non écrits, se trouve dans les divers évènemens des combats judiciaires; des cas continuellement fortuits devant introduire naturellement de nouveaux usages. Ces coutumes-là étoient conservées dans la mémoire des vieillards; mais il se forma peu à peu des LOIS ou des COUTUMES ÉCRITES.

1°. Dans le commencement de la troisième race, les Rois donnèrent des chartes particulières, & en donnèrent même de générales; tels sont les *Etablissemens* de *Philippe-Auguste* & ceux que fit *S. Louis*. De même, les grands vassaux, de concert avec ceux qui tenoient d'eux, donnèrent dans les Assises de leurs duchés ou comtés, de certaines chartes ou établissemens, selon les circonstances. Telles furent l'*Assise* de Geoffroy, comte de Bretagne, sur le partage des nobles; les *Coutumes de Normandie*, accordées par le duc *Raoul*; les *Coutumes de Champagne*, par le roi *Thibault*; les *Lois* de Simon, comte de Montfort, & autres. Cela produisit quelques lois écrites, & même plus générales que celles que l'on avoit. 2°. Dans le commencement de la troisième race, presque tout le bas-peuple étoit serf; plusieurs raisons obligèrent les rois & les seigneurs de les affranchir. Les seigneurs, en affranchissant leurs serfs, leur donnèrent des biens; il fallut leur donner des lois civiles pour régler la disposition de ces biens. Les seigneurs, par l'affranchissement de leurs serfs, se privèrent de leurs biens; il fallut donc régler les droits que les seigneurs se réservoient pour l'équivalent de leurs biens. L'une & l'autre de ces choses furent réglées par les *Chartes d'affranchissement*; ces chartes formèrent une partie de nos coutumes, & cette partie se trouva rédigée par écrit. 3°. Sous le règne de S. Louis & des suivans, des praticiens habiles, tels que *Desfontaines*, *Beaumanoir* & autres, rédigèrent par écrit les coutumes de leurs bailliages. Leur objet étoit plutôt de donner une pratique judiciaire, que les usages de leurs ressorts sur la disposition des biens. Mais tout s'y trouve; & quoique ces auteurs-là n'eussent d'autorité que par la vérité & la publicité des choses qu'ils disoient, on ne peut douter qu'elles n'aient beaucoup servi à la renaissance de notre *Droit François*. Tel étoit dans ce temps-là notre *Droit Coutumier écrit*.

Voici la grande époque. Charles VII & ses successeurs firent rédiger par écrit, dans tout le royaume, les diverses Coutumes locales, & prescrivirent des formalités qui devoient être observées à leurs rédactions. Or, comme cette rédaction se fit par provinces, & que de chaque seigneurie, on venoit déposer dans l'assemblée générale de la province, les usages écrits ou non écrits de chaque lieu, on chercha à rendre les coutumes plus générales, autant que cela put se faire, sans blesser les intérêts des particuliers, qui furent réservés, comme on le voit dans la première rédaction de la COUTUME DE PARIS. Ainsi, nos *Coutumes* prirent trois caractères : elles furent écrites ; elles furent plus générales ; elles reçurent le sceau de l'autorité royale. Plusieurs de ces *Coutumes* ayant été de nouveau rédigées, on y fit plusieurs changemens, soit en ôtant tout ce qui ne pouvoit compâtir avec la jurisprudence actuelle, soit en ajoutant plusieurs choses tirées de cette jurisprudence. Quoique le *Droit Coutumier* soit regardé parmi nous, comme contenant une espèce d'opposition avec le *Droit Romain*, (de sorte que ces deux droits divisent les territoires) il est pourtant vrai que plusieurs dispositions du droit Romain sont entrées dans nos Coutumes ; sur-tout lorsqu'on en fit de nouvelles rédactions dans des temps qui ne sont pas fort éloignés des nôtres, où ce droit étoit l'objet des connoissances de tous ceux qui se destinoient aux emplois civils ; dans des temps où l'on ne faisoit pas gloire d'ignorer ce que l'on doit savoir ; où la facilité de l'esprit servoit plus à apprendre sa profession qu'à la faire ; & où les amusemens continuels n'étoient pas même l'attribut des femmes (1).

---

(1) Cette satire de la frivolité du siècle, est de Montesquieu lui-même : elle est plus applicable que jamais aux mœurs actuelles ; il suffit d'un seul exemple. Les examens sur les lois

ARTICLE XII.

Parlement, Cours souveraines, & autres Juridictions établies à Paris.

Si on ne lit pas avec attention ce qui a été dit dans l'article précédent, sur l'origine & les variations du Droit François, il seroit difficile de comprendre l'objet des diverses Juridictions dont on va parler, leur multiplicité, la différence de leurs districts, & la nature des affaires qui sont de leur ressort.

L'ancien PALAIS de nos Rois dans la Cité, est devenu le séjour ordinaire de la JUSTICE. Aucun de nos historiens ne nous apprend ni quand ni par qui ce Palais a été bâti. En supposant même, suivant l'opinion commune dont on démontrera ailleurs la fausseté, que l'*ancien Paris ne consistât que dans la Cité*, il en faudra toujours inférer qu'il y avoit dans

---

Romaines pour l'obtention des grades, se font en françois dans plusieurs universités du royaume, & l'on n'ose plus citer dans quelques tribunaux le texte latin des lois, dans la crainte de n'être pas entendu de ceux qui doivent décider d'après les mêmes lois; &, dans ce même siècle, on a empêché la traduction françoise du corps de Droit, pour ne pas entraîner la perte totale de la langue savante dans laquelle il est écrit.

Je crois devoir répéter que la majeure partie de ce que l'on vient de lire sur la formation de notre Droit François, est extrait de l'*Esprit des Lois*. C'est parce qu'on devroit savoir cet ouvrage par cœur, qu'il est bon de l'extraire sans cesse, & de l'inférer par-tout.

cette île un Palais habité par les chefs de la nation, ensuite par les gouverneurs & les proconsuls que les Romains y envoyèrent, après que Jules-César s'en fut rendu maître. D'ailleurs, Grégoire de Tours fournit des preuves, que plusieurs Rois de la première race ont demeuré dans le Palais de la Cité. Ce Palais fut successivement agrandi, réparé & rebâti par les maires & les ducs, qui s'emparèrent de l'autorité & du gouvernement de la France, sous les Rois de la première & de la seconde race. Il y a plusieurs monumens qui constatent que Hugues Capet & ses successeurs y ont fait leur demeure quand ils étoient à Paris, & que le roi Robert le fit rebâtir. Quoique Philippe-Auguste eût fait reconstruire le Louvre, on voit que S. Louis, Philippe le Hardi & Philippe le Bel, demeuroient au Palais de la Cité. S. Louis y fit construire une SAINTE CHAPELLE double, sur l'emplacement de celle de Saint-Nicolas, pour y déposer la couronne d'épines & les autres reliques dont Baudouin, empereur de Constantinople, lui fit présent : la Sainte-Chapelle, érigée depuis en *Chapitre*, ne fut finie & dédiée qu'en 1248. Le TRÉSOR DES CHARTES, ou le dépôt des titres de la couronne, des diplômes de nos Rois, des traités de paix, dons, ventes & échanges, &c. est placé dans deux salles voûtées, qui font partie du bâtiment de la Sainte-Chapelle : M. le Procureur-Général en est *garde*, en vertu de l'Edit de janvier 1582.

Philippe le Bel, qui demeuroit au Palais, y plaça en 1302, le Parlement de Paris, qu'il rendit alors sédentaire; & sous le règne de Louis XII, il fut entièrement destiné pour l'administration de la justice. La grand'salle fut presque entièrement détruite, la nuit du 5 au 6 mars 1618, par un incendie qui se communiqua aux bâtimens voisins; elle fut rebâtie & finie en 1624. Un nouvel incendie a détruit, il y a quelques années, une partie des bâtimens du côté de la Conciergerie; on les construit à présent. On distingue les Cours & Juridictions de Paris, en celles qui sont *dans l'enclos du Palais*, & celles qui sont *hors de l'enclos du Palais*. Dans l'enclos sont le *Parlement*, la *Chambre des Comptes*, la *Cour des Aides*, & autres que nous allons faire connoître.

COURS SOUVERAINES.

Les PARLEMENS sont des Compagnies souveraines, établies par nos Rois pour juger en dernier ressort les différends des particuliers, & prononcer sur les appellations des sentences rendues par les Juges inférieurs. Le *Parlement de Paris* est le plus ancien, le premier & celui du royaume dont le ressort est le plus étendu. C'est la *Cour des Princes & des Pairs de France*, qui y viennent siéger quand il leur plaît, ainsi que des Maréchaux de France & des grands officiers de la Couronne, dont toutes les contestations & procès y sont commis privativement à toute autre juridiction du Royaume. Touchant les prééminences du Parlement de Paris, on peut consulter Fontanon, *Tome. I, Liv. II*; Joly, *des Offices de France, Liv. I*; le *Traité de la Majorité des Rois*, par Dupuy, &c.

Les sentimens sont fort partagés sur le temps de l'établissement de cette Cour souveraine; plusieurs en font remonter l'*origine* jusqu'au temps même des anciens Gaulois, & le confondent avec ce *Sénat des Druides*, qui, au rapport de César (1), s'assembloit tous les ans dans le pays Chartrain, pour y décider les contestations & les procès des particuliers, & les différends de tous les peuples qui composoient la Nation Gauloise; ils ajoutent qu'indépendamment de ce Sénat des Druides, il y en avoit encore d'autres particuliers dont César fait mention, *lib. 3 & 7*. Mais, indépendamment de l'extinction totale du collège des Druides sous les premiers empereurs Romains, les changemens survenus dans l'administration de la justice & les formes judiciaires, sous la domination Romaine & sous celle des Francs, ne permettroient pas de soutenir l'identité de ces tribunaux; ce n'est que pour faire un vain étalage d'érudition, qu'on va fouiller dans l'antiquité, pour y trouver des objets de comparaison, d'après lesquels on bâtit des systêmes.

---

(1) *In certo anni tempore, in finibus Carnutorum, quæ regio totius Galliæ medio habetur, considunt in loco consecrato: huc omnes undique qui controversias habent, conveniunt, eorumque decretis & judiciis parent, &c.* Le célèbre Hotman, dans sa Gaule Françoise, *Franco-Gallia*, où il prétend que les Francs ont pris leur forme de gouvernement des Gaulois, a donné lieu à cette opinion. C'est cet ouvrage pernicieux dont on a tant abusé pour faire des systêmes anti-monarchiques, dont on verra la réfutation dans un ouvrage particulier sur les lois fondamentales de la Monarchie Françoise.

D'autres écrivains, & principalement l'auteur des *Lettres historiques sur les fonctions essentielles des Parlemens*, imprimées en 1753, vont chercher l'origine du Parlement dans ce que dit Tacite sur les Germains, au sujet des assemblées du Champ de Mars, que tenoient ces peuples avant d'entrer en campagne; & il donne même l'histoire de ces anciens Parlemens dans un Chapitre particulier, intitulé *Etat & Fonctions des Parlemens avant Clovis*. Il dit que ce sont ces mêmes Parlemens que la loi Salique appelle *mallus*, d'un mot Tudesque qui veut dire *parole* (1); que c'étoit le *Parloir du Roi*, parce que, dans les assemblées de la nation, elle *parlementoit* avec le Roi sur les différentes affaires publiques, & jugeoit avec le Monarque les causes majeures; que les juridictions inférieures s'appeloient *Parloir aux Bourgeois*, &c. Il prétend dans la troisième Let-

---

(1) Cette explication arbitraire du mot *mallus*, ou plutôt *mallum*, est controuvée pour servir de base au système de l'auteur. Ce mot ne signifioit autre chose que le *tribunal du Juge*; c'est pourquoi *admallare* est pris pour ajourner en justice, ou citer au tribunal du Juge. C'est par un même esprit de système, que l'abbé de Mably, voulant accréditer son idée favorite, que la république des Germains ou des Francs, a subsisté jusqu'au règne de Philippe de Valois, a prétendu qu'il n'y avoit point de justices seigneuriales sous les deux premières races, & que les mots *placitum* & *mallum* avoient signifié par eux-mêmes une assemblée générale. Mais si cela est, que signifieront ces termes des Capitulaires: *placitum Comitis, placitum Centenarii, placitum Episcopi, placita minora?* Tout ce que l'auteur des Lettres ajoute sur le mot *parloir du Roi, des bourgeois*, &c. est imaginé à plaisir.

tre, que les Parlemens ou assemblées de la nation, conservèrent la même forme & le même nom de *Champ de Mars* qu'ils avoient dans la Germanie, & décidèrent, comme auparavant, de la paix, de la guerre, de la législation & du grand criminel des Francs; qu'encore aujourd'hui les traités de paix s'enregistrent aux Parlemens, par une suite de ces anciens usages; que ces anciens Parlemens avoient seuls la législation & la police publique; que la loi Salique, *pactum legis Salicæ*, n'est qu'un composé des *arrêtés* faits successivement en différens Parlemens, de même que les additions à cette loi, &c. (1)

---

(1) M. de Boulainvilliers se sert des mêmes preuves & des mêmes raisonnemens, pour attribuer aux deux premiers corps de l'Etat (le Clergé & la Noblesse) qui composoient seuls, selon lui, les Parlemens nationaux ou *Etats généraux*, les mêmes prérogatives & fonctions, que l'auteur des *Lettres historiques* attribue aux *Parlemens*. Il donne toutes les franchises, tout le pouvoir aux nobles; & son ouvrage, dit Montesquieu, est une conjuration contre le tiers-Etat. C'est pour le réfuter, que l'abbé Dubos entreprit sa savante *Histoire critique de l'Etablissement de la Monarchie Françoise*, qui, selon le même Montesquieu, est une conjuration contre la Noblesse. Enfin, le président de Montesquieu & l'abbé de Mably, qui se sont unis pour donner du ridicule au système de l'abbé Dubos, vont chercher tous deux l'origine de nos lois, de nos usages, & des principes de notre Monarchie, dans les coutumes des Germains; mais ces deux savans ne sont nullement d'accord sur les maximes fondamentales de notre Gouvernement. Le premier sacrifie tout à son idole du pouvoir intermédiaire; le second n'admet ni justices ni seigneuries dans la constitution de notre Gouvernement, & suppose que la république des Germains & des Francs a continué de subsister jusqu'au règne

Comme le mot de *Parlamentum*, imaginé dans les derniers temps de la basse latinité sur la fin de la seconde race, pour désigner toute *assemblée, colloque, conférence*, a été aussi employé à signifier l'assemblée des barons & seigneurs de fiefs sous le régime féodal, & qu'il a été enfin restreint, par l'usage, à désigner les Cours souveraines ; l'auteur emploie le reste de ses Lettres à prouver que le Parlement a toujours subsisté sous différentes formes. Mais, par une contradiction singulière & bien remarquable, l'auteur ne pouvant montrer l'identité des Cours judiciaires avec les assemblées nationales ou féodales, il paroît oublier ce qu'il avoit avancé plus haut, que les Parlemens étoient les représentans des Champs de Mars ; & il imagine un nouveau système, qui consiste à dire que les Rois de la première race avoient une *Cour particulière*, appelée la *Cour du Roi*, Cour permanente, qui est aujourd'hui le Parlement même ; que cette Cour ou Parlement étoit le conseil nécessaire des Rois dans toutes les affaires qui ne méritoient pas d'être portées au Parlement général ; que c'est cette même Cour auparavant ambulatoire, dont les Rois ont fixé la résidence à Paris dans leur palais de la Cité, par la seule vue du bien

---

de Philippe de Valois, &c. Comme il n'ignoroit pas, par combien d'arrêts cette pernicieuse opinion a été flétrie, il s'est étudié à la déguiser ; ce qui le rend si obscur. D'ailleurs, Montesquieu & l'abbé de Mably ont commis tous deux des erreurs capitales, en confondant perpétuellement le vasselage personnel de la première, de la seconde race de nos Rois, avec le vasselage réel de la troisième race, &c.

public; que cette Cour ayant exifté de tout temps, on ne trouve pas plus les Lettres d'érection du Parlement, que les Lettres de création de la monarchie; que cette Cour du Roi avoit le droit de choifir elle-même le Comte du Palais, qui devoit la préfider, & que même le parlement de Paris a continué pendant long-temps de choifir le Chancelier de France, qui a fuccédé au Comte du Palais; que les Rois donnoient le nom de *frères* & d'*agens* aux membres de cette Cour, & les appeloient leurs *gens* ou *agens* (*agentes*); d'où vient cette expreffion encore ufitée, *les gens de nos Cours*, &c.

Sans nous arrêter à difcuter un fyftême dénué de preuves, il fuffit d'obferver qu'il eft réfuté d'avance par le célèbre ouvrage du Préfident de Montefquieu, fi naturellement porté à foutenir l'origine & les prérogatives du corps illuftre dont il étoit membre. Il a prouvé, par les faits & par l'hiftoire, que les *appels* ont été inconnus fous les deux premières races; & que tous les Juges, tant les Comtes que les Seigneurs de fief, & même les Centeniers qui n'avoient que la moyenne & baffe juftice, jugeoient les caufes en dernier reffort & fans appel; & qu'ainfi, il ne pouvoit y avoir de Cours fouveraines pour recevoir les appellations; que la *Cour du Roi*, compofée des grands vaffaux, ne jugeoit que des conteftations entre ces mêmes vaffaux, pour raifon de leurs fiefs; que ce n'eft que depuis les changemens occafionnés par les nouveaux Etabliffemens de Philippe-Augufte & de S. Louis, & depuis le Réglement de S. Louis, qui permettoit de fauffer fans

combattre, que cessa la coutume de *juger par Pairs*, & que s'introduisit celle de *juger par Baillis*, dont les jugemens étoient également sans appel, à l'exception des cas où l'on pouvoit les ajourner devant le Suzerain, pour faire amender leurs jugemens; que les plaintes réitérées, portées au Roi & à son Conseil, sur les affaires décidées en dernier ressort par les Baillis & Sénéchaux, avoient déterminé les Rois à en renvoyer la connoissance à leur Cour, composée des Barons & grands vassaux, qui s'assembloient en *Parlement* quatre à cinq fois l'année, aux fêtes de Pâques, Pentecôte, Notre-Dame d'août, Toussaints & Noël, suivant que les affaires l'exigeoient; que les appels à la *Cour du Roi* s'étant multipliés prodigieusement, Philippe le Bel établit un Parlement par son fameux Edit de 1302, *propter commodum subjectorum*, &c. « portant, que pour la commo-
» dité des sujets & expédition des causes, il a
» délibéré, en son Conseil, de faire tenir deux *Par-*
» *lemens* dans Paris; deux *Echiquiers* dans Rouen,
» & que les *Grands-Jours* de Troye se tiendront aussi
» deux fois l'an; enfin, que l'on établira aussi un
» Parlement à Toulouse, si les gens du pays y con-
» sentent, &c. »

Cet Edit règle que le Parlement sera tenu deux fois l'année à Paris, aux octaves de Pâques & de la Toussaints, deux mois chaque fois; qu'il y aura deux Prélats & deux Seigneurs, ayant sous eux treize Clercs & treize Laïques, &c. Ce Parlement fut d'abord composé de la *Chambre du Plaidoyer*, qu'on a appelée depuis *Grand'Chambre*, & de la *Chambre des Enquêtes*, pour
juger

juger les appellations des enquêtes ou procès par écrit. Le Roi y mit des Clercs & des Laïques, dont les uns étoient appelés *Jugeurs*, & les autres *Rapporteurs*, à la différence de ceux de la Grand'Chambre, qui étoient appelés *Maîtres*, &c. Philippe le Long créa en 1319 une *seconde Chambre des Enquêtes*, & une *Chambre des Requêtes*, pour recevoir les requêtes qui seroient présentées au Parlement, & juger celles qui seroient sommaires seulement, (les autres requêtes de conséquence ne pouvant être jugées sans avoir été communiquées au Parlement), & pour connoître des actions personnelles & mixtes de ceux qui avoient droit de *Committimus*. Il ordonna aussi qu'il n'y auroit au Parlement aucun évêque, se faisant un *scrupule de les dérober au gouvernement de leurs diocèses*, &c. Il étoit enjoint à ceux qui composoient le Parlement, d'y entrer à l'heure qu'on chantoit la première Messe du Roi en sa chapelle, & de n'en sortir qu'à midi, sans pouvoir désemparer, qu'avec la permission du Souverain & du Chancelier. Le chef qui commença à y présider en l'absence du Roi, fut Simon de Bucy, en 1344, &c. Il y eut par la suite une augmentation du nombre des Chambres, lorsque les affaires augmentèrent ; & les objets de discipline furent changés ou perfectionnés par la progression de tout ce qui a rapport à l'ordre civil. On cessa de distinguer les *Jugeurs*, *Enquesteurs & Rapporteurs* : leurs titres & leurs fonctions furent communs. Charles V, Régent, fit ordonner aux Etats de 1356, que les Chambres du Parlement, Enquêtes & Requêtes, *se tiendroient sans*

Tome I. X

Description

aucune discontinuation; que trente seulement auroient gages, &c. Sous Charles VI, il n'y eut plus d'*Or-donnances pour les rôles des Conseillers qui devoient former chaque Parlement;* ils continuèrent sur leur mission primitive & eurent leur état à vie (1). La

---

(1) L'auteur du grand *Dictionnaire de la France*, observe au mot *Parlement*, que jusqu'au règne de Philippe de Valois, ceux qui avoient entrée au Parlement, étoient au moins *Chevaliers*; qu'on n'y avoit appelé des clercs ou gens de loi que pour les consulter; que sur la fin de ce règne ils y eurent voix délibérative, & entrée comme les Chevaliers, & qu'il n'y eut plus entr'eux de différence que dans les habits & les qualités; que les Chevaliers y assistoient l'épée au côté avec leurs manteaux, & les gens de loi vêtus d'une robe serrée comme une soutane; que le Chevalier étoit qualifié de *Messire*, & le clerc ou légiste, *Maître*; .... que les clercs ou gens de loi introduisirent dans le Parlement toutes les subtilités & toute la chicane qu'ils avoient puisées dans le droit de Justinien, & embrouillèrent tellement les affaires, qu'ils se rendirent les maîtres des plus importantes; que l'ignorance de cette chicane dans les Chevaliers, & la mortification d'être souvent présidés par un légiste, (au lieu qu'ils ne l'avoient été jusqu'alors que par un haut Baron,) commencèrent à les rebuter, & que la résidence continuelle, ordonnée en 1356 par Charles V, acheva de les éloigner; que, sous la foiblesse du règne de Charles VI, les rôles des officiers ayant cessé d'être envoyés à l'ordinaire, au commencement de chaque tenue de Parlement, les légistes, ne sachant à qui s'adresser, se continuèrent d'eux-mêmes, & devinrent perpétuels; que cette assiduité parut aux Chevaliers incompatible avec le soin de leurs affaires & avec le service militaire; qu'ils prirent le parti de ne plus aller au Parlement, & qu'ainsi les légistes y restèrent seuls, &c.

Mais les Rois successeurs de Charles VI, par l'attention

troisième Chambre des Enquêtes fut créée par François I, en 1521 ; la *quatrième* en 1543, & la *cinquième* par Charles IX, en 1568. La seconde des *Requêtes* fut créée par Henri III, en 1580. Aujourd'hui il n'y a plus que trois Chambres des Enquêtes & une seule des Requêtes.

La *Tournelle criminelle* ne commença à être une Chambre particulière, qu'après l'an 1436 ; elle ne connoissoit que du *petit criminel*; & lorsqu'il y avoit peine de mort, les procès étoient portés à la Grand'Chambre. Mais la Tournelle ayant été rendue perpétuelle par l'Ordonnance de François I, du mois d'avril 1515, il fut décidé qu'elle connoîtroit de tous procès de *grand criminel* portés par appel au Parlement, & où il y auroit peine afflictive, excepté ceux des nobles & autres en dignité, qui ont conservé le droit d'être jugés par la Grand'Chambre. La Tournelle est ainsi appelée, selon les uns, parce qu'elle tenoit ses assemblées dans une tour qui sert à présent de buvette à la Grand'Chambre ; &, selon d'autres, parce que les Conseillers des autres Chambres n'y vont que *tour-à-tour*, afin que l'ha-

---

qu'ils eurent de choisir des personnes de grand savoir & d'une exacte probité, donnèrent à ces officiers la considération due à une Cour souveraine. Ils leurs assignèrent à chacun des appointemens considérables ; & il ne leur étoit pas permis de recevoir la moindre chose que du Roi. Ainsi la justice se rendoit sans qu'il en coûtât rien aux parties ; il y avoit même un fonds pour payer aux greffiers l'expédition des Arrêts. Les places étoient toujours données au mérite ; mais la vénalité vint troubler un si bel ordre, &c.

bitude de condamner & de faire mourir des hommes, n'altère pas la douceur naturelle des Juges, & ne les rende inhumains. Il y avoit autrefois une *Tournelle civile*, érigée pour la première fois en 1667, à cause des affaires dont la Grand'Chambre étoit surchargée. Elle jugeoit des appellations verbales, où il ne s'agissoit que de 2000 livres & au-dessous ; & les Conseillers des autres Chambres y servoient tour-à-tour par trimestre ; mais elle a été suprimée. Le grand nombre des causes qui n'avoient pu être expédiées pendant le cours de l'année 1734, porta le Parlement à demander au Roi l'érection d'une Tournelle civile pendant le cours de l'année 1735, ce qui n'eut lieu que pour cette année. Les Rois ajoutèrent à toutes ces Chambres dont on vient de parler, une Chambre particulière pour servir pendant le temps des *vacations* du Parlement, à l'expédition des procès criminels & des matières provisoires, & autres qui demandent célérité. Cette Chambre confirmée par l'Ordonnance de François I, en 1519, commence le 9 septembre, & finit le 27 octobre.

On verra dans l'*Histoire de Paris*, celle des *révolutions* arrivées au Parlement. Il fut transféré à Poitiers sous Charles VI, & fut dix-huit ans dans cette ville. Sous Charles VII, il fut d'abord transféré à Montargis, puis à Vendôme, &c. Le Parlement des Anglois dura vingt ans à Paris. Du temps de la Ligue, en 1589, il fut transféré à Tours, & une Chambre à Châlons. Sous les règnes de Louis XIV & de Louis XV, il y eut d'autres translations. C'est à raison des différentes translations de cet auguste corps dans des temps de troubles, qu'il fête plusieurs Saints qui ne sont point fêtés dans Paris ni dans le reste du diocèse, parce qu'il a adopté les fêtes des patrons des différens diocèses où il a tenu ses séances. Louis XVI, qui, à son avènement au trône, voulut se signaler par des bienfaits, en rendant au peuple ses Juges naturels, rétablit le Parlement supprimé en 1771, & régla par un fameux Edit enregistré dans son lit de justice, la police intérieure de cette Cour souveraine, le nombre des Chambres dont elle est composée, & la discipline qui doit y être observée.

Le Parlement de Paris fut d'abord le *seul* qu'il y eût en France, & pour lors son *ressort* s'étendoit par tout le royaume pour les cas où il y avoit lieu à la réformation des jugemens en dernier ressort des baillis & sénéchaux; mais la multitude des appels, dans un temps où les baillis & sénéchaux étoient obligés d'assister à la réformation de leurs jugemens, & l'éloignement des lieux, déterminèrent les Rois à établir d'autres Parlemens; d'où s'ensuivit une progression successive d'autres Cours souveraines également respectables & dignes de la sagesse de nos Rois. Le district & le ressort de toutes ces Cours furent fixés, & la juridiction du Parlement de Paris ne s'étendit plus que sur les provinces de l'Ile de France, de Beauce, de Sologne, de Berry, d'Auvergne, de Lyonnois, Forez, Beaujolois, Nivernois, Bourbonnois, Mâconnois, Poitou, pays d'Aunis, Anjou, Angoumois, Picardie, Champagne, Maine, Perche, Brie & Touraine; ce qui fait environ le tiers du Royaume. Dans cette étendue de ressort se trouvent 610 sièges subalternes royaux, dont environ 147 présidiaux, sénéchaussées, bailliages, &c. qui ressortissent nuement & sans moyen à ce Parlement. Il y a un bien plus grand nombre encore de justices seigneuriales qui ressortissent en première instance aux présidiaux, bailliages, &c. & par appel au Parlement.

Cette Cour est composée, 1°. de la GRAND'-CHAMBRE qui connoît de toutes les *appellations verbales*, des sentences rendues aux audiences des justices inférieures, & des *appellations comme d'abus* des Juges ecclésiastiques pour le civil : elle connoît aussi en première instance des causes auxquelles le Procureur général est partie pour les *droits du Roi*, & des terres tenues en apanage de la Couronne; des causes des *Pairs de France*, & des droits de leurs pairies, aussi-bien que des procès criminels des pairs qui en sont les premiers Conseillers, puisqu'ils y ont leur séance après les présidens (1);

---

(1) Les *Ducs & Pairs*, soit qu'ils fussent Princes & même Fils de France, étoient autrefois obligés, selon Sauval, de *donner des roses* au Parlement, en avril, mai & juin; usage dont on ignore la cause & l'origine. Le pair qui présentoit ces roses, faisoit joncher de roses, de fleurs & d'herbes odoriférantes toutes les Chambres, & avant l'audience il donnoit un repas splendide à tous les membres, même aux greffiers & huissiers. Il venoit ensuite dans chaque Chambre, faisant porter devant lui un grand bassin d'argent, plein d'autant de bouquets de roses, d'œillets & autres fleurs de soie, ou naturelles, qu'il y avoit d'officiers, & d'autant de couronnes de même, rehaussées de ses armes. Les hautbois & instru-

du *crime de lèse-Majesté* contre toutes sortes de personnes; des procès criminels des principaux officiers de la Couronne; de ceux des officiers du Parlement de Paris, de la Chambre des Comptes, des gentilshommes, prélats, &c. Elle connoît encore des *causes de régale* de tous les diocèses du royaume, & des *droits de la Couronne*, privativement à tous les autres Parlemens; enfin, des causes de l'Hôtel-Dieu & Hôpital général de Paris, de l'Université de Paris, & d'autres personnes ou communautés qui ont le droit d'y plaider en première instance. 2°. De TROIS CHAMBRES DES ENQUÊTES, qui connoissent des appellations des sentences rendues sur *procès par écrit*, c'est-à-dire, des sentences rendues, non à l'audience sur plaidoierie, mais sur production des parties & sur lesquelles il y a des *épices* (1) : elles

---

mens jouoient pendant cette cérémonie; on lui donnoit ensuite audience dans la Grand'Chambre. La présentation des roses se faisoit par tous ceux qui avoient des pairies dans le ressort; & Henri IV, roi de Navarre, la fit en qualité de duc de Vendôme. Le Parlement avoit son *faiseur de roses*, appelé le *rosier de la Cour*, &c.

(1) Les *épices* sont le droit appartenant au Rapporteur & aux Juges, pour avoir vu & jugé les procès par écrit, (n'étant rien dû pour ceux qui se jugent à l'audience). Les *vacations* au contraire, sont les salaires qui se paient aux Juges, quand les procès se jugent de *grands ou petits Commissaires*. Voyez Bornier, sur l'Ordonnance d'août 1669. Le Parlement rendit la justice sans rien prendre aux parties, jusqu'au règne de Charles VIII, que s'enfuit un commis du greffe qui avoit le fonds destiné au paiement de l'expédition des Arrêts. Le Roi, pressé d'argent, se laissa persuader qu'il pouvoit souffrir sans injustice, que les parties payas-

X iv

connoissent aussi des appellations verbales incidentes aux procès par écrit qui y sont distribués ; des *évocations* de la Grand'Chambre ou des autres Parlemens, adressées aux Enquêtes par le Conseil, &c. 3°. De la TOURNELLE, dont nous avons déja parlé, & qui connoît des procès criminels portés par appel au Parlement, dans lesquels il s'agit de peines afflictives. 4°. Du PARQUET DES GENS DU ROI, composé de trois *Avocats généraux*, du *Procureur général* & de ses *Substituts*, qui jugent des conflits entre les Chambres, des incompétences, &c. & qui prennent en communication toutes les affaires dans lesquelles ils doivent donner des conclusions. 5°. De la CHAMBRE DES REQUÊTES, qui fait corps avec le Parlement, & qui connoît de toutes les causes personnelles, possessoires & mixtes

---

sent l'expédition des Arrêts, qui fut fixée à trois sous la pièce. C'est sous le règne suivant de Louis XII, que se doit placer l'origine des épices. Un plaideur qui avoit gagné son procès, ayant envoyé à son rapporteur, des confitures alors appelées *épices*, cet exemple fut imité ; & dans la suite on fit un droit de ce qui n'avoit été qu'une reconnoissance volontaire ; & dès-lors les épices, avancées par celui qui gagne, tombent sur le plaideur qui perd son procès : elles sont taxées sur la minute des jugemens, par celui qui y préside, &c. Toutes les charges de robe sont également devenues *vénales*, excepté celle de Chancelier & celles des premiers Présidens des Parlemens.

L'origine de la *vénalité* & ses inconvéniens, sont des questions trop délicates pour les agiter : on a en vain tenté de l'abolir sur la fin du dernier règne ; on la regarde aujourd'hui comme un mal nécessaire, &c.

entre les officiers commensaux de la Maison du Roi, & autres qui ont droit de *Committimus*, sauf l'appel au Parlement. 6°. De la CHAMBRE DES REQUÊTES DE L'HOTEL, qui fait également corps du Parlement, & qui est composée de *Maîtres des Requêtes*. Ces officiers étoient, dans l'origine, ceux qui recevoient les requêtes présentées au Roi: Philippe le Bel fit un réglement pour qu'ils servissent par quartier où seroit le Roi, & le reste du temps au Parlement. Cette Chambre connoît des causes des *officiers privilégiés* qui ont le choix de plaider aux Requêtes du Palais, ou aux Requêtes de l'Hôtel. Lorsqu'ils jugent à l'ordinaire, il y a appel au Parlement; mais lorsqu'ils jugent en dernier ressort pour le titre des offices, les taxes de dépens qui se font au Conseil, les privilèges de Librairie, &c. ils s'intitulent *Maîtres des Requêtes*, *Juges souverains en cette partie*, &c. 7°. Enfin, les Greffiers, Contrôleurs, Avocats, Procureurs, Huissiers & autres suppôts de la justice, qui sont en si grand nombre.

On peut aussi mettre dans le corps du Parlement la CHAMBRE DE LA MARÉE, espèce de commission particulière composée d'officiers tirés de cette compagnie & commissaires cette part, pour connoître des affaires tant civiles que criminelles, qui concernent le poisson de mer & d'eau douce dans la ville & banlieue de Paris, ainsi que de tout ce qui y a rapport; & dans toute l'étendue du royaume, pour raison des mêmes marchandises destinées pour la provision de Paris, & des droits attribués sur ces marchandises aux jurés vendeurs de marée, qui ont leurs caufes commifes directement en cette Chambre. Une autre CHAMBRE établie en vertu de l'Edit de décembre 1764, concernant la *liquidation des dettes de l'Etat*, étoit également cenfée faire corps avec le Parlement, puifqu'elle étoit compofée d'officiers tirés de cet illuftre corps, pour veiller aux opérations de la caiffe des amortiffemens. Il y a auffi la CHANCELLERIE DU PALAIS qui y tient le fceau deux fois la femaine, & qui a fes officiers faifant corps avec le Parlement, &c.

La *Rentrée du Parlement* fe fait tous les ans le lendemain de la S. Martin, au 12 novembre. Ce jour-là les Préfidens en robes rouges & fourrées, tenant leur mortier, qui eft un grand bonnet rond de velours noir, bordé de galons d'or; les Confeillers & Gens du Roi en robes rouges & chaperons fourrés, après avoir entendu la Meffe folennelle du S. Efprit, reçoivent le *ferment* des Avocats & Procureurs. L'ouverture des grandes audiences fe fait en la Grand'-Chambre, le premier lundi après la femaine franche de la S. Martin, jour auquel le premier Préfident & un des Avocats généraux font un *Difcours aux Avocats & Procureurs*, fur les devoirs de leur état, & la délicateffe de confcience qu'il exige. Le mercredi ou vendredi fuivant, fe font les *Mercuriales* (1), fur les devoirs des Juges; enfuite les

---

(1) Les *Mercuriales* font des affemblées qui fe font dans les Cours fouveraines & aux fièges préfidiaux, où le Préfident & les Gens du Roi exhortent les Confeillers à rendre la juftice avec exactitude, & font quelquefois des remontrances à ceux qui ont manqué à leur devoir. Ces fortes d'exhorta-

séances se continuent suivant le service réglé par le Journal du Parlement. On peut consulter ce Journal dans l'Almanach Royal, pour savoir quels sont les *jours d'audiences*, *l'ordre des rôles*, le temps des *vacations*, les *jours fériés*, l'ouverture des *greffes*, & tout ce qui a rapport aux détails immenses de la justice & de ses formalités.

Les *privilèges* du Parlement de Paris sont considérables. Les officiers de cette illustre Cour ne peuvent être poursuivis & jugés, en matière criminelle, que par le corps du Parlement; au lieu que ceux des autres Cours sont jugés par le Juge du lieu du délit. *Voyez* l'Arrêt du 18 mars 1701, rapporté par Brillon. Elle a le droit de nommer à la Régence pendant la minorité des Rois, & de juger de la validité de leurs dispositions testamentaires. Ses Arrêts s'expédient au nom du Roi, qui y siège lui-même lorsqu'il vient tenir son lit de justice. Le Roi lui confie le soin de veiller à la conservation de sa couronne, de maintenir le bon ordre dans son royaume, de soutenir la gloire de ses Etats, & de procurer la félicité de ses peuples. On verra dans notre *Histoire de Paris*

---

tions ont été établies par Edits de Charles VIII, Louis XII & Henri III, pour être faites, après la lecture des Ordonnances, de six mois en six mois, les premiers mercredis après les fêtes de S. Martin & de Pâques; d'où l'on prétend que vient leur nom de *Mercuriales*. Ces sortes d'assemblées qui ont été comparées à la censure des Romains, & où l'on remontroit à chacun les fautes qu'il avoit faites précédemment, sont, suivant la Rocheflavin dans son *Histoire des Parlemens*, ce qu'il y a de plus propre à conserver la discipline du palais, &c.

les services que le Parlement a rendus à l'Etat. C'est au Parlement de Paris que depuis son établissement les pairs & les grands officiers de la Couronne prêtent leur serment, & que les Régens du royaume y promettent d'observer les lois. Le Parlement jouit du privilège unique de l'*Indult* accordé par la Bulle de Jean XXIII, du 13 décembre 1412, & par celles des Papes Eugène, Paul III & Clément IX, qui ont confirmé, fixé & étendu l'indult. Le Chancelier, comme chef de la justice, & les Maîtres des Requêtes, comme faisant corps avec le Parlement, jouissent du même droit, en vertu duquel ils peuvent se nommer, ou tel autre qu'il leur plaît, aux collateurs ordinaires des bénéfices du royaume, lesquels sont obligés de leur conférer le premier bénéfice vacant. (*Voyez* le *Traité de l'Indult*, imprimé à Paris en 1703.) Tous ces privilèges donnent à cette Cour un degré d'illustration qui s'est maintenu par la vérification des Edits, les séances des Pairs, & la sagesse des décisions dans les causes les plus importantes. Touchant les prééminences du Parlement de Paris, on peut consulter Fontanon, *Tome I*, *Liv. II*; Joly, *des Offices de France*, *Liv. I*; le *Traité de la Majorité des Rois*, par Dupuy, &c.

La CHAMBRE DES COMPTES DE PARIS est ancienne, & il n'est pas aisé d'en fixer l'origine, ni le temps de sa création. La plupart de ceux qui en parlent, ne manquent pas de la faire aussi ancienne que la monarchie, en assurant que, dès qu'il y a eu des Rois, il y a eu des *revenus fixes & certains*, & des *revenus casuels*, dont la conservation a toujours demandé des comptables & des Juges pour compter de leur régie. (*Voyez* le *Traité de la Chambre des Comptes*, *in-12*, Paris 1702.) Cependant les premiers siècles de la monarchie ne laissent voir d'autres revenus de l'Etat, que le produit des terres réservées à nos Rois, lors du partage qu'ils en avoient fait à leurs principaux officiers, après la conquête. Les tributs consistoient principalement en dons, en fourrages, vivres, & meubles de séjour, *foderum*, *parata*, *mansionaticum* &c. Nos Rois entretinrent long-temps leur Cour avec leurs domaines, & ces droits payés en nature quand ils voyageoient. Il nous reste un capitulaire de Charlemagne, concernant ses métairies (*de villis*) : il y entre dans les plus grands détails, & ordonne qu'on lui rende un compte exact de ses troupeaux, de ses abeilles, des produits de sa basse-cour, &c. Les finances (mot alors inconnu, ainsi que l'idée qu'on y attache aujourd'hui) étoient faciles à administrer, tant pour les produits de ces domaines qu'on faisoit valoir par des serfs, que pour le peu de contributions qu'il falloit aux Rois pour leur propre dépense, principalement lorsque les grands vassaux & les Comtes jouissoient des fiefs & des comtés, sous la condition du service dans les armées avec leurs arrière-vassaux. Les Rois se faisoient rendre compte de leurs domaines & finances, en présence des officiers de la Couronne, qui étoient en même temps ceux de sa Maison, &c.

Le domaine & les finances étant augmentés, Philippe-Auguste & S. Louis établirent des formes d'administration plus étendues. Il y eut alors un trésorier général des finances; les comptes qu'il rendoit étoient vérifiés à un *conseil étroit* qui étoit à la suite du Roi, comme traitant de tous les objets d'administration civile, politique & finances, & que Philippe le Bel en 1302 distingua en *Conseil d'Etat*, *Parlement* & *Chambre des Comptes*. Ainsi le tribunal de la Chambre des Comptes est une *Cour souveraine* établie pour faire rendre compte des deniers publics, pour veiller à la conservation du domaine royal & de tous les droits qui en dépendent, & pour connoître & juger en dernier ressort de tous les procès qui peuvent naître à ce sujet. Les baillis & sénéchaux étoient comptables à cette Chambre, des domaines du Roi, dont ils avoient l'administration. Elle fut d'abord composée de plusieurs *maîtres des Comptes*, auxquels on permit de prendre des *clercs*, dont les uns tenoient & rédigeoient les écrits, tels que les comptes & les jugemens qui se rendoient en conséquence : la fonction des autres étoit de revoir ensuite & de corriger ces comptes, de faire à la Chambre leur rapport des omissions, doubles emplois ou autres erreurs qu'ils y avoient remarquées; & c'est de ces clercs que les *correcteurs* & les *auditeurs* tirent leur origine : les premiers ne furent créés qu'en 1410. Les auditeurs étoient appelés *petits clercs* & *compagnons d'aval*, parce qu'ils travailloient à l'examen des comptes au dessous du grand bureau. Les uns & les autres eurent enfin voix délibérative, & le titre de *Conseillers*. Henri II publia en 1552 un Edit qui règle le nombre des officiers, ordonne que le service se fera par semestre, &c. C'étoit ordinairement un archevêque ou un évêque qui présidoit à cette Chambre, y ayant deux *Présidens*, l'un *clerc* & l'autre *lai*. Les deux premiers furent l'évêque de Noyon, & Pierre de Sully. On remarque, au grand honneur de cette Chambre, qu'en 1397, Jacques de Bourbon y fut reçu en qualité de Président lai. Geoffroy de Pompadour fut en 1485 le dernier des premiers Présidens clercs. On ne nomma plus que des laïques, & Louis XII donna la charge de premier Président à Jean de Nicolaï, dont les descendans en ligne directe ont rempli cette place jusqu'à présent, sans interruption.

La Chambre des Comptes de Paris a été long-temps unique dans le royaume ; & pour lors elle envoyoit des commissaires dans les provinces, pour recevoir les comptes des comptables. Son autorité s'étendoit même quelquefois jusqu'à retrancher les dépenses du Roi, lorsqu'elles lui paroissoient faites mal-à-propos ; & lorsque les financiers lui rendoient leurs comptes, elle mettoit ces mots sur les parties excessives, *c'est trop donner, cette partie soit répétée, &c.* Elle a le droit de juger souverainement les affaires de finances, d'examiner, arrêter & clore tous les comptes des officiers comptables de son ressort, lequel est à peu près de même étendue que celui du Parlement de Paris, (à l'exception néanmoins du ressort de la Chambre des Comptes de Blois qui y est enclavé). Outre le droit de juger, clore & apurer tous les comptes, elle connoît de plus, 1°. des dons & dépenses du Roi, tant ordinaires qu'extraordinaires ; 2°. elle entérine & vérifie tous les Edits & Déclarations du Roi, qui concernent son domaine & ses finances, les gages des officiers, &c. 3°. elle entérine les lettres d'annoblissement, de naturalité, de légitimation, d'amortissement, de dons & de pensions ; 4°. elle fait la vérification des apanages, contrats de mariages des Enfans de France, & aliénations du domaine du Roi, lesquelles ne se peuvent faire qu'à charge du rachat perpétuel ; 5°. elle enregistre les sermens de fidélité des archevêques & évêques, ainsi que les déclarations du temporel des ecclésiastiques ; elle reçoit la foi & l'hommage que rendent les vassaux des principautés, duchés-pairies, marquisats, comtés, vicomtés & baronies, châtellenies & autres fiefs qui relèvent immédiatement du Roi ; 6°. elle vérifie tous les Edits, Déclarations & autres Lettres-patentes du Roi, qui lui sont adressées & présentées par le Procureur général, concernant le service du Roi & le bien de l'Etat ; 7°. elle vérifie aussi les baux des fermes qui s'adjugent au Conseil du Roi, & toutes les Lettres-patentes qui s'obtiennent par les comptables, fermiers, &c. 8°. enfin, elle a le droit d'apposer le scellé, pour la sûreté des intérêts du Roi, chez les officiers comptables en cas de décès ou absence, & de faire inventaire de leurs effets & vente de leurs meubles, à l'exclusion de tous autres Juges. Quoique les officiers de cette Chambre aient leurs principales fonctions de juridiction volontaire, ils ont aussi quelques-unes des fonctions de la juridiction contentieuse, lorsque ces fonctions se trouvent incidentes aux matières de leur connoissance. Mais, suivant l'Ordonnance de Moulins, ils ne peuvent instruire en matière criminelle, que jusqu'à la question exclusivement, & ne peuvent passer outre, sans appeler un Président & six Conseillers. Les autres Chambres des Comptes du royaume, envoient tous les ans à celle de Paris les doubles des comptes de leur province, afin qu'elle puisse faire les vérifications & corrections de tous les comptes du trésor royal, & des comptables qui y prennent leur assignation. On peut voir dans l'*Almanach Royal* le journal de la Chambre des Comptes.

La COUR DES AIDES de Paris est un Tribunal souverain, établi pour connoître & juger en dernier ressort des contestations concernant les tailles, & des gabelles, impôts & subsides accordés par les Etats Généraux du royaume. Le régime féodal commençant à être remplacé par le gouvernement civil, les successeurs de S. Louis assemblèrent les *Etats Généraux du Royaume*, pour en obtenir des secours, que les guerres continuelles des quatorzième & quinzième siècles contre les grands Vassaux rendirent souvent nécessaires. Les principaux habitans des villes furent chargés des perceptions des taxes sur les objets de consommation, & d'en compter à un trésorier en chaque province. Les différentes contestations sur les taxes donnèrent lieu à l'établissement des tribunaux des *Elections* en chaque province, & d'une Cour supérieure, sous le titre de *Cour des Aides, Généraux des Finances & Aides du royaume.* Cette Cour fut d'abord présidée par le Cardinal de la Grange,

Tome I. Y

Evêque d'Amiens, en 1370, & enfuite par plufieurs Evêques, & même par des Princes du Sang. En 1390, les Officiers de la Cour des Aides commencèrent d'être fixes & réduits au nombre de huit; favoir, un *Préfident*, qui étoit alors Prélat ou Prince, quatre *Généraux* & trois *Confeillers*, auxquels on ajouta peu après, un *Avocat du Roi* & un *Procureur du Roi*. En 1402, les Ducs d'Orléans, de Bourgogne & de Bourbon, furent nommés, avec trois Confeillers de cette Cour, pour la répartition des Aides. Louis XI, ayant fuprimé cette Chambre, pour la réunir aux Maîtres des Requêtes de l'Hôtel, la rétablit en 1464, fur le même pied qu'elle étoit auparavant. Henri II créa une feconde Chambre dans la Cour des Aides, & Louis XIII la troifième, en 1635.

Le reffort de la Cour des Aides de Paris eft le même que celui du Parlement, à la réferve de l'Auvergne qui en fut démembrée en 1551, pour former une nouvelle Cour des Aides à Clermont-Ferrand: mais la Saintonge, & les élections de Cognac, Saint-Jean d'Angély & les Sables d'Olonne, qui font du reffort de la Cour des Aides de Paris, quoique du Parlement de Bordeaux, la dédommagèrent avantageufement du démembrement de l'Auvergne. On compte 116 élections & diftricts du reffort de cette Cour, qui connoît des deniers royaux & différends pour affaires de Finances. Elle juge en première inftance, des contrats faits entre fermiers & munitionnaires, pour raifon de leurs traités, comptes de leurs commis, &c. des matières criminelles concernant les aides, gabelles & autres impositions ; &c. & par appel, elle juge les appellations des Jugemens rendus par les Elus, les Juges des traites-foraines & maîtres des ports, concernant les aides, tailles & gabelles. Elle vérifie les lettres d'annoblissement, & examine la validité des titres de Noblesse, à l'effet de l'exemption des tailles, les privilèges des Officiers, &c. Elle est seule dépositaire des Etats des Officiers des Maisons royales, & juge de leurs privilèges. Le Chancelier n'accorde à ces Officiers leurs *Committimus*, que sur les extraits qui leur sont délivrés par le Greffier de la Cour des Aides de Paris. On peut recourir au journal de la Cour des Aides, pour connoître les jours d'audiences, l'ordre des rôles, &c. Le rang de la Cour des Aides est après le Parlement & la Chambre des Comptes.

Le GRAND CONSEIL est une juridiction souveraine, qui n'a point de territoire déterminé; mais qui comprend toute l'étendue du Royaume. Suivant quelques auteurs, cette Cour fut, dans son origine, le Conseil des Rois; & Charles VIII l'établit en juridiction ordinaire & contentieuse. Suivant d'autres, elle fut dans les commencemens, comme les autres Cours souveraines au XIIe siècle, sous le nom de *Conseil secret* à la suite du Roi, jusqu'au XVe siecle, qu'elle eut l'attribution des affaires contentieuses dont les Rois vouloient prendre connoissance. Elle fut rendue sédentaire, comme les autres Cours supérieures, pour connoître des évocations, contrariétés d'Arrêts, &c. Le Chancelier de France est le seul chef & président-né de cette compagnie, depuis la suppression de la charge de premier Président, faite par Edit de janvier 1738, après la mort de M. de Veratamont, qui étoit premier président en titre d'office. Ce Tribunal a tenu long-temps ses séances à l'hôtel d'Aligre, rue Saint-Honoré; mais il a été transféré au Louvre. Il fut supprimé en 1771, & rétabli en 1774, pour servir par sémestre. Il connoît des évocations & réglemens de juges, des nullités & contrariétés d'arrêts; de la conservation des juridictions des présidiaux & prévôtés des maréchaux, & des conflits entre ces Juges & les Parlemens de leur ressort; des procès concernant le titre des bénéfices consistoriaux, évêchés, abbayes, & tous autres qui sont à la nomination, présentation & collation du Roi, à la réserve de la régale, dont la connoissance appartient à la Grand'Chambre du Parlement; des causes de l'ordre de Cluny, & des bénéfices qui en dépendent, & de plusieurs autres ordres qui y ont leurs causes commises; des retraits des biens d'église aliénés pour cause de subvention; des indults des Cardinaux & du Parlement de Paris; des droits de joyeux avénement; du serment de fidélité des évêques & archevêques; de la contravention aux privilèges des secrétaires du Roi; des appellations de la Prévôté de l'Hôtel, &c.; enfin, de toutes les affaires civiles & criminelles qui y sont renvoyées par Arrêt du Conseil privé du Roi.

La COUR DES MONNOIES a été instituée pour juger en dernier ressort, de toutes les affaires concernant le titre, cours & police des monnoies, & matières d'or & d'argent, dans le Royaume. La monnoie se fabriquoit autrefois dans le Palais de nos Rois ; & les officiers qu'ils y préposoient, les suivoient dans leurs voyages. On ne sait ni quand, ni dans quel endroit fut construit à Paris le premier bâtiment affecté à cet usage. Il y a eu un hôtel de la monnoie dans la maison où S. Louis établit les religieux de Sainte-Croix de la Bretonnerie. La rue de la Vieille-Monnoie doit son nom à l'Hôtel de la Monnoie, qui y étoit placé anciennement. Sous Henri II, le moulin de la Monnoie étoit placé sur la rivière, dans une petite île qui fait partie de la place Dauphine. Il y avoit cependant un Hôtel de la Monnoie dans la rue de même nom, entre le Pont-Neuf & la rue Bétisy. On a aussi frappé des espèces dans la rue du Mouton, à l'Hôtel de Nesle & ailleurs. Louis XIII transféra la Monnoie aux galeries du Louvre ; elle fut rétablie à l'ancien Hôtel de la rue de la Monnoie ; & elle vient enfin d'être placée, à perpétuité, dans le magnifique bâtiment construit sur l'emplacement de l'hôtel de Conti, près le Collège des Quatre Nations.

Le Tribunal souverain de la Cour des Monnoies étoit seul dans le Royaume, lorsque le Roi créa, en 1704, une Cour des Monnoies à Lyon, qui partageoit la France avec celle de Paris ; mais aujourd'hui cette dernière est seule & unique dans le Royaume, & les appels de tous les sièges des Monnoies s'y relèvent. Cette Cour est composée d'un premier Président, de huit autres Présidens, trente-six Conseillers, deux Avocats généraux & un Procureur général,

Subſtituts, Greffiers, Huiſſiers, &c. Il y a un *Prévôt général des Monnoies*, créé par Edit de juin 1635, pour faire exécuter les Arrêts de la Cour, avec un Lieutenant, trois Exempts, un Greffier, & pluſieurs Archers. Le ſervice de cette Cour eſt ordinaire, depuis l'Edit de ſeptembre 1771, & ſon rang eſt réglé après celui de la Cour des Aides : les offices de cette Cour donnent la nobleſſe, &c. Elle connoît, par-tout le Royaume, du titre, cours & police des monnoies ; des affaires qui concernent leur adminiſtration & fabrication ; des malverſations qui ſe commettent par les maîtres & officiers des monnoies, & par les ouvriers en or & argent pour les manufactures ſeulement de leurs ouvrages ; des ſtatuts & réglemens des Orfèvres, Joailliers, Graveurs & Batteurs d'or ; ſaiſies faites par leurs gardes & jurés, &c. Elle reçoit les appellations des *Chambres des Monnoies*, & tient, pour cette partie, ſes audiences ſur les hauts ſièges. On garde à la Cour des Monnoies, tous les *poids originaux* de France, ſur leſquels ceux de toutes les villes du Royaume doivent être *étalonnés* ; & elle commet tous les ans un Conſeiller, pour faire marquer, en ſa préſence, du *poinçon* du Roi, tous les poids publics, &c. *Voyez le Journal de la Cour des Monnoies.*

La CHAMBRE SOUVERAINE DU CLERGÉ *de Paris, pour les Décimes*, ſiège dans l'enceinte du Palais. Selon quelques auteurs, cette juridiction a pris naiſſance de la *dixme Saladine*, accordée par le Clergé de France à Philippe-Auguſte, dans deux conciles tenus à Paris en 1186 & 1188 ; mais ce

Tribunal n'a été établi que vers l'an 1580, par Henri III: il est partagé en chambre *particulière des Décimes*, & chambre *souveraine* ou *supérieure*. La Chambre particulière tient ses audiences dans une des salles de l'Archevêché; elle est composée de M. l'Archevêque, de cinq Députés & d'un Syndic: son ressort est restreint au diocèse de Paris. On y impose toutes les taxes du diocèse; & les appels de ses jugemens se relèvent à la Chambre souveraine. Cette dernière Cour, qui siège dans l'enceinte du Palais, est composée de trois Conseillers au Parlement, qui président tour à tour, & de dix-huit Conseillers-Commissaires-Députés des dix-huit Diocèses ressortissans; savoir, ceux de Paris, Sens, Orléans, Chartres, Meaux, Auxerre, Blois, Troyes, Reims, Laon, Châlon, Beauvais, Noyon, Soissons, Amiens, Boulogne, Senlis & Nevers. Elle connoît en dernier ressort, & privativement à tous autres, des contestations au sujet des décimes, dons gratuits, subventions, & autres impositions qui se font sur le Clergé; & par appel, des Sentences rendues par les Bureaux Diocésains, &c.

JURIDICTIONS INFÉRIEURES.

Le Chatelet, qui est la justice ordinaire de la ville, *Prévôté & Vicomté* de Paris, est en même temps la première juridiction particulière qui ressortisse immédiatement au Parlement, & le premier des *tribunaux ordinaires* du Royaume. Son nom de *grand Châtelet* vient de ce que ses bâtimens avoient servi autrefois de château ou de forteresse à cette capitale, pour défendre l'entrée de Paris au nord, comme le *petit Châtelet* défendoit l'entrée méridionale du côté opposé (1); ils furent donnés l'un &

---

(1) Une opinion communément reçue, quoique destituée de toute preuve, est que le *grand* & le *petit Châtelet* furent bâtis par les ordres de César. Malingre & le commissaire Lamare ont adopté ce sentiment, & prétendent que l'inscription *Tributum Cæsaris* qu'on lisoit sous l'arcade, & le nom de *Chambre de César* demeuré à l'une des Chambres du Châtelet, en sont des preuves. Mais on n'a peut-être eu en vue, en donnant ce nom à une Chambre, & en le gravant sur la porte d'un bureau, que d'indiquer le lieu où l'on payoit un tribut à l'entrée de la ville & de la cité, sur les marchandises qui arrivoient par eau en cet endroit: d'ailleurs le *Parloir aux Bourgeois*, ou la juridiction de la ville, étoit situé au même lieu; ce qui suffit pour autoriser la dénomination de Chambre de César & l'inscription. Le même auteur du *Traité de la Police*, prétend que le grand Châtelet fut de tout temps la demeure des *Préfets* & des *Comtes* qui rendoient la justice dans Paris, & auxquels le *Prévôt* a succédé. Mais on n'a aucune lumière ni sur le temps de la construction du *grand Châtelet*, ni sur la véritable époque de la création de la juridiction qui y tient ses séances: on sait seulement que si le grand Châtelet existoit, & s'il fut donné au Prévôt de Paris (comme l'a été depuis le petit Châtelet), ce ne pouvoit être que sous Henri I ou sous Louis VII. Cet office devint vénal; mais S. Louis qui fit réparer & agrandir le grand Châtelet, remédia en même temps aux abus de la vénalité. Les bâtimens du grand Châtelet tombant en ruine en 1460, Charles VII transféra cette juridiction au Louvre; mais les réparations ne furent finies qu'en 1506; elle fut encore transférée aux grands Augustins en 1657, & le Châtelet n'a été mis en l'état où il est aujourd'hui qu'en 1684. Quant au *petit Châtelet*, il fut rebâti,

l'autre au *Prévôt*, qui rend la justice au grand Châtelet, par ses Lieutenans. On se rappelle ce qui a été dit à l'article X, sur l'origine & les prérogatives de l'office de Prévôt de Paris, créé par les Rois de la troisième race. Ces droits se réduisent à peu près (comme ceux des *Baillis* & autres *Juges d'épée*) à avoir la première séance à son tribunal, où, par un privilège particulier, il a voix délibérative; mais ce sont ses Lieutenans qui recueillent les voix & qui prononcent. Comme la justice est rendue en son nom, toutes les *sentences* & tous les *contrats* en forme sont intitulés de son nom; & comme il représente le Roi, en ce qui concerne la justice, par rapport aux habitans de cette grande ville, & qu'il ne s'intitule même que *Garde de la Prévôté* (le Roi étant le premier juge & prévôt), il y a un dais au dessus de son siège, où plusieurs Rois sont venus eux-mêmes rendre la justice à leurs sujets. Ainsi le Châtelet, regardé comme le propre siège de nos Rois, le premier des tribunaux ordinaires du Royaume, dont le sceau primitif est *attributif de juridiction*, a conservé, dans cette attribution, un signe de son unité & de son universalité, qui est en même temps la source, 1°. du *privilège* particulier des *Bourgeois de Paris*, de ne pouvoir être traduits ailleurs, & d'y attirer leurs redevables;

---

tel qu'on le voit aujourd'hui, en 1359, & donné en 1402 pour le logement du Prévôt de Paris: il sert de prison.

Comme j'ai parlé, dans les deux articles précédens, de tout ce qui concerne les droits, fonctions & prérogatives du Prévôt de Paris, & des progrès de la police de cette Capitale, il suffit de parler ici de la juridiction contentieuse du Châtelet.

2°. du *droit d'arrêt* que les Bourgeois de Paris ont sur leurs débiteurs forains ; 3°. du *droit de suite* ou de faire continuer les inventaires par les Notaires du Châtelet, lorsque les scellés ont été apposés par les Commissaires du Châtelet ; 4°. la *conservation* des privilèges de l'Université de Paris ; 5°. le *droit de prévention* sur toutes les justices seigneuriales de la ville & des fauxbourgs de Paris, &c.

La justice est rendue au Châtelet par les *Lieutenans* du Prévôt ; savoir, un Lieutenant *civil*, un Lieutenant général *de police*, un Lieutenant *criminel*, un de *Robe courte*, deux Lieutenans *particuliers*, un juge appelé *Auditeur*, plusieurs *Conseillers*, un *Procureur du Roi*, quatre *Avocats du Roi*, & plusieurs *Substituts*. Il y a encore des Avocats, des Notaires, des Commissaires, des Greffiers, des Procureurs, des Huissiers audienciers, des Huissiers priseurs, &c. Le Lieutenant *civil* est le premier de ceux du Prévôt ; ce qui lui donne le droit de présider aux assemblées du Châtelet. Il tient les audiences du Parc civil & de la Chambre civile. Ses fonctions, pour les affaires urgentes, sont presque infinies ; c'est à lui que s'adressent toutes les requêtes en matière civile, quand même l'affaire seroit dans le cas du Présidial, & il donne la permission de faire assigner dans un plus brief délai que celui de l'Ordonnance. Il nomme d'office les experts, expédie les commissions rogatoires : c'est à son hôtel qu'on se pourvoit pour tout ce qui requiert célérité ; il y règle, sans référé, les contestations au sujet des scellés, inventaires, &c. Toutes les affaires de familles, assemblées de parens pour cause de séparation, interdictions, autorisations, ouvertures de testamens, &c. &c. le regardent uniquement. Le Lieutenant *de police* exerce la partie de l'administration qui intéresse la conservation, la subsistance & la sûreté des citoyens. (*Voyez* ci-devant Article X.) Le Lieutenant *criminel* préside à tous les jugemens criminels, dont l'instruction lui appartient, à l'exception de ceux qui sont de la compétence du Lieutenant de robe-courte, ou du Prévôt de l'île; il connoît des cas prévôtaux, il a la prévention, & les juge avec le nombre de sept juges, par jugement dernier, sa compétence préalablement jugée. Les Lieutenans *particuliers* tiennent l'audience du Présidial de mois en mois : pendant que l'un y préside, l'autre assiste à la Chambre du Conseil, où se jugent les procès par écrit, & tient l'audience des criées : ils remplissent les fonctions des autres Lieutenans, en cas d'absence, maladie, &c. Le Juge *Auditeur* connoît des affaires purement personnelles, jusqu'à la somme de 50 livres. Les *Conseillers* sont divisés en *quatre colonnes*, pour remplir alternativement, & par mois, les quatre services dont il va être parlé.

La Juridiction du Châtelet est composée de quatre *Chambres* ou *Sièges* de justice, qui sont, le *Présidial*, le *Parc civil*, le *Criminel*, & la *Chambre du Conseil*. On juge au *Présidial* les causes du ressort des Présidiaux, suivant les *deux chefs* de l'Edit (1);

---

(1) Personne n'ignore que les *Présidiaux* furent créés par

& outre cela, toutes les caufes dont les demandes n'excèdent pas 1200 liv.; les appellations des fen-

---

Edit de Henri II, donné à Fontainebleau au mois de janvier 1551, vérifié le 5 février fuivant, & qu'ils furent établis dans chaque fiège des grands bailliages du royaume, pour ne faire qu'une feule & même compagnie avec les Juges des bailliages & fénéchauffées, auxquels ils furent unis; c'eft-à-dire, que les mêmes officiers jugent *à l'ordinaire* les caufes qui excèdent le pouvoir des préfidiaux, à la charge de l'appel qui a un effet dévolutif & fufpenfif, ou *préfidialement* dans les *deux chefs* de l'Edit. Le *premier chef* eft que les Préfidiaux étant au nombre de fept Juges qui doivent être dénommés dans le jugement, peuvent juger définitivement, par jugement dernier & fans appel, jufqu'à la fomme de 250 livres en principal, ou 10 livres en revenu annuel, & aux dépens, à quelque fomme qu'ils puiffent monter. Le *fecond chef* eft qu'ils peuvent juger par provifion, en baillant caution, jufqu'à 500 livres en principal, & jufqu'à 20 livres de rente ou revenu annuel, & aux dépens: & en ce dernier cas, l'appel peut être interjeté à la Cour, de forte néanmoins qu'il n'a aucun effet fufpenfif, mais feulement dévolutif. Ainfi les Préfidiaux, *Curiæ præfidiales*, font des tribunaux établis pour juger en dernier reffort, ou par provifion, certaines affaires médiocrement importantes. Le principal motif de leur inftitution a été d'abréger la longueur des procès; de remédier aux chicanes de ceux qui veulent, par le moyen des appellations, éluder le paiement de ce qu'ils doivent; d'empêcher que les particuliers ne fe voient obligés de quitter leurs demeures & leurs emplois, pour aller plaider dans les Parlemens, fur des chofes de peu de conféquence, &c. Cette attribution des Préfidiaux, fi importante dans l'ordre civil, a été étendue en 1771, jufqu'à la fomme de 4000 livres, & enfuite a été réduite à 2000 livres, par Edit de 1777, regiftré en Parlement le 12 août 1777. Il y a une *Chancellerie préfidiale*, &c.

tences rendues dans les jurifdictions qui reffortiffent au Châtelet; & enfin les caufes dont le Lieutenant civil s'abftient, pour raifon de parenté ou autre empêchement légitime : l'un des Lieutenans particuliers y préfide, affifté d'une colonne de Confeillers. Au *Parc civil*, où le Prévôt de Paris occupe la première place, le Lieutenant civil tient le fiège avec une colonne de Confeillers; on y juge les caufes majeures, & toutes celles dont la connoiffance n'eft point attribuée aux autres chambres. A la *Chambre du Confeil*, où l'un des Lieutenans particuliers préfide, on juge les caufes *appointées*, ou celles fur lefquelles il a été ordonné des *délibérés*, tant au Parc civil qu'au Préfidial. La *Chambre criminelle*, où préfide le Lieutenant criminel, juge, avec une colonne de Confeillers, les caufes de grand criminel.

Indépendamment de ces quatre fervices par colonnes, il y a encore la *Chambre civile*, où le Lieutenant civil juge feul, deux fois la femaine, les caufes fommaires & provifoires, de même que toutes celles qui font fondées fur des conventions verbales, & qui n'excèdent pas la fomme de mille livres; & celles enfin appelées *des forains*, qui concernent le commerce des habitans de Paris, les billets à ordre & lettres de change, &c. Les affignations s'y donnent à trois jours; on n'y inftruit pas la procédure, & la caufe eft portée à l'audience, fur un fimple avenir. L'audience du *petit Criminel*, où le Lieutenant criminel juge feul toutes les caufes où il n'eft queftion que d'injures. Enfin, l'*Au-*

diteur au Châtelet, dont l'auditoire est près du parquet, est un juge qui connoît des affaires purement personnelles, jusqu'à 50 liv. pour une fois payées, suivant une Déclaration du 6 juillet 1683 ; les assignations s'y donnent à trois jours, & il juge toutes les causes à l'audience, sans ministère d'Avocats, sommairement & sans frais. Il doit entendre les témoins à l'audience, où leurs dépositions sont rédigées sur le plumitif, sans droits ni frais. Les appellations de ce juge se relèvent au Présidial ; mais ses sentences sont exécutées, nonobstant opposition ou appellations. Il y a encore la *Justice de Robecourte*, dont on parlera plus bas ; la *Chambre de Police*, dont on a parlé à l'article X ; le *Parquet*, où l'on règle les différends mus entre les Procureurs sur la compétence des chambres, &c. Sur les jours d'audiences & vacations, *voyez* le *Journal du Châtelet*. Il y a quatorze Bailliages & Châtellenies royales, qui ressortissent au Châtelet ; savoir, Montlhéry, Corbeil, Brie-Comte-Robert, &c.

LA JURIDICTION DU BUREAU DE L'HÔTEL DE VILLE, est composée d'un *Prévôt des Marchands*, qui est le chef de la Maison de Ville ; de quatre *Echevins*, dont deux anciens & deux nouveaux ; d'un *Procureur du Roi*, d'un *Avocat du Roi*, d'un *Substitut*, de Greffiers, Procureurs postulans, Huissiers, &c. Ce Bureau connoît des causes entre marchands, pour fait des *marchandises* arrivées *par eau* sur les *ports* de cette ville, comme blé, vin, bois, &c. & de ce qui concerne la police sur les rivières de Seine, Marne, Yonne, Oise

& autres y affluentes, tant en remontant qu'en descendant, pour en tenir le rivage libre, & faciliter l'abord & l'arrivée des denrées & marchandises. Il a la police sur les bois dans les ventes à la proximité des rivières affluentes à Paris, dès l'instant que les arbres sont abattus. Il connoît aussi de tout ce qui a rapport à la *capitation*, aux *vingtièmes*, *aux rentes constituées sur la Ville*; des immatricules & des différends pour raison de ces rentes entre les payeurs & les rentiers, &c. On doit se pourvoir à ce Bureau pour le paiement des billets à ordre, lettres de change & autres engagemens, pris relativement aux ventes des marchandises faites sur les ports & rivières. Le Prévôt & les Echevins mettent le *taux* aux marchandises & denrées qui viennent par eau. Ils connoissent, en matière criminelle, des délits commis par les marchands, leurs commis & facteurs, sur le fait de la marchandise, & par les officiers de police en l'exercice de leurs charges : ils jugent aussi toutes les rixes & querelles entre les bateliers & autres gens d'eau sur les ports, &c. Ils sont obligés de juger à l'audience & ne peuvent pas appointer, mais seulement ordonner un délibéré lorsque l'affaire ne peut être jugée sur le champ après la plaidoierie : les appellations se relèvent au Parlement. Ce Bureau a aussi, par attribution, la connoissance des contestations pour raison des fonctions & droits de courtiers, commis & essayeurs des eaux-de-vie & esprits-de-vin ; mais les appellations de ces sortes de causes se relèvent à la Cour des Aides, &c. *Voyez* l'édit de juin 1700, sur la juridiction de ce Bureau.

La Maison de Ville de Paris, anciennement connue sous le nom de *Parloir aux Bourgeois*, est la plus ancienne du royaume, comme nous l'avons fait voir à l'article X, en parlant des progrès de la police de Paris. Le *Prévôt des Marchands*, le même qui est appelé *Préfet* des Nautes Parisiens dans les anciens monumens, a sur tout ce qui concerne les approvisionnemens de cette grande ville qui se font *par eau*, la même inspection que le Lieutenant de police a sur les approvisionnemens qui se font *par terre*. Il connoît aussi de la construction, de l'entretien & de la réparation des *ports*, des *ponts*, des *quais*, des *fontaines* & *égoûts*, & de tous *édifices publics*, soit d'utilité, soit d'embellissement. Il gouverne les *fêtes* & les réjouissances publiques, les *revenus de la ville*, & tout ce qui a rapport à la *police municipale*. Il est nommé par le Roi, & sa commission est pour deux ans; mais il est ordinairement renouvelé. Les *Echevins*, toujours au nombre de quatre, dont deux anciens & deux nouveaux, sont tirés, l'un du corps des *Conseillers de ville* ou de celui des *Quartiniers*; & l'autre est choisi parmi les avocats & notaires, ou dans les six corps des marchands. Ils restent deux ans en exercice. L'élection des deux nouveaux se fait tous les ans, dans la grand'salle de l'hôtel de ville, le jour de S. Roch, 16 août, par les conseillers de ville, quartiniers & deux notables bourgeois, mandés de chaque quartier. Il faut qu'ils soient nés à Paris, d'une profession honnête & d'une conduite irréprochable : ce sont les seuls du royaume qui ont l'honneur de prêter serment entre les

mains

DE PARIS, Art. XII. 353

mains du Roi. L'échevinage donne la noblesse, &c. Il y a plusieurs autres officiers qui font du corps de l'Hôtel de Ville de Paris, comme le Gouverneur & le Lieutenant général au gouvernement; dix Conseillers du Roi en l'Hôtel de Ville; seize Conseillers de l'échevinage; seize Conseillers du Roi Quartiniers; 64 Cinquanteniers; 256 Dixeniers; les Officiers des trois compagnies des Gardes de la ville, Arbalêtriers, Archers & Arquebusiers, composées de 100 hommes chacune; les Contrôleurs & Payeurs de rentes, &c.

LA JURIDICTION CONSULAIRE tient son siège dans le Cloître & derrière S. Merry; elle est composée d'un *Juge* & de quatre *Consuls*, de Greffiers, Huissiers, &c. L'élection de ces Juges se fait tous les ans le 28 février, conformément à l'Edit d'érection (1) & à la Déclaration de mars 1728. Ce sont

---

(1) L'Edit de création de la Justice Consulaire fut donné à Paris par Charles IX, au mois de décembre 1563. Toubeau rapporte dans ses *Instituts au Droit Consulaire*, que le Roi fut porté à cette création, pour avoir vu renvoyer hors de cour & sans dépens, deux marchands qui plaidoient depuis dix ans au Parlement, & qui s'étoient ruinés en frais. La première élection se fit par le Prévôt des Marchands, en l'assemblée de cent notables qui furent convoqués à cet effet. L'Edit porte, qu'ils n'exerceront qu'un an, & les oblige de faire assembler, trois jours avant la fin de leur exercice, 60 marchands, pour en élire trente d'entr'eux qui, sans sortir du lieu, procèderont à l'élection des cinq qui doivent succéder, & lesquels prêteront serment devant les anciens, & ensuite au Parlement. Cet établissement, dont on ne connoissoit pas encore alors toute l'utilité, souffrit quelques difficul-

Tome I. Z

cinq marchands exerçant par commiſſion, & qu'on choiſit de commerces différens. Ils doivent être natifs de Paris, ou au moins régnicoles. Ils ne peuvent juger que quand ils ſont au nombre de trois. Ils rendent gratuitement la juſtice. Ils connoiſſent entre marchands & gens de commerce, de toutes ſortes de conteſtations pour fait de marchandiſes; & même entre privilégiés qui font trafic de marchandiſes, & qui, dans ce cas, ne peuvent exciper de leur privilège. Ainſi, quand même une obligation ſeroit paſſée ſous le ſcel du Châtelet de Paris, pour fait de marchandiſe, l'aſſigné ne pourroit demander ſon renvoi au Châtelet : mais celui qui achete à un marchand des marchandiſes pour ſon uſage, ne peut être traduit devant les Conſuls. Ils connoiſſent auſſi des billets de change entre mar-

---

tés, & le Parlement n'enregiſtra que par proviſion, & en obéiſſant aux Lettres de juſſion. Mais enſuite cet Edit fut enregiſtré purement & ſimplement, au mois de janvier 1565 : en conſéquence, on choiſit tous les ans cinq commerçans, dont le premier a le titre de *Juge*, & les quatre autres celui de *Conſuls*, pour connoître & décider ſommairement toutes conteſtations entre marchands & autres, pour le fait de la marchandiſe, & les juger ſans appel, pourvu que la demande n'excède pas 500 livres. Cette nouvelle juridiction choiſit d'abord l'auditoire Saint-Martin pour y tenir ſes ſéances; mais le 16 novembre 1570, elle acheta, dans le cloître Saint-Merry, les maiſons du préſident Baillet, & les fit diſtribuer & diſpoſer d'une façon convenable pour y donner ſes audiences, qu'elle a toujours continué d'y tenir juſqu'à préſent. Le greffe appartient au Conſulat, qui en fit l'acquiſition lors de l'établiſſement de la Juſtice.

chands & négocians, & des lettres de change pour remises d'argent faites de place en place, entre toutes sortes de personnes, &c. *Voyez* sur leur compétence le titre 12 du Code Marchand; & sur la manière de procéder, le titre 16 de l'Ordonnance de 1667, & l'Edit de 1563. Les causes portées devant eux doivent être jugées sommairement, & les parties y peuvent plaider sans le ministère d'Avocats & de Procureurs. On a banni de ce tribunal, & avec raison, toutes les subtilités de droit, ainsi que les formalités des procédures ordinaires, de crainte que les marchands ne fussent détournés de l'assiduité & du soin que demande le négoce : on n'y cherche qu'à découvrir la bonne foi de l'un, & la mauvaise foi de l'autre. Ils jugent en dernier ressort, & sans appel, jusqu'à la somme de 500 liv. suivant l'art. 8 de leur Edit de création. L'appel de leurs jugemens portant condamnation de sommes excédentes 500 liv. se relève au Parlement, dans trois mois ; mais leurs sentences s'exécutent toujours par corps, nonobstant & sans préjudice de l'appel : on peut cependant obtenir un arrêt de défenses, qui suspend l'exécution, &c.

LE BUREAU DES FINANCES, ET CHAMBRE DU DOMAINE ET TRÉSOR, tient ses séances au Palais. L'origine de cette chambre se perd dans l'antiquité, s'il est vrai, comme le disent les auteurs, qu'elle soit aussi ancienne que le domaine du Roi. Bacquet dit qu'elle est appelée *Chambre* ou *Justice du Trésor*, soit parce qu'anciennement le trésor du Roi y étoit gardé, & les deniers des recettes des domaines y étoient apportés; soit parce que les Trésoriers de France, qui ont la charge de tout le domaine du royaume, y tiennent leur siège; soit enfin parce que les Tréforiers y connoissent de ce qui concerne le *domaine*, mot qui signifie autant que *tréfor*. Il n'y avoit anciennement que trois Tréforiers, dont deux devoient faire leurs chevauchées tous les ans, pour rétablir l'ordre dans les domaines du Roi, & l'autre restoit à Paris pour faire compter des recettes au changeur du Tréfor, qui étoit en même temps garde & receveur du Tréfor Royal. Ils avoient l'administration & le gouvernement de tous les domaines royaux, & l'intendance des recettes ordinaires & extraordinaires. Les Tréforiers commencèrent à exercer une juridiction fous Charles VI, pour décider des contestations qui concernoient le domaine, & se faisoient assister, suivant les Ordonnances de 1404 & 1407, de plusieurs Conseillers du Parlement & de la Chambre des Comptes. Charles VIII établit en 1496, la *Chambre du Tréfor*, avec pouvoir aux Conseillers qui la composoient, de juger conjointement avec les Tréforiers de France, tous les procès & différends concernant le domaine, dans l'étendue de la Prévôté & Vicomté de Paris & des huit Baillages des environs. Il y a eu depuis de nouvelles créations de *Tréforiers de France*, par les Edits de 1543 & 1553, lesquels furent distribués dans les Généralités & les Bureaux des Finances, qui ont feuls, à l'exclusion de tous Baillis & Sénéchaux, la connoissance des affaires du domaine & finances du royaume. Louis XIV, par son Edit de mars 1693, incorpora la Chambre du Trésor à la Compagnie des Trésoriers de France, qui forme aujourd'hui deux Chambres ; savoir, le *Bureau des Trésoriers de France & des Finances*, & la *Chambre du Domaine & Trésor*. Le service se fait par sémestre dans ces deux juridictions, &c.

Dans le Bureau des Finances, on juge les affaires qui concernent les finances ; la voierie ; ce qui concerne le fonds & la propriété des domaines royaux & droits en dépendans. On y enregistre les lettres de noblesse & autres semblables. On y fait la réception des officiers des élections, receveurs des finances, des tailles, &c. Dans la Chambre du domaine, on y connoît des affaires du domaine, qui étoient de la compétence de cette Chambre avant son union au corps des Trésoriers. Elle connoît de tous les différends concernant les droits appartenans au Roi, comme de justice féodale, de censive, de patronage, quints, requints, reliefs, rachats, droits d'aubaine, bâtardise, déshérence, francs-fiefs, nouveaux acquêts, amortissemens, ennoblissemens, droits de tabellionages, de bannalité, &c. &c. &c. & de toutes confiscations & amendes adjugées au Roi par les différens tribunaux. C'est au Procureur du Roi de la Chambre du Domaine à faire saisir à sa requête, les biens & effets échus par droits d'aubaine, confiscation, déshérence à faire les saisies féodales pour devoirs non rendus, aveux & dénombremens non fournis ; à faire la recherche des droits domaniaux recelés ou usurpés, &c. C'est pour cette raison que tous Seigneurs de terres mouvantes du Roi, après avoir fait la foi & hommage aux lieux où ils sont dus, & avoir fourni les aveux & dénombremens à la Chambre des Comptes, sont encore obligés de donner à celle du Domaine, des déclarations sommaires des droits dont ils sont redevables au Roi. Il en est de même des particuliers, possesseurs de biens en fief ou en roture, &c. Toutes lettres de naturalité & légitimation doivent être enregistrées au greffe de cette Chambre, au moins après la vérification à la Chambre des Comptes, à peine de nullité. Il en est de même des brevets de dons accordés par le Roi des droits d'aubaine, déshérence, bâtardise, &c. On y fait les baux & adjudications des domaines du Roi, &c. On ne peut décliner ces juridictions en vertu du droit de *committimus* ou autres privilèges, parce qu'il n'y en a point dans les causes où le Roi a intérêt. Les appels se relèvent au Parlement, & en certains cas, au Conseil du Roi. Les Trésoriers ont aussi des commissions particulières pour le département des tailles; pour les ponts & chaussées; pour le pavé de Paris; pour les bâtimens dépendans des domaines du Roi dans la généralité de Paris, &c.

La TABLE DE MARBRE, nom commun à trois juridictions différentes; savoir, la *Connétablie, les Eaux & Forêts*, & *l'Amirauté*, parce qu'elles se tenoient anciennement à une grande table de marbre, qui occupoit autrefois la grand'salle du Palais, avant son incendie en 1618.

LA JURIDICTION DE LA CONNÉTABLIE ET

MARÉCHAUSSÉE DE FRANCE, a pour chefs les *Maréchaux* de France, quand la charge de *Connéble* n'est point remplie. Les Maréchaux de France y assistent rarement; mais leur juridiction y est exercée par un Lieutenant général, un Lieutenant particulier, un Assesseur, un Prévôt général, un Procureur du Roi, Greffiers, Huissiers, &c. Les Commissaires & Contrôleurs des guerres y ont aussi séance, suivant la Déclaration de l'an 1574. Cette juridiction qui est unique, connoît seule par tout le royaume en première instance, exclusivement à tous autres juges, même nonobstant le privilège de *committimus*, le sceau du Châtelet, &c. des actions personnelles entre les gens de guerre; des contrats & cédules faits entr'eux, & du paiement & solde des gens de guerre; de tous procès, actions & différends que les trésoriers, payeurs des gens de guerre & leurs commis, commissaires & contrôleurs des guerres, munitionaires, entrepreneurs de vivres, pourvoyeurs, marchands, artisans & autres fournissant les troupes & les maréchaussées, peuvent avoir entr'eux ou autres personnes, pour raison de leurs exercices, fonctions, maniemens, pour le fait de la guerre & le service des maréchaussées; de tous crimes & délits commis par les gens de guerre, au camp ou en leurs garnisons, en y allant & revenant, &c. On y adresse les lettres d'abolition, rémission ou pardon qui s'obtiennent pour les délits commis par les gens de guerre, &c. Les audiences se tiennent trois jours de la semaine dans la galerie des prisonniers du Palais; on y suit le style des Requêtes

Z iv

du Palais, & les Procureurs du Parlement y postulent. On y juge définitivement, nonobstant l'appel, jusqu'à cent livres ; & sans préjudice de l'appel, jusqu'à mille livres : les appels vont au Parlement. Il faut remarquer que quand les Juges de la Connétablie connoissent des délits, ils doivent être au nombre porté par les Ordonnances, en appelant des anciens Avocats ; que dans toutes les armées, & à la suite des troupes, il y a des Prévôts qui jugent les coupables, & que les déserteurs sont jugés dans des conseils de guerre ; que quand les officiers & soldats commettent dans les garnisons, des crimes qui intéressent les habitans, les Juges des lieux en connoissent. (*Ordonnance de mai 1665, art. 43.*) Les Juges de la Connétablie ont un sceau royal particulier, qui représente un Connétable armé ; le Lieutenant général, qui en est dépositaire, en retire les émolumens.

Outre ce tribunal, il y en a encore un autre qui se tient chez le plus ancien des *Maréchaux de France*, qui a tous les droits & honneurs du Connétable. *Ils y connoissent par eux-mêmes & sans appel* de tous différends mus entre gentilshommes & gens faisant profession des armes, pour raison de leurs engagemens de parole, & des points & billets d'honneur ; des contestations entre les mêmes, au sujet de la chasse, de la pêche, des droits honorifiques, &c. Les requêtes y sont mises entre les mains du Rapporteur qui est un Maître des Requêtes, ou du Secrétaire général des Maréchaux de France, qui sert de Greffier, &c.

L'Amirauté de France, autre fiège de la Table de Marbre du Palais. Cette jurifdiction, attribuée au grand Amiral de France, eft exercée par deux Lieutenans, fix Confeillers, un Procureur du Roi, Subftituts, Greffier, Huiffiers, Sergens: elle connoît de toutes les actions, procédant du commerce qui fe fait par mer; de l'exécution des fociétés, pour raifon de ce commerce, ainfi que des armemens & affaires de compagnies érigées pour l'augmentation du commerce. Ils jugent en première inftance des conteftations fur ces matières qui naiffent dans les lieux du reffort du Parlement de Paris, où il n'y a point de fièges particuliers d'Amirauté établis; & par appel, des fentences des Juges particuliers établis dans les villes & lieux maritimes. Les Avocats & Procureurs du Parlement y plaident & occupent, & les appels fe relèvent au Parlement.

La Juridiction des Eaux et Forêts de France, eft compofée du Grand-Maître du département de Paris, de deux Lieutenans, de fept Confeillers dont un Garde-fcel, d'un Procureur général, d'un Avocat général, de Greffiers, Receveur des amendes, Arpenteurs, Huiffiers, &c. Ce troifième fiège de la Table de Marbre tient fes féances dans la grand'falle du Palais, près le parquet des Gens du Roi du Parlement: il connoît de tout ce qui concerne les rivières & bois. C'eft en ce fiège feul que doivent être relevés, tant au civil qu'au criminel, pour raifon des matières d'eaux & forêts, pêche & chaffe, les appels des Maîtrifes particulières, Grûries & justices seigneuriales étant dans le ressort du Parlement de Paris. On y juge au souverain & sans appel dans les audiences tenues par un Président à mortier, avec sept Conseillers de Grand'Chambre. Dans les autres affaires, les appels se relèvent au Parlement.

Il y a encore dans la cour du Palais, la Maitrise des Eaux et Forêts de Paris, établie pour connoître en première instance, dans l'étendue de la Prévôté & Vicomté, de tous les différends concernant les eaux & forêts, la pêche, la chasse, les appellations des Gruyers du ressort. Les Gardes-bois, tant du Roi que des communautés & seigneurs, y doivent être reçus & faire leurs rapports: les appels vont à la Table de Marbre.

Le Bailliage et Capitainerie Royale des Chasses et Varenne du Louvre, *grande Vénerie & Fauconnerie de France*, tient ses audiences de quinzaine en quinzaine au Château du Louvre. Il est composé d'un Bailli & Capitaine, Lieutenans de robe longue & de robe courte, Procureur du Roi, Substituts, Exempts, Receveur des amendes, Voyer, Renardier, &c. Il connoît, comme les Officiers des Maîtrises, tant au civil qu'au criminel, contre les délinquans dans les bois, forêts & terres du ressort de sa Capitainerie. Il en est de même des juridictions de la Varenne des Tuileries, & de la Capitainerie Royale des Chasses de Vincennes et Livry. Les appels des jugemens rendus en ces justices, se portent d'abord à la Table de Marbre, ensuite au Parlement.

La Juridiction de l'Election de Paris, composée d'un Président, d'un Lieutenant, d'un Assesseur, de vingt Conseillers, d'un Avocat du Roi, d'un Procureur du Roi, d'un Substitut, d'un Greffier, de Procureurs & Huissiers, tient son siège en la cour du Palais : elle connoît des tailles, taillons, recrues, subsistances, aides, & autres impositions & subsides ; de toutes contraventions aux réglemens faits pour la vente & distribution du parchemin & papier timbré ; rébellions commises contre les collecteurs, sergens, exécuteurs des rôles, ou contre les fermiers des aides ou leurs commis, &c. Les appels se relèvent à la Cour des Aides. Le ressort de ce Tribunal s'étend dans toute l'étendue de l'*Election* de Paris, qui a 13 lieues de longueur, sur autant de largeur, & qui comprend 442 paroisses ou communautés affouagées, presque toutes de la Prévôté & Vicomté de Paris ; & 47685 feux, non compris les paroisses de la ville de Paris. La taille y est personnelle ; le droit de Gros y a cours, &c.

La Juridiction du Grenier a sel est composée de deux Présidens alternatifs ; de quatre Conseillers, dont un Grenetier ; un Contrôleur & un Lieutenant alternatifs ; un Contrôleur, garde des grandes & petites mesures ; deux Avocats du Roi, un Procureur du Roi ; d'un premier Huissier, d'un Inspecteur au reversement des sels, & de deux Inspecteurs au grenier à sel. Elle est située dans la rue des Orfèvres, qui aboutit à la rue Saint-Germain l'Auxerrois, près le Grenier à sel. Elle connoît de toutes les contestations qui arrivent au sujet des Gabelles, de la distribution des sels, & des droits du Roi sur lesdites Gabelles; des malversations & délits qui se commettent dans le débit & transport du sel, dont la distribution se fait les jours d'audience. Les appels des jugemens du Grenier à Sel, se relèvent à la Cour des Aides. La Généralité de Paris est une de celles où le droit de grande Gabelle a lieu, suivant l'Ordonnance du mois de mai 1680. Les greniers y sont fournis de sel de Brouage, par les Fermiers généraux, qui le font venir par mer au Havre-de-Grace, & de-là le font conduire dans chaque grenier à sel, par eau ou par charroi.

La JURIDICTION DE LA MAÇONNERIE, est composée de trois Conseillers du Roi Architectes-Maîtres-généraux des bâtimens du Roi, ponts & chaussées; d'un Greffier, d'un Procureur de la Communauté des Maîtres Maçons, & trois Huissiers. Elle tient son siège au Palais, & connoît des contestations entre les entrepreneurs & les ouvriers employés à la construction des bâtimens; comme aussi des différends de maçons à maçons ou à marchands, comme carriers, plâtriers, &c. pour matériaux fournis, leurs voitures & charriages. Ils connoissent également de la police de la maçonnerie, qui se fait toutes les semaines dans les bâtimens de la ville, fauxbourgs & banlieue de Paris, & dont les procès-verbaux sont rapportés à cette juridiction. Les appellations se relèvent au Parlement de Paris.

LE BAILLIAGE DU PALAIS, est la juridiction du

Bailli, qui connoît de toutes causes, tant civiles que criminelles, dans l'étendue de son ressort, lequel ne comprend aujourd'hui que les cours, salles & galeries du Palais. Cette juridiction est composée d'un Bailli d'épée, un Lieutenant-général, un Procureur du Roi, un Greffier & trois Huissiers; les appellations de ses sentences se relèvent au Parlement, comme celles qui sont interjetées des autres Baillis & Sénéchaux. Il en est de même de plusieurs autres Bailliages, dont le district ne s'étend que dans certains *Enclos* particuliers de la ville de Paris: tels sont le BAILLIAGE DU TEMPLE, ceux de SAINT-JEAN DE LATRAN, de SAINTE-GENEVIÈVE, de l'ABBAYE SAINT-GERMAIN DES PRÉS, du PRIEURÉ DE SAINT-MARTIN DES CHAMPS, &c. Toutes ces juridictions, composées d'un Bailli, d'un Lieutenant, d'un Fiscal, &c. connoissent de toutes causes civiles & criminelles, dans l'étendue de leur ressort; & les appels se portent au Parlement.

Le ROYAUME DE LA BAZOCHE (1), titre qui

---

(1) On prétend que cette juridiction singulière a été instituée dès le temps que le Parlement fut rendu sédentaire à Paris dans le palais du Prince, & que c'est même de-là qu'elle a pris son nom, que plusieurs dérivent de *Basilica*, qui signifie le palais du Prince, le lieu où se rend la justice. Suivant cette opinion, ce fut Philippe le Bel, qui, de l'avis du Parlement, permit aux postulans à la Cour d'avoir des aides ou clercs qui s'appliquassent à l'étude de la procédure; & pour qu'ils n'en fussent pas détournés, il voulut qu'il y eût entr'eux un *Roi* avec ses *officiers*, pour le gouvernement de son

paroît d'abord imaginaire, mais qui donne aux officiers de cette juridiction un droit effectif de

royaume imaginaire. Il leur donna le pouvoir de juger en dernier reffort ; comme auffi d'établir des *Prévôts* & des juridictions Bazochiales dans les fièges royaux reffortiffans au Parlement de Paris, à la charge de tenir à foi & hommage du Roi de la Bazoche, devant lequel ou fon Chancelier reffortiroient les appellations de ces prévôts dont plufieurs fubfiftent encore, comme le Prévôt Bazochial du Châtelet, le Prince de la Bazoche d'Angers, &c. D'autres ne rendent aucune raifon de l'inftitution de la Bazoche, & fe contentent d'une étymologie, en difant que ce terme vient d'un mot grec qui fignifie en latin *dicacitas*, & en françois, *difcours goguenard & plaifant*, parce que ces privilèges dont ils jouiffent, n'ont été regardés que comme un jeu d'efprit, qui, en les exerçant agréablement, ne laiffent pas que de les rendre capables d'une profeffion plus férieufe.

Quoi qu'il en foit du temps & des caufes de cette inftitution, il eft certain que le royaume de la Bazoche & fes privilèges ont été confirmés par les Rois & par le Parlement. Le roi de la Bazoche faifoit faire tous les ans *Montre* à tous les clercs du palais & autres fes fuppôts & fujets, par fes mandemens envoyés à fes princes & prévôts ; avec ordre de fe trouver pour la montre à Paris, en plufieurs bandes & compagnies, fous les habits & livrées des capitaines, dont chacun avoit un modèle. Ces Montres qui fe faifoient en forme de Carroufels, attiroient beaucoup de monde : elles firent même tant de bruit, que François I manda à fon Parlement, qu'il vouloit voir la Montre du roi de la Bazoche ; fur quoi intervint Arrêt du 25 juin 1540, fur le requifitoire que fit au Parlement l'avocat général de la Bazoche, qui ordonne que la Cour vaqueroit les deux jours de la montre. En 1548, le roi de la Bazoche & fes fuppôts s'offrirent à Henri II pour aller combattre les révoltés de la Guyenne : ils étoient au

connoître souverainement de tous les différends de clerc à clerc, pendant qu'ils sont clercs, tant en matière civile que criminelle : elle est composée d'un *Chancelier*, *Vice-Chancelier*, plusieurs *Maîtres des Requêtes*, Avocat & Procureur généraux, Référendaire, Notaires & Secrétaires de la Cour Bazochiale, Huissiers, &c. Les procédures se font à ce Tribunal singulier, par des Clercs, qui

---

nombre de six mille hommes, qui firent si bien leur devoir, qu'à leur retour Henri II leur donna beaucoup d'éloges, leur permit de couper dans ses forêts tels arbres qu'ils voudroient choisir pour servir à la cérémonie du *Plant de Mai*, qu'ils avoient coutume de faire planter tous les ans devant le grand perron de la cour du Palais; & il leur accorda une somme sur les amendes, avec pouvoir de porter dans leurs armoiries, (qui sont trois écritoires,) timbre, casque & morion, pour marque de souveraineté, &c. droits dont ils jouissent encore. Henri III, prince foible, qui fut effrayé d'apprendre que le nombre des clercs montoit à dix mille hommes, révoqua le *roi de la Bazoche*, dont les droits passèrent en la personne de son *Chancelier*, & se trouvent aujourd'hui réduits au simple exercice de la juridiction entre les clercs du Palais. Ses jugemens qui sont souverains, s'intitulent *La Bazoche régnante en triomphe & titre d'honneur*, SALUT .... *Fait audit royaume, le*... Le Chancelier qui ne règne qu'un an, ne peut être choisi que parmi les quatre plus anciens *Maîtres des Requêtes*; le Chancelier ne peut être ni marié ni bénéficier; son habit de cérémonie est une robe & un bonnet : il est obligé de donner un festin à toute la Cour le jour de sa réception, &c. Il y a un célèbre Arrêt de réglement, rendu le 5 janvier 1636, sur les conclusions de M. Bignon, Avocat général, qui prescrit la forme de l'élection du Chancelier de la Bazoche.

y sont reçus Avocats, & plaident pour les parties. Il y a audience deux fois par semaine dans la chambre de Saint-Louis, entre midi & une heure. Pour faire arrêt, il faut qu'il y ait sept Maîtres des Requêtes, outre celui qui préside; les jugemens sont souverains, & portent le nom d'*arrêts*; de sorte qu'on ne peut se pourvoir contre, que par requête civile au même Tribunal. Le Parlement a confirmé cette juridiction par plusieurs Arrêts notables, notamment ceux du 14 juillet 1528, contre l'Official de Paris; du 27 mars 1604, contre le Châtelet; & du 12 avril 1642, contre le Bailli du Palais, par lesquels il est enjoint aux Clercs du Parlement, de ne procéder ailleurs qu'au Royaume de la Bazoche, lorsqu'il s'agit de différends de clerc à clerc; & défenses sont faites à tous autres juges d'en connoître. La Bazoche a toujours eu le droit de donner aux clercs, qui veulent se faire recevoir Procureurs, le *certificat de leur temps de Palais:* ce temps étoit fixé par les Ordonnances de François I, du 11 février 1519, à quatre années; mais les Arrêts l'ont augmenté jusqu'à dix ans. Les clercs de la Chambre des Comptes ont une semblable juridiction, sous le titre de *haut & souverain Empire de Galilée;* & les chefs qui la composent prennent également le titre de *Chancelier, Maîtres des Requêtes,* &c. Enfin, les clercs du Châtelet ont aussi une Bazoche, dont le chef porte le titre de *Prévôt,* qui tient ses audiences toutes les semaines en la chambre de Police: l'appel de ses jugemens se relève au Présidial.

Les

Les Juridictions de Robe-courte, ainsi appelées, par opposition à celles de Robe longue, en diffèrent encore, en ce qu'elles ont des troupes.

Le Bailliage de l'Artillerie de France, est une juridiction qui se tient à l'Arsenal, & qui donne ses audiences toutes les semaines dans la cour de la Fonderie ; elle est composée d'un Bailli d'épée, d'un Lieutenant général, Avocat & Procureur du Roi, Substitut, Greffier & Huissiers, &c. Elle connoît de toutes affaires civiles & criminelles, dans l'enclos de l'Arsenal, Mail & dépendances ; & par attribution, dans tout le Royaume, de ce qui concerne les poudres & salpêtres..... leur fabrication.... les traités & marchés concernant l'Artillerie.... les différends entre les officiers & ouvriers employés à l'entretien & conduite de l'Artillerie, &c. Les appels se relèvent au Parlement, pour les affaires civiles & criminelles. Le *Corps royal* de l'Artillerie, est composé d'environ douze mille hommes, distribués en sept régimens ; neuf compagnies d'ouvriers occupés dans les Arsenaux de la Fère, Douay, Metz, Strasbourg & Auxonne ; six compagnies de mineurs & une d'élèves. Les sept régimens formés de canonniers, sappeurs & bombardiers, tiennent leur nom des sept Ecoles d'Artillerie, qui sont la Fère, Metz, Toul, Besançon, Grenoble, Strasbourg & Auxonne, &c. Outre le Bailliage de l'Artillerie qui est à l'Arsenal, il y a encore un Commissaire général des poudres & salpêtres, un Commissaire général des fontes, un Garde d'artillerie. Les Inspecteurs généraux d'artillerie font au nombre de dix, &c.

La Prévôté générale de la Connétablie, Gendarmerie, Maréchauffée de France, & des Camps & Armées du Roi, eft compofée d'un Prévôt général & Infpecteur-né des Maréchauffées, de quatre Lieutenans, quatre Exempts, trois Officiers de robe longue, deux Brigadiers, deux fous-Brigadiers, quarante-quatre Gardes, un Commiffaire & un Contrôleur aux revues. Cette compagnie eft la colonnelle de toutes les Maréchauffées du Royaume. Le Prévôt prend fon jour à l'armée, & il a voix délibérative au fiège général de la Connétablie, &c. *Voyez* ci-devant.

Le Lieutenant criminel de robe courte, au Châtelet de Paris, eft un officier d'épée, dont les fonctions ont pour objet la fûreté de Paris contre les meurtriers, vagabonds & autres gens de mauvaife vie, fur lefquels il a juridiction. Cette charge eft ancienne : ce n'étoit autrefois qu'une commiffion du Prévôt de Paris ; mais elle eft aujourd'hui en titre d'office, & il faut des provifions du Roi. Sa compagnie eft compofée de huit Lieutenans, dont quatre Vétérans, douze Exempts, un Procureur du Roi, un Greffier, un Commiffaire & un Contrôleur des guerres ; un Fourrier, quatre Brigadiers, cinquante Cavaliers, &c. Elle fait corps de la Gendarmerie & Maréchauffée de France, & jouit des mêmes privilèges : elle a fa compétence dans l'étendue de la ville, prévôté & vicomté de Paris. Le Lieutenant de robe courte connoît en dernier reffort comme le Lieutenant criminel, concurremment &

par prévention entre eux, dans la ville & fauxbourgs, des cas & crimes mentionnés en l'Article XII du titre I de l'Ordonnance de 1670, en faisant juger préalablement leur compétence, &c.

La PRÉVÔTÉ DE L'HÔTEL DU ROI, est composée d'un grand Prévôt, de Lieutenans généraux civils & d'épée, criminels & de police; d'un Procureur du Roi, Substitut, Greffier; Capitaines, Exempts, servant par quartier près du Roi; de quatre-vingt-huit Gardes servant aussi par quartier; de Notaires, Procureurs, Huissiers, &c. Cette juridiction, qui a son siège à Versailles & à la suite de la Cour, tient une audience par semaine à Paris, au Louvre; elle connoît en première instance, des causes tant civiles que criminelles, des officiers & marchands privilégiés qui suivent la Cour, & des autres causes civiles qui lui sont attribuées par les Edits de création, & dont l'appel se relève au grand Conseil. Elle juge sans appel toutes les causes criminelles & de police, à la suite de la Cour, en y appelant six Maîtres des Requêtes, & à leur défaut six Avocats. Le ressort de cette juridiction est dans tous les endroits où réside la Cour, & à dix lieues à la ronde : ces officiers ont la manutention de la police dans les lieux où se trouve la Cour, y font porter des vivres & denrées, y mettent le taux, connoissent des malversations dans les logemens à la craie, & de tout ce qui concerne les voitures publiques de la Cour. Les officiers de la Prévôté ont seuls le droit de juridiction, & d'instrumenter, chacun en ce qui concerne leurs fonctions, dans les maisons royales

& dépendances, chez les officiers du Roi & de la Reine étant de service, les commis des bureaux de Ministres, &c. Ils jouissent des mêmes privilèges que les Commensaux du Roi.

La PRÉVÔTÉ ET MARÉCHAUSSÉE GÉNÉRALE DE L'ILE DE FRANCE, née résidente à Paris en 1546, suivant son Edit de céation, est une juridiction composée d'un Prévôt, de cinq Lieutenans, d'un Assesseur, d'un Procureur du Roi, de deux Greffiers, d'un Guidon, de neuf Exempts, & de quarante-six Cavaliers partagés en dix brigades distribuées dans la banlieue de Paris. Cette compagnie est sous les ordres du Secrétaire d'Etat du département de Paris; elle fait corps de la Gendarmerie & Maréchaussée, & jouit des mêmes privilèges. Le Prévôt de l'Ile juge avec les officiers du Présidial à Paris, comme les autres Prévôts des Maréchaux dans les provinces avec les Présidiaux, des cas qui leur sont attribués par les Ordonnances. Outre la Prévôté de l'Ile (de France), il y a encore la PRÉVÔTÉ GÉNÉRALE DE LA MARÉCHAUSSÉE DE LA GÉNÉRALITÉ DE PARIS, dont le siège principal est à Melun, composée d'un Prévôt général, de huit Lieutenans, huit Assesseurs, huit Procureurs du Roi & huit Greffiers; formant autant de sièges particuliers, dont la plupart sont dans des villes de la généralité où il y a des présidiaux, & où le Prévôt général siège quand il lui plaît. La compagnie de 216 hommes, compris officiers & cavaliers, est partagée en 36 brigades de cinq hommes chacune, &c. Les *Prévôts des Maréchaux, Vice-Baillis* & *Vice-*

Sénéchaux, font des *Juges d'épée*, établis dans toutes les provinces du Royaume, pour faire le procès à tous vagabonds, gens sans aveu & sans domiciles; pour connoître & punir certains crimes, en certains cas; comme excès, oppressions, ou autres crimes commis par les gens de guerre, tant dans leur marche, que dans les lieux d'étapes; des désertions d'armée & de ceux qui les favorisent; de tous les *Cas Prévôtaux* par la nature du crime, tels que les vols sur les grands chemins, vols faits avec port d'armes, ou avec effraction extérieure; des émotions, séditions & attroupemens avec port d'armes; des levées de gens de guerre, sans commission du Roi; de la fabrication ou exposition de fausse monnoie, & autres cas royaux, dont les juges présidiaux peuvent également connoître par concurrence; de l'exécution des Edits concernant les duels à charge de l'appel, &c. (*Voyez* sur les cas royaux & prévôtaux, l'*Ordonnance criminelle de 1670*; *la Déclaration du 5 février 1731*, &c.)

La PRÉVÔTÉ GÉNÉRALE DES MONNOIES & *Maréchaussées de France*, a un Prévôt général, six Lieutenans, un Assesseur, un Procureur du Roi, un Greffier, un Huissier audiencier, dix Exempts, un Guidon, 64 Gardes à cheval, faisant huit brigades répandues dans les différentes provinces où ces gardes ont le droit d'exploiter. Le Prévôt & ses Lieutenans connoissent, aux termes de l'Edit primordial de leur création, de tous les délits commis par les justiciables de la Cour des Monnoies, jusqu'à sentence définitive inclusivement, sauf l'appel en ladite Cour. Ils connoissent aussi des cas prévôtaux & de l'exécution de l'Edit des duels, comme les autres Prévôts des Maréchaux dans toutes les provinces du ressort de la Cour des Monnoies. Les Exempts ont le pouvoir d'informer, décréter & constituer prisonnier lors d'un flagrant délit. Le siège de cette juridiction étoit dans l'enclos du Palais : ce sont les Procureurs au Parlement qui y occupent, &c.

La COMPAGNIE DU GUET DE PARIS, composée d'un Chevalier du Guet ou Commandant, quatre Lieutenans, un Greffier, huit Exempts, cent Archers à pied, & 39 Archers à cheval, a une forte de juridiction, puisque le Commandant du Guet a voix délibérative au Châtelet dans le jugement des procès criminels des prisonniers qui sont arrêtés par sa compagnie, ainsi qu'il est porté en la Déclaration du 28 janvier 1685, &c. On a parlé du Chevalier du Guet & de sa compagnie, à l'article X, en traitant de la police & du gouvernement militaire de Paris.

Les JURIDICTIONS ECCLÉSIATIQUES de Paris, sont, 1°. L'OFFICIALITÉ MÉTROPOLITAINE. Ce Tribunal, composé d'un Official Métropolitain, d'un Vice-Gérent, de deux Assesseurs, d'un Promoteur, d'un Substitut du Promoteur, & d'un Greffier, connoît des appellations des sentences & jugemens, rendus par les officialités diocésaines des Evêques suffragans, qui sont sous la Métropole de Paris.

L'OFFICIALITÉ ORDINAIRE ou diocésaine, est

composée d'un Official, d'un Vice-Gérent, d'un Promoteur, d'un Vice-Promoteur & d'un Greffier. Il y a, outre cela, un Greffier des insinuations, plusieurs Huissiers appariteurs, & quatre Procureurs. Ce Tribunal connoît, en première instance, de toutes les causes personnelles des Ecclésiastiques, tant civiles que criminelles; & entre laïcs, quand il s'agit des dixmes au pétitoire.... des oppositions aux publications des bancs & célébrations de mariages.... Il connoît aussi de l'hérésie, de la simonie.... du lien du mariage, quant à sa validité ou invalidité; de ce qui regarde les Sacremens, les vœux de Religion, la discipline ecclésiastique, & les autres matières spirituelles. (Sur la compétence des Juges Ecclésiastiques, Officiaux, & sur les cas qui donnent lieu à *l'appel comme d'abus*, voyez les *Ordonnances des mois d'août* 1539, *décembre* 1606; *l'Edit d'avril* 1695; & sur-tout *l'excellent Traité de l'Abus, de Charles Fevret, célèbre Avocat du Parlement de Dijon.*)

L'OFFICIALITÉ DU CHAPITRE Notre-Dame de Paris, est composée d'un Official, un Vice-Gérent, un Promoteur & un Greffier. Cette juridiction, indépendante de celle de l'Archevêque, depuis le Pape Alexandre III, s'étend sur les Chanoines, Bénéficiers, Chapelains & Officiers; comme aussi sur les Filles de cette Eglise, sur l'Hôtel-Dieu, & sur l'Eglise de saint Christophe, dont les Bénéficiers sont justiciables de l'Official du Chapitre, & obligés de comparoître au Synode qui se tient tous les ans au Chapitre, &c. *Voyez* ci-devant article IX.

La Chambre des Décimes eft à l'Archevêché, où l'on impofe toutes les taxes du diocèfe, & dont les appels fe relèvent *à la Chambre fupérieure*. *Voyez* ci-devant à l'article des Cours Souveraines.

Le Bailliage de la Duché-Pairie de l'Archevêché, compofé d'un Bailli, un Procureur-fifcal, un Greffier, trois Procureurs, Huiffiers, Concierge des prifons, &c. tient fes audiences toutes les femaines près l'Auditoire de l'Officialité. Cette juridiction eft purement féculière comme les fuivantes, & les appels fe relèvent au Parlement.

La Temporalité de l'Archevêché, eft une juridiction féculière, exercée par un Juge qui connoît des appellations des fentences rendues, en matière civile, par les officiers des juftices, terres & fiefs de l'Archevêché, & dont les appels fe relèvent au Parlement. Il y a dans Paris neuf fiefs qui dépendent de l'Archevêché. *Voyez* ci-devant article IX.

La Juridiction de la Barre du Chapitre de Notre-Dame de Paris, compofée d'un Bailli, d'un Lieutenant, d'un Procureur-fifcal & de deux Huiffiers, tient fes audiences une ou deux fois par femaine, en l'Auditoire, cloître & près du puits de Notre-Dame; c'eft la juridiction temporelle du Chapitre : elle connoît des affaires civiles, criminelles & de police, dans l'étendue du Cloître & Terrain; des droits feigneuriaux dépendans de la censive du Chapitre, & des causes qui y sont portées par appel, des paroisses dont la justice appartient au Chapitre. Les appellations se relèvent au Parlement.

La Juridiction du Chantre de l'Eglise métropolitaine de Paris, composée d'un Juge, un Vice-Gérent, un Promoteur, un Greffier & un Clerc, connoît de tout ce qui concerne les petites écoles de la ville, cité, université, fauxbourgs & banlieue de Paris : c'est le Chantre en dignité de l'Eglise de Paris, qui est le Juge collateur & directeur des petites écoles. Les appellations de ce Tribunal se relèvent au Parlement.

Le Tribunal du Recteur de l'Université de Paris (1), est composé du Recteur; du Doyen des trois Facultés de Théologie, de Droit & de Médecine, avec les quatre Procureurs des quatre Nations de la Faculté des Arts; d'un Procureur-Syndic; d'un Greffier & d'un Receveur. Il connoît des contestations entre les suppôts de l'Université, & les appels se relèvent au Parlement.

Le Grand Bureau des Pauvres, situé à la place de Grève, a pour chef le Procureur-général du Parlement : un de ses Substituts préside en son absence. Ce grand Bureau a le droit de lever tous les ans, à Paris, une taxe d'aumône pour les pauvres, sur les princes, seigneurs, bourgeois & habitans, de quelque qualité qu'ils soient, gens d'église,

---

(1) Je donnerai, dans le volume suivant, l'Histoire de l'Université, & des quatre Facultés qui la composent; &c. *Voyez* le Discours préliminaire.

communautés ecclésiastiques & laïques, bureaux, compagnies, &c. (n'y ayant d'exempts que les pauvres seulement :) c'est pourquoi il a juridiction & Huissiers, tant pour faire les taxes, que pour contraindre les refusans, & ceux qui, étant nommés Commissaires des pauvres, refusent d'en accepter & faire les fonctions.

Telles sont les différentes Cours de justice qui composent l'ADMINISTRATION JURIDIQUE de la ville de Paris, à l'exercice de laquelle on compte plus de six mille officiers employés journellement. Il ne suffit pas que le Gouvernement veuille le bien & qu'il l'ordonne; il faut, malheureusement, qu'il punisse ceux qui se trouvent dans le cas d'avoir violé les lois établies pour le bon ordre, pour l'harmonie de la société, & pour le bien public. De-là, LES PRISONS, pour renfermer les coupables, ou du moins les accusés, & quelquefois les innocens. Il y en a dix à douze principales; savoir, la *Bastille* & *Vincennes*, pour les prisonniers d'Etat; le *Grand* & le *Petit Châtelet*; la *Conciergerie*, cour du Palais; le *For-l'Evêque*, rue Saint-Germain l'Auxerrois; la prison de *Saint-Eloi*, rue Saint-Paul; celle de *Saint-Martin*, près la rue du Vertbois; celle de l'*Abbaye* de Saint-Germain des Prés; *Bicêtre*; la maison de force de l'*Hôpital général*; & la maison de force de *Sainte-Pelagie*; sans compter les *Géoles particulières* à de certaines juridictions, telles que les Bailliages du Palais, du Temple, de l'Archevêché, du Chapitre de Sainte Geneviève, de Saint Jean de Latran, &c. &c.

Après avoir parlé du gouvernement civil, il sembleroit que l'on dût traiter, dans un article séparé, de l'ADMINISTRATION POLITIQUE, ou du MINISTÈRE ; mais cette partie concerne plutôt la description de Verfailles, où la Cour fait fa réfidence ordinaire. Il fuffit d'indiquer les CONSEILS, leur objet & les différens BUREAUX établis à Paris, qui ont quelque rapport à l'adminiftration civile. On diftingue le *Confeil d'Etat*, le *Confeil des Dépêches*, le *Confeil royal des Finances*, & le *Confeil royal de Commerce*, qui fe tiennent tous quatre à la Cour, en préfence du Roi qui y préfide. Il y a en outre le *Confeil d'Etat & Privé*, ou *des Parties* où l'on fe pourvoit en caffation, ou revifion d'Arrêts & autres jugemens rendus en dernier reffort. Ce font les *Avocats aux Confeils* qui y poftulent, & les *Huiffiers aux Confeils du Roi*, qui ont feuls le droit d'y fignifier tous les actes, de faire toutes oppofitions au fceau, &c. Toute la procédure fe fait par requêtes au Confeil des Parties, qui femble devenir un tribunal ordinaire par la multiplicité des affaires qui y font portées. Cette juridiction fuprême, à laquelle préfide le *Chancelier*, & en fon abfence le *Garde-des-Sceaux*, eft remplie par les *Confeillers d'Etat* ordinaires & fémeftres, qui forment plufieurs *Bureaux*, dont les uns font pour la communication des requêtes & inftances ; d'autres, pour l'inftruction ; d'autres, pour les affaires eccléfiaftiques ; d'autres, pour les affaires de Chancellerie & de Librairie ; d'autres, pour les poftes & meffageries ; d'autres, pour la grande & petite direction des Finances; d'autres, concernant les affaires des Domaines & Aides, les Gabelles, les cinq groſſes Fermes, Tailles & autres affaires de finances, &c. Les dépôts des minutes de toutes ces parties, ſont aux vieux Auguſtins, au vieux Louvre, chez les Chanoines de Sainte Croix de la Bretonnerie, &c. C'eſt dans le dépôt des vieux Auguſtins, que ſe trouve tout ce qui a rapport à la ville & généralité de Paris.

LA CHANCELLERIE eſt une eſpèce de juridiction qu'on diſtingue en grande & petites: la première eſt la *Grande Chancellerie de France*; les autres ſont la *Chancellerie du Palais* & la *Chancellerie Préſidiale*. On a parlé ci-devant des deux dernières. A la Chancellerie de France, le Garde-des-Sceaux donne le ſceau tous les jours indiqués, ſoit à Paris, ſoit à la Cour. Les Maîtres des Requêtes ont droit d'y aſſiſter, & ils font les rapports des *lettres de juſtice*, étant aſſis. Les Conſeillers au grand Conſeil, choiſis par le Garde-des-Sceaux, y exercent les fonctions de grands Rapporteurs, & ſiègent après les Maîtres des Requêtes. Le Procureur-général des Requêtes de l'Hôtel, eſt en même temps Procureur-général de la grande Chancellerie de France, & de toutes les autres Chancelleries du Royaume; il ſiège après les grands Rapporteurs. Les grands Audienciers, les Contrôleurs, les Gardes des rôles, les Conſervateurs des hypothèques, les Scelleurs, &c. ſervent par quartier, &c. &c.

LES AFFAIRES GÉNÉRALES DU ROYAUME ſont diſtribuées en pluſieurs DÉPARTEMENS, à la tête deſquels ſont les Miniſtres & Secrétaires d'Etat, qui ont leurs BUREAUX à Paris. Il y a aussi plusieurs COMMISSIONS ordinaires & extraordinaires du Conseil, qui ont chacune leur Bureau à Paris, tels que les Bureaux pour les affaires du commerce; pour l'aliénation des Domaines réunis; pour la régie des cartes; pour les pensions des Oblats; pour les économats & biens des Religionnaires fugitifs; pour l'examen des droits de péage, pontonnage, &c.; pour les vivres de terre & de la marine, étapes, & pour les affaires qui regardent la Compagnie des Indes & ses actions; pour les liquidations des dettes de communauté, &c.; pour la législation des hypothéques; pour l'administration de la Loterie royale de France & Loteries y réunies; pour l'examen des Ordres religieux, &c. &c. On peut voir dans l'*Almanach royal*, tout ce qui concerne l'ordre & la distribution de ces divers Bureaux. Les affaires immenses de la Monarchie y sont partagées dans le plus bel ordre; elles y sont traitées avec tout le soin, toute l'intelligence & toute la sagacité possibles, & y sont expédiées avec la célérité que peut comporter la nature de ces mêmes affaires. La législation du Royaume étant d'ailleurs des plus belles; des Tribunaux de justice se trouvant établis en grand nombre & à propos, & tous remplis de Juges sages & éclairés, il n'est pas surprenant que l'immense machine du Royaume de France, appuyée sur des fondemens si solides, soit inébranlable; & cette machine admirable est d'autant plus assurée, que les ressorts qui la font mouvoir, portent sur un fond de ressources inépuisables.

On ne pouvoit donner une description générale de Paris, sans entrer dans des détails qui intéressent tout le Royaume, puisque cette Ville est le siège de la Monarchie, & la capitale de l'Empire François : son gouvernement ecclésiastique & civil, que nous venons de faire connoître, tenoit de trop près à l'administration générale, & fait sentir de plus en plus la nécessité d'unir l'histoire particulière de Paris, à celle de Monarchie. Nous donnerons dans le volume suivant, qui servira à completter la DESCRIPTION GÉNÉRALE, tout ce qui concerne l'instruction publique ; le progrès des Arts & des Sciences ; l'histoire de l'Univerfité, & des quatre Facultés ; des Collèges ; des Bibliothèques publiques ; des Académies & des Spectacles, &c. &c. Nous terminerons cette Partie, par le tableau des mœurs des habitans de cette grande Ville, & de leur influence sur l'esprit national.

FIN DU PREMIER VOLUME.

TABLE DES ARTICLES

du premier Volume.

INTRODUCTION. Page 1

ART. I. *Notice générale du Royaume & de l'Ile de France ; Histoire naturelle des environs de Paris, &c.* 7

ART. II. *Situation de Paris, Etendue, Limites, Population, &c.* 27

ART. III. *Division générale & particulière de Paris, en Iles, formant la Cité, Ville & Université ; ses vingt Quartiers, leur position respective, ce qu'ils renferment, &c.* 43

ART. IV. *Portes converties en Arcs de triomphe, Boulevards, Promenades publiques, &c.* 62

ART. V. *Monumens érigés dans les Places publiques, &c.* 76

ART. VI. *Palais & Hôtels, Ponts, Quais, Abreuvoirs, Fontaines & Egoûts.* 109

ART. VII. *Places, Halles & Marchés ; Consommation ; Foires, Commerce ; Manufactures, industrie, &c.* 152

ART. VIII. *Idée générale du Gouvernement Ecclésiastique de Paris ; Eglises, Paroisses, Séminaires, Hôpitaux, &c.* 182

384 TABLE DES ARTICLES.

ART. IX. *Abbayes, Prieurés, Couvens, Commanderies, &c.* 207

ART. X. *Idée générale du Gouvernement civil & militaire de Paris, ancien & moderne; état de la Police actuelle, &c.* 241

ART. XI. *Suite de l'Article précédent; Origines & Variations du Droit civil & coutumier,* 262

ART. XII. *Parlement, Cours souveraines, & autres Juridictions établies à Paris.* 312

Fin de la Table des Articles du premier Volume.

APPROBATION.

J'AI lu, par ordre de Monseigneur le Garde des Sceaux, un Manuscrit, intitulé : *Description historique de Paris, & de ses plus beaux Monumens*, premier Volume, avec Gravures ; par M. BÉGUILLET, Avocat, &c. & je n'y ai rien trouvé qui m'ait paru devoir en empêcher l'impression. Fait à Paris, le 31 juillet 1770. DE SAUVIGNY.

N.B. *Le Privilège sera à la fin du dernier Volume.*

www.ingramcontent.com/pod-product-compliance
Lightning Source LLC
Chambersburg PA
CBHW071411230426
43669CB00010B/1516